东 南 法 学

(2016年辑春季卷·总第9辑)

东南大学法学院
刘艳红　主编

东南大学出版社
南京

图书在版编目(CIP)数据

东南法学.2016年辑.春季卷/刘艳红主编.—南京：东南大学出版社,2016.6
ISBN 978-7-5641-6600-7

Ⅰ.①东… Ⅱ.①刘… Ⅲ.①法学—文集 Ⅳ.①D90-53

中国版本图书馆CIP数据核字(2016)第145884号

东南法学(2016年辑春季卷·总第9辑)

出版发行	东南大学出版社
地　　址	南京市四牌楼2号　邮编:210096
出 版 人	江建中
网　　址	http://www.seupress.com
经　　销	全国各地新华书店
印　　刷	江苏凤凰数码印务有限公司
开　　本	787 mm×1092 mm　1/16
印　　张	14
字　　数	341千字
版　　次	2016年6月第1版
印　　次	2016年6月第1次印刷
书　　号	ISBN 978-7-5641-6600-7
定　　价	38.00元

本社图书若有印装质量问题，请直接与营销部联系。电话(传真):025-83791830。

《东南法学》编委会

学术顾问　（以姓氏笔画为序）

　　　　　　　王利明　李步云　张文显　应松年

　　　　　　　陈兴良　韩大元

编委会主任　周佑勇

主　　编　刘艳红

副　主　编　汪进元（常务）　王禄生

编　　委　龚向和　孟鸿志　肖　冰　孟　红

　　　　　　　周少华　张洪涛　胡朝阳　施建辉

　　　　　　　欧阳本祺

编　　辑　王禄生　冯煜清　熊樟林　杨志琼

　　　　　　　徐珉川　陆　璐　叶　泉

CONTENTS 目 录

东南法学
SOUTHEAST LAW REVIEW

名家讲坛		
	司法改革热点问题深度谈（左卫民）	1
	中国司法改革的美国视角：差异和共同的挑战（李 本）	9

理论前沿		
	原因自由行为可罚性根据新论（马荣春 任 贵）	17
	"非诚勿扰"节目名称侵权案评析 ——以商标侵权判定规则为主线（吕炳斌）	28

域外法制		
	美日韩科技立法的转型与升级：演化历程与路径选择 （彭 辉 姚颉靖）	36
	美国公共视频监控行为规制的困境及其启示（张㴰瀚）	47
	后谢弗林时代的美国行政解释司法审查 ——基于若干判例的审视（黄 琳）	70

反腐法治		
	公职人员家庭财产申报主体比较研究（邓小兵 孙祯锋）	88
	腐败治理中的软法法理研究（周忠学）	98
	《联合国反腐败公约》与资产追回制度研究（夏 伟）	110

青年论坛

行政执法与刑事司法衔接机制的实证性考察
——以对《珠海经济特区行政执法与刑事司法衔接
工作条例》出台及运行的评价为例(王　硕)　　119

冒领彩票奖金案件刑民交叉问题探讨(费　翔　乐志怡)　　130

统一刑事法学之提倡(李瑞杰)　　139

法学教育

日本的法学教育及对我国的启示(刘建利)　　154

"互联网+"背景下运用技术工具改革法学教学方法研究
(易　波　曾　浩)　　162

实务论坛

新乡土中国视阈下基层司法职能研究(邢　勇)　　179

从形式到实质:大数据下检察办案的优化路径
(秦志松　汪勇专)　　198

司法行政管理权与省级统管:历史与未来
(陈建华)　　207

司法改革热点问题深度谈
——左卫民教授讲座文字稿

左卫民

时　　间：2016年4月8日下午
地　　点：东南大学四牌楼校区交通学院101室
题　　目：左卫民教授《司法改革热点问题深度谈》
　　　　　李本教授《中国司法改革的美国视角：差异和共同的挑战》
讲座人：四川大学法学院左卫民教授
　　　　哥伦比亚大学法学院李本教授
主　　持：东南大学法学院周少华教授
文字整理：东南大学法学院2015级刑法博士研究生

周少华教授：今天下午可以听两场高水准的学术报告，我想大家心情和我一样，非常激动。这样的机会确实非常难得，尤其是两场报告都是聚焦于中国当前的司法改革，这也是我们大家非常关心的一个问题。司法改革有可能关切到每个人的切身利益。司法改革的口号已经喊了20多年，而且司法改革的脚步也一直没有停，但是以往的司法改革都没有像这一次影响深远，甚至引发了目前法官、检察官的离职潮，不能不说这也跟我们的司法改革有一些关系。我想我们在座的各位也都面临这样一个变革时期的阵痛，心里也有纠结、困惑。今天我想通过下午的这两场报告，使大家的困惑能够得到部分的解答。

首先为大家做报告的是左卫民教授，左卫民教授的名字可以说是如雷贯耳，但是按照惯例，我想还是对他做一个简单的介绍。左卫民教授现任四川大学法学院教授、博士生导师，四川大学研究生院常务副院长，国家"2011协同创新计划"司法文明协同创新中心研究人员，国家"九八五"工程四川大学社会矛盾与社会管理研究创新基地首席科学家，四川省社会科学重点研究基地纠纷解决与司法改革研究中心主任。同时他还兼任中国法学会理事、中国刑事诉讼法学研究会副会长、四川省法学会会长、最高人民检察院专家咨询委员等职。长期以来，左卫民教授主要研究领域一直为司法制度、刑事诉讼。在重要法学学术期刊发表学术论文100多篇，多部学术著作，同时他还入选了教育部"长江学者奖励计划"特聘教授、国家万人计划哲学社会科学领军人才。这里，我就不再多说，让我们以热烈的掌声欢迎左卫民教授给大家做精彩的讲座。

左卫民教授：非常感谢东南大学法学院，也非常感谢周教授刚才所做的热情洋溢的介绍。很荣幸我能再次来到东南大学给在座的老师同学做这样一个交流。今天我要说的是一个具有挑战性的问题,就是中国的司法改革我们怎么去评价它,怎么去看待它。就在前天,李本教授在川大也就这个题目做了演讲。对这个问题到底该怎么看,现在有一定共识,但是分歧依然很大。对这个问题,我想从一个学者的角度来谈谈我个人的看法。结合十八届四中全会所提出的司法改革的框架,在这个框架下面看,哪些做了,哪些没有做,哪些正在做,还没有全面展开,甚至哪些有阻力,我想就这些问题谈一谈我的看法。

一、司法改革的整体框架

首先让我们回顾一下十八届四中全会确立的目前司法改革整体框架的问题:

一个是司法权的职权配置。目前来说,这个职权配置实践中改的还不是太多。比如说审判权与执行权相分离,四中全会说了要分离,但是如何分离,对于这个问题,最高法院有个说法是内部分离,而不是把执行权放出去。这和我以及有些学者的看法是不一样的。我们的看法是,既然是分离,那么当然是执行权从法院里面彻底拿出去。但最高法院说不是拿出去,还是放在里面。但是放在里面又怎么做到分离呢?我就有些糊涂了。所以我个人认为,这可以说就是四中全会确定的一个方向而由于部门的看法没有得到展开的一个例子。将执行权从法院职权中划出去,第一个要法院同意,第二个要找到"下家"来接手。而现在问题是,法院不太愿意将执行权拿出来,而其他机构呢?我们分析,公安机关肯定不愿意接手,因为公安自己肩上的工作负担已经很重。最有可能接手的是司法行政部门,它是愿意的,但是司法行政部门在中国的职权配置里面是最弱小的一个部门,如果没有一个更强势部门的认同,那么它也没办法做。我认为,就这个问题而言,审判权与执行权分离,在中短期中可能是做不到的。那么只能是内部分离了,而在内部本来就是分离的。因此,四中全会谈到司法改革,如果说有一条可能难以执行的话,那么就是这一条,有可能不会展开去做了。

还有,司法行政事务管理权与审判权、检察权相分离,这个又是什么意思呢?我们通常理解是法院、检察院将司法行政事务拿出法、检两家。如果这么理解的话,那么这一点也难以落实到位。因为法、检两家一般不愿意将自己的这块权力拿出去,而且不方便。而其他的部门谁愿意管呢?历史上司法行政管理部门曾经管理过一段时间(司法行政部门在1958年前管过一段时间),"两高"在1978、1979年管过一段时间,但是后来很长一段时间都没有管。没有管的原因是由于司法行政部门自己觉得管不好,"两高"也认为不方便交给司法行政部门管理。因此我认为,司法行政事务管理权与审判权、检察权作为外部分离也是很难的。那么是否可以做另外一种理解,就是看作是一种内部分离呢?我认为,事实上还是内部分离的,然而这种分离,像刚才审判权与执行权分离那样,在内部本来就是分离的,这样仅仅只是对现状的一种承认,一种同义反复,没有意义。

我们再来看刑罚执行制度的体制改革。现在基本上大量的刑罚执行是在司法行政部门,那么,有人说还要把剩下的执行权拿出去。然而拿出去的话困难是很大的。比如说,法院死刑案件的执行,就法院而言,它比较愿意拿出去。毕竟法院执行死刑对执行人的心理压力很大,而且一些如法医等专门的人才也难以招到。现在问题是:法院可能愿意将死刑的执行权交出去,但是这个活又由谁来做?公安部门不会愿意,司法行政部门又非常弱小。在司法行政管理部门之外的执行权如果要交到司法行政管理部门去的话,它能不能交下去,这也是一个问题。我个人的看法是,就优化司法资源配置而言,审判权与执行权分离,司法行政事务管理权与审判权、检察权分离,刑罚执行制度改革这三条可以说都任重道远。此外,就"公检法三机关分工负责、互相配合、互相制约"这一条来讲,它是个原则性的东西,怎么去理解它差异是非常大的。比如我最近写了一篇文章,我认为,"公检法三机关分工负责、互相配合、互相制约"这一原则,至少在刑事诉讼中,应该是以法院为中心的制约,也就是由法院制约检察院,由检察院制约公安,这种逆向制约是良性的。但中国的现实情况是:公安是"做饭的"、检察院是"端饭的"、律师是"挑饭的",法院是"吃饭的"。问题不是顾客来"点菜",而是厨师来定他只能做什么菜,而且不管好不好吃,都得吃,如果不吃,检察院还作为监督机关来监督你。所以我们的监督是:"做饭的"监督"端饭的"、"端饭的"监督"吃饭的",反正前面做的饭,后面就得吃。我们是一种顺向制约,而不是一种逆向制约。不是后面的监督前面的,而是前面的监督后面的。如果是前面的监督后面的,而不是后面的监督前面的,那么你说它是制约还是配合?它实际上是名为"制约",实为"配合"。这样的过程连现代的流水生产线都不是,因为流水生产线上,若在后面发现前面的问题,可以挑出去,现在是前面的不让后面的挑出去,你要是挑出去,那么前面的可以拿法律监督权来"收拾你"。所以我在前面写的文章中认为,在刑事诉讼中,中心制约的主体应该是法院,中心的制约工具是审判,由审判制约起诉,由起诉制约侦查,这样才是符合诉讼规律的。而现在的问题在于:我们整个的制约是前面的制约后面的,实际上是以"制约"的话语来强化了"配合",而且是"过度配合"。所以最近我写的文章就谈了,"公检法三机关分工负责、互相配合、互相制约"原则应该改了,真正的原则完全可以简化为"制约原则",而且制约原则是后面的制约前面的,叫逆向制约才对。如果要说加一个"分工负责"的话,那么坚决不要"配合",只要制约好了,就是最大的配合,在制约之外再去谈配合,那就一定是牺牲制约,那就一定是过度配合,那就一定要出现冤假错案。但是在这个问题上我们到现在也没有达成共识。最近在强调以审判为中心,而以审判为中心怎么搞,全国有两个地方搞得好,一个是浙江的温州,一个是四川的成都。对于庭审实质化,省法院开现场工作会,我在会上就讲,这种会议如果我们的公安局长不来、检察长不来,那么以审判为中心很难搞,可能最终变成法院在那里"自娱自乐"。因此,现在对"公检法三机关分工负责、互相配合、互相制约"原则,在方向上面没有达成共识,法院讲以审判为中心,学者和公众基本上也认同以审判为中心,但是公安局和检察院不太强调这一点,检察更强调的是法律监督功能,在法律监督功能之下去做。这就导致了两种完全不同的方向,这种方向不一致的问题不解决的话,我大胆预言,中国的现在和未来还会产生一些冤假错案。因为,只要是前面的制约后面的,那么就会产生勉强认罪,勉强定罪。你看我们的无罪判决数量,十多年来是急剧下降的,这也能从某种程度上说明问题。

关于司法运行机制的改革,我个人认为是做得比较好的,我把它和员额制一起放在后面来谈。司法责任制的改革,应该说也是在推进,其中有些方面还是有争议的,比如说终身负责制。前几天,李本教授曾和我讨论,只要司法官符合程序,没有受贿渎职等行为,即使判错了也不应该追究其任何法律责任,更不能说责任追究一辈子。我的观点基本上和李本教授一致。我认为司法人员终身负责制,至少这个表述是不全面的,最终会怎么做,现在还很难说。比如说,前段时间内蒙古"呼格案件"的追责,最终并没有哪个司法人员受到刑事处罚,公众都觉得哗然,都觉得无辜的人判了死刑,难道不抓一个人来判刑吗?问题是最后也没有抓。这也说明,我们司法人员对于终身负责制担心的问题,在实践之中可能并不会显得那么严重。

关于个案干预问题,我认为比较有效果的是禁止外部领导人员的干预以及内部人员的干预。司法改革对于干预者的责任追究、对于外部领导的干预还是有一定效果的,因为领导干预会有记录、通报等不利后果。可以说,这样的措施使得外部的干预减少,但是外部干预的减少并没有避免另外一种形式的干预,比如现在较大的干预是人大代表的干预。人大的干预不是作为一个机构的干预,而是其中的人大代表的干预。现在的"两高"以及包括从上到下的法院、检察院都想让自己的工作报告获取人大代表的认同,也一般会注意与人大代表的沟通。所以现在就有人大代表向法院、检察院施加压力。当然,人大代表的干预不一定就严重影响司法公正,但是人大代表的干预应该是比领导的干预更有力和普遍化。现在看来,来自外部的干预还不是主要来自党政机关的干预,但是人大代表的干预已经不容忽视。人大代表干预最危险的地方在于:人大代表有可能在个案中会是一方当事人,也有可能受一方当事人的影响。这样的情形下,人大代表就会向各级法院、检察院反映意见,事实上,我认为法院、检察院会在一定程度上受到这些意见的影响。因此,对于来自人大代表的干预如何控制在一个合法合理的范围内,是一个值得思考的问题。至于内部干预,前段时间中央政法委公布了两批法院、检察院,特别是法院内部的非办案人员干预的案例,这应该来说还是比较有效的。但是很难说根本上杜绝了中国社会这样一个人情社会的影响,也就是还是有铤而走险的人。当然,我相信不止在中国,在任何地方都会或多或少存在一些来自人情社会因素的影响。因此,就中央对案件干预所做的措施,现在看来是有效果,但是肯定是没有杜绝。所以说,下一步是通过实践的方式来杜绝,还是通过强大的制裁性的规定来杜绝,我认为还是值得进一步思考。

关于人权司法保障,我的看法是,我们现在正在往这个方面努力。比如说,对于非法证据排除问题,据说最高法今年年底又要出台新的规定。因为非法证据排除的规定用了差不多四年了,但是实践证明效果并不好。我自己就某省的情况做了一个实证研究,后来发表在《法商研究》上,文中我提到:第一,非法证据排除提出的很多;第二,真正进入程序来讨论是不是非法证据的相对要少很多;第三,最终真正排除的就更少;第四,排除了以后对案件的定罪量刑有影响的,特别是有颠覆性影响的极少。我们现在思考,为什么有这么多的人提出有非法证据。成都中院最近在搞庭审实质化,到目前来讲,他们试点了91个案件,在这91个案件中差不多有60多个案件搞了庭前会议,而庭前会议中不少案件都提出了非法证据排除。但最终排除的却只有少数,而排除以后对实质性没有多大影响。在中国的现况下,在讯问口供中有可能有一次是违法的,特别是刚开始讯问的时候,但是后面就没有违法了。而且最后一次做一个很周密的"东西",并且录音录像也打开了,看得很清楚的,但是真正有问题的(讯问)可能就没做。从事实上看,我们的证据是太多了,因此单独排除任何一个,都不可能对整体构成影响。而且现在当证据有一次不好的时候,那么就会有一次很好的证据将前面不好的地方都"修补"好。所以说,非法证据排除我们做得不好。实际上我个人认为,中国的非法证据规则基本上是一个权力本位的规则,它不是要被告人去推翻非法证据,而是要侦查人员或者是起诉人员去比较好的认定它。比如我们谈的侦查人员出庭作证,现在成都搞的庭审实质化改革最主要的就是侦查人员出庭作证制度,大量的侦查人员出庭作证。前两天我还听了两个案子,高院院长带队,20多个中院院长参加。我发现,出庭作证的警察虽然会紧张,但是你要把警察作为证人来问倒的话,也是非常难的,律师一般问不垮警察的。所以,事实上通过这些方式也不能解决问题。因此,我要说的是:我们的人权保障方面虽然有了明显进步，但是在一些重大的措施上面，做起来还是比较难，特别是有实效的推进比较难。再举例，如会见权问题，新刑诉法下，在2012年后，一般案件的会见比较容易，但是对于特别重大的职务犯罪案件会见还是比较难。什么是特别重大？司法实践中以受贿50万为标准，但是实践中一个科长或者科员都有可能受贿500万，这样一来，绝大多数贿赂案件都属于特别重大。这就导致大多数贿赂犯罪案件：第一，律师一般很晚才能见被告；第二，要见一般就是见一次；第三，会见时间比较短。所以，现在我们职务犯罪案件中的会见权保障做的是特别不好。在职务犯罪案件中，人权保障水平也是比较低的。当然，殴打的情形应该是没有，不过长时间的高压力审讯还是有的。我们现在看到的一些后期翻供现象，比如南昌大学的校长周文斌，他翻供说他被要求站在墙角，几天几夜不睡觉。不知道是否是真实的，但至少可以看到容易发生争议。所以我个人的判断就是人权保障方面，四中全会提出司法改革以后，人权保障作为一个方向是有进步的，但实践操作方面似乎也有一定效果，但不是很大。对这个方面，未来的司法改革应该如何推进，应该还是一个需要研究和解决的问题。

二、政法委以及"两高"重点推出的重要举措的评价

上面是第一个大部分，是司法改革整体框架的问题。下面我想重点谈一下政法委以及两高现在重点推出的一些举措。

第一个是人员分类管理与员额制。这是一个推行难度较大的举措，中央政法编最多39%入额，这意味着要大幅度减少法官、检察官数额，也就是一个做"减法"的问题。中国的特色是，如果改革要做"减法"，一定是困难重重。但是坦率地说，我个人认为，目前为止这项改革还是比较成功的。为什么成功呢？去年12月中央政法委请了十几个专家去座谈，我也在里面。我基本感觉是：法官、检察官入额问题已经基本上解决了。试点的地方有海南，包括江苏、上海、吉林等地方几家试点法院，当时只要是被选定了的法院基本都把法官入额的任务完成了，而且入额的人基本上也把任务都分担起来了。比如说，当时大家都最担忧的问题是，院长、庭长怎么办？后来发现，院长、庭长都入额了，并且他们入额以后，整体上办案数量大幅度增加。有这么一个统计，就全国而言，院长、庭长大概占名额的30%到40%，过去有一种担心就是怕这部分人不办案，就会把办案负担压在其他人身上，或者是剥削其他年轻的法官。是不是会发生这种现象呢？至少在试点地方表面上没有发生这种现象。据统计，30%的领导类法官入额，办案数达到了平均办案数的百分之八十到九十，事实上也是如此。从现实状况看，下面改革的法院基本上都把副庭长当做劳动力来看，庭长接近于大半劳动力，副院长从过去的基本不是劳动力变成了小半劳动力。通过这种方式，就可以使得领导出去干活，造成的结果是领导比过去干的多得多。因此，从员额制试点做法来看，之前的那种担忧基本上都是在一个可以控制的范围内。但是深入探讨的问题是，员额制是不是能彻底解决问题呢？我个人认为，员额制不一定是最好的改革突破口，像一些原来政治处、行政部门以及研究室的人员，他们不是法官了，对于这些问题，学者和社会大众都不关心，但是对于他们来说，工作的积极性也下降了，并且他们也很难再回到原来的岗位了。我就知道我一个学生在浙江一个县法院做政治部主任，本来是民二庭庭长，法院先给她"解决"个副院级——政治部主任，现在她想回去也回不去，因为没有名额，并且自己还带头推进这个员额制的方案。所以说，这个问题怎么办，有很多很优秀的人就不能做法官。另外还有一些年轻法官不

太容易入额的情形,或者说未来还有可能出现等待期比较长一些情况,比如说愿不愿做法官助理,是否长期做法官助理,这就是个很大的问题。再比如东南大学一年有60来个毕业生,毕业生毕业后是否愿意做法官助理,因为这个等待期是一个不可确定的状态。所以说,有些问题它可以把现有的人员基本上搞定,但是长远看的话,年轻人还愿不愿意去?因为年轻人失去了一个直接当法官的机会,而过去大陆法的传统就是给年轻人做法官。昨天我跟李本教授聊天,他说在美国40岁以下基本不可能做法官,就是一个州法院的法官都不能,一般都是干十多年的律师来做。中国基本上是大陆法的传统,本科毕业或者研究生毕业就去从书记员、助审员、审判员,现在突然间给你截断了,由于名额紧张,学生毕业了以后到法院去就不叫法官,叫法官助理,可能法官得过很多年才能做。所以说它是对中国传统这样一种逐渐的等级制的重新调整,至少是等待期延长的一种调整。这样会不会对年轻人才进入法院有影响?这个是不确定的。肯定有不利影响,但是影响有多大,还得经过五年到十年的观察。这是一个问题。第二个问题是:员额制是在一个最不好的背景下推行的,在中国诉讼爆炸情形下推行的,案件的数量在不断增多,而在这样的背景下削减法官的员额,需要面对巨大的现实压力,现在法官办一个案子要求法律效果、政治效果、社会效果都要好,但是案子数量却一天天增多,法官基本上都是在超负荷工作。同时,每个地方情况不一样,案件数量差异也很大,我预期,39%这个比例在将来肯定是会变的,而且是变多了,至于变多少我不敢说,但是按照现在案件数量的增长速度来看,明年、后年有可能就变成40%或45%。当然,我也不主张每个地方都平均变,而应该是一个全国范围内的调配。前天李本教授讲了一个借调法官的例子,纽约市的案子很多,怎么办?纽约州法院就把靠北边的法官调到纽约市来审几个月的案子。中国至少也应该以省为单位进行调配,都会区肯定案子多,农业县或者人口净流出的地方案子肯定少。以江苏为例,苏北的案子一定比苏南要少。因此完全可以把苏北法官借调到苏南来审理案子。

下面说一下省统管问题,如果说员额制在现实中做得非常好的话,那么省统管这个制度基本做的还可以,但是也不是尽善尽美。省统管的意思就是法院、检察院的人、财、物交到省里面来管。原先是人权、财权由外部决定,比如人事任命某些职位需要人大的批准,财务预算需要地方财政的支持。在这里,人事其实主要还是本院决定,比如通过内部的竞争上岗、民意测评打分等方式来决定副院长等人选,外部一般也都尊重。省统管有一个前提是司法权是中央事权,中央事权就不应该由地方管。区法院由区管,则区法院就成了区的法院;南京中院由南京市管,那就成了市的中院;江苏省高院就成了江苏省的高院。而且地方过问人、财,等于是地方就掌握了法院、检察院的"乌纱帽"和"钱袋子",等于是控制了它的行为模式,这样应该说有相当的道理。最近我写了两本书,你们的王禄生老师也参加了这两本书的编写,一个是法官的任用方面的,一个是法院的财政方面的,我们就在四川找了三个中院、五个基层法院考察了法官的任用。在四川找了一个县法院,把它从1949年到2009年期间60年的数据全部调出来,看这个法院的钱从什么地方来,又用到什么地方去。我们的一个感受就是:省统管改由中央统管是一个非常美好的愿景,但是在现实生活中它面临的基本问题是做起来很难。我认为省统管只能是相对统管,有限统管,大部分的统管还是应该在市一级。为什么呢?以四川为例,四川省过去省委组织部就管高院院长、副院长以及22个中级法院的"一把手",算下来大概管20来个干部。但是如果搞全面统管的话,那么对于下面的188个县,至少"一把手"你得管,本来只管20多个干部,现在增加180多个干部,增加了9倍的工作量。还不止这一点,我们把中级法院的副职都管上,一个中级法院至少有6—7个副职配备。这样算上去又是100多个,如果把下面的基层法院的副院长管起来,同样至少增加5—6倍工作量。按照这样的算法,省里肯定管不过来,也没办法管。所以,后来我们得出结论:省统管是任何一个省的部门都管不了的,省委能管到的就是把地市一级的"一把手"管起来。即使如此,它的工作量也会翻5—6倍,甚至10倍。因此人的统管只可能是相对统管。同样,钱的统管如何呢?这个问题我专门跟四川省财政厅政法处的处长、副处长做了一个调研。四川省的一级预算单位有120多家,什么叫一级预算单位呢?比如说成都市是一家,再比如说省农业厅是一家,这样的预算单位加起来有120多家。而过去司法口的一级预算单位也就是"公、检、法、司、安"5家。省统管的要求是每一个基层法院、每一个检察院都是一个单独的预算单位,如果这样算下来,会增加40多家中院一级的法院、检察院,增加370多家基层法院、检察院。那就意味着一级预算单位由过去的只有法院、检察院两家变成了400多家,省财政厅肯定管不下来。省财政厅政法处大概只有5—6个人,这根本没办法做预算。顶多是下面报一个"盘子"上来他们认可就是了。如果是这样,那么实质上还是形式化的结果。而且还有不平衡的问题:法院、检察院本来就是人数有限、作用有限的单位,这两家加起来就超过了所有的政府机关,政府机关才120家,法院、检察院就超过400家,超过3倍,那么肯定就平衡不了,所以事实上是省里面绝对管不了那么多。还有一个问题,法院、检察院的领导愿不愿意这样统管呢?过去大家都说要省统管,因为地方管着他们的"乌纱帽"和"钱袋子",他们有时会受到不当干预。但是后来我发现尽管抱怨很多,然而一旦要将人权、财权收上去了,地方法院、检察院领导又讲地方其实对他们很好,党委书记对他们也很好。我说他们不是干预你们的案子吗?他们说其实干预很少,地方领导的政治觉悟都很高。原则上都不干预,要干预也是维稳需要。我再举个例子,某省法院的一个中层正职到下面的法院任院长,现在成了一些省院法官都羡慕的对象。因为下面待遇明显好得多,一些省法院的干部羡慕得不得了。省统管以后怎么办呢?他的运气就不那么好了,因为省统管以后,这些钱下面就不会再给了,因为你都变成省里的人了。就是给你钱问题又来了,他是这个区的法院,那么阿坝州怎么办呢?是不是全省就"吃大锅饭"呢?"吃大锅饭"的话,收入低的地方有积极性,但是收入高的地方就没有积极性,而且下面地方也不愿意给钱了。所以真正做省统管的话,好的地方绝对不愿意交上去,因为他们的收入大头不在于工资,而在于地方津贴。那么改革怎么办?广东的地方改革很有启发,基本工资全省统管,而地方津贴继续由地方发放,这样就做到了兼顾省里与地方。所以说,省统管面临的主要问题是它没有照顾到中国的差异性和积极性。因此,省统管只能是相对统管,过去是,现在是,将来也是。我甚至对司法权是中央事权的口号有所怀疑,千百年来,所有的权力都是中央权力,我们过去的中央事权是军权,但是千百年来,司法权一直是属于地方官。过去的县太爷主要管的就是刑名与钱粮,也就是管断案与收税。如果司法权被收归中央,那么地方官凭什么控制地方?因此,对巡回法庭、跨区域法院的这些制度,我认为注定不会成功,只能是有限使用。如果大幅度地剥夺地方在司法方面的权力,那么地方是管理不好控制不好的。最高法院巡回法庭只是一个"花瓶"和"点缀",绝不是一个普遍现象。我个人反对搞一个全世界最大的最高法院,有什么用?能解决什么实际问题?最终的问题还得到地方解决。

由于时间关系,我就简单的评述一下,巡回法庭我就不说了。从巡回法庭来说的话,我刚才已经讲了,最高法院的巡回法庭意义不大。我国2007年收回死刑复核权,好处是我国的死刑案件大幅度减少,但是付出的代价是最高法院增加了第二办公区,增加了300个以上的法官,这就是机构膨胀的代价。这是一个增加成本但是并不能额外增加新收益的制度措施。坦率地说,最高法院最近的一些改革是在扩大自身的体量,目的肯定是很好的,但是效果不一定好。类似的还有检察院提起公益诉讼,特别四中全会后,这是最高检察院寻找的新的着力点。但问题在于检察院本质上是个刑事诉讼机构,却突然搞公益诉讼,如果把这些活全部揽过去的话,完全是从无到有,要求知识结构、组织结构、经验和能力都要有大的变化。可能经过一个过程会搞得不错。坦率地说,与其把精力花在这些上面,还不如继续把精力用在刑事诉讼上监督制约公安机关方面,去守着公安,让它们把"饭"做得顾客比较喜欢吃一点,这个事都没做,还去搞什么公益诉讼。

由于时间关系我就不多说了,待会儿李本教授也可以跟我共同探讨,谢谢大家。

周少华教授:非常感谢左卫民教授给我们提供了这样一场非常精彩的报告,他的报告比中央发的文件精彩得多,生动得多。在今天的报告里,左卫民教授把司法改革问题放在现实的困境中加以解读,让我们有了更加深入的理解。让我们再次谢谢左卫民教授!

(责任编辑:叶　泉)

中国司法改革的美国视角:差异和共同的挑战
——李本教授讲座文字稿

李 本

时　　间:2016 年 4 月 8 日下午
地　　点:东南大学四牌楼校区交通学院 101 室
题　　目:左卫民教授《司法改革热点问题深度谈》
　　　　　李本教授《中国司法改革的美国视角:差异和共同的挑战》
讲 座 人:四川大学法学院左卫民教授
　　　　　哥伦比亚大学法学院李本教授
主　　持:东南大学法学院周少华教授
文字整理:东南大学法学院 2015 级刑法博士研究生

周少华教授:我们刚刚听了左卫民教授的报告,接下来我们会听到来自美国的著名中国法专家、哥伦比亚大学李本教授带来的讲座。李本教授早年在美国的耶鲁大学、英国的剑桥大学接受本科教育,后来在哈佛大学获得法学博士学位,并且曾经担任美国联邦最高法院舒特大法官的助理,现任哥伦比亚大学法学院教授、中国法律研究中心主任。李本教授不仅精通中国的语言,有一个中国的名字,而且专门研究中国的法律,他是美国学界对中国法研究的领军人物,对于中国的司法改革、刑事诉讼、法律职业等多个领域都有着非常精深的研究。他也和中国很多主要法学院有着非常频繁的交流。今天李本教授报告的题目是《中国司法改革的美国视角:差异和共同的挑战》,如果说左卫民教授前面所展示的是一种司法改革内部视角的话,那么李本教授将为我们展示一种外部视角,这可能恰恰是我们今天两场报告放在一起最吸引人的地方。通过不同视角的对比,尤其是通过美国学者更加客观,更加中立的观察,我们或许能够得到更多的启示。下面我们有请李本教授为我们作报告。

李本教授:很荣幸来到东南大学,以前我来过好几次南京。第一次来南京是 1990 年,可能在座的各位当时还没有进入校园。今天是我第一次有机会来到东南大学,所以我感到非常高兴。今天我是刚下飞机,从成都过来,我也是前天刚从美国过来,现在还有点时差影响,请大家原谅。

我想说一下我在美国做的工作,我在美国作为中国法研究的位置还是比较特殊的,我在美国也属于一个比较窄领域的学者。我总是觉得在全世界我的工作是最难的,因为在美国我是一个中国法的专家,在美国 190 多个法学院总共可能就不到 20 个法学院有研究中国法的,而且各大有名的学校一般就一个人研究中国法。所以今天就有人打电话问我一个中国法的问题。在美国人看来,我是什么样的中国法问题都能够回答,而在很多中国人看来,我是什么样的美国法问题都能回答,其实我不是研究美国法而是研究中国法,所以待会儿有不能回答的问题,请大家理解。还有就是在美国研究中国法的方法也不一样,因为我们一般不会分得那么窄,一般是从社会学角度出发研究中国法,研究比较大的问题或体制的问题,而且部门法研究的很少。比如这几天我在研究侵权法的问题,可是在这之前我是研究美国的司法公开制度,所以在美国的研究范围可能有些广泛。今天我不会很细地谈我对中国司法改革的看法,大家也知道,美中两国有很多不同的地方,包括法官的制度和任用、扮演的角色和受到的尊重都有很大的差异。我也时常想有没有什么美国的经验对中国的司法改革有用。所以我今天在介绍美国类似问题的时候,包括案多人少、法官的责任等,会对美国如何处理类似的问题进行说明,这些可能对中国有一些借鉴。通过这个机会,我也会谈一些我对中国司法改革的看法。

对美国的基本情况,在座的各位可能知道,美国的司法程序一般比较复杂,将一个案子在中国与美国之间进行简单的对比是比较难的。因为在美国一个案子经常可能需要几个月甚至更长时间。而且我们有很多开庭之前的动议(motion),有很多程序是非常复杂的。同样的案子放在中国可能只要一个上午就结束了。我的看法是,可能一个案子在中国的处理时间是太短而美国又太长。而且美国的陪审员,可能五个星期都不能下班,就只拿到政府的一些补助,可是作为陪审员,他们也许认为这是他们的一种义务。大家都知道,中国正在经历历史上很重要的司法改革,在美国比较有意思的一点是我们基本上不会用司法改革这个词,当然美国的法院也是一直在改革和创新。因为美国的制度是多元化的制度,差不多有51个法院制度,每个州都有自己的制度,而各个州也都在创新,这个待会儿我还会讲到。所以我觉得有一些领域还是可以共同讨论的,有一些美国的经验可能不适合在中国直接适用,但是对中国司法界的朋友可能会有所借鉴,包括法官的职业道德,包括法官的评价和责任。我知道在座的可能会有法官,可能比较关心美国的法官助理的作用。当然后面我还会讲到司法改革中律师的作用。

一、法官办案工作量及应对措施

我先介绍一下美国的基本情况,大多数中国学者一般都会把美国的联邦制度当做研究对象,可是在美国,大部分法官是州法官,美国联邦系统不到800名法官,而州法院大概有20 000名法官,因此绝大部分法官是在州法院。人数跟中国相比当然是少得多,在美国最高法院有9个大法官,在中国应该是很多吧。在美国最高法院不要说法官有9个人,就是在美国最高法院工作的人包括助理、秘书等人员总共也就200个人左右。在"911"之前,这些最高法官都是自己开车上下班,在"911"之后可能是考虑到安全因素,给他们配了司机。当然在美国也有人批评最高法院,觉得他们的工作量实在是太少。美国法院办理多少案子具体并没有特别详细的数据,大部分案子都是在州法院办理的。我找到了一个2013年的统计,新的立案数量接近1亿,可是跟中国比的话,可能给人的感觉是中国的法官这么多,可是案子却比较少。我觉得这样的思考思路是不对的,我跟左卫民教授的看法一样,在中国的基层法院法官确实是工作很辛苦而且要处理的事情很多。美国的案子立案多,但是可能有一半都是交通违规的案子。所以在美国有些案子可能要审理很长时间,也许是几个星期甚至几个月,可是有很多案子可能很快就可以审理完。而且有些案子在中国是不可能进入法院的,对于交通违规的案子,中国法官可能一上午就能处理几十件。王禄生老师跟我说过,他去过美国的交通法院,那里可能一个案子一分钟、两分钟就处理完毕。有不少案子警察不来的话,可能就不要赔偿,而且大部分情形下,警察都不来。还有一大部分的案子根本不会进入审理程序,美国百分之九十八的交通事故案件立案之后不会进入审理,基本都是和解。所以,根据这些数据也不能判定到底美国法院忙还是中国法院忙。美国的诉讼高峰是2007—2008年,因为当时全球金融危机,经济情况不好必然会带来新的诉讼。近年来,美国每年增加的案子不会太多,相对比较平稳,不像中国增加的那么多。联邦法院案子不会很多,且联邦法院案子最多的类型是破产案子,因为破产案子是联邦法律适用的问题,州法院是不管的。虽然联邦上诉法院是学者研究的重点,但是其实它们的案子并不是太多。我想大家都知道,一审案件一个法官审理,二审是三个法官一起审理。因此,仅凭上面的情况来将中美的办案数量进行对比是很难的。美国法官也会抱怨案多人少,工作量一直也在增加。但是跟中国的不同在于美国法官的责任就是写判决书、审理案件,至于一些送达文件,执行等不是法官的责任,同时美国法官自己决定审理进度,也许可以突然去度假,这也没人管。这与中国不同,中国法官做了不少事务上的事情。有一次我八月份去美国的一个法院,结果那时候几乎所有的法官都去度假,我问为什么不轮流度假,得到的答案是他们控制不了。还有一个有意思的是,一般的法官是没有任何行政任务的,一个法院一般就一个院长有行政任务,管理各种行政事务,但是他们有一半以上的精力还是放在审理案子上。前段时间,听说中国有一个创新,中国的法院院长一般一年起码还是会审理一两个案子。但是在美国,院长一般是轮流,他们也不希望干很多年,觉得行政任务比较多。但最高法院除外,最高法院法官比较喜欢当院长。不过,美国也存在很多问题,有的人讲美国司法制度是完美的,其实我认为并非如此,只是美国的问题和中国的问题是不一样的。

不知道大家有没有关注,美国的媒体和报纸也一直在报道美国的司法问题。美国最大的问题是案件积压和延期,这个和中国的问题有所不同。有些中国学者认为,中国的刑事案件审理得太快,可能是中国的法院审理的效率太高了。而美国不一样,有的案子一放就是好几年,当然其中的一个原因是美国程序法太复杂,还有就是因为法律也很庞杂。美国法律规定,刑事案件从起诉开始算,不能在30天以内开始,因为怕被告没有足够的时间准备这个案子。所以案件一般是30天之后半年之内审理完。谈到工作量的话,据2012年联邦法院统计,平均每个法官有464个未结案件。美国的法官也在抱怨,从1992年到现在我们案子增加了40%。比较有意思的是,中国的法官抱怨从去年到今年他们的案子就增加了40%。其实美国学界也会关注这个问题,发现美国的案子增加一倍多,但改判的案子反而少了。针对案子数量多的问题,其实也有一些应对措施。以纽约为例,纽约十几个区延误的案子比较多。现在开始有一些创新方法,鼓励庭前程序简易化,双方如果同意9个月之内办完,对双方都有利。还有一个措施是他们会把纽约州北面的人少地区的法官调配到人多地区进行案件审理,这也是一个解决问题的方法。美国法院越来越注重和解以及程序管理问题,以解决案件挤压延误问题。纽约也有一些新的做法,就是有时候把某一个领域的案子集中在一起放在有经验的法院进行审理。还有就是刑事案件进行刑事处罚也不好,于是用矫正的方法来处理,特别是美国的监狱人口已经十分膨胀,如果用人口算的话是中国的6倍甚至9倍。当然对于案多人少,有人建议增加法官的职位,而这在美国还存在两个问题:一个问题是,案子虽然增加,但是没有增加法官的数量。还有一个问题是,在联邦系统里面,谁当法官有时候是个政治问题。特别是美国的联邦法官由总统任命,由参议院批准,因此有很多政治因素掺杂在里面。美国法院内部也有一些措施,比如列一个进度表将每个法官未结的案子列上去，以此来提醒。我有一次问一个法官，我说你怕不怕自己效率高的话，他们会给你更多的工作。其实不会，因为美国的法官是特别独立的，你如果不办案的话也没人能管你。当然也不会有人不办案，但是具体办案的进度往往取决于法官。当然，在美国当法官是很不容易的事情，而且大部分都是当过许多年律师的，同时也有职业道德感的存在，所以一般也不会刻意人为地拖延案子的办理进度。还有就是由于美国民事纠纷比较多，因此在美国以仲裁和解方式结案也越来越多。另外，格式条款的广泛适用也是导致仲裁越来越多的重要原因。当然，中国学界一般比较关注联邦法官，也知道他们一般是终身制，有比较高的社会地位。弹劾是比较难的，从18世纪以来，可以说只有8名法官引咎辞职，基本上不存在弹劾问题，一般对法官没有任何审查。全世界的法官都不喜欢自己的判决被推翻，而且在美国基本上每个案子都会有律师参与，因此如果他们处理得不好，也会关心律师对他们的评价。现在总统任命法官的话，一般的民众和媒体也是有很多的评价的。去年的纽约时报也报道了联邦法官中哪些人会过多地延误审判，当然美国的裁判也全部是公开的，这些措施一定程度上对法官形成了影响。

二、法官的选任机制

州法官选任和司法责任与联邦法官是不一样的，州法官大部分是通过选举的方式产生的，这是美国比较奇特的现象，全世界只有美国会以选举的方式来选法官。这与美国的历史有关，美国自19世纪就开始采用这种方式，当然选举的方式也是不同的：有的是州长自己选，有的是州长委托专门委员会选举，有的是政党性的选举，有的是非政党性的选举。有的州在政党性的选举中会花一大笔钱，例如前段时间的堪萨斯州。可以说，美国选择法官制度是历史原因造成的，虽然也饱受批评，但是很难改，是一个带有历史特色的制度。

三、法官的责任及职业保障

美国所有州都有专门投诉司法不当的机构，比较有意思的是，这些机构大部分都是律师在里面，而不是法官。有些州的这些机构对于法官某些不当行为可以开除法官，但是这里只针对行为不当，绝对不会对判决的内容做任何评价。所以，对于法官的法律错误这些机构是不关心的，也不涉及法律的判断以及事实的判断问题。其实这些机构产生的影响也不是特别大，他们本身十分谨慎，真正被投诉到机构的法官也不是特别多。美国当然也有司法腐败，特别是在基层的州法院，但是确实不多。关于法官的责任问题，还有一个就是很多地方律师会对可能当法官的候选人进行评价，这里的评价主要是对这些人以前当律师的情形进行评价。刚才我也讲到了，在美国做法官是一种选择，大部分都是干了几十年律师才去做法官，40岁当法官已经是非常年轻的了，他们一般也是赚了不少钱才去从事法官职业。因而法官一般也有职业道德与公共服务道德。当然，我觉得中国的法官也是有职业道德与公共服务道德的，只是我们不怎么担心（美国）司法腐败问题。

关于法官的职业保障问题。在美国，法官法庭的行为不会对法官个人产生任何民事责任，法官可能被弹劾、被免职、被处罚，但是法官不会因此而产生民事责任。当然这也是基于一种考虑，如果法官在法庭的行为会产生民事责任，则会不当地束缚法官的手脚。如果法官有违法行为,当然可以以刑法来处罚法官。在美国没有错案的概念,美国普遍认为,对一个案件的认定是因人而异的,必然会有不同的认识,这是很自然的事情。不可能因为判决书写得不对而承担任何责任。在美国也不会因为上诉法院改判或推翻原判决而进行考核。在中国我知道的是:如果有人上诉或改判比较多的话,那可能对这个法官会有不利的评价。而在美国对上诉的看法却不同,法官认为当事人上诉是很正常自然的事情,并非什么不好的事情。

四、协助法官工作的机制

我再简单地说一下协助法官工作的机制。在美国联邦法官都有法官助理,一般都是法学院刚毕业的,而且这些职位还是比较难争取到的,特别是像纽约或华盛顿等上诉法院里这些职位是十分难拿到的。我是比较幸运拿到了这个职位,可能是因为我的中文比较好吧。联邦法院是这样的,那么最高法院每个法官有4个助理,上诉法院每个法官有3个助理,所以一般看上去每个法官最少有3个人帮忙。州法院不一样,有的州法院助理是职业法官助理。而美国与中国一个很大的不同还在于:在美国基本上每个案子都会有律师参与,而这些律师对法官也是一种帮忙。在美国的联邦法院对案件是不分类的,在联邦法院没有专门的刑事法庭、民事法庭。那么可能有人会问,一个美国的法官怎么可能对所有的领域都有了解?其实他并不需要有那么深的了解,因为律师提交的关于案子的书面材料已经很详尽和完整了。因此,法官看完双方律师提交的这些材料,基本上所有的法律问题都会呈现出来,法官只需要看材料进行认定谁对谁错就可以了。当然法官和他的助理也都会自己回去看很多判决以及相关法律。可以说,在美国当事人一般都会委托律师代理,当事人对法院也信任,同时这些律师也会向他们的当事人解释法律,这些因素对法官来说会是很大的帮助。这也反映出中国的法官有时候会很难,尤其是当事人没有律师代理,导致很多程序也需要解释,这也是美国法官不会面临的挑战。

因此,总体上,美国法官地位和权力的现状是很多原因造就的。当然跟职业道德有关,跟历史有关,跟美国的政治体制有关。职业道德在美国司法体制中非常重要,但是这也不是短期内就突然形成的,而是经过几百年的历史而发展出来的。刚才我也说了几次,其实在美国做法官是一种选择,也是一种崇高的荣誉,有很高的社会地位,受到有力的保护,媒体也扮演了很重要的角色。当然美国也存在很多问题。我今天来并不是说美国有多么好,中国有自己的历史和传统,而且中国是大陆法系国家,有时候可能更应该参照欧洲和日本等大陆法系国家的做法。

其实美国的司法改革,一般与律师分不开,法院如果在某些地方需要改的话,一般也会让律师参与,跟律师一起讨论什么地方需要改进。我认为美国的政治体制也有很大的作用,所以我们经常会看到和听到美国的政客,尤其是国会的代表批评法院的判决,这个非常普遍,而且对谁担任最高法院法官也都会有不同的意见,尤其是现在。可是法院只要做出了判决,大家都会遵守,美国的官员即使不高兴也会遵守。这些也是源自美国的政治文化。

我就说到这里,如果有什么地方说的不清楚,请大家原谅。也欢迎各位老师和学生多提问,谢谢大家!

周少华教授:时间还比较充裕,有问题大家可以提问。

李本教授：我插一句，我觉得自己讲了40多分钟已经很长，在美国一般不会超过20分钟，我们把重点放在提问题。

提问：今天学习了美国的司法制度，根据刚才您说的美国的律师在其司法改革中起到很大的作用，而我国的司法改革好像是由上层的领导人来推进的，那您认为我们国家的司法改革是否应该有律师来参与？

李本教授：这就是我要说的意思，我赞同你的看法。我去年12月份参加了一次会议，在会上我差不多谈的就是这个问题。我觉得中国要做好司法改革，必须发挥律师的作用。刚才提到的提高律师的位置和作用，对于提高老百姓对法院的信任及公信力有很大的帮助。每个当事人如果都有律师代理，其实会对整个制度带来好处。而且律师也有很多经验，有些可以作为参考意见。我只谈到纽约州，司法改革跟州会和州长基本没有任何关系，是法院自己要做，纽约州的最高法院听取专门委员会的意见时都会请一些律师来参与，这是非常重要的。所以说，一个是司法改革中律师很重要，另一个是提高律师在整个制度中的地位也会对司法治理有很大的帮助。

提问：刚才左卫民教授提到了在中国公检法三机关应该实行逆向制约，我想问在美国公检法三家在刑事诉讼中是什么样的关系？

李本教授：在美国公检法基本上是完全分开的。当然公安和检察院会合作，它们的交流是非常非常多的。但是检察院与法院则是完全分开的，检察院有公权力在后面，权力的确很大，但是进入法庭之后，检察院与被告人以及辩护律师的地位是一致的，法院与检察院不可能有任何庭外沟通。一个有意思的故事是：我在最高法院当助理之前，曾在波士顿巡回法院当过一年的法官助理，当时的法院是在一个很大的政府办公楼内，包括法院以及其他机构。当时他们有一个健身房，但是却不允许检察院的人进去，因为怕他们会碰到法官。这个健身房法官和助理可以用，但是检察官不能用。后来他们建立了一个新的法院，他们说检察院的办公室不允许在法院内，要完全分开，所以我觉得是一种完全分开的概念。我刚才还没有说的一个问题是关于法院内部沟通的问题，在美国法院的法官只会跟自己的助理沟通案子，但是绝对不会跟其他任何法院的法官沟通，更不要说与检察官沟通了。上诉法院的三个法官当然是可以相互沟通和讨论案子，但是他们绝对不会和法院里面的其他任何法官谈案子。所以说是一种完全分开的概念，我不知道有没有回答了你的问题。

提问：在我们中国只要一提美国的刑事诉讼制度，那一定是保障人权而且是完善的，也是非常值得学习的，但是在美国还是产生了冤案，对这个问题，您是如何看的？

李本教授：我觉得美国的刑事诉讼制度并不完美，问题也非常多。最大的问题是我们放在监狱里的人太多，而且监狱里也容易培养新的犯罪人。所以我认为，任何一个国家、任何一个制度都会有错误，但问题是如何处理这些错误。在美国也有批判检察院和警察配合太多，包括在指定辩护代理的情形下，有些律师也不是进行尽职的代理。最近为什么我们发现了很多错案，也是因为DNA科学方法的运用，所以美国现在有越来越多的人反对死刑，也是因为不能完全排除错案。我再说一个美国存在比较大问题的制度，在美国很多人都在批评诉辩交易这个方式，检察官会说，给你一个选择，你认罪就判你三年，不认罪我们就起诉你，可能会判十年二十年，这样的选择会将被告放在一个很难选择的位置上，这对他是不公正的。所以，我觉得美国的司法制度中也是存在着各种各样的问题的。

提问：李本教授您好，我想问一个问题就是新中国成立以后，我们不断地在进行司法体制的改革和变动,我们的司法制度总的趋势是不断走向合理和科学化。然而,我们的法律包括我们的刑法也在经常变动、修正、修改。我想问的就是:美国现行的司法体制有没有经常性的变动?还有就是美国的法律会不会经常的修正或修改?谢谢!

李本教授:我觉得法律总是会改,当然美国也有理论家总认为美国的宪法应该按照18世纪末那样的理解来解释。但我不赞同这样的观点。我认为美国的法律也是一直在改,有新的法律问题就应该有新的法律,而且判例法的精神就是变动。可能有人认为美国法院创新的高峰是在20世纪六七十年代,最近几十年改变比较少,也许事实是如此。还有一个需要说明的是,美国有51个法律系统,每个州有自己的法律,联邦法律管的范围比较窄,每个州的法律不同,每个州也会有不同的做法,并不存在哪个州的法律就是对或是错的问题。因此你要看美国法不能只看美国宪法,而应该看州法,州法与州法之间的不同一般也是判例法在各州的法院解释而造成的。

提问:我想问一下您对"营救酷刑"的看法?就比如说一个绑架劫匪劫持了一个人质,后来他被抓住了,然而这个时候人质还在他手里,但是他拒不交代人质在哪里,这个时候是否可以对这个劫匪使用酷刑以逼供他说出人质的下落?

李本教授:我自己反对酷刑,而且美国很多研究发现酷刑是没有效的,而且酷刑也会造成许多错案。因此在美国的主流看法是坚决反对。

提问:在刑事案件中,美国有陪审团制度,那么在民事案件、行政案件中是否适用陪审团?

李本:陪审团的问题比较复杂,美国的刑事案件有宪法保护,有陪审团,当然被告可以不要陪审团,这是被告的选择。问题是在美国辩诉交易解决问题非常普遍,联邦法院90%以上都是通过辩诉交易解决的,辩诉交易一般不需要审理这个案子,他只要认罪,他认罪当然是认比较轻的罪了,那么公诉人会提交一个意见给法院。民事案件是不一样的,在联邦法院,宪法也有保障当事人适用陪审团的制度,双方不要陪审团的话也可以不用,在州法院,联邦宪法不管。所以在美国对于民事案件不一定有陪审团,刑事案件一般都有陪审团,而且民事案件很多都是和解解决的。

提问:我想问一下,在我们中国,法律对少数民族是有特殊保护的,那么在美国有没有关于少数民族的特殊保护措施?

李本教授:这个问题太复杂。在美国是不能因为一个人的种族而对他有歧视。而现在比较复杂的问题就是在什么场合下政府可以对少数民族或种族给予优惠待遇,这是个争议很大的问题,在这里难以展开回答。

提问:我想问一个关于法官助理的问题,您刚才说美国法官一般都配备3—4个法官助理,而这个似乎没有在我国推行,因为我们员额制下,法官助理有可能以后进员额做法官,而您刚才说,在美国法官助理是司法行政人员,一般永远都做助理,而没有办法做法官。我想问在一个判决中,有多少工作是法官助理干的,有多少工作是法官自己做的?还有如果那个法官助理是刚毕业的学生,那么他一般要做多久的法官助理后他就去干律师了?

李本教授:上诉法院法官助理一般要做一年,区法院大部分是一年,有的是两年。我最近有个学生他同一天收到区法院和上诉法院让他做助理的通知,他本人希望先去区法院再去上诉法院,因为这两个法院的工作完全不同。在美国,法官助理完全是法官自己选的,虽然法官助理的钱是政府给的,但是选择权完全在法官本人手里。有两种工作是法官助理一般都要做的:一个是在开庭之前,法官会委托助理提前准备一下专门问题的意见,当然每个法官要求会不同;另一个就是起草判决书,如果是在上诉法院的话,要帮法官看其他法官写的判决书。

提问:刚才您说在美国往往一个民事案件(审理)可能需要很长时间,我想问一下,为什么要这么多时间呢?在中国一个比较小的民事案件如果审理了很长时间,那么当事人可能就不会答应。美国应该是很讲效率的,那么公平与效率之间应该如何去平衡?如果单纯追求公平的话,那么牺牲效率是否正当呢?

李本教授:美国也有人认为案件处理进度慢是一种不正义。在美国也没有专门的小额法院,有人也认为一个案子长时间得不到处理是对当事人权益保障的不力。这当然也是因为美国程序法太发达的缘故。所以,我本人也同意这样的看法,效率也是一个重要的价值,但是这个问题现在看来在美国很难解决。

周少华教授:李本教授对中美司法制度的异同做了好的阐释,在这里有两点我印象很深刻:一个是在美国,公众不会质疑法官的判决,法官也不会因为自己的判决而受到追究。但是在中国,一个案子如果引发社会广泛争议的话,那么公众首先就会质疑法官是否公正。另外,中国法官地位确实是比较弱势。第二个就是在美国,律师在法治当中的作用。而在我国,律师的作用在法治建设中不太明显。而且事实上,在我们的体制内也没有让律师得到应有的尊重。

最后,让我们以热烈的掌声感谢李本教授!

(责任编辑:叶　泉)

原因自由行为可罚性根据新论

马荣春　任　贵

摘　要　以"相当因果关系说"为基础的"关联相当性说"是原因自由行为可罚性根据的实质性交代，而由"关联相当性说"升华而来的"一体化说"则是对原因自由行为可罚性根据的结构性诠释。"一体化说"使得"责任主义"即责任原则在原因自由行为中得到有力维护和切实落实。

关键词　原因自由行为　原因行为　结果行为　责任主义　一体化

原因自由行为，是指具有责任能力的行为人，故意或者过失使自己一时陷入丧失或者尚未完全丧失责任能力的状态，并在该状态下实施了符合构成要件的违法行为。使自己陷入丧失或者尚未完全丧失责任能力状态的行为，即原因行为；在该状态下实施的符合客观构成要件的违法行为，即结果行为。由于行为人可以自己决定自己是否陷入上述状态，故曰原因自由行为[①]。对原因自由行为问题，刑法学界热衷于讨论原因自由行为的可罚性根据。然而，讨论的热烈并不意味着原因自由行为的可罚性根据问题已经在完全澄清之后达成了共识。由于直接事关原因自由行为的"实行行为"及其"着手"等问题的解答，故原因自由行为的可罚性根据问题仍有进一步讨论的必要。

一、原因自由行为可罚性根据学说的基本交代与初步点评

对于原因自由行为的可罚性根据问题，以往的学说是我们讨论问题的起点。

一是"间接正犯构造说"。以往通说认定原因行为因具有"实行性"而坚持了"行为与责任同在原则"，但其又遭到原因行为没有"实行性"的质疑，于是"间接正犯构造说"便得以形成。在该说看来，间接正犯是将他人作为工具予以利用，而原因自由行为是将自己的无责任能力状态作用工具予以利用。间接正犯与原因自由行为虽有区别，但就介入无责任能力者的举动以实现犯罪意图而言，都是一种利用行为，故其论理构成相同。在该说看来，在原因自由行为中，原因行为便是当然的实行行为[②]。在本文看来，间接正犯的法理至少不能说明

作者简介：马荣春，扬州大学法学院教授，法学博士、博士后。任贵，江苏省扬州市开发区人民检察院检察员。
① 张明楷．刑法学．法律出版社，2011：284．
② 张明楷．刑法学．法律出版社，2011：285．

原因自由行为的全部,因为间接正犯是故意犯,而原因自由行为还存在着原因行为,从而也有整个原因自由行为本身也是过失犯的情形。另外,在间接正犯的场合,被利用者要么是无罪过,要么是"他罪过";而在原因自由行为的场合,当行为人在实施结果行为时若具有限制责任能力,则其便通常具有形成于原因行为的罪过性,即其结果行为的罪过性与原因行为的罪过性便通常具有"同一性"。

二是"正犯行为说"。在该说看来,正犯与实行的"同一性"虽然是共犯论的"基底",但二者的分离,即只要正犯行为时具有责任能力,即使实行行为时没有责任能力,也应认为符合"行为与责任同在原则",从而应当追究刑事责任。在原因自由行为的场合,原因行为是正犯行为,但此正犯行为还不是实行行为。只有当行为人实施结果行为时,正犯行为才具有发生结果的具体危险,进而成为实行行为。这既维护了"行为与责任同在原则",也说明了原因自由行为的可罚性。但是,该说似乎将实行行为分解为正犯行为与实行行为,容易引起概念混淆①。在本文看来,"同一性"这一"基底"说明正犯行为必然具有实行性,故当说正犯行为具有发生结果的具体危险时,才成为实行行为,则确实导致了正犯行为与实行行为的分离,从而导致将原本的实行行为人为地分解为正犯行为与实行行为。显然,其所引起的,与其说是"概念混淆",毋宁说是"概念分裂"。

三是"相当原因行为说"。在该说看来,只有具有责任能力的原因行为才能成为问责的对象,而只要原因行为与结果行为及其结果之间具有相当的因果关系和责任关联(故意、过失),就可以追究原因自由行为的责任。在该说看来,实行行为可以分为"作为因果关系起点的实行行为"与"作为未遂犯的实行行为"。在原因自由行为的场合,由于原因行为是作为因果关系起点的实行行为,故对原因自由行为追究责任符合"实行行为与责任同时存在原则"②。在本文看来,在原因自由行为的场合,我们能够肯定原因行为与结果行为之间也存在着因果关系或曰因果性。在哲学上,原因包含着结果发生或形成的根据,而结果沉淀着原因的因子。那么,在原因自由行为的场合,原因行为与结果行为及其结果之间具有相当的因果关系或因果性,是能够得到肯定的。否则,所谓原因自由行为也就不成其为原因自由行为。

四是"原因行为时支配可能性说"。在该说看来,原因自由行为过程中的实行行为是结果行为,但行为人在实施原因行为时仍有对结果行为的支配的可能性,故其应对结果行为承担责任。这虽然在形式上违反了"实行行为与责任同时存在原则",但在实质上符合该原则,因为在原因自由行为中,无责任能力时的实行行为是有责任能力时的"表象",或通过支配可能性,在有责任能力时支配或者可能支配是否实施实行行为。因此,在实施原因行为时,行为人就能够由其规范意识来抵抗实行行为即结果行为。这一学说实际上是追究原因行为的责任,但原因行为不是符合构成要件的行为③。在本文看来,当把无责任能力时的实行行为视为有责任能力时即原因行为时的一种"表象",便不能断然地说这一学说实际上是追究原因行为的责任,因为所谓"表象",实质上是体现或存在责任能力的原因行为的一种"延伸"。而即便这一学说在考察原因自由行为的刑事责任问题时将原因行为作为"关注点",但也可

---

① 张明楷.刑法学.法律出版社,2011:285.
② 张明楷.刑法学.法律出版社,2011:285.
③ 张明楷.刑法学.法律出版社,2011:285.

认为其并不排斥关注结果行为,因为原因里面本来就包含着结果发生或形成的根据。而我们始终应抓住一点,即作为问责对象的并非原因自由行为的构成部分,而是原因自由行为的整体。

五是"意思决定时责任说"。在该说看来,行为开始时的最终的意思决定贯穿于至结果发生的行为整体,故只要在最终的意思决定时具有责任能力,即使于现实的实行行为即结果行为时丧失责任能力,也不妨认为有责任能力而追究责任。其基本理由是:立于规范的责任论,责任判断是从意思决定规范的立场对意思决定进行的非难,故责任能力必须存在于作出实施行为的意思决定之时。刑法上的行为是特定意思的实现过程,一个特定意思贯穿于一个行为。由此说能够得出的结论是:① 行为的责任能力只要存在于对该行为的最终意思决定之时即可;② 责任能力不必存在于违法行为本身的开始时,而是只要存在于包含违法行为的整体行为的开始时即可;③ 在有责任能力的状态下,预见会在无责任能力的状态下实施一定的行为时,只要这种预见在通常人看来并非不合理,就是可能实现的。可见,这一学说对"同时存在原则"进行了修正①。在本文看来,如果将"责任与行为同时存在原则"中的"行为"理解为整个犯罪行为,即在原因自由行为的场合,这里的"行为"应该被理解为原因自由行为的整体,则这一学说是不存在对"同时存在原则"的所谓修正的。实际上,在原因自由行为的场合,恰恰是无责任能力或限制责任能力状态下的实行行为即结果行为才根本地担负着对所谓"特定意思"的实现。那么,无责任能力或限制责任能力状态下的实行行为即结果行为是本不应从责任能力中剥离出来的。

六是"例外说"。在该说看来,在原因自由行为的场合,原因行为不是实行行为,但与结果行为具有密切关联,故原因行为是责任非难的根据。易言之,原因自由行为的责任非难的根据不在于无责任能力状态下实现构成要件的行为,而在于行为人有责地实施了原因行为。处罚原因自由行为虽然不符合"实行行为与责任同时存在"的原则,但该原则不必严格适用于原因自由行为,即原因自由行为是"同时存在原则"的例外。但是,为什么原因自由行为可以成为"同时存在原则"的例外,其根据不明确②。在本文看来,这一学说对于原因自由行为可以成为"同时存在原则"的"例外"的根据,已经交代得比较明确了,即在原因自由行为的场合,行为人已经"有责地"实施了与结果行为具有"密切关联"的原因行为。所谓"例外说"的"例外",只是一个相对的说法,即相对于"责任与行为同时存在原则"中的"行为"只是实行行为而言,是个"例外",但相对于此处的"行为"是整个犯罪行为而言,便不再是个"例外"。看来,将无责任能力状态下的结果行为也视为实现构成要件的行为即具有构成要件该当性的行为,亦即所谓实行行为,则显然是对"责任与行为同时存在原则"中的"行为"作了形式解释,这是刑法解释形式理性的一种貌似严格,实为偏颇的体现;而若对此处的"行为"作"整个犯罪行为"的把握,则是坚持了刑法解释形式理性下的刑法解释实质理性。

二、原因自由行为可罚性根据学说的初步肯定与修正

对于前述六种学说,张明楷教授指出,前三种学说将原因行为作为处罚对象,故维护了

---

① 张明楷.刑法学.法律出版社,2011:287.
② 张明楷.刑法学.法律出版社,2011:287.

"行为与责任同时存在原则",而后三种学说将结果行为作为处罚对象,则多多少少违背或否认了"行为与责任同时存在原则"。责任能力、故意、过失与行为同时存在的原则必须得到维护,不能为了说明原因自由的可罚性而承认该原则有"例外",因为如果承认有"例外",则往往因例外的理由与范围的不确定而导致在其他场合也承认"例外",从而违反"责任主义"。但是,对于"同时存在原则"中的"行为"不宜狭义地理解为"着手"后的行为,而宜理解为与结果的发生具有因果关系的行为,即只要行为人开始实施与结果的发生具有因果关系的行为时具有责任能力即可。在行为人起先没有实施暴行等结果行为的意思,但由于饮酒等原因行为而产生了该意思时(非连续型),由于如果没有原因行为就没有结果行为,故可以肯定原因行为与结果行为之间存在因果关系;而在行为人事先就有实施结果行为的意思,出于鼓起勇气等动机而饮酒导致丧失责任能力,进而在该状态下实施了结果行为(连续型),也可以肯定原因行为与结果行为之间的因果关系。既然行为人在实施与结果的发生具有因果关系的行为时具有责任能力,而且具有故意或者过失,便具有非难可能性[①]。张明楷教授对前述六种学说的评述及自己的观点不无道理。但是,究竟如何客观全面地看待关于原因自由行为的可罚性根据问题呢?

首先,正如前文已经指出,前述六种学说是否违背或否认"责任与行为同时存在原则",取决于对该原则中的"行为"是在形式理性之下作出貌似严格而实为偏颇的刑法解释,还是在兼顾形式理性的同时而在实质理性之下作出貌似扩张而实为全面的刑法解释,正如张明楷教授指出,"同时存在原则"中的"行为"不宜狭义地理解为"着手"后的行为,即不宜狭义地理解为原本的"实行行为"。应予肯定的是,"责任与行为同时存在原则"确实应得到维护,因为对这一原则的维护就是对主客观相统一原则的维护,但这里牵扯出如何维护该原则的问题。在兼顾形式理性的实质理性之下对责任与行为作动态的、整体的并行性把握,或许是对该原则与时俱进的切实维护。

再就是,前述六种观点都可以用来说明原因自由行为的可罚性根据问题,它们的区别只在于说明问题的广度和深度有别。由于间接正犯仅限于故意犯,故"间接正犯构造说"存在着广度的不足,因为原因自由行为包含着原因行为系出于过失的情形。至于其他五种学说,则是在说明问题的深度上各有千秋,而这主要是由选取的角度不同所造成的。具言之,"正犯行为说"通过在实行行为即结果行为之前将原因行为设定为"正犯行为",然后假借"责任与行为同时存在原则"来论证原因自由行为的可罚性根据,其中也潜藏着对"同时存在原则"中的"行为"的扩张冲动,但该说基本上停留于对问题作出形式把握,并且存有将正犯行为与实行行为对立的嫌疑。其他包括"例外说"在内的四种学说,基本上都是对问题作出了实质把握,只不过有的是偏重于主观的立场如"意思决定行为时责任说",有的偏重于客观的立场如"原因行为时支配可能性说",而有的是兼顾主客观立场如"相当原因行为说"与"例外说"。相对而言,在说明原因自由行为的可罚性根据的问题上,能够体现主客观相统一立场的学说是较为可取的,如"相当原因行为说",因为对原因自由行为的刑事非难就是追究其刑事责任,而刑事责任必然是以犯罪的主观要件与客观要件的统一为基础。张明楷教授对原因自由行为的可罚性根据的主张可以归入体现主客观相统一立场的"相当原因行为说",因为张明楷教授肯定原因自由行为中的原因行为与结果行为以及结果之间的因果关联和责任关

[①] 张明楷.刑法学.法律出版社,2011:287.

联,而所谓责任关联实质是对"相当原因行为"的主观层面的说明而已。

在本文看来,我们似乎应在"相当原因行为说"的基础上提出"关联相当性说",因为"相当原因行为说"仍给人一种追究原因自由行为的刑事责任就"等同"于追究作为其构成部分的"原因行为"的刑事责任这么一种错觉。由于在原因自由行为的场合,原因行为与结果行为之间存在着引起和被引起的关系,结果行为与结果之间也存在着引起和被引起的关系,故"关联相当性说"便喻示着追究原因自由行为的刑事责任是追究其行为整体的刑事责任而非仅仅追究其构成部分的刑事责任。另外,"关联相当性说"能够在克服"间接正犯构造说"只能针对故意犯的原因自由行为的偏狭和避免"正犯行为说"对实行行为的不当分解而引起概念混淆之中,容纳"原因行为时支配可能性说""意思决定行为时责任说"和"例外说"。"关联相当性说"在扩大"责任与行为同时存在原则"中的"行为"的理论视野的同时,通过强调故意或过失而紧紧抓住"责任关联",故其在原因自由行为的场合实事求是地维护了责任能力、故意、过失与行为同时存在的"责任主义原则"。显然,"关联相当性说"涵盖了原因自由行为的两个相互结合的层面,即客观层面的"关联相当性"和主观层面的"关联相当性":前者指的是原因行为与结果行为之间和结果行为与结果之间的引起和被引起的那种关联性,亦即法益侵害关联;后者指的是结果行为及其结果在原因行为时的故意或过失支配下的那种关联性,亦即责任关联。

三、原因自由行为可罚性根据学说的进一步升华

在本文这里,以"相当原因行为说"为基础的"关联相当性说"并非停步不前,而关于原因自由行为的"一体化说"便是"关联相当性说"的前进目标。

何谓原因自由行为的"一体化说"？日本有学者指出:"在原因自由行为的情状下,实行符合构成要件行为的同时,责任能力不同时存在也是可行的,只要在整体的行为上着眼,部分包括在内的行为在其行为时具备责任能力就行,也就是说,在具有最终意思决定的时候,行为人具备责任能力即可。换句话来说,就是只要原因行为时具备责任能力,那么就可以看做原因自由行为的整个行为就是与责任能力同时存在。"[1]另有日本学者指出:"在原因自由行为的场合,尽管说具有责任能力时没有着手实施符合构成要件的行为,但是该行为本质上是与结果行为,也就是无责任能力状态下实施符合构成要件的行为在整体上来审查,应当是归结为一体的一个行为。故而,此时将结果行为看作连结在行为人具有责任能力状态下开始的行为是可以被接受的。也可以说,一旦原因行为开始实施,那么几乎就等于结果行为的自动发生。"[2]可见,现有的"一体化说"还是显得有点牵强附会:为什么只要原因行为时具备责任能力,就可将原因自由行为的整体视为责任能力"同时存在"？为什么具有责任能力时的原因行为要与无责任能力状态下的结果行为,在整体上要归结为"一体"？

有学者对原因自由行为的基本结构的分析,有助于我们理解和接受"一体化说"。这里所说的原因自由行为的基本结构表示如下[3]:

---

[1] [日]西原春夫.犯罪实行行为论.戴波,江溯,译.北京大学出版社,2006:130-132.
[2] [日]前田雅英.刑法总论讲义.东京大学出版会,2006:384-385.
[3] 梁云宝.犯罪论体系视阈下的"原因自由行为"理论之否定.法学,2012(1).

表 1　原因自由行为的基本结构

原因自由行为	
先行行为	结果行为
(1) 具有责任能力的行为人,对结果行为之事实有故意或过失,却故意或过失地自陷于精神障碍的状态	(1) 行为人处于无责任能力状态下为一定法益之侵害
(2) 欠缺构成要件符合性	(2) 具备构成要件符合性
(3) 欠缺违法性	(3) 具备违法性
(4) 具备有责任	(4) 欠缺有责任
(明示或漠视)拟制:以具有责任能力论,肯定可罚性	

从上表可以看出,在原因自由行为的结构中,在"先行行为"即原因行为那里短缺的,就可以在结果行为那里得到弥补;而在结果行为那里短缺的,在原因行为那里也可以得到弥补。原因自由行为的行为整体性使得原因行为和结果行为的相互弥补成为一种"必需"和"必须"。于是,在此相互弥补之中,原因自由行为的内在"一体化"便得以形成,而这里的"一体化",正如上表所明示的那样,是"主客观相统一"意义上的"一体化"。

虽然"相互弥补"大大地克服了以往的"一体化说"的牵强附会,但"相互弥补"仍不尽人意,或曰"相互弥补"仍没有完全克服牵强附会。正如我们所知,原因自由行为是由原因行为和结果行为构造而成的。那么,在本文看来,如果我们孤立地看问题,则其原因行为本属于犯罪的"预备行为",而其结果行为本属于"实行行为"。然而,原因自由行为中的原因行为虽然在某种意义上具有"预备行为"的属性,但其不同于一般意义上的即非原因自由行为中的犯罪"预备行为",而其不同之处正在于原因自由行为中的原因行为与结果行为乃至结果之间的"关联相当性"。在非原因自由行为的场合,我们能说张三借刀的"预备行为"与其杀人的"实行行为"之间存在因果关联性或相当因果性吗? 在本文看来,正是"关联相当性",使得原因自由行为的结果行为所对应的"实行行为"的"实行性"提前附着或扎根于原因自由行为的原因行为,而结果行为所对应的"实行性"只不过是原因行为的"实行性"的"无声的"延伸而已。这里之所以采用"无声的"定语,乃是因为当行为人实施结果行为时,其已经陷入了无责任能力状态或限制责任能力状态。原因自由行为中的"自由"首先是针对其原因行为而言的,再就是针对行为人对结果行为以及结果具有支配可能性或支配能力而言的,但首先是针对其原因行为而言的,正如有人指出,在原因自由行为中,符合犯罪构成要件的行为实际上是包含了原因行为和实行行为,故"否定说"认为当行为人陷入无责任能力状态,设定原因时的"意志"与结果行为时的"意志"完全割裂的观点是站不住脚的[①]。在本文看来,对于自陷无责任能力状态的原因自由行为而言,结果行为时的"无自由"即"无意志"恰恰说明原因行为时的"有自由"即"有意志",故"割裂说"是违背原因自由行为的行为真相的。况且,原因自由行为还包括自陷限制责任能力状态的情形,而在此情形下,行为人在实施结果行为时仍然具有一定的"意志自由"。那么,如果不敢或不愿承认原因自由行为中的原因行为的"实行

[①] 付想兵.论原因自由行为.中国政法大学硕士学位论文,2011:11.

性",则原因自由行为这个概念及其理论便没有实际意义了。原因自由行为中的原因行为的"实行性"来源于结果行为的"实行性"的"提前化"。

就不作为过失犯的原因自由行为而言,"实行性的提前化"具有直观明了的解释力或说服力;就作为故意犯的原因自由行为而言,"实行性的提前化"可以通过"预备行为的实行化"理论予以类比性的理解,而这种类比性的理解也丝毫不存在观念上的障碍。具言之,诸如日本刑法中的伪造货币预备罪的立法例,是将原本的犯罪"预备行为"立于法益侵害性的大小和刑事政策的考量之上而将其升格为"实行行为",从而予以独立犯罪化。在作为故意犯的原因自由行为的场合,原因行为原本也是犯罪"预备行为",但由于其直接引起了结果行为并构成了危害结果的"源泉"或"始作俑者",故将其在理论上予以"提前实行化"也是完全符合原因自由行为的行为真相的。显然,通过"提前实行化"而赋予原因行为的"提前实行性",与结果行为的原本的"实行性"就在"实行性"上前后连贯起来,以形成"一体化的实行性"。学者指出,在"人·意思·行为·结果"的要素中,新的学说对罪责的评价重心稍略前移,违法性评价推及到行为、责任评价推及到行为人的态度,甚至推及到行为人的人格,重视评价行为人的不合规矩的"行为"和行为人的不守规矩的"态度"[①]。那么,在原因自由行为的场合,对结果行为的违法性评价和有责性评价应前移至原因行为,这对应着"一体化"之中的"实行性的提前"。原先的"一体化说"或"一体化理论"只有通过"提前化的实行性",从而"一体化的实行性"才能获得更加深刻的说明和证立。

提出并坚持"一体化说"或"一体化理论",能够确保原因自由行为的处罚根据的"确定性"。有人指出,原因自由行为处罚根据是一个较为复杂的问题,并不能单纯从一个角度、一个方面来解释,而应当将其细分为数种情形,"具体问题具体分析",即不同的情形,其处罚根据亦有所不同[②]。而对于原因自由行为的处罚根据,不同的场合运用不同的理论解释才最为适宜。原因自由行为之所以会受到种种非议,主要原因在于原因自由行为的概念主要是考虑了行为的构造而未考虑到处罚根据,即某类行为"是否是"原因自由行为,只依据其构造进行判断,而非根据处罚根据是否相同去判断。因此,原因自由行为的处罚根据自然要"具体问题具体分析"[③]。论者所说的"具体问题具体分析",是指区别不同情况而分别适用"间接正犯构造说"等前述所点评的学说。显然,原因自由行为作为一个确定的事物,其根据问题应该具有"确定性",而所谓原因自由行为处罚根据可细分为"数种情形",其所讨论的已经不再是原因自由行为的处罚根据问题,而是原因自由行为的不同情形的"技术处置"问题,甚至"是否"原因自由行为的问题也被牵扯进来。那么,多个处罚根据的说辞将使得原因自由行为没有处罚根据。"一体化说"或"一体化理论"将对原因自由行为的处罚根据予以"形而上"的统领,其内核便是"关联相当性"。

但有一种说法,虽然不尽妥当,却对我们把握"一体化说"或"一体化理论"有所启发。此说法是所谓"刑事一体化思潮主导下的新定型说"。具言之,要确定原因自由行为的"着手",就应当先确定原因行为的实施是否具有"定型性",亦即原因行为是否在行为人的犯罪心理支配下所实施的,且这种心理支配得以通过"刑事侦查"予以确定。具言之,如果该行为的心

[①] 曲新久. 刑法学. 中国政法大学出版社, 2008: 103-104.
[②] 贾强. 原因自由行为处罚根据——兼论我国刑法第 18 条第 4 款之完善. 中国社会科学院硕士学位论文, 2013: 5.
[③] 贾强. 原因自由行为处罚根据——兼论我国刑法第 18 条第 4 款之完善. 中国社会科学院硕士学位论文, 2013: 10.

理支配得以在"刑事侦查"的过程中予以确证,则该行为就可以成为刑法意义上的犯罪的"实行行为",从而开始原因行为就可以被认定为是原因自由行为的"着手"。反之,该行为就仅仅成立一般意义上的社会行为而不纳入刑法的评价范畴中①。之所以说前述说法不尽妥当,不仅因为通过"刑事侦查"确定原因行为在"心理支配"上是否具有所谓"定型性"不具有可行性,而且因为这种做法会导致对原因自由行为本身的否定,即"仅仅成立一般意义上的社会行为而不纳入刑法的评价范畴中"。但是,"定型"的说法对我们有所启发:原因自由行为本身就是一种"行为定型",而其"定型性"正是原因自由行为中原因行为和结果行为之间的"关联相当性",或曰其"定型性"正是由原因行为和结果行为之间的"关联相当性"所构造出来的原因自由行为的"结构性"。有人指出,能否认定原因行为具有"实行行为性",关键就在于能否认定原因自由行为中的原因行为是否具有"现实危险性"。如果原因行为对于实现犯罪不具有"现实危险性",那么就不能认定为原因自由行为的"实行行为"②。这一说法便等于瓦解了原因自由行为的"定型性",从而瓦解了原因自由行为自身,因为其讨论的原因行为是否具有"现实危险性"的问题实际上是作为"行为定型"的原因自由行为的犯罪阶段形态问题。但是,原因自由行为的"定型性"仍然有待提升到原因自由行为的"一体性"上去。

四、原因自由行为可罚性根据学说的"责任主义"维护

正如我们所知,在"例外说"那里,处罚原因自由行为是不符合"实行行为与责任同时存在"原则的,即处罚原因自由行为是"同时存在原则"的例外。对于处罚原因自由行为是"同时存在原则"的例外,即处罚原因自由行为是"责任主义"即责任原则的例外,我们尚可看到其他一些相关的说辞,如"责任主义坚持说"的各种观点只一味地严格遵守"责任主义"的原则,突出地表现为在构成要件领域上不适当地扩大了"实行行为"的范围③。另如原因自由行为理论只是为了给某些极其特殊的行为提供理论依据,"是罪过心理与犯罪行为同时性原理的一个例外"。④ 再如确立责任主义的立场,尤其是对于"责任能力与行为同时存在"原则的坚持,实际上起着防止"客观归罪"的功能,但并非所有的理论都能解决所有的问题,而在原则的基础上是允许一定合理的"例外"存在的,只要该"例外"不违背设立该原则的初衷即可。因此,与其对"实行行为"及其"着手"都进行牵强的扩大解释,不如直接认为原因自由行为是责任主义的"例外"⑤。在本文看来,责任主义的"例外"是不可能不违背设立该原则的"初衷"的,正如有人指出:"如果承认该原则的例外,则往往会因为例外的理由与范围的不确定而导致在其他场合也承认例外,从而违反责任主义"。⑥ 这里所说的"违反责任主义"就是违反人权保障。本文在这里要提醒的是,无论社会怎样发展,无论刑法观念怎样进步,违背或丢弃"责任主义"都是极其危险的,甚至会从根基上颠覆刑法。即便是"责任客观化",也不等于不要"责任主义"。实际上,责任主义的"例外"并不是"责任主义"本身有问题,而是我们

---

① 封志晔. 原因自由行为的实行着手研究. 郑州航空管理学院学报,2007(6).
② [日]大塚仁. 刑法概说:总论. 冯军,译. 中国人民大学出版社,2003:157-158.
③ 郭耀国. 论可罚的原因自由行为. 河北经贸大学硕士学位论文,2011:15.
④ 曲新久. 刑法学. 中国政法大学出版社,2008:102-105.
⑤ 陈兴良. 本体刑法学. 商务印书馆,2001:331.
⑥ 张明楷. 刑法学. 法律出版社,2011:287.

在运用"责任主义"上出了问题。而由"关联相当性说"升华而来的"一体化说"正是拓宽了"责任主义"的学术视野。

在本文看来,由"关联相当性说"升华而来的"一体化说"将使得"例外说"土崩瓦解。在"一体化说"这里,处罚原因自由行为不仅不是"责任主义"即责任原则的"例外",反而是其不折不扣的维护和落实。具言之,在原因自由行为的场合,当行为人实施结果行为时,其只有两种责任能力状态,即要么是无责任能力,要么是限制责任能力。当行为人陷入无责任能力状态时,这正是原因行为时的责任能力的一种证明,因为结果行为时的无责任能力状态通常是原因行为的目的指向或目的预设。因此,言原因行为时具有责任能力,就等于言结果行为时具有责任能力;当行为人陷入限制责任能力状态时,我们更不能无视行为人在结果行为时仍存在责任能力的基本事实而说追究原因自由行为的刑事责任是"责任主义"即责任原则的"例外"。可见,无论行为人在结果行为时是处于何种责任能力状态,"责任主义"即责任原则依然能够畅行无阻。有人指出,为了解释原因自由行为不违背"行为与责任同时存在原则",日本将开始实施原因行为时就是"着手"作为通说。这样的解释虽然解决了"行为与责任同时存在原则"的适用,但其将"实行行为"的范围不适当地扩大,因为在原因行为时,尚未开始侵害法益,而侵害法益是犯罪的本质特征,故如果后来行为人没有实施预想的行为的,就应认定是未遂。这样的结论显然不具合理性,故原因自由行为的"着手"仍应是"结果行为"的实施①。学术视野决定学术观点。不承认或不接受原因行为是原因自由行为的"实行行为",从而不承认或不接受开始实施原因行为是原因自由行为的"着手",正是因为没有采取"一体化"视野。而正因为没有采取"一体化"视野,故相关学说便陷入了"左支右绌":当批评"开始实施原因行为即原因自由行为的着手"导致"实行行为"范围的不当扩大时,我们怎么又可以把无责任能力的结果行为称之为"实行行为"即"构成要件行为"呢?至于行为人没有实施结果行为,就应认定是未遂,这是"一体化"视野下的当然结论。诸如日本等伪造货币预备罪等立法例,已经说明犯罪的"实行行为"与"预备行为"的界限并非绝对,而在原因自由行为的场合,"关联相当性"已经使得原因行为并非通常意义上的"预备行为"。因此,在原因自由行为的场合,"一体化"视野反对将"责任主义"即责任原则压缩在结果行为这一个"点"上,而是应扩展到原因自由行为作为行为整体或"行为定型"的"段"上。进而,"一体化说"或"一体化理论"也能够使得原因自由行为从容应对所谓"责任原则修正说"。有人指出,"责任原则修正说"是通过将"实行行为"扩展到"行为"的模式,将原因自由行为中的原因行为包含到"行为"的概念中,从而使得原因自由行为在形式上符合了"责任主义原则"②;另有人指出,只要一个行为是基于一个意思决定而实施的,而行为人作出该意思决定时又具有责任能力,就可以认定行为人对全部行为有责任能力,即责任能力与实行行为同时存在,而该行为包括一系列的行为。由此,较好地对责任原则进行了相对合理的修正③。而在原因自由行为上,施特伦把"构成行为"的概念定义为,"在一种功能性罪责归咎的意义上,扩展到那种本身仅仅是预备性的使自我成为无罪责能力的事情上去"④。但是,有人强硬坚持,"责任与行为同

---

① 贾强.原因自由行为处罚根据——兼论我国刑法第 18 条第 4 款之完善.中国社会科学院硕士学位论文,2013:1-2.
② 付想兵.论原因自由行为.中国政法大学硕士学位论文,2011:14.
③ 袁剑湘.德、日刑法中原因自由行为理论述评.政法学刊,2013(2).
④ [德]克劳斯·罗克辛,著.德国刑法学总论(第 1 卷).王世洲,译.法律出版社,1997:604.

时存在原则"中的行为"必须"是"实行行为",是"作为犯罪构成要件的行为",故"责任修正说"将"行为"一词的范围加以扩大,显然忽略了"犯罪构成要件"的意义①。在"一体化"视野中,原因自由行为的究责没有必要对"责任主义"即责任原则进行"修正",更没有必要将原因行为强行塞到"责任与行为同在原则"中的"行为"中去,因为"关联相当性"已经赋予原因行为在原因自由行为中的"地道的实行性"。

提出并坚持"一体化说",可以澄清或纠正关于原因自由行为责任问题的一些似是而非的说法。如有学者指出,原因自由行为是"严格责任"的一种形式,其理由在于"责任能力与实行行为同时存在"是传统责任原则,而原因行为相对于导致结果发生的实行行为而言,只能说是一种"预备行为"②。诚然,原因行为相对于导致结果发生的实行行为而言可以视为"预备行为",但原因行为相对于原因自由行为整体即"行为定型"而言,还是停留在"预备行为"吗?这便足以推翻"原因自由行为是严格责任的一种形式"这一说法。让我们退一步看问题:即便将原因行为视为"预备行为",则"责任能力与实行行为同时存在"不等于"责任能力只是与实行行为同时存在",而是"责任能力可以与预备行为也同时存在"。否则,追究"预备犯"的刑事责任的根据在哪里呢?通过"责任能力可以与预备行为同时存在"来充实"责任与行为同时存在原则",这可以说是全面维护了"责任主义"即责任原则。那么,当我们在传统刑法学命题或刑法学观念中故步自封,则难免走向"原因自由行为是严格责任的一种形式"这样的冒险。

通过"一体化说"或"一体化理论"而在原因自由行为的场合来维护和落实"责任主义"即责任原则,还面临着如何对待开始实施原因行为即原因自由行为"着手"之前的犯罪阶段形态,包括原因自由行为"着手"前的犯罪预备和犯罪中止的问题。按照"一体化说"或"一体化理论",开始实施原因行为即原因自由行为"着手"之前逻辑地存在着犯罪预备和犯罪中止。易言之,对开始实施原因行为即原因自由行为"着手"之前存在着犯罪预备和犯罪中止,"一体化说"或"一体化理论"予以大胆承认。但是,由于隔着原因行为与结果行为和结果行为与结果之间的复杂"因果链",开始实施原因行为即原因自由行为"着手"之前的犯罪预备行为距离法益侵害已经十分遥远,更何况是形成了出于意志以外原因的犯罪预备状态,甚至是形成了出于"意志自愿"的犯罪中止状态。那么,无论是出于刑事政策的考量,还是出于刑法谦抑性的坚持,都应对原因自由行为"着手"之前的犯罪预备和犯罪中止论以无罪,即免于刑事责难。之所以有人不赞同原因行为是原因自由行为的"实行行为",从而不赞同开始实施原因行为是原因自由行为的"着手",在很大程度上是因为他们在一种"心照不宣"之中有着这样的担心:原因自由行为"着手"之前的犯罪预备和犯罪中止受到刑事责难即刑事处罚,既不必要,也不公平。但是,这些担心者却忘了原因自由行为"着手"之前的犯罪预备和犯罪中止能够得到刑事政策和刑法谦抑性的"宽宥"。

五、结语

讨论原因自由行为的可罚性根据,其意义并不仅仅局限于解答原因自由行为的可罚性

---

① 付想兵.论原因自由行为.中国政法大学硕士学位论文,2011:15.
② 邓子滨.论刑法中的严格责任.陈兴良,主编.刑事法评论(第5卷).中国政法大学出版社,1997:283.

根据问题本身。当经由"相当因果关系说"和"关联相当性说"而一路走来的,且由"实行性的提前化"作实际支撑的"一体化说"能够在一种相对恰当性之中担当原因自由行为的可罚性根据学说,则原因自由行为的一个极其重要的问题即其"实行行为"的认定问题,连同"着手"的认定问题便迎刃而解,即原因行为也是原因自由行为的"实行行为"的构成部分,而开始实施原因行为便是原因自由行为的"实行行为"的起步即其"着手"。而当解答了原因自由行为的"实行行为"及其"着手"问题,则原因自由行为的犯罪阶段形态和共犯形态等问题也便清除了理论障碍。讨论原因自由行为的可罚根据问题,其理论意义也并不局限在解决原因自由行为问题本身,因为对原因自由行为可罚根据问题的讨论不仅拓宽了我们对"责任主义"即责任原则的学术视野,也使得"处罚预备犯是例外"和"处罚中止犯是例外"的刑事观念在我们心中得到进一步的强化。

最后要指出的是,原因自由行为可罚根据问题的讨论让我们看到:法学理论创新切忌动辄"颠覆"或"一棍子打死",因为法学理论应秉持"传承性",而"老歌新唱"或"老树新芽"当为稳健之举。于是,专门讨论原因自由行为可罚性根据问题的意义,便得到了深化性说明。

(责任编辑:杨志琼)

"非诚勿扰"节目名称侵权案评析
——以商标侵权判定规则为主线

吕炳斌

摘　要　"非诚勿扰"电视节目名称侵害商标权纠纷案呈现出节目名称的商标性使用、多重属性的服务类别的判定方法、相同商标的判定标准、反向混淆理论的适用等问题。此等问题均围绕商标侵权的判定规则展开。在节目名称的商标性使用问题上,有必要区分"节目名称"和"节目标识",节目标识构成商标性使用,而节目名称的基本功能是描述节目,未必构成商标性使用。对于多重属性的服务,可以在消费者立场基础上,应用"主次区分法"进行判断归类。对于相同商标的判断,应当采用严格主义,以"基本无差别"为准则。对于反向混淆问题,无法适用美国的主观要素标准,但可结合我国《商标法》明文规定的诚实信用原则,将在后使用者是否构成不诚信纳入反向混淆的判断要素。

关键词　非诚勿扰案　节目名称　商标侵权　服务类别　反向混淆

江苏卫视"非诚勿扰"电视节目名称侵犯商标权纠纷一案[①]引起知识产权界乃至全社会的高度关注和热烈讨论。这与"非诚勿扰"节目本身的名气有关,但知识产权界关于此案的热点争议更多是因为该案呈现的若干商标法新问题、特殊问题。基于学术探讨的立场,本文拟以商标侵权判定规则为主线,对非诚勿扰案中的商标法问题进行剖析。根据商标侵权判定规则,首先要分析原告的请求权基础,即认定原告是否具有合法有效的商标专用权;其次要考察被告是否构成"商标性使用";再次要分析原被告商标是否相同或近似、所使用的商品或服务类别是否相同或相似,本案的一个特殊之处是"多重属性"服务类别判断问题;最后要分析被告的使用是否会导致消费者混淆。本文在案情简介之后,将按此思路展开。

一、案情简介

此案是关于江苏卫视播出的"非诚勿扰"节目名称是否侵权原告注册在"交友服务、婚姻介绍所"服务类别上的注册商标专用权的纠纷。根据时间节点,此案案情及相关背景可作如下梳理:① 2009年2月16日,原告金某某申请繁体字"非誠勿擾"商标(指定的服务类别为第45类下的交友服务、婚介服务所等);② 2010年1月15日,江苏卫视"非诚勿扰"首播;③ 2010年9月7日,金某某第45类的第7199523号繁体字"非誠勿擾"商标获注册;④ 2012年1月,金某某以江苏广播电视总台节目名称"非诚勿扰"侵犯其"非誠勿擾"注册商标专用权为由向南京市玄武区人民法院提起诉讼;⑤ 2012年4月10日,金某某在第45类上申请

作者简介:吕炳斌,南京大学法学院副教授,南京大学中德法学研究所研究员,法学博士。
① 广东省深圳市中级人民法院(2015)深中法知民终字第927号民事判决书。

注册简体中文版"非诚勿扰"商标,该商标由江苏广播电视总台全资子公司提出异议,不予注册;⑥ 2012年10月11日,玄武区法院公开开庭审理,之后金某某撤回了起诉;⑦ 2012年,金某某转向深圳市南山区人民法院起诉江苏广播电视总台及合作伙伴珍爱网商标侵权;⑧ 2013年2月25日,金某某与他人合伙成立永嘉县非诚勿扰婚姻介绍所;⑨ 2014年12月,深圳市南山区人民法院一审认为江苏广播电视总台的"非诚勿扰"商标是使用在第41类的电视节目服务上,未侵犯金某某就第45类"非诚勿擾"商标享有的注册商标专用权;⑩ 随后,金某某向深圳市中级人民法院提起上诉;⑪ 2015年12月,深圳市中级人民法院做出二审判决,认定江苏广播电视总台的"非诚勿扰"节目具有婚姻介绍的性质,并据此认为江苏广播电视总台的"非诚勿扰"是使用在第45类的交友服务、婚姻介绍等服务上,属于反向混淆,侵犯了金某某的注册商标专用权,并判令江苏广播电视总台立即停止使用"非诚勿扰"作为节目名称。本案的涉案商标和相关标识见图1。

图1 涉案商标和标识

二、商标侵权判定规则下的法律问题展开

(一)原告的请求权基础

原告基于其注册在"交友服务、婚姻介绍所"等服务类别上的商标起诉,其享有有效的商标专用权,具有请求权基础。对此,本案被告也未作争议。

然而,仔细观察原告商标设计,可见其与电影"非诚勿扰"的名称设计基本相同。这就引申出下列相关问题:原告的商标本身是否存在问题?是否侵犯在先权利?这里的在先权利可能涉及电影名称中的著作权和电影名称的商品化权。

近年来,一类新型的纠纷是字体著作权纠纷。认定字体是否享有著作权,仍按照著作权的独创性要求来判定。应该说,电影名称"非诚勿扰"字体设计中至少有一个字即"非"字体现了设计者的个性,并非司空见惯,具备了独创性。此外,原告金某某商标的文字排列设计与电影名称也完全相同。原告金某某申请的商标完全照搬电影名称的字体设计、图案设计,涉嫌侵权电影名称的著作权。

此外,知名的电影节目名称可能具有商品化权。我国法律并没有关于商品化权的明文规定,商品化权在我国是一个学理上的概念。①但近期司法实践中已采用这一概念。比如,2015年北京市高级人民法院在"功夫熊猫"商标行政诉讼案中认定"'功夫熊猫 KUNGFU-PANDA'作为梦工场公司知名电影名称及知名电影人物形象名称的商品化权应受到保护"。②电影《非诚勿扰》的制作方即华谊公司可能享有对其电影名称的商品化权。

根据我国《商标法》第四十五条规定,以侵犯在先权利为由申请宣告商标无效有5年的时间限制。此5年是从商标注册之日起算。据此,已无法通过行政救济途径宣告此商标无效。原告商标合法有效、不可争议。

由以上分析可知,虽然原告商标本身可能存在问题,但商标本身已经超出5年的争议期限,属于不可动摇的商标。原告商标可能侵害华谊公司的在先权利,这一主张只能由华谊公司提出。2016年2月2日,华谊公司就金某某的商标权在北京市朝阳区人民法院提起侵害在先著作权的民事诉讼,③由于华谊公司对其电影节目名称所可能享有的著作权仍在保护期内,其起诉具备请求权基础。一般而言,面对权利冲突,应根据诚实信用原则、保护在先权利原则来解决。但权利冲突的解决将是另外的民事诉讼。然而在本案中,法院认定原告具有合法有效的商标完全正确。

(二)"非诚勿扰"节目名称是否构成"商标性使用"

在认定原告具有合法有效的商标之后,接下来就要分析被告是不是构成"商标性使用"。认定商标侵权的前提是被告构成商标性使用。本案中,原告起诉的是江苏广播电视总台的栏目名称(节目名称),二审法院也判决江苏广播电视总台立即停止使用"非诚勿扰"栏目名称。因此,需要探讨的问题是"栏目名称"(节目名称)是不是商标性使用?

本案一审判决认为:"非诚勿扰"既是被告江苏台电视节目的名称,也是一种商标,一种服务商标;被告江苏广播电视总台使用"非诚勿扰"是商标性使用。其理由是:"(1)如果仅仅将'非诚勿扰'"定性为节目名称,而不承认其具有标识服务来源的功能,与大量节目名称注册为商标(包括被告江苏广播电视总台也将电视节目名称注册为商标)的客观事实不相符;(2)与被告江苏广播电视总台在该电视节目中反复突出使用'非诚勿扰'并且进行广告招商等客观事实不相符。"在二审中,由于上诉人和被上诉人对此均无异议,法院不再评判。

笔者认为,法院的判决理由过于牵强。第一,并不能因为有很多公司将电影名称、书籍名称注册为商标(往往具有防御性质),而将所有的电影名称、书籍名称自动认定为商标。很多人名被注册为商标,并不能推定人名就是商标;很多高校名称注册为商标,并不能推定高校名称就是商标。第二,江苏卫视在该节目中反复突出显示的是"非诚勿扰"的图文标识,而不是其纯文字的节目名称。法院在此实际上是把反复突出使用的节目标识认定为商标性使用,混淆了节目名称和节目标识。

有必要区分"节目名称"和"节目标识"。名称一般是文字、字母,不会包括图案。然而,节目标识可以是图文结合。在本案二审判决中,法院实际上混淆、混用了两者,在认定被告

---

① 张丹丹.影视节目名称的法律保护路径探析.当代法学,2015(1).
② 北京市高级人民法院(2015)高行(知)终字第1969号行政判决书.
③ 参见佚名.老炮儿华谊兄弟打打"非诚勿扰".http://www.zhichanli.com/article/24656,最后访问日期:2016年3月15日.

构成商标性使用的时候针对的是反复突出使用的"节目标识"(图文);在认定商标相同的时候针对的却是"节目名称"(纯文字)。

笔者认为,当江苏卫视在节目预告表中显示"非诚勿扰"将于几点播出时,这是作为节目名称的叙述性使用,并非商标性使用。江苏卫视可能构成商标性使用的是其在节目中反复突出显示的节目标识(图文组合商标)。

"商标性使用"的判断规则是我国《商标法》第四十八条。根据该条,商标应当使用在提供的商品或服务上,是使用者"用于识别商品来源的行为"。这里需要探讨的是:江苏广播电视总台使用在电视节目上的是什么标志?是纯文字还是图文结合?江苏广播电视总台使用"非诚勿扰"是否是用于识别服务来源?

电视节目是视听作品,其使用的商标应在电视节目上有所显示。本案争议的也不是"非诚勿扰"的读音(声音商标),而是可视性标志。从江苏卫视对"非诚勿扰"标识的实际使用状况看,节目开头突出显示"非诚勿扰"的节目标识,节目播放过程中在左上角一直显示江苏卫视的台标,在右下角反复显示"非诚勿扰"的节目标识。基于反复突出使用,应可推定其有意将此标识作为一个识别来源的标志(观众哪怕是中途观看,也知道节目来源),消费者在客观上也是据此标志认定节目来源于江苏卫视。笔者认为,构成商标性使用的是节目中反复突出显示的"节目标识"(图文商标),而不是其纯文字的节目名称。在该节目播出中,同时使用了"江苏卫视"的台标识别来源,法律上并不排除一个商品、服务使用多个商标。

江苏卫视的"节目标识"构成商标性使用。否定这点,也将与江苏卫视自称其标识使用系取得华谊公司第41类"电视文娱节目"服务商标的使用许可相矛盾。

但节目名称本身作为商标性使用值得商榷。节目名称的基本功能是描述节目,属于描述性使用,非识别来源意义上的商标性使用,具有非商标意义上的独立价值。甚至有论者提出,对于电视节目应当赋予知名节目名称权。[1] 在近期另外一起关于节目名称的商标侵权纠纷"如果爱"案中,一审法院就认定湖北卫视使用"如果爱"系叙述性使用,表明节目的特征,属于注册商标的"正当使用"例外,不构成侵权。[2]电视台的节目名称类似于自然人姓名、企业名称,自然可以在播出节目时使用该节目名称。此外,"非诚勿扰"一词用在交友、婚介节目上也是在描述节目的特征,不宜认定为商标性使用。如果法院把纯文字的节目名称认定为商标,逻辑推论应该是此商标指向的服务类型是电视节目,原被告服务并不相同或近似,最终应该不侵权。在该案二审判决中,法院到底是把纯文字的"非诚勿扰"作为节目名称,还是将反复突出使用的图文结合的"非诚勿扰"节目标识作为节目名称?似有所混淆。

值得探讨的一个附带问题是,虽然江苏广播电视总台在第41类(电视文娱节目)上得到该类别商标注册人即华谊兄弟传媒股份有限公司的授权,但江苏卫视的节目标识有别于华谊公司注册的商标。江苏卫视的使用方式与华谊公司的商标有所改变,这是在使用华谊公司的商标吗?还是属于《商标法》第四十九条规定的"自行改变注册商标"?笔者认为,江苏广播电视总台仍然属于使用华谊公司许可的第41类商标,只不过是不规范使用,可以由工商部门责令改正,属于工商部门行政管理的范畴,不属于侵权事由或侵权抗辩的范畴。因此,可以说,江苏广播电视台在第41类上是具有"非诚勿扰"商标使用权的,但关键是该档节

---

[1] 陈晓月.电视节目名称权的商标法保护.中华商标,2015(11).
[2] 武汉市中级人民法院(2015)鄂武汉中知初字第00254号民事判决书。

目到底属于第41类(电视文娱节目)还是原告享有商标专用权的第45类(交友服务、婚姻介绍所)？这就是接下来我们要探讨的服务类别问题。

(三)"多重属性"服务的归类问题

原被告商标的服务类别是否相同或近似？江苏卫视是在"文娱电视节目服务"还是"交友、婚介服务"上使用"非诚勿扰"标识？这是本案争议的焦点之一。一二审判决对此也持分歧看法,直接导致判决结果不同。

一审判决认为,"从服务的目的、内容、方式、对象等方面综合考察,被告江苏电视台的'非诚勿扰'电视节目虽然与婚恋交友有关,但终究是电视节目"。而二审判决认为,"江苏广播电视总台的《非诚勿扰》节目,从服务的目的、内容、方式、对象等判定,其均是提供征婚、相亲、交友的服务,与上诉人第7199523号'非诚勿扰'商标注册证上核定的服务项目'交友、婚姻介绍'相同。"一二审判决对是否属于相同服务的认定直接导致了判决结果的不同。

此处,一个小问题是法院在偷换概念,原告注册的商标类别是"婚姻介绍所",而法院在分析时将之换成了"婚姻介绍"。"婚姻介绍所"和"婚姻介绍"有所区别。江苏卫视"非诚勿扰"是"婚姻介绍所",估计消费者很难认同。但此点对案件结果无实质性影响,毕竟原告注册类别还包括"交友"服务。

判断原被告商标的服务类别是否相同或近似,应该以相关公众为主体标准,站在相关公众立场比较和判断服务的目的、内容、方式、对象等。什么是"非诚勿扰"节目的相关公众？广大电视观众？上台相亲的嘉宾？报名参加节目的人员？笔者认为,这些人员都属于相关公众。麻烦就在于:广大观众一般是把它当作文娱电视节目进行欣赏,而上台嘉宾却有可能把它当作是相亲的舞台。

笔者认为,江苏卫视"非诚勿扰"节目具有多重属性,包括文化娱乐、相亲、婚恋观念教育等。尤其是其结束语"观众朋友如果想了解24位女嘉宾的个人资料和联系方式,可以拿起手机编辑短信……给他们留言。想要征婚、相亲、交友的朋友,可以通过……报名,来到《非诚勿扰》舞台,在这里追求你们的幸福",这在事实上导致该节目向所有观众提供交友服务。该档节目提供了交友服务成为不可否定的事实。

对于多重属性的服务,如何归类？归入一个行业类别？还是将其归入所有相关类别,要求其在所有服务类别上取得商标？要求其在所有可能涉及的服务类别上取得商标显然要求过高,有所失衡。关于这一问题,最近较典型的还有"滴滴打车"案。北京海淀区法院判决认为"滴滴打车"属于运输服务类,而非互联网服务或即时通讯服务类上使用商标。① 随着"互联网+"的发展,类似案件将越来越多。有必要探讨当服务具备多种属性时的判断规则。

笔者认为,对于多重属性的服务,可以应用"主次区分法"。如果按照"主次区分法",立足于相关公众(以电视观众为主)的判断主体,就节目之目的、内容、方式和对象分析主次,大多数人可能认为是"文娱电视节目服务"。

在本案中,由于原告律师的诉讼策略,将珍爱网作为第二被告,使"非诚勿扰"节目的"交友、婚介服务"属性得以彰显,无疑加强了法官的内心确信。但从本质上而言,仍应就节目的本质进行分析,正视其文娱、交友的多重属性,再从消费者视角用"主次区分法"进行定性。

---

① 孙莹."滴滴打车"被诉商标侵权:北京海淀法院一审认定不构成侵权.人民法院报,2015-4-3(3).

（四）原被告使用的商标是相同还是近似

对此问题，一、二审庭审中均无争议。一审法院认定为相同商标，二审法院由于上诉人和被上诉人均无异议而直接认定。然而，从法律规则来说，这一认定值得商榷。

我国司法解释明确规定了相同商标的判断标准。"商标相同，是指被控侵权的商标与原告的注册商标相比较，二者在视觉上基本无差别。"①对于文字商标以及包含文字的商标而言，虽然日常生活中人们常常使用文字的读音来进行商标性的语言沟通，但是相同商标的认定应当采用严格主义。如果是可视性标志，应该以"视觉上基本无差别"为标准。读音相同而视觉表现有别，则归入近似商标。

基于法院认定被告构成商标性使用的是其"反复突出使用"的节目标识，原被告的商标在视觉上存在以下区别：文字的繁体简体有别，文字排列方向不同，图文设计的色彩不同，江苏卫视的标识还添加了一个女子形象（图文商标）。由于这些区别的存在，笔者认为，该案中认定为近似商标更为恰当。

如果将纯文字的节目名称"非诚勿扰"四个汉字作为电视节目的商标，商标应该也是表现在电视屏幕上的名称，存在简体、繁体之别，排列方向之别，其表现形式也很难认为是"在视觉上基本无差别"。将原被告商标认定为相同商标是一个冒险。

笔者认为，一二审法院都认为原被告的商标是相同商标，判断时存在节目名称和节目标识混淆的问题。认定构成商标性使用时针对的是反复突出使用的节目标识，但认定近似时又针对纯文字的节目名称，这值得商榷。二审法院在认定相同商标基础上，进一步分析混淆可能性，逻辑上并无必要。如果是相同商标，推定为当然混淆。无需证明混淆，也无需认定。而近似商标侵权的判断标准是：商标近似＋混淆可能性。法官进一步分析混淆可能性，似乎又在内心觉得这是近似侵权。因此，二审判决的分析思路在逻辑上也存在值得商榷之处。

（五）"非诚勿扰"节目名称是否构成反向混淆

原被告商标是否构成反向混淆，是本案争议的焦点之一。这也是商标法的前沿问题。

二审判决认为："本案上诉人第7199523号'非诚勿扰'注册商标已投入商业使用，由于被上诉人的行为影响了其商标正常使用，使之难以正常发挥应有的作用。由于被上诉人江苏电视台的知名度及节目的宣传，而使相关公众误以为权利人的注册商标使用与被上诉人产生错误认识及联系，造成反向混淆。"

反向混淆（Reverse Confusion）是与传统意义上的正向混淆相对而言。在传统意义上，一般都是在后使用者企图傍大款、搭便车，希望借助在先使用者的商誉。而在反向混淆中，在后使用者并无这种意图，但由于在后使用者的大规模使用或者爆炸性宣传，导致在消费者心目中将商标与在后使用者构成联系，反而认为在先使用者或商标权人的小规模使用是在搭在后使用者的便车。反向混淆理论体现了公平原则，旨在防止商标使用领域恃强凌弱的现象。制止反相混淆在理论上也具有正当性。

反向混淆的概念和理论源于美国。我国法院在裁判中引入这一概念，应当充分、完整地

---

① 《最高人民法院关于审理商标民事纠纷案件适用法律若干问题的解释》第9条第1款。

理解这一概念,明白其在国外法院适用的条件及其限制。尤其是不能进行"片面移植",只借鉴、移植某制度的一个方面。不能只移植"反向混淆"这一概念,将反向混混淆作为混淆的一种,而忽略了美国法院对此的适用条件及其限制条件。

在美国适用反向混淆的典型案例中,在后使用者(junior user)一般都是明知在先使用者(senior user)的商标权的存在。比如,在美国首次确立反向混淆的开拓性案例 Big O Tire Dealers, Inc. v. Goodyear Tire & Rubber Co.(固特异案)中,在后使用者曾与商标权人接触并企图获得商标许可,而商标权利人拒绝许可。在后使用者仍然继续使用"BIG FOOT"商标,并花费了将近千万美元用于宣传活动。①

美国判断混淆可能性采用多因素分析法。其考虑因素包括:标志的相似性、商品的相关性、在先商标的显著性强度、实际混淆、在后使用者的意图、消费者的注意程度等。② 第七巡回上诉法院在1992年的 Sands 案中调整了判断正向混淆中的善意要素,将之变为"恶意"(bad faith,或译为"不诚信")要素,考察在后使用者是否知道在先使用者相同商标或近似商标的存在,是否仍然不顾一切坚持使用所涉商标。③ 美国第二、三、七、八巡回上诉法院对反向混淆的裁判路径与此案思路相似,对正向混淆的判断要素进行了变更,施加恶意要件。④ 其他一些巡回上诉法院,如第一、四、九、十、十一巡回上诉法院,尽管承认反向混淆,并没有形成针对反向混淆的分析和判断方法。⑤

可见,在美国司法实践中,很多法院在反向混淆适用中都会考虑在后使用者是否属于"恶意"。当然,美国学者也有关于反向混淆是否为恶意的争论。有学者反对引入恶意的主观要件,认为在反向混淆案件中施加恶意的主观意图要件,将会削减反向混淆的保护力度。⑥ 有学者则认为,在反向混淆案件中,诚信包括在后使用者在采用所涉商标前是否检索了现有商标,或者是否依赖于律师的检索分析,而不诚信的典型如被告在知道另有他人已经使用某商标的前提下继续使用此商标。⑦ 在反向混淆案件中,恶意或不诚信并不体现在搭便车的意图。对恶意或不诚信的判断也应当采取客观化的方式,通过客观行为去推定其主观意图。

我国有学者在美国法的启示下,认为在"非诚勿扰"案中,被告主观善意导致该案不适用反向混淆规则。⑧ 然而,在我国《商标法》中,商标侵权的判断标准并不考虑行为人的主观意图。另有学者提出:"商标在后使用者是否存在恶意不是判断是否构成商标反向混淆的关键

---

① Big O Tire Dealers, Inc. v. Goodyear Tire & Rubber Co., 561 F. 2d 1365 (10th Cir. 1977).
② 姚鹤徽. 商标混淆可能性研究. 知识产权出版社,2015:306.
③ Sands, Taylor & Wood Co., 978 F. 2d at 961.
④ Christina P. Mott. Multifactors, Multiconfusion? Refining "Likelihood of Confusion" Factors for Reverse-Confusion Trademark Infringement Claims to Achieve More Consistent and Predictable Results, Suffolk University Law Review, 2014, vol. 47, p. 443.
⑤ Christina P. Mott. Multifactors, Multiconfusion? Refining "Likelihood of Confusion" Factors for Reverse-Confusion Trademark Infringement Claims to Achieve More Consistent and Predictable Results, Suffolk University Law Review, 2014, vol. 47, pp. 443-445.
⑥ Joel R. Feldman. Reverse Confusion in Trademarks: Balancing the Interests of the Public, the Trademark Owner, and the Infringer, Journal of Technology Law & Policy, 2003, vol. 8, pp. 163-177.
⑦ Molly S. Cusson. Reverse Confusion: Modifying the Polaroid Factors to Achieve Consistent Results, Fordham Intellectual Property, Media and Entertainment Law Journal, 1995, vol. 6, pp. 179-241.
⑧ 黄武双. 反向混淆理论与规则视角下的"非诚勿扰"案. 知识产权,2016(1).

要素。"①在现行法下,我国尚无法适用美国的主观要素标准。问题在于:在去除美国法中考虑行为人主观意图的限制条件之后,反向混淆的适用范围将大大扩大,对在先注册商标的保护力度将大幅度增强。将美国商标制度(以使用原则为基础)的反向混淆规则移植到我国商标制度(以注册原则为基础),如果不限制其适用范围,可能导致对注册的更强有力保护,不利于遏制现实中已较为严重的抢注现象。

反向混淆的本质在于促使在后使用者(往往是大企业)尽到谨慎注意义务,要求其在启用商标前做好商标检索的尽职调查,去查询他人(尤其是小企业)是否已经注册了相关商标。对此,笔者建议采用合理人的谨慎注意义务标准。其依据为《商标法》第七条规定:"申请注册和使用商标,应当遵循诚实信用原则。"我国虽不对混淆判断施加主观要件,但可基于诚信原则确立这样的规则:只要被控侵权人在启用商标前已经尽到合理人的谨慎注意义务,属于诚实信用地使用商标,不应构成反向混淆的商标侵权。

具体到本案,江苏广播电视总台已经就第41类文娱电视节目取得"非诚勿扰"商标许可;节目开播时,原告尚未取得商标权;原告注册简体中文的"非诚勿扰"商标也被江苏广播电视总台的子公司异议成功,原告是有理由相信其可以使用"非诚勿扰"标识的。上述事实应可表明:江苏卫视使用"非诚勿扰"商标是符合诚信原则的。被告使用商标是否符合诚信原则,是法院面临此类案情应当考虑的重要因素。

三、结语

本文基于我国现行法律规定,适当结合比较法,对"非诚勿扰"电视节目名称商标纠纷案的商标法问题进行学理上的分析。经过本文分析,可见该案"牵一发动全身",涉及商标侵权判断的方方面面,尤其是涉及"互联网+"背景下多重属性服务的商标使用类别判定、反向混淆等新问题。对这些新问题的争议和研究,"非诚勿扰"案不会是终结,此类案例将越来越多。我国司法实践中也有必要探索出客观、一致的判断方法,以加强法律的可预见性。对于多重属性的服务归类这一新问题,笔者建议采用主次区分法。对于反向混淆这一新问题,笔者认为应该结合我国《商标法》明文规定的诚实信用原则,将在后使用者是否构成不诚信纳入反向混淆的判断要素。

(责任编辑:冯煜清)

---

① 杜颖.商标反向混淆构成要件理论及其适用.法学,2008(10).

美日韩科技立法的转型与升级：
演化历程与路径选择[*]

彭 辉 姚颉靖

摘 要 科技创新活动的顺利开展必须依靠科技创新法律为其保驾护航,法律规范的稳定性、连续性和权威性是科技创新活动顺利实施的重要保证。在世界科技政策趋同化背景下,梳理美日韩三国主要科技创新立法,分析其立法转型期的阶段划分,重点解读科技立法坚持国家战略导向、科技立法重视产学研结合、适时适度实现科技立法动态调整的立法转型特点,会给我们带来以下启示:利用国家战略,引导科技立法,完善科技创新法律体系,推进产学研合作。

关键词 科技立法　立法演变　路径选择

拥有较为完善健全的科技创新法律保障制度,是一个国家科技创新大发展、大跨越的必要前提和充分保障。美国在经济发展和科技创新领域之所以能够执全球之牛耳,首先要归功于美国历届政府为科技发展提供了强大的法律制度支撑[①]。二战后,美国对科技发展目标进行了调整,从军事战略发展目标向国家发展战略转移,政府对于科学技术基础科学的关注和投入逐年增加,通过科技发展目标的战略转移,美国逐步建立并确立了科技发展在全世界的霸主地位。战后日本成功的关键,同样在于对科学技术的高度重视,不遗余力地通过细致地发展规划加以推动科技发展。其间,日本对科技发展政策进行过数次重要调整,从而顺利完成了"引进外国技术"→"依靠自主技术"→"科技立国"→"科学技术创造立国"的重要转向[②],其在半导体材料、电子材料、电子元器件、碳纤维复合材料及特种钢等领域,在全世界范围内占据举足轻重地位。韩国则是一个从"落后农业国"向"新兴工业化国"转向的成功典范。在战后很短时间内,韩国不仅实现了科技先进、经济发达,而且其船舶工业、电子产品、汽车制造享誉全球,成为亚洲乃至世界科技和经济强国,被称之为"汉江奇迹"华丽转型的巨大成功,得益于韩国实施"科技立国"战略。

基金项目:本文系 2015 年度上海市哲学社会科学规划系列课题、2015 年上海市法学会应用法学研究课题、上海社会科学院创新工程青年人才项目的部分研究成果。
作者简介:彭辉,上海社科院法学所副研究员,法学博士。姚颉靖,上海政法学院法律学院副教授,法学博士。
① 张华胜,等.美国政府科技政策及其对经济影响.中国科技论坛,2009(3).
② 许艳华.战后日本科技政策的三次转向及对中国的启示.山东经济,2011(6).

从上个世纪80年代后期起,我国科技立法进入快速发展期,取得了较为显著的成绩,先后制定实施了《技术合同法》(1987年)、《科学技术进步法》(1993年)、《促进科技成果转化法》(1996年)、《科学技术普及法》(2002年)等一系列科技创新法律法规。并且,我国与众多国家签订了科技交流与合作协定,加入了一系列重要的国际条约。然而,我国科技创新立法依旧有不少难题亟待破解。美日韩三国十分重视以立法手段规范、引导、促进科技开发,鼓励技术发明和创新,以此实施科技创新的总体战略,实现"科技强国"的目标。本文全面梳理美日韩三国科技政策的发展过程,客观、理性分析其科技转型要素,探究转型中科技政策发展特点,以期为我国建设创新型国家提供有益借鉴和参考。

一、美日韩三国科技创新立法发展梳理

我们对美日韩主要科技创新法律进行了较为细致梳理,详见表1。

表1 美日韩三国主要科技创新立法梳理

国别	立法名称	立法目的	主要内容及特点
美国	1950年《国家科学基金会法》	支持基础科学和大学研究	规定国家科学基金会的作用、管理机构和职责;国家科学理事会作为国家科学基金会的决策机关和最高领导机构
	1972年《技术评价法》	为科学研究的发展提供良好的政策法律环境	建立国会技术评价办公室,以研究涉及科学技术的重大问题,向国会提出预测和分析
	1976年《国家科技政策、组织和重点法》	明晰科技发展的基本目标、政策	明确科技政策的调整范围、制定原则、实施步骤以及相应的政府责任、科技发展的重点领域、科学技术政策办公室和总统科学技术委员会的组成和职责等
	1980年《史蒂文森—威德勒技术创新法》	增强国家竞争力、促进科技成果转化、实现产学研一体化	设立隶属于商务部的技术局;联邦实验室下设负责科技成果转化工作的研究和技术应用办公室;充分发挥美国政府在R&D中的作用
	1980年《贝赫—多尔专利和商标修正法》	鼓励学术机构和工商企业之间相互交往	确立联邦政府实验室和高等院校专利权的主体地位;对私营企业进行技术转移;赋予联邦政府实验室向企业颁发专利独占许可的权利
	1981年《拜—杜法案》	充分发挥企业、科研机构在科技研究方面的主导作用	重新审视原来的联邦专利政策;联邦政府只是在形式上对发明拥有"特权";赋予高校以及科研人员实施和转让技术的权利
	1982年《小企业创新发展法》	强化政府对具有商业化潜质的小企业的科研项目支持	鼓励中小企业进行技术创新活动,促进私营部门将联邦的研究开发成果进行商业化运作
	1989年《国家竞争力技术转化法》	为企业与联邦实验室发展科技合作奠定基础	赋予联邦实验室签署科技研发协议的权利,并长期将技术转化作为其工作任务
	1991年《美国技术杰出法》	有效提高科技成果转化能力	允许知识产权在科研项目的合作者之间交换,将联邦实验室联合会授权期限延长

续表

国别	立法名称	立法目的	主要内容及特点
	1993年《全国合作研究及生产法》	鼓励以研究和生产型合营企业的形式开展合作	赋予生产型合营企业以"合理原则"规制标准,"合营企业"的定义变得更加完善
	1993年《政府绩效法》	对联邦科研机构加强管理	增强对联邦政府支持项目的计划和管理,增强联邦机构工作绩效的可评估性
	1995年《国家技术转化与进展法》	提高科技合作的商业化进程	规定科技研发合作的谈判准则
	2000年《技术转移商业化法案》	加强企业重组和改造	修改《史蒂文森—威德勒技术创新法》和《拜—杜法案》的部分规定,简化归属联邦政府的成果运用程序,进一步将科技成果运用于社会
	2011年《发明法案》	强化联邦政府管理科技成果的力度	促进科技成果的转化,通过税收和财政等优惠措施鼓励和推进科技创新;明确科技创新发展的重点领域
日本	1956年《技术出口特别扣除制度》	对技术引进投资的税收优惠	企业向国外提供工业产权、技术窍门、著作权和咨询服务等获得的收入,可按一定比率计入亏损额
	1958年《新技术企业化用机械设备特别折旧制度》	鼓励研究开发投资和技术引进投资	允许企业以高于通常的折旧率进行折旧,并根据设备投资额给予延期缴纳法人税的特权
	1966年《大型工业技术研究委托费》	直接性的技术补贴政策	将政府选定的一些新技术、新产品或者是一些前沿领域内的课题委托给企业进行研究,并向企业提供研究经费
	1995年《科学技术基本法》	提升国家竞争力	明确发展科学技术方面的基本国策和大政方针,增强产学研合作,推进基础研究、应用研究和开发研究的协调发展
	1998年《大学技术转移促进法(TLO法)》	鼓励大学设立技术转移机构,推进研究成果商业化	促进大学及国立研究机构技术成果向企业转移,设立"产业基础启动基金",免除TLO专利申请和维持费用,允许国立大学教员在具有私营公司性质的TLO兼职
	1999年《新事业创出促进法》	以支持个人或公司的创业,资助新兴企业	增加国家及政策实施机构等支持研究开发的预算;对研究开发出成果的产业化给予特定补助金的拨款支持
	2000年《产业技术力强化法》	促进产学合作的顺利开展	对国立大学教员的兼职限制有所缓和;对大学及大学教师实行专利费减免;取消受委托研究和共同研究期限
	2002年《知识产权基本法》	有计划、集中推动知识产权相关措施的实施,以提高日本企业的国际竞争力	制定有关知识产权的创造、保护、活用、人才资源开发基本目标及实现目标的基本原则;明确国家、地方公共团体、大学、企事业单位的职责
	2009年《基础科学力强化综合战略》	开发国内外科技人力资源,构建人才培养新体系	加大海外科技人才吸引力度;进一步重视本国人才的培养
	2011年《科学技术基本计划》	通过发展科技重建经济实力	解决科学技术发展面临的困难;积极振兴发展基础研究
	2013年《产业竞争力强化法案》	落实安倍政府经济增长战略的实施框架	取消和缓解各种产业竞争限制;允许企业大胆开展科研开发和技术创新;优惠税制

续表

国别	立法名称	立法目的	主要内容及特点
韩国	1960年《技术引进促进法》	保证科技决策的实施,弥补本国技术力量不足	加强科学技术教育,强调科技基础的构建,促进技术引进和初步消化吸收
	1961年《国家科学技术促进法》	推行"第一次经济开发五年计划"	确立以科技创新推动国家经济社会发展的基本思路;构建国家宏观科学技术管理体系
	1967年《科学技术振兴法》	为保证发展科学技术为经济发展提供支撑	规定政府对发展科学技术应尽的义务和责任
	1972年《技术开发促进法》	提高国家整体的技术适应能力和创新能力	鼓励企业建立自己的技术开发部门,培养企业的研发能力及技术创新能力
	1976年《职业训练基本法》	增加科技资源、科技人员、高素质劳动力的供给	加大工程技术教育和职业培训的支持力度
	1983年《技术开发投资促进法》	加快知识密集型产业的开发研究,促进产业结构的优化	将历来以设备投资为中心的资源援助政策改为技术开发援助政策,以鼓励企业加强技术开发
	1991年《科学技术政策宣言》	科技战略向自主创新与消化吸收并举转变	提出把科技自主创新和对高新技术的消化、学习置于同等重要位置
	1997年《科学技术创新特别法》	加强产业竞争力和基础研究能力	强调政府在国家技术创新系统中的重要作用;发挥企业在技术创新中的主导作用
	1999年《科学技术基本法》	促进国家研究开发体系多元化	对国家科学技术政策及研究开发计划审议、调查、分析、评价,行使着对国家研究开发的综合调整职能
	2000年《科技转化促进法案》	促进科研成果转化和专利使用	赋予公立高校独立法人资格;公立高校研究者不仅可与私人部门进行合作研究,而且可从最终研究成果中分配利益
	2001年《科学技术基本法》	促进科技与人文平衡发展	建立"国家科学技术创新体系";科技部是主要执行机构
	2010年《低碳绿色增长基本法实行令》	提出"绿色新政"计划	2020年以前把温室气体排放量减少到"温室气体排放预计量(BAU)"的30%

二、美日韩三国科技创新立法转型分析

(1)美国。我们可将二战后美国科技创新法律发展史细分为三个阶段:① 20世纪50—70年代:政府研发主导期。这一时期,科技创新研发投入占据主导地位的是政府资金,美国联邦政府正式建立了国家科学基金会,颁布自然科学基金制度,明确国家有义务向具有科研潜质的科研人员与工程师提供基金资助,有义务资助高等院校的基础研究并在组织科研项目上贯彻科研学术自治的精神,以此加快基础科学的进一步发展。在此期间,陆续出台了《国家科学基金会法》(1950年)、《中小企业法》(1953年)、《国内税收法典》(1954年)、《中小企业投资法》(1958年)、《国家国防教育法》(1958年)等法律法规,拉开了美国利用科技法律提升国家实力的序幕。由于美国政府对于其资助完成的知识产权按照"谁投资谁受益"的标准进行利益分配,使得科研收益大部分归政府所有,这种制度安排极大限制和约束了科研人

员进行科学探索、专利申请、技术转移等科研活动的积极性,致使很多科研成果无法顺利实现产学研转化实现市场价值①,因而推进技术转移的立法呼声渐高。② 20 世纪 70—80 年代:政府研发下降、企业研发增长期。在这一阶段,美国对战后科技立法进行反思,敏锐把握住科技革新和新兴产业发展的契机,降低政府研发投入比重,吸引企业资金入场,充分调动科研人员申请专利和进行技术转移的积极性,重点强调联邦持有技术向私人部门的转移,使科研成果得以有效转化和利用,掀起了又一轮科技立法高潮②。《国家科技政策、组织和重点法》(1976 年)、《史蒂文森—威德勒技术创新法》(1980 年)、《贝赫—多尔专利和商标修正法》(1980 年)、《拜—杜法案》(1981 年)、《小企业创新发展法》(1982 年)、《国家竞争力技术转化法》(1989 年)等法案相继出台,为美国在 20 世纪 90 年代新经济的崛起奠定了基础。③ 20 世纪 90 年代至今:国家创新体系构建期。在此期间,美国打破了基础研究和技术应用之间的"篱笆墙",将科技创新与制度创新紧密结合起来,加快了基础研究技术向技术应用转变的产业化进程,为科技发展注入持续新动力③。这一期间科技立法的成果极为显著,先后颁布了《美国技术杰出法》(1991 年)、《全国合作研究及生产法》(1993 年)、《政府绩效法》(1993 年)、《国家技术转化与进展法》(1995 年)、《技术转移商业化法案》(2000 年)、《发明法案》(2011 年)等科技立法,为整个社会营造创新文化氛围、构建创新机制奠定夯实基础。

(2)日本。日本是后发国家赶超先进国家,实现"技术立国"的典范。这一成功很大程度上源自二战后日本精心打造的"技术引进、学习、改良基础并创新"国家创新体系。作为一个不断演进、逐步发展的创新体系,尽管在不同的历史时期所强调的侧重点有所差异,但一以贯之的内在基本内核是"技术立国"。对此也可将二战后日本科技立法发展史细分为三个阶段:① 20 世纪 50—70 年代:经济恢复期。作为二战战败国,日本国民经济已处于濒临崩溃边缘,为解决国民的温饱问题,缩小与欧美差距逐步扩大的科技水平,日本政府将革新的切入点聚焦于恢复中断的科技活动④。在这样的背景之下,日本制定了一系列加快经济恢复的科技立法,如《教育基本法》(1947 年)旨在培养优秀科研技术人员的教育改革政策,《外汇及外贸管理法》(1949 年)揭开了日本战后技术引进和革新的序幕并且初步形成了日本式的技术引进模式,《技术出口特别扣除制度》(1956 年)实质上就是日本政府为企业提供的技术政策补贴。随着科技创新法律的不断完善,从 20 世纪 50 年代后期起,日本国民经济进入战后发展的快车道,成绩斐然。② 20 世纪 80—90 年代:高新科技发展期。20 世纪 80 年代日本科技立法的主题基本围绕"技术立国""自主创新""尖端技术"等展开,对通过科技立法实现技术立国、加速经济发展满含期待,这一时期的科技立法已经上升到国家战略高度来考量⑤。《科学技术基本法》(1995 年)旨在调动科研工作者的积极性,处理好基础研究和应用

---

① Bradley S R, Hayter C S, Link A. Models and methods of university technology transfer, Foundations and Trends in Entrepreneurship, vol. 6(2013).

② Grimaldi R, Kenney M, Siegel D S, et al.. 30 years after Bayh‐Dole: Reassessing academic entrepreneurship, Research Policy, vol. 8(2011).

③ Gray D O. Cross-sector research collaboration in the USA: a national innovation system perspective, Science and Public Policy, vol. 2(2011).

④ Shin J S. The Economics of the Latecomers: Catching-up, technology transfer and institutions in Germany, Japan and South Korea, London:Routledge,2013,pp. 46-53.

⑤ Samuels R J. Securing Japan: Tokyo's grand strategy and the future of East Asia, Ithaca: Cornell University Press,2011,pp. 87-97.

研究的关系,走科学技术、人类发展及生态和谐的可持续发展道路;《大学技术转移促进法(TLO法)》(1998年)旨在鼓励高等院校设立技术转移机构,加快基础研究成果产业化,反哺基础研究加速发展;《产业活力再生特别措施法》(1999年)目的在于加速日本研发开发活动,促进科技成果转化。通过科技立法的不断发力,日本已大幅度提升国际竞争能力,国民经济持续转好,贸易顺差不断提高,在科技领域与西方的差距不断缩小,甚至在生产技术水平、污染控制和能源节约等领域赶上甚至超过了发达国家的水平。③本世纪以来:科学技术创新期。为了迎接21世纪以日本为中心的太平洋时代的到来,实现"高科技大国"的战略目标,日本对科技创新政策又采取了重大措施,从科技定位到方针政策、从研究体制到人才培养、从基础设施到研究规划等相关领域都进行了调整与充实,先后出台了一系列科技创新立法。《产业技术力强化法》(2000年)在增加产业技术竞争力领域通过立法方式明确了国家、地方、公共团体、大学及事业机构的各自职责和任务分工;《知识产权基本法》(2002年)以立法方式将知识产权由原来单纯的部门主管事务提升到国家整体发展战略的高度,这就为日本实现"知识产权立国"战略实现奠定了坚实基础。

(3) 韩国。韩国科技立法调整也可以分为三个时期:① 20世纪60—70年代:技术引进期。韩国通过技术引进,对国外先进技术的不断学习、引进、消化、模仿来提升科技发展水平,从而为本国科技进步奠定技术基础。自1960年以来,韩国立足国情,围绕国家和经济社会发展战略目标制定科技立法,先后颁布实施了《技术引进促进法》(1960年)、《国家科学技术促进法》(1961年)、《科学技术振兴法》(1967年)、《职业培训法》(1967年)、《技术开发促进法》(1972年)、《国家技术资格法》(1975年)、《专门研究机构促进法》(1975年)、《职业训练基本法》(1976年)等一系列科技法律,为韩国80年代经济的腾飞提供了制度性支撑体系[①]。② 20世纪80年代:创造模仿期。80年代是韩国科技立法转型关键期,具有承前启后的重要地位。经过20多年的发展,韩国科技实力不断提升,科技发展基础不断夯实。为更好地推进科技发展,为经济发展提供科技支撑,政府以创造模仿为立足点对1960年以来科学技术法律和有关制度进行改革,先后颁布了《技术开发投资促进法》(1983年)等科技法律,使得韩国科技复制模仿能力不断增强,企业自主研发能力得到提高。[②] ③ 20世纪90年代至今:自主创新期。这一时期韩国政府把科技发展作为国家发展的核心要素,把提高技术自主创新能力、实现科技水平达到世界前列,作为科技立法总体目标。先后出台了《科学技术政策宣言》(1991年)、《科学技术创新特别法》(1997年)、《科学技术基本法》(1999年)、《韩国2025年构想》(2000年)、《科技转化促进法案》(2000年)、《科学技术基本法》(2001年)、《低碳绿色增长基本法实行令》(2010年)等一系列科技法律,使得技术创新能力明显提升,企业创新主体地位逐步巩固,基础研究能力显著增强,为韩国走向世界经济强国和科技强国奠定了坚实基础[③]。

---

① Asongu S A. Knowledge economy gaps, policy syndromes and catch-up strategies: fresh South Korean Lessons to Africa, African Governance and Development Institute WP/14/04, 2014.

② Lee K. How can Korea be a role model for catch-up development? A 'Capability-based'View, Achieving Development Success: Strategies and Lessons from the Developing World, 2013, p.25.

③ Yi S H, Shin W S. Comparative Analysis of IT Industry's Competitiveness through Enterprise Innovation between Korea and China, Journal of Management and Strategy, vol. 4(2014).

三、美日韩三国科技立法转型特点

1. 科技立法坚持国家战略导向

为了发展科技,促进经济的增长,可以采用"技术拿来"战略与"技术领导"战略。这两种战略并非互相排斥,而是根据实际情况结合使用。两者间的协调状况,成为决定总体战略成败的重要因素。"技术拿来"战略和"技术领导"战略是增强科学技术创新、促进经济社会进步的不同战略,至于采用何种战略则与本国劳动力资源丰富度、技术消化吸收能力、基础设施建设完善度、技术获取难易程度等多种因素密切相关。纵观美日韩三国科技立法转型史,时代性是其典型特征,随着世界经济、社会环境的变化,科技政策也在不断调整,以适应不断变化的国内外形势的需求。但有一个根本核心不变,就是从国家利益出发,强调对科学技术的利用,保证各国在科学技术和创新领域的领先地位。① 美国。在二战结束后突出国防科技重要性;冷战时期强调发展空间科技;冷战结束后确立普通民用科技优先发展地位;20世纪80年代强调以信息技术为主的新技术开发;9·11事件后强调开发反恐技术。目前,奥巴马政府承诺重振美国的科技研发。② 日本。在二战后,科技立法主要采用以恢复经济为主的"拿来主义"战略,注重基础工业部门的技术引进,注重技术引进后的连锁效应;为应对石油危机,日本一方面突出高端科技研发的极端重要性,另一方面也注重运用政府补贴制度对基础技术加大扶持力度;为了应对21世纪的挑战,实现"高科技大国"的战略目标,日本把科技立法的重点放在了加强技术创新和加速技术转移上,并正在寻求日益广泛的国际科技合作。③ 韩国。作为科技发展的后起之秀,韩国原有的科技发展基础较为薄弱,为了缩短与发达国家科技发展水平的差距,韩国选择"引进→学习→模仿→创新"的科技发展模式。尽管强调技术引进的重要性,但没有对技术引进方式产生路径依赖,而是在引进过程中结合本国实际情况加以吸收、借鉴和再造,最终步入自主创新的强国之列。

2. 科技立法重视产学研结合

科技成果的转化就是将科学技术产业化,将技术从实验室转移到工厂实现技术的应用价值与商业价值。富有成效的科技成果转化,不仅是激励科研人员开展技术创新的重要途径,而且也是提升产品和生产工艺的科技含量,推动产业结构升级的有效手段。美日韩三国在制定科技立法过程中,非常重视产学研三者的结合,以求达到科技创新,技术成果转化和人才培养的目的。

(1) 美国。美国政府历来非常重视通过科技立法方式推进科学进步。从1976年起,颁布实施了一整套有关科学研发、技术转让的法律法规,如《国家科技政策、组织和重点法》(1976年)旨在促进联邦技术的转移,实现技术的商业化和民用化;《史蒂文森—威德勒技术创新法》(1980年)提升了联邦技术向私人部门的转移步伐,加速科技与经济相互融合;《贝赫—多尔专利和商标修正法》(1980年)明确了技术转移对于美国经济的重要性,并且从国家竞争力视角来审视技术转移的价值和意义,明晰联邦实验室与大学或企业合作研发的边界;《拜—杜法案》(1981年)将政府财政资金资助为主的科研项目成果及知识产权归属于发明者所在研究机构,鼓励非盈利性机构与企业界合作转化这些科研成果,参与研究人员也可以分享收益,这是美国国会在过去半个世纪中通过的最具鼓励性的法案;《联邦技术转移法》(1986年)明确了联邦实验室技术转移的职责和义务,并将技术转移作为考核联邦实验室雇员业绩的指标之一。此外,还有《小企业创新发展法》(1982 年)、《国家合作发展法》(1984 年)、《国家竞争力技术转移法》(1989 年)、《技术优先法》(1991 年)、《小企业技术转移法》(1992 年)、《国家技术转让与促进法》(1995 年)、《联邦技术转让商业化法》(1997 年)、《技术转移商业化法》(2000 年)、《发明法案》(2011 年)等①。上述立法的颁布实施使联邦政府与研究机构摆脱了科技研发单一角色,其一方面进行科技研发,同时另一方面也肩负研发出来科技成果的转化职责,并且对羁绊科研成果转化的障碍予以清扫,从而极大提升了美国科技水平的国际竞争力②。

（2）日本。由于历史原因,日本政府介入竞争性行业的积极性不高,无形中强化了日本企业在国家创新体系中长期处于绝对的主导地位。在"产学研"合作模式中,"产"一直处在核心地位。为了充分发挥政府在产学研体制中的"指挥棒"功能,提升产业界、高等院校和政府研究机构之间产学研合作效能,加速产学研之间的技术转移,日本政府颁布实施了一系列鼓励性立法。如《大学技术转移促进法(TLO 法)》(1998 年)是保障日本产学研顺利运作的代表性制度,旨在提升高等院校设立技术转移机构的积极性,加速科技成果的商业化运作；《产业活力再生特别措施法》(1999 年)的宗旨是加速基础科学的研发,促进科技成果顺利转化；《产业技术力强化法》(2000 年)放宽了原有人事严格管理制度,对国立大学科研人员的兼职活动限制有所缓和,并且给予一定的资金资助。总之,这些科技立法的核心是坚持企业在创新中的主体地位,发挥市场在资源配置中的决定性作用,通过产学各方的合作配合,共同努力提高知识与技术的更新、传播、应用。

（3）韩国。20 世纪六七十年代韩国经济发展策略是政府主导型。技术研发的组织、实施的角色主要由政府承担,企业则主要对国外引进技术进行简单仿制,并在此基础之上进行有限度的技术改良,企业的技术研发实力很弱。80 年代以后,韩国经济发展策略发生了重大变化,从"政府主导型"向"企业主导型"转变③,先后通过颁布实施《科学技术政策宣言》(1991 年)、《科学技术创新特别法》(1997 年)、《科技转化促进法案》(2000 年)、《科学技术基本法》(2001 年)等一系列科技立法,加强韩国企业的技术研发力量,提升国家科技能力。随着企业附属的科研机构、技术中心数量激增,企业对科技创新研发投入也日益增多,企业目前已经成为韩国科技创新研发体制的主导力量,如三星公司 2014 年在研发上的投入,占据其财政总收入的 6.4%,约 134 亿美元。

3. 适时适度实现科技立法的动态调整

由于各国皆有其独特国情,因而科技创新立法没有一个固定统一的程式可供模仿。各国都需要结合各自科学、技术、经济社会等方面的变化来选择各自所走的科技发展道路,从而制定适合本国发展的科技立法,并适时适度予以动态调整。

（1）美国。美国准确地分析和把握世界科学技术发展的新趋势,颁布实施有针对性、操作性的科技发展政策,以此作为科技立法的先导和指引,并在科技政策指引下及时对科技立法进行废、改、立的调整,使之能够与时俱进并具有前瞻性。例如,在 20 世纪 80 年代,为了

---

① 王丽霞,等. 战后美国科技政策调整脉络及对我国的启示. 科技进步与对策,2013(21).
② Murray A. Information technology law: the law and society, Oxford:Oxford University Press, 2013, p. 36.
③ Mitra D, Shin J. Import protection, exports and labor-demand elasticities: Evidence from Korea, International Review of Economics & Finance, vol. 23(2012).

促进科技成果的转移,先后颁布实施了《史蒂文森—威德勒技术创新法》(1980年)、《拜—杜法案》(1981年)、《联邦技术转移法》(1986年)、《国家竞争力技术转化法》(1989年)等一系列科技立法,不断完善科技成果转化制度,推动科技成果的商业化,取得了良好的法律效果和社会效果。上个世纪90年代以来,为了应对知识经济日益崛起、高新技术发展日新月异、国家竞争日趋激烈的形式,美国再次颁布实施了一系列振兴科技发展的立法①。

(2)日本。为了适应科技竞争日趋激烈的国内外环境,日本科技立法适时进行调整,以应对世界经济、社会环境的变化而带来的挑战②。总体而言,日本科技立法具有较为鲜明的时代特征,不同时期科技发展侧重点各有差异。如二战后,综合考虑到科技进步对促进经济社会发展的巨大作用,日本将科技立法的基本目标设定为加速科技资源整合、提升科技服务能力,对国外先进科技采用"引进→消化→吸收→改良"的运作模式,实现了技术发展、经济增长、社会进步的"日本辉煌奇迹"。进入20世纪80年代以后,由于自然资源、生态环境、国际贸易等因素影响,日本政府对科技法发展战略进行了及时、有效调整,实现了"贸易立国"→"技术立国"的转变。90年代,日本政府适时地对科技发展战略作出了合理调整,又提出了向"科学技术创造立国"的转变,迎头赶上甚至超越了欧美等发达国家,成为技术发达国家③。

(3)韩国。20世纪60年代初,为了应对资金匮乏、科技发展水平低、工业基础薄弱、自然资源不足、经济萧条以及失业率不断攀升的不利局面,韩国政府先后颁布实施了《技术引进促进法》(1960年)、《国家科学技术促进法》(1961年)、《科学技术振兴法》(1967年)等一系列科技立法,为韩国科技发展、经济崛起提供了制度性的支撑平台。20世纪70年代韩国不断发展与完善国家技术创新体系,强化技术教育的覆盖面,夯实技术的引进、吸收、创新能力基础,先后制定了《国家技术资格法》(1975年)、《专门研究机构促进法》(1975年)、《职业训练基本法》(1976年)等一系列科技立法来构建一支与国家科技发展相适应与企业创新能力相匹配的高素质科技人才队伍。20世纪80—90年代,国际间的技术性贸易壁垒的种类和形式日趋多样,国际贸易环境日趋恶化。尤其需要指出的是,韩国在1997年金融危机中遭受到严重冲击。为了迎接挑战,韩国政府先后颁布实施了《科学技术创新特别法》(1997年)、《科学技术基本法》(1999年)等一系列科技立法,将信息科学、材料技术、生态环境等重点领域作为韩国科技发展的主要领域。进入新世纪,韩国科技立法的重要内容是加快国家的可持续发展步伐,科技进步服务于社会管理创新,推进人与自然的完美融合。基于此,制定《韩国2025年构想》等科技发展战略,明确提出韩国未来科技发展的基本方向和战略方针④。

---

① Katyal N. Disruptive Technologies and the Law, Geo. LJ, vol. 102(2013).
② 韩凤芹,等.日本运用科技政策推动区域经济发展的实践及启示.经济研究参考,2012(51).
③ Bijker W E, Hughes T P, Pinch T, et al.. The social construction of technological systems: New directions in the sociology and history of technology, Massachusetts: MIT press, 2012, p. 57.
④ Shin S C. Korean government policy to support the domestic environmental industry and technology export, Korea Environmental Policy Bulletin vol. 4 (2013).

四、美日韩三国科技立法转型发展的启示

1. 利用国家战略引导科技立法,坚持有所为有所不为

当今各国科技创新实力竞争已经达到白热化程度。"十二五"期间,我国创新型国家建设的重要目标,就是提升自主创新能力,培养高端科技人才,优化成果转化机制,培育科技创新环境,实现从科技大国迈向科技强国,并在若干领域取得重大科技突破,为国家经济社会发展提供更加有力的支撑。要实现这一目标,科技立法与国家战略的有机结合必不可少,这是一个国家或地区实现可持续发展的重要前提。美日韩三国科技立法始终与国家战略相结合,始终服从并服务于不断变化的国家战略目标。如美国在二战后至冷战前的科技立法重点是推进"曼哈顿计划"等国防科技;冷战时期的科技立法重点是"阿波罗"计划、"星球大战"等空间科技;冷战结束后的科技立法重点是人类基因组计划、新技术机会计划等信息技术;后冷战期的科技立法重点是信息高速公路计划、国家纳米技术计划等民间科技;9·11后的科技立法重点是反恐科研计划等反恐技术;金融危机后的科技立法重点是"大学成果转化联合会"项目等科技研发与自主创新[1]。对此,我国应加强对科技立法与国家战略相互关系(衔接、协调乃至一体化)的研究,以促进科技立法与经济发展在更高的起点上深度融合。充分吸收和借鉴美日韩三国科技立法调整的经验做法,利用国家战略引导科技立法,切实将提升自主创新能力作为科技立法的重点。始终坚持市场导向功能,充分发挥企业主体作用,提升政府战略决策能力,充分发挥科技立法在社会经济发展过程中的引领推动作用,不断完善创新体系建设,大力发展创新型经济,为创新型国家建设提供强大动力。

2. 完善科技创新法律体系,营造有利于科技创新的环境

法律法规是增强科技创新战略的稳定性、权威性的重要保障,通过调整和规范各相关主体在科技创新过程中形成的权利义务关系,有利于增强科技创新活动的前瞻性和预见性,确保科技创新活动的顺利实施和可持续发展。从美日韩三国科技立法转型发展来看,通过制定和完善科技政策法规体系来加快经济发展方式转变是普遍做法。各国对于科技创新成果创造、运用、保护、管理都非常重视,出台了一系列的制度规范,更为重要的是这些立法都有相应的配套措施加以推动。如日本在1995年颁布了《科学技术基本法》,次年开始每5年制定一个科技发展的基本计划来落实基本法内容,这种"基本法+5年期基本计划"的立法模式使得日本科技创新始终有明确的目标指引,有细致的计划分解,有翔实的推动方案,通过这种系统化的整体运作,日本迈向世界科学技术巅峰的脚步非常稳健踏实[2]。反观我国近年来的科技立法,尽管围绕深化科技体制改革,改变科技教育模式,建立创造力教育模式,提升国民科技创新素质,营造良好科技创新环境,建立科技创新保护和鼓励机制等出台了一系列的相关立法,取得较为显著的成绩。但美中不足,我国科技立法政策缺乏类似日本在一个体系框架内步步推进、稳健攀升的持续性。如我国先后颁布了《科学技术发展远景规划纲要(1956—1967年)》《科学技术发展规划(1963—1972年)》《全国科学技术发展规划纲要(1978—1985年)》《科学技术发展长远规划(1986—2000年)》《科学技术发展十年规划和"八

---

[1] 刘永林,等.美日韩三国科技政策的演变及对我国的启示.科技管理研究,2013(2).
[2] 郑宇冰,等.战后日本科技政策演变及其执行力研究.科学管理研究,2013(5).

五"计划纲要(1991—2000)》《国家中长期科学和技术发展规划纲要(2006—2020年)》等科学规划。由于涉及领域广、时间跨度大、目标要求高,这些立法规范多停留于口号、纲领、文件层面,实践性差,激励与规制机制不到位,制约了政策的有效实施。如《科技进步法》只在第9章第57—60条,对4种违法行为确立了法律责任。这就需要我们向美日韩学习,不断完善我国的科技创新法律体系,不仅有中长期科学规划,而且有更加清晰、明确,可操作性更强的相对应配套制度,让健全的法制体系为我国的科技创新活动提供全方位的法律保障。

3. 推进产学研合作,加快科技成果转化

产学研有机结合不仅是加速科技创新、转变经济增长方式的有效途径,也是衡量科技进步与创新的根本标识[①]。美日韩科技创新之所以能够取得显著成绩,就在于将产学研合作放在一个非常突出重要的位置。科技创新以企业为立足点,除基础研究之外,高等院校及专业性研究机构以企业生产急需解决的问题作为课题研究切入点。任何有价值的市场供求信息,都会得到科研机构实验室的快速响应。这样就使技术研发能够与产业发展在真正意义上实现无缝衔接。如在韩国的产学研结合中,大学、专业研究机构、政府都充分尊重并充分发挥企业在技术创新中的主体作用,从而使产学研结合能够从一开始就立足于企业的内在需求,市场在科技资源配置中的基础性作用充分体现。目前,我国产学研合作创新的有关法律条款内容空洞,操作性条款欠缺,如《促进科技成果转化法》与《科学技术进步法》对于产学研合作只是进行了一些原则性规定,对于"鼓励"和"支持"性政策的内涵与外延没有明确加以细致规定,操作性条款非常欠缺;有些领域缺乏有效的法律制度予以规范,存在立法空白。如高校及科研院所的技术转移法律制度、科技资源共享等一些基本的科技法律还没有出台。对此,提出建议有:① 积极扶持和加强以企业为主体的产学研合作。以产业为引领,以项目为抓手,鼓励企业的产学研投入。在基础研究领域,鼓励并引导有条件的企业参与;在应用研究领域,加强并深化产学研主体间合作。② 出台科技金融政策加速产学研合作创新的产出。加速形成以政府投入为引导、企业投入为主体、社会资本积极参与的多元化科技投融资体系,推动产学研合作。③ 制定保护产学研合作创新成果的知识产权政策。国家要建立健全知识产权法律体系制度,制度设计的着眼点在于激励新产品新研发新创新,打击侵犯知识产权违法行为,维护权利人合法权益。企业要研究和建立适应企业操作和运行的企业申请专利制度、自主知识产权评估制度、内部保密制度等。

(责任编辑:徐珉川)

---

① 张万彬.高校科技成果转化之法律障碍及对策研究.文化学刊,2011(4).

美国公共视频监控行为规制的困境及其启示

张潋瀚

摘　要　全球范围兴起的公共视频监控建设热潮,一方面反映了各国政府对公共安全的关注;另一方面又引发了对公民权利受到监控侵害的担忧。如何在公共安全与公民权利之间获致平衡是呼吁对公共视频监控系统进行严格有效监管的根源。美国政府在涉及公共视频监控系统监管时,其三个权力机关基于其自身在政权结构中的地位和角色,具备一定的能力和局限。深植于美国政治制度中的三权分立与联邦分权制度最终成为美国政府在监管公共视频监控时无所作为的关键因素。由于司法和立法的监管突破在短期之内不可行,行政监管或将成为公共视频领域公民隐私权保护的最后一道屏障。然而,在三权分立相互监督制约的体系中,惯常的立法和司法监督缺乏会导致行政机关权力滥用可能性增大。美国面对新兴公共视频监控带来的挑战时陷入的困境,对我国的相关制度也具有重要的启示意义。

关键词　公共视频监控　三权分立　联邦制　隐私权

导论

公共视频监控系统是指在公共空间设置的对指定区域内的人、事、物进行视频扫描和记录的电子监控系统,一般包括由数量不等的监控镜头组成的输入子系统、信号传输与储存子系统,以及位于中心控制室的监视屏幕输出子系统,并由中心控制室的操作管理系统联网控制,由操作人员对实时画面进行观察或者事后对存储信息进行整理、检索、审查。美国、澳大利亚等国称之为公共视频监控系统(The Public Video Surveillance System),英国称为闭路环形电视系统(Closed Circuit Television,CCTV),而中国则称为"天网监控"。虽然各国称谓不同,但其结构要素、技术特征与基本功能并无本质差别,英、美、加、澳等国的研究人员也已不再严格区分用语差异,因而如无特别之处,本文使用的"CCTV""天网"与"公共视频监控"属于同一概念。[①]

基金项目:四川省学术和技术带头人培养基金项目"视频证据在刑事诉讼中的运行机制研究"(编号:2013DTPY0022)。

作者简介:张潋瀚,四川大学法学院博士研究生。

① 需要注意的是,由于公共空间的特殊性,一般来说,公共视频监控系统由各国政府主导建设,这与私人出于安防需要在私人领域自行建设的视频监控系统有一定区别。建设主体的差别会导致管理、应用的不同实践,这些区别在某些研究中相当重要。但是,由于本文研究并非着眼于公共视频监控系统本身,而着重关注的是政府制度层面因素对该系统相关监管实践的影响,因而对建设主体并未进行详细区分。

近年来,全球范围内公共视频监控系统应用呈爆炸性增长趋势。虽然很难对每个国家监控探头总数进行精确判断,但据公开报道,无论北美、欧洲还是中国,大规模的公共视频监控建设正在如火如荼进行。① 各国公共视频监控建设出现井喷,一方面是由于监控探头价格的下降及信息联网技术的不断成熟;另一方面是面对日益复杂的国家安全、社会安全形势,公共视频监控系统可能实现的多元目标非常诱人。Helene Wells 等人在 1992 年至 2006 年以来研究成果的基础上,总结出 CCTV 具有的五个目标:一是假设 CCTV 作为一种对潜在犯罪人有效的心理威慑手段,能够预防犯罪和社会秩序破坏行为的发生。二是假设 CCTV 能够帮助发现犯罪和破坏社会秩序的行为,提高警方或其他安保人员发现犯罪的能力。早期的发现有助于迅速采取行动,并降低犯罪带来的损害。三是使用 CCTV 能够更加有效地配置警力和搜集证据,从而提高逮捕和成功起诉的比例。四是 CCTV 的可见性也能增加公众的安全感,降低对犯罪的恐惧。最后,CCTV 还可以作为一种场所管理工具,帮助警方有效管理特定区域。②

如今,公共视频监控系统正朝着规模化、集成化、智能化方向发展,功能日益强大。面部识别系统(The Facial Recognition Technology)能够将监控画面中出现的人脸与信息数据库中的身份信息进行比对,查找目标嫌疑人。自动号牌识别系统(Automatic Number Plate Recognition)能够对每一辆经过探头的车辆车牌感光板自动扫描,然后将车牌信息传输到警方控制的众多数据库中进行自动检测。生物识别管理系统(Biometric－Based Identity Management Systems)能够将人具有唯一性、可测量性和终身不变性等生物特征用于进行身份识别。正在研发的"大数据分析"系统将运用先进的计算机分析算法,利用存在于各个系统数据库中的海量数据分析提取出有用情报。③ 加上信息通信技术、追踪跟踪技术等,公共视频监控系统与其他系统的集合运用已经能够形成覆盖人们社会生活的"天罗地网"。虽然监控系统是官僚机构出于提高行政效率、加强社会管理和协调控制能力的产物,然而其强大的功能的过度利用激起了各国学者对奥威尔式"监控社会"④的担忧。一名学者在对英国监控系统进行研究后表示,关心权利和自由的人必须对"监控社会"给予高度警惕。⑤

强大的 CCTV 系统如果缺乏严格有效的监管,一旦滥用会对公民个人权利产生极大威胁。在美国,这些威胁主要表现为以下几个方面:一是视频监控记录人们在公共场所进行的仍可能涉及隐私或使人难堪的活动,比如医疗活动、情侣间的浪漫举动或者是社

---

① Porikli F, Brémond F, Dockstader S L, et al. *Video surveillance: past, present, and now the future*. IEEE Signal Processing Magazine, Vol. 30(3), (2013).

② Helene Wells, Troy Allard, Paul Wilson. Crime and CCTV in Australia: Understanding the Relationship, Australian Research Council (ARC), December 2006.

③ Porikli F, Brémond F, Dockstader S L, et al. *Video surveillance: past, present, and now the future*. IEEE Signal Processing Magazine, Vol. 30(3), (2013).

④ 小说《1984》里描述的场景,"老大哥在看着你"。

⑤ 第一,大规模的技术基础建设尤其可能带来大规模问题。第二,权力的腐败和扭曲也是重要问题。第三,监控系统意味着对不同群体的区分和歧视,在涉及高科技时,这种歧视尤其很难被公众发现。第四,监控将人们的关注点从其他替代措施或者更大更紧急的问题上引开,因为监控是否是追寻目标的最好手段始终还是未获得解答的问题。参见 Surveillance Studies Network, A Report on the Surveillance Society 19 (David M. Wood ed., 2006) (U.K.), available at http://news.bbc.co.uk/2/shared/bsp/hi/pdfs/02_11_06_surveillance.pdf. 最后访问日期,2016 年 3 月 24 日。

会活动。①二是监控探头可能被不当滥用,监控记录可能被违法泄露,并很难找到身份明确的人对此负责。②三是视频监控系统虽是出于安全目的而设立,但最终可能被用于其他目的,甚至是非法目的。例如被用于制裁并非犯罪的轻微不良行为,像着装不当、在禁止区域内抽烟或喝酒,甚至是违反规定遛狗等。③更糟的表现形式是数据库可能被用于非法目的,比如歧视和偏见。④四是监控记录可能被警察用于骚扰或威胁政治活动家及批评者。警察局可能保留在政治集会现场录制的视频监控资料,"这些资料将被创建成永久的、搜查性质的档案——从本质上来说,这是对异议者建立的影像卷宗"。⑤五是这些新科技激起人们强烈担忧,因为政府能够储存或接入巨大数量的个人数据(马赛克理论⑥与对一个人位置单纯的可视性确认(裸眼理论⑦)存在质的差别。大数据分析足以创建一个人生活、通勤、习惯及

---

① 监控探头不费吹灰之力就能跨越公共与私人的界限。金融时报记者 Sarah Duguid 描述她观察到的伦敦警察局监控操作员的举动,"他将镜头对准三个戴棒球帽的男子,然后镜头拉得如此之近,我甚至能认出他们手机的品牌。操作员向我解释说'理论上我还能看清手机里的短信信息'。"参见 Siegel L, Perry R A, Gram M H. *Who's Watching? Video Camera Surveillance in New York City and the Need for Public Oversight*. A Special Report by the New York Civil Liberties Union,(2006),http://www.nyclu.org/pdfs/surveillance_cams_report_121306.pdf. 最后访问日期,2016 年 3 月 24 日。

②③ 无论英国还是美国,都曾出现过监控人员不恰当操控探头的报道,他们将镜头对准女性的胸部和臀部。关于监控记录和信息的泄露也有一些臭名昭著的例子。参见 ACLU of Illinois, *Chicago's Video Surveillance Cameras: A Pervasive and Unregulated Threat to Our Privacy*, Feb. 2011, http://il.aclu.org/site/DocServer/Surveillance_Camera_ Report1.pdf? docID=3261. 最后访问日期,2016 年 3 月 24 日;Jeffrey Rosen, *A Watchful State*, N. Y. Times, Oct. 7, 2001;Andrew Parker, *Perveillance of CCTV Operator*, The Sun, Feb. 14, 2007;*Spy cameras fail to focus on street crime*, The Wash. Times, Aug. 13, 2006;Jaxon Van Derbeken, *9-month Suspension for Police Officer*, S. F. Chron., Apr. 22, 2005. 33;Jon Gargis, *Strip Traffic Camera Follows Pedestrians Home*, The Crimson White, Sept. 15, 2003;Sarah Wallace, *NYPD Housing Surveillance Staffed by Cops Under Investigation*, ABC NEWS, Apr. 23, 2004.

④ "在缺乏法律规制的情况下,视频图像使用的目标限制只能依靠想象。警察很有可能为反战示威者创建一个视频图像档案库。纽约市警察局的视频小组可能会将进入白人社区的黑人和拉美人设为监控目标。专业安保人员则可能利用视频记录去跟踪别人。"Siegel L, Perry R A, Gram M H. *Who's Watching? Video Camera Surveillance in New York City and the Need for Public Oversight*. A Special Report by the New York Civil Liberties Union,(2006),http://www.nyclu.org/pdfs/surveillance_cams_report_121306.pdf,最后访问日期,2016 年 3 月 24 日;在芝加哥市对使用视频监控系统的警官进行培训时,DVD 所播放的例子赫然将少数族裔作为监控目标。见 ACLU of Illinois, *Chicago's Video Surveillance Cameras: A Pervasive and Unregulated Threat to Our Privacy*, Feb. 2011, http://il.aclu.org/site/DocServer/Surveillance_Camera_ Report1.pdf? docID=3261. 最后访问日期,2016 年 3 月 24 日。

⑤ Siegel L, Perry R A, Gram M H. *Who's Watching? Video Camera Surveillance in New York City and the Need for Public Oversight*. A Special Report by the New York Civil Liberties Union,(2006),http://www.nyclu.org/pdfs/surveillance_cams_report_121306.pdf. 最后访问日期,2016 年 3 月 24 日。

⑥ 华盛顿特区法院金斯伯格法官赞成马赛克理论,该理论认为特定的政府调查技巧,比如通过 GPS 追踪嫌疑人,通过移动电话供应商获取定位数据,以及其他假定的多种多样的电子记录和网络信息数据分析形式,能够使得政府拼凑出一个人具体生活的数字化图景。即使收集单个信息可能并不违宪,因为在一定程度上这些信息公众可以获得,但是这种整体收集信息的行为本身可能触发宪法第四修正案的保护。Newell, Bryce Clayton. *Local Law Enforcement Jumps on the Big Data Bandwagon: Automated License Plate Recognition Systems, Information Privacy, and Access to Government Information* (October 16, 2013). 66 Me. L. Rev., 398 (2014).

⑦ 监控行业代表及政府官员支持这种说法,认为视频监控系统的探头与人的裸眼无异。参见 Siegel L, Perry R A, Gram M H. *Who's Watching? Video Camera Surveillance in New York City and the Need for Public Oversight*. A Special Report by the New York Civil Liberties Union,(2006),http://www.nyclu.org/pdfs/surveillance_cams_report_121306.pdf. 最后访问日期,2016 年 3 月 24 日。

旅行的全面记录,公权力机关收集的个人生活信息片段积累起来看就能构成一幅个人公共生活的全面图画,从而揭示私人的想法和目标。六是寒蝉效应(Chilling Effect),监控的广泛存在可能会通过侵蚀个人行动的自主性来打压正当合法的公共活动,使公民感到不自由、不安全。人们在采取任何一个微小行动前,将被迫不断追问自己,"我这么做看起来可疑吗?我的正常活动会被政府记录下来吗?如果某天我成为政府目标,这些记录会对我不利吗?"

一、美国公共视频监控行为规制的困境

公共视频监控系统大规模建设的合法性主要建立在对公共安全可能产生积极影响的假定之上。即便如此,重视公共安全利益也不能忽视公民权利。尽管个人进入公共场所让渡出部分个人权利属于常识,但是面对如CCTV这般强大的公共安全工具,公民的个人权利让渡也应该存在保留界限。如何在公共安全与个人权利之间寻找一个平衡,一直以来是负责任的政府决策孜孜以求的目标。目前绝大多数的研究并不认为完全放弃视频监控系统是一个明智的选择,但是几乎所有的研究都强调如此强大的工具需要政府和公众给予高度关注,对其施加严格有效监管。遗憾的是,在理论界呼吁监管多年之后,美国立法、司法、行政部门都未采取有效措施对公共视频监控进行严格管理,公民隐私权保护陷入困境。

(一)联邦最高法院坚持立法是最好的解决方案

在美国,公民隐私受宪法第四修正案非法搜查条款保护。过去几十年中,最高法院已基于宪法第四修正案成功处理一系列涉及监控的问题。比如窃听,具有里程碑意义的案件卡茨诉美国(Katz v. United States)①案中就曾判定,装置在公共电话亭外的窃听装置构成宪法第四修正案意义上的搜查,因为人们在公共电话亭中具有合理的隐私权期待。在卡茨标准下,人们在公共场所并不享有合理的隐私权期待。在美国诉诺茨(United States v. Knotts)②案中,最高法院强调因为汽车在公共地界行驶,因而车内嫌疑人的隐私权期待将减弱。③ 在卡茨标准下,运用肉眼进行检查并不总是构成"搜查"。在加利福尼亚州诉西如洛(California v. Ciraolo)④案中,裸眼从空中观察原告的后院并不违反第四修正案。但如果采用监控涉及的不仅是裸眼,则另当别论。凯洛诉美国案(Kyllo v. United States)⑤一定程度上体现了法院区别对待肉眼和感官增强技术,但是该案保护的利益是隐私权的传统核心——住家,因而无法将凯洛标准直接适用于公共场所的隐私权保护。

卡茨规则及其衍生判例在判断公共视频监控是否构成非法搜查时存在局限性。合理的隐私权期待这一判断搜查构成的标准被学界批评为跟不上技术迅猛发展的社会现实。在这样的社会中,很少有信息能完全处于非公共状态。如果继续使用卡茨标准,"技术将导致没

---

① Katz v. United States, 389 U. S. 347 (1967).
② United States v. Knotts, 460 U. S. 276, 282 (1983).
③ Id. at 281-82. "When [the defendant] traveled over the public streets he voluntarily conveyed to anyone who wanted to look, the fact that he was traveling over particular roads in a particular direction, the fact of whatever stops he made, and the fact of his final destination when he exited from public roads onto private property."
④ California v. Ciraolo, 476 U. S. 207, 207, 106 S. Ct. 1809, 1810, 90 L. Ed. 2d 210 (1986).
⑤ Kyllo v. United States, 533 U. S. 27. (2001)

有隐私,而且警察在实践中也将运用技术使得无隐私成为现实"。①虽然有证据表明联邦最高法院已意识到卡茨规则的局限性,但其解决方案却避重就轻。最高法院在琼斯一案中回归非法侵入(Trespass)对监控的非法性展开分析。该案中,执法人员将 GPS 定位装置设在嫌疑人汽车底部用于追踪嫌疑人,监视车辆在公共道路的运行轨迹。最高法院依据非法侵入条款而非合理的隐私权期待判定该案执法行为违法。与此同时,法庭多数意见(majority opinion)也承认,存在一个棘手问题,即对人在公共道路的运行轨迹进行监视,"相对短时间的监视"不会产生问题,但"如果在犯罪调查中进行长时间监视"也许就存在问题。② 阿利托大法官在琼斯一案的配合意见(concurring opinion)中指出,他意识到迅速发展的新监控技术带来的挑战,可能比从前更严重的侵犯公民的隐私,"在'前计算机时代',对隐私最好的保护不是宪法性的也不是法律性的,而是实际性的"。③资源耗费的巨大可能阻止了对监控手段的过分运用。但"像本案中运用的监控设备,已经让长期监控变得相对容易且便宜"。④但是,最高法院在琼斯案中不愿意仓促解决新问题。正如阿利托大法官所言:"在涉及技术急剧变化的领域,对于隐私担忧最好的解决方案应该是立法性的。"⑤"我们在本案中唯一能做的就是适用现存的第四修正案教条。"⑥

(二) 行政机关(警察局)享有免除公开涉及视频监控系统信息的义务

公民隐私权受到公共视频监控侵犯时,还可基于信息自由法案提起 FOIA(Freedom of Information Act)诉讼,要求政府公开信息。然而该类信息公开要求基本上遭到政府拒绝。在芝加哥,"当美国公民自由联盟基于信息自由法案请求城市公开其监控系统信息时,该市拒绝表示是否存在监控探头被不当使用的情况,并且拒绝披露任何与据称高效的探头有关的电子信息。同样,并没有可以公开获取的探头总数信息、大部分探头的位置、投入探头建设的资金总数以及资料来源。"⑦

在纽约公民自由联盟诉国土安全部(New York Civil Liberties Union v. Dep't of Homeland Sec)⑧案中,争议焦点是纽约市视频监控系统探头设置位置、设备型号以及建设时间规划的文件是否属于信息自由法案的信息公开例外条款,即"基于执法目的的记录或信息(免于公开),但仅限于这些执法记录或信息可能泄露执法调查和起诉的具体技术和程序,或者可以合理地预见到这些记录或信息披露后有(被人利用)规避执法的风险"。⑨ 纽约市警察局担心潜在犯罪分子可能利用公布的视频监控建设和运行的信息去逃避执法打击。由于法院认为公众普遍知晓的常规技术和程序不属于信息公开例外,该案的实际争议点就在于原告请求公开的信息是否与已经能够通过公开渠道获取的信息完全一致(identical)。"完全一致"要求是一个非常

---

① Stephen E. Henderson. *Nothing New Under the Sun? A Technologically Rational Doctrine of Fourth Amendment Search*, 56 Mercer L. Rev. 507, 562 (2005).
② See Jones, 132 S. Ct. at 954.
③ See Jones, 132 S. Ct. at 964.
④ See Jones, 132 S. Ct. at 964.
⑤ See Jones, 132 S. Ct. at 964.
⑥ See Jones, 132 S. Ct. at 964.
⑦ Schwartz, supra note 6, at 54.
⑧ New York Civil Liberties Union v. Dep't of Homeland Sec., 771 F. Supp. 2d 289, 291 (S.D.N.Y. 2011).
⑨ 5 U.S.C. § 552(b)(7).

高的标准。因为尽管公众知道一些关于视频监控系统的简单信息,但公众并不知道监控探头及汽车牌照读取装置的具体位置等精确信息,更为专业的传输数据装置使用方式对于公众来说也是未知的。① 如果不是政府部门在基于信息自由法公开请求之前就曾主动发布信息的话,那么原告将很难证明可以通过公开渠道获取的信息与政府部门内部信息完全一致。

联邦地区法院在该案中承认警察局基于公开例外②而拒绝披露信息的行为合法。可以预见,在该案后纽约公众想要获知视频监控系统的全貌将变得更加困难。只要法院仍然采取"和公开可获取信息完全一致"的高标准去决定政府拒绝公开信息是否正当,那么政府就有底气拒绝大部分涉及视频监控系统的公开请求。与此同时,政府主动公开信息的积极性也将遭受重创,道理很简单,没有人愿意自己主动公布的信息到头来陷自己于不利境地。

(三)立法实践举步维艰

在琼斯案中,阿利托大法官指出对隐私的新侵害可能会刺激立法机关通过法案以保护公民的隐私权。他还指出相似先例已发生在窃听领域。在卡茨案发生以后,国会并没有完全放手让法院发展一整套涉及第四修正案的判例来解决这一领域的复杂问题。相反,国会迅速出台了一条覆盖广泛的法条③专门规制窃听,从那以后,窃听案件就主要适用法条而非判例。④ 1978年,国会出台了外国情报监视法案(The Foreign Intelligence Surveillance Act),设立了物理、电子监控及收集外国政权间情报信息的程序。1986年出台的电子通讯隐私法案(Electronic Communications Privacy Act)修改了窃听法,将对政府实施的监控限制从电话扩展到电脑中电子数据的传输。在2001年9·11袭击以后,国会出台爱国者法案(the USA PATRIOT Act),对一系列电子通讯法律进行修改,其中就包括电子通讯隐私法和外国情报监视法。然而,电子通讯隐私法只监管涉及语音的监控,外国情报监视法虽然涉及视频监控,但其应用对象仅限于监视外国政权间传递的情报信息。因此,美国国内的视频监控并未受到两个法案中任何一个的监管。除了一些地方层面的立法尝试⑤,就只剩一些非政府组织发布的没有法律约束力的非正式指南用以指导视频监控。执法机构认可委员会(The Commission on Accreditation for Law Enforcement Agencies)提供了一个严格的指南认证程序,但并不具备法律效力。⑥ 司法部也出台了政策指南管理由政府机构控制的视频监控。该指南指出现存的联邦监控法并不限制CCTV系统的使用,它还指出如果使用视频监控必须先取得搜查令,在该情形下,批准标准应不会超过合理根据(probable cause)的要求。⑦ 而值得注意的是,该指南主要关注的是单个用于监控单一目标的摄像头,并没有涉及大规模公共

---

① New York Civil Liberties Union v. Dep't of Homeland Sec., 771 F. Supp. 2d 289, 291 (S. D. N. Y. 2011).
② 5 U. S. C. A. § 552(b)(7).
③ 18 U. S. C. §§ 2510-2522 (2006 ed. and Supp. IV).
④ United States v. Jones, 132 S. Ct. 945, 962, 181 L. Ed. 2d 911 (2012).
⑤ 在2001—2002财政年初始,一些州已经起草或通过了监控相关的立法。参见 Nieto M, Johnston-Dodds K, Simmons C W. Public and private applications of video surveillance and biometric technologies 3-4 (California State Library, California Research Bureau) (2002).
⑥ Commission on Accreditation for Law Enforcement Agencies, the 5th Edition of CALEA's *Standards for Law Enforcement Agencies manual*, 2005.
⑦ C. R. M. 1-99 § 32, http://www.justice.gov/usam/criminal-resource-manual-32-video-surveillance-use-closed-circuit-television-cctv.

视频监控系统。美国律师协会则就"技术辅助物理监控"设置了一系列的标准。它呼吁执法协调和公民配合,并且强烈建议召开公众会议,由行政机关控制和拟定图像存储和公开的规程。①

（四）随意性的行政机关内部自我管理规范无法有效解决权力滥用

尽管立法和司法机关面对管控视频监控的新挑战交出了白卷,但是政府并非在真空中建设和运行视频监控系统,一定程度的自我管理和限制依然存在。但这种自我管理和限制形式意义大于实质意义。有研究表明,大部分美国大城市的警察局并没有成文的规范对公共视频监控进行管理。②纽约市主动采纳的保护公民隐私权防止权力滥用的《公共安全隐私指南》(以下简称《指南》)受到公共视频监控系统支持者的广泛称赞。但事实上,纽约市警察局在2009年发布《指南》是迫于外界要求公开信息的巨大压力。该《指南》明确视频监控系统必须受到相应限制③,设立授权使用的相关政策和流程,设置监控数据查询权限并要求妥善储存数据,④但其本质还停留在一个粗略的框架上,一些关键问题被忽略或刻意避开。

《指南》在主要目的一栏中明确指出纽约视频监控系统主要用于反恐目的,该栏中并未将执法列入其中。《指南》的其他部分指出执法是另外一个目的。与反恐目的⑤相比,出于执法目的运用视频监控本应受到更加清楚明白的规制。因为执法是较为常见的国家行动,更容易与公民的日常生活起冲突,人们的隐私更易受到出于执法目的运用的监控系统的伤害。遗憾的是,在《指南》中并未呈现这种趋势。《指南》"数据运用"栏目下有如下表述,"在有限情况下,来自视频监控系统的数据可能也会超越目的栏(Ⅲ.B)明确表述的反恐目的,被运用以服务于执法或公共安全目的"。⑥该条规定只字未提究竟什么情况属于能够运用视频资料的"有限情况"。虽然"个人回溯性运用视频资料必须满足有理由相信这些数据会帮助实现执法或公共安全目的的条件",⑦但"有理由相信"也仅仅是相关性标准,这意味着任何理由,无论这个理由有多牵强,都能够作为使用视频资料的原因。这样的要求过于模糊,以致无法指导执法人员的自由裁量,也无法为内部审批人决定是否授权个人使用视频资料提供有意义的判断标准;同时,使得外界对执法人员自由裁量权的事后审查变得完全不可

---

① Nieto M, Johnston-Dodds K, Simmons C W. Public and private applications of video surveillance and biometric technologies 3-4 (California State Library, California Research Bureau) (2002).

② Thomas J. Nestel III, Using Surveillance Camera Systems to Monitor Public Domains: Can Abuse Be Prevented? 20 (March 2006) (unpublished M. A. thesis, Naval Postgraduate School), available at http://www.hsdl.org/?view&did=461595.

③ 为了回应相关隐私侵犯担忧,《指南》宣称"没有人会仅仅因为实际或看上去的种族、肤色、信仰、年龄、国籍、外国人、公民权状态以及性别、性取向、残疾、婚姻、同居、服役状况,和政治归属或信仰而被视频监控系统单独挑选出来作为监控目标"。同时,《指南》强调该系统只被用于监视公共场所和公共活动,并保证侵入性很强的面部识别技术不会被运用。此外,若未保存到当地硬盘,位于前端设备的视频数据保存期为30天。30天后,若非基于特殊需要而被保存到当地硬盘,数据将会被自动销毁。需要将数据保存到当地硬盘则必须获得授权人的批准。关于数据使用,《指南》也列举出内部批准流程。另外,该《指南》清楚表明所有可能接入该系统的工作人员必须接受隐私权保护培训。

④ New York City, N. Y., N.Y.C. *Police Dep't Pub. Sec. Privacy Guidelines* (Apr. 2, 2009), http://prtl-prd-web.nyc.gov/html/nypd/downloads/pdf/crime_prevention/public_security_privacy_guidelines.pdf. 最后访问时间:2016年3月24日。

⑤ 暂且不论作为反恐工具的视频监控系统是否具有合理性,毕竟在9·11袭击以后,反恐涉及国家安全这一更高利益。

⑥ New York City, N. Y., N.Y.C. *Police Dep't Pub. Sec. Privacy Guidelines* (Apr. 2, 2009), http://prtl-prd-web.nyc.gov/html/nypd/downloads/pdf/crime_prevention/public_security_privacy_guidelines.pdf. 最后访问时间:2016年3月24日。

⑦ New York City, N. Y., N.Y.C. *Police Dep't Pub. Sec. Privacy Guidelines* (Apr. 2, 2009), http://prtl-prd-web.nyc.gov/html/nypd/downloads/pdf/crime_prevention/public_security_privacy_guidelines.pdf. 最后访问时间:2016年3月24日。

行。《指南》确立的"实时监控"机制也极易被滥用。根据《指南》,对监控系统的实时运用并不需要额外审批。如果出于打击恐怖分子而运用监控,监控人员同时又发现涉及执法或公共安全的有用信息,那么不需要审批就能继续运用该系统去满足执法目的。这意味着,坐在探头后面的监控人员使用这一强大系统时并不会受到任何限制,究竟出于反恐目的还是执法目的这一区别并不重要。监控操作人员在实时监控时利用数据库寻找比对分析信息,若需要进行层层审批也不具有操作性。因为实时监控的政策动机就是执法人员对于他们观察到的突发事件进行紧急响应,在这种情况下接入数据库就不会受到任何钳制。

归根结底,《指南》的性质仅仅是一份内部规范文件,而非可供执行的法律文件。用内部规范对视频监控系统的建设和运行权力进行限制与纸老虎无异。有审批权限的是警察内部人员而非司法官员。《指南》的最后兜底条款则表示得更加明显:"指南没有创造任何个人权利、特权、利益以及无论在法律或是衡平法上的诉讼事由。"[1]

二、困境的成因

William Webster 认为,政策视角才可能对 CCTV 革命或是正在蓬勃兴起的 CCTV 支持大潮提供全面解释。[2]本文从政策视角出发进行的分析显示,美国公共视频监控领域的隐私保护困境产生的制度根源在于三权分立和联邦分权制度。美国政府在面临新兴社会管理手段——即公共视频监控所带来的机遇和挑战时,其权力分立制度对公共视频监控系统的有效管理产生了消极影响。

(一)遵循先例原则与司法滞后性

美国式联邦制系统中,联邦最高法院关于宪法问题的判决无疑是促使整个国家采取一项新的统一管理标准的最简单办法。最高法院在去中心化的联邦体系中的位置决定了它是解决公共视频监控全国性问题的最佳机构。然而,经过多年讨论,即使认识到新兴的公共视频监控给社会带来新威胁,最高法院在琼斯(Jones)案中仍逃避解决公共视频监控的宪法性问题,将由 GPS 追踪引发的挑战作为狭窄的非法侵入问题来解决。

1. 系统自身特性超越当前法理

公共视频监控自身的特性复杂化了意图将其纳入第四修正案保护范围的努力。在公共视频监控可能威胁到隐私权的几个方面中,信息隐私权最常被讨论。"最连贯清晰的规则和技术都是关于保护个人信息而非个人的行动、在特定空间的出现或者是身体的整体性,虽然后者也涉及信息和个人资料的处理,从这种程度上来说仍可被传统的监管系统管理。"[3]由

---

[1] New York City, N. Y., N. Y. C. *Police Dep't Pub. Sec. Privacy Guidelines* (Apr. 2, 2009), http://prtl-prd-web.nyc.gov/html/nypd/downloads/pdf/crime_prevention/public_security_privacy_ guidelines. pdf. 最后访问时间:2016 年 3 月 24 日。

[2] 政策视角"突出了政府、政策制定者、媒体、设备提供和使用者、技术及政策发展之间交错复杂的相互关系。这种方法强调了在政府管理及公共政策制定过程中,不同的参与者和机构之间的权力关系与社会互动,并指出 CCTV 是作为一种重要的社会及政策建设而存在,并非仅是单纯的技术。"Webster CWR, *CCTV policy in the UK: Reconsidering the evidence base*, 6(1) Surveillance & Soc'y, 10 (2009).

[3] Wood D M, Ball K, Lyon D, et al.. *A report on the surveillance society*, Surveillance Studies Network, 89, (2006). (U. K.), https://ico.org.uk/media/about-the-ico/documents/1042388/surveillance-society-public-discussion-document-06. pdf. 最后访问时间:2016 年 3 月 24 日。

于视频监控只停留于事物表面,不会深入人的身体以及衣服下隐而不显的物品,它也仅发生在公共场所,按照卡茨(Katz)案标准,在公共场所人们并不享有合理的隐私权期待。因而第四修正案将视频监控与其他形式的监控区别开来,认为其并非搜查。① 然而,信息隐私权只是视频监控领域的部分核心议题,并非全部,"个人的行动、在特定空间的出现或者是身体的整体性"还有非信息化的一面。公共视频监控系统力量的不断增长主要来自于系统的规模性和整合性。在没有合理怀疑的情况下无所不在地对人们的公共生活进行监控记录的做法可能会对隐私权产生重大影响,全然不同于数十年前将一个摄像头对准某人的做法。但卡茨(Katz)案及其后续判例完全集中于监控带来的信息隐私权威胁,并没有涉及弥散性监控无所不在记录人们生活的这个方面。

2. 卡茨标准束缚司法突破

要修改宪法第四修正案涉及公共场所隐私权的法理,需要重新考虑甚至否决最高法院的许多判例。这些判例在遵循先例原则(stare decisis)下一般会获得尊重,不会轻易改变。但遵循先例原则并不完全限制司法突破。Stuart M. Benjamin 教授指出"快速变化的事实正在通过削弱判例的稳定性而瓦解遵循先例原则的力量"。② 然而,根据 Marc Jonathan Blitz 教授的观点,是卡茨案标准限制了最高法院在未来案件中修正自己从前意见的能力。虽然卡茨案的目标是将第四修正案保护的隐私权从传统的隐私权领域(最为著名的例子是住宅)中扩展出来,哈兰大法官(Justice Harlan)单独撰写的同意意见却将法院引入一个更加狭窄的规则。合理的隐私权期待"似乎更多地强调人的行为发生的地点而非行为本身"。③ 因为判断期待是否"合理"的主要因素在于行为发生的地点。然而该案中法庭的多数意见强调的恰恰是第四修正案保护的是人,而非地点。Blitz 教授认为:"以斯图尔特大法官(Justice Steward)为代表的法庭多数意见应该同哈兰大法官的意见一道,承担起未能成功将隐私权的宪法保护扩展到公共场所的责任。"④因为它未能提供一种标准来判定公共场所的哪些行为也应该算做是私密的。"最高法院未能成功提供任何限制原则,这使得此后的法院除了依赖熟悉的私人和公共场所区分以外,无所凭借。"⑤

3. 司法滞后跟不上新技术飞速发展

最高法院对公共视频监控可能带来的隐私权保护剧烈变化显得无动于衷,它表现得"像是这些影响深远的新技术发展完全不是新的一样,而仅仅是长期以来被广泛接受的警察措施更加有用和高效率的版本"。⑥但实质上,最高法院的沉默并不代表司法机关尚未意识到

---

① Marc Jonathan Blitz, *Video Surveillance and the Constitution of Public Space: Fitting the Fourth Amendment to a World that Tracks Image and Identity*, 82 Tex. L. Rev. 1349, 1359 (2004), http://works.bepress.com/marc_jonathan_blitz/15. 最后访问时间:2016 年 3 月 24 日。

② Stuart Minor Benjamin, *Stepping into the Same River Twice: Rapidly Changing Facts and the Appellate Process*, 78 Tex. L. Rev. 269, 272 (1999).

③ United States v. Taborda, 635 F. 2d 131(2d Cir. 1980).

④ Marc Jonathan Blitz, *Video Surveillance and the Constitution of Public Space: Fitting the Fourth Amendment to a World that Tracks Image and Identity*, 82 Tex. L. Rev. 1349, 1359 (2004).

⑤ Marc Jonathan Blitz, *Video Surveillance and the Constitution of Public Space: Fitting the Fourth Amendment to a World that Tracks Image and Identity*, 82 Tex. L. Rev. 1349, 1359 (2004).

⑥ Marc Jonathan Blitz, *Video Surveillance and the Constitution of Public Space: Fitting the Fourth Amendment to a World that Tracks Image and Identity*, 82 Tex. L. Rev. 1349, 1359 (2004).

大规模公共视频监控系统所带来的挑战。一些地方法院已经尝试定义公共场所的某些地域为"私密"环境,例如商店和工作场所中。① 其他一些法院基于公共视频监控系统的大规模特征怀疑其能够一直免受第四修正案的审查。② 监控的规模及其被控制的程度决定了它是否受到第四修正案的审查。阿利托大法官(Justice Alito)甚至做出明确表述:"对一个人在公共街道上的行动进行相对短时间的监视,符合隐私权期待,被社会认为是合理的。但是在侦查中长时间运用 GPS 监视则会与隐私权期待原则相冲突。"③而在琼斯案中避重就轻,反映的只是最高法院并未就解决这一问题做好充分准备。因为当涉及新技术问题的处理时,法院并不一定比立法机关处于更加有利的地位。司法机关因司法行为自身的滞后性特征,在面临技术的新发展时,很可能处于追赶的后发位置,并总是落后于技术发展。以往案例中出现的事实很有可能并不代表在新近案例中出现的变化。与立法机关相比,司法机关拥有的物质和行政资源更少,也不具备立法机关复杂的技术。④ 并且,因为公共视频监控系统被行政机关作为反恐与执法手段使用,可以预见,在大多数情况下,法院也倾向于顺从并尊重行政部门的决定。综上所述,尽管美国联邦最高法院处于能够以全国性统一标准调整和管理公共视频监控系统的强势地位,然而从目前来看,短期内社会很难从最高法院那里得到明确的指导。

(二) 联邦制与立法障碍

立法被司法机关寄予厚望,然而在美国,关于公共视频监控系统的立法实践却举步维艰,相关立法严重滞后。这种立法现状是联邦制的政府结构、公众参与、行业利益、公共安全等多种因素交叉影响、相互博弈的结果。

1. 隐私权保护碎片化与联邦制

不应忘记,隐私权发源于美国宪法,但如今美国对隐私权的保护仍相当不连贯和碎片化,公共视频监控的监管甚至在绝大多数美国立法者关注之外。在美国,隐私权由人权法案保障,后来被写入宪法修正案。它与结社自由权、投票权、免受非法搜查和逮捕权以及信息隐私权息息相关,包含避免个人事项披露和独立进行决定。⑤ 在大萧条期间,联邦政府开始逐渐扩大立法范围,但这一阶段涉及隐私权的立法大多是临时特别法,针对个别的政府机构、经济部门及工业组织,常常仅涉及特定的范围狭窄的问题。⑥ 几十年后,为统一数据保护法,国会出台了系列法案,1974 年的隐私权法(the Privacy Act)⑦、1978 年的财务隐私权法(the Right to Financial Privacy Act)⑧、1980 年的隐私保护法(the Privacy Protection

---

① See, e.g., United States v. Taketa, 923 F. 2d 665, 677 (9th Cir. 1991); State v. Thomas, 642 N. E. 2d 240, 246(Ind. Ct. App. 1994); State v. Bonnell, 856 P. 2d 1265, 1277(Haw. 1993).

② E.g. State v. Costin, 720 A. 2d 866 (Vt. 1998); Cowles v. State, 23 P. 3d 1168, 1171 (Alaska 2001).

③ United States v. Jones, 132 S. Ct. 945, 964 (2012) (Alito, J., concurring).

④ Orin S. Kerr, *The Fourth Amendment and New Technologies: Constitutional Myths and the Case for Caution*, 102 Mich. L. Rev. 801, 875-77 (2003-2004).

⑤ Paul Schwartz & Joel Reidenberg. Data Privacy Law 40-49, (1996).

⑥ Fred H. Cate. Privacy in the Information Age 80 (1997).

⑦ 5 U.S.C. § 552a (1994).

⑧ 12 U.S.C. §§ 3401-3422 (1994).

Act)①和 1988 年的计算机匹配和隐私保护法(the Computer Matching and Privacy Protection Act)②。但是这些统一立法的努力均归于失败。"因为每一部法令都只限于特定领域或部门,相应对个人的保护既不广泛也不连贯。"③Michael W. Heydrich 曾尖锐地指出,与由欧盟统一推动的英国立法实践不同,美国采取的"打补丁"式立法直接导致隐私权保护不连贯不充分。④ Heydrich 认为两国立法区别主要源于其对待公共视频监控监管的不同态度,即英国展望式立法对阵美国回溯式立法。但笔者认为联邦分权制才能最好解释两国立法实践中的巨大差别。众所周知,美国联邦制起源于历史上对强权中央政府的恐惧,联邦制的建立是为了平衡联邦政府与地方政府的权力。当国会试图出台监管公共视频监控系统的全国统一法律时,联邦制对其施加了限制。"宪法规定,联邦只享有宪法列举权力(enumerated power)。"⑤国会无法从宪法中直接获得授权以制定监管公共视频监控系统的全国性法律,尤其是当很多监控系统都由地方政府运作时。因此立法的鸿沟只能由州一级立法以及许多非正式的指南来填补。"由于在监控监管领域的拼接式立法,美国也许永远不可能拥有一部贯穿全国的隐私权法案。"⑥

2. 法理支持不足与隐私权期待变迁

虽然众多学者和法官很早就认识到,规模巨大且无处不在的视频监控可能急剧改变人们的隐私权期待,甚至改变人们在公共场所的行为习惯。一些学者指出大规模视频监控系统已经创造出"监控国度",在这样的国度里更强调犯罪发生前的预防而非犯罪发生后的追诉。⑦另一些学者则警告说由政府实施的大规模视频监控和数据收集可能威胁个人的结社自由以及匿名发表言论的自由。⑧ 而一些法官早就意识到问题的存在。在美国诉加西亚(United States v. Garcia)⑨案中,虽然联邦第七巡回上诉法院判决,在没有搜查令的情况下运用 GPS 监视单个的嫌疑人并没有达到"监视"的目的,但波斯纳法官立即做出回应称:"技术进步威胁隐私权的表现在于其使得过去因为耗费过大而无法实施的监控活动成为可能……政府有一天甚至会决定建立起大规模监视车辆运行的系统,到时候就应该决定宪法第四修正案是否能将那种监控解释为搜查。"⑩但美国联邦最高法院截止目前还没有采取关键步骤结束这种争论。司法机关是进行宪法解释的权威机构,如果司法机关不首先在法

---

① 42 U.S.C. § 2000(aa)-(aa)(12) (1994).

② 5 U.S.C. § 552a(o) (1994).

③ Michael W. Heydrich, *A Brave New World: Complying With the European Union Directive on Personal Privacy Through the Power of Contract*, 25 Brook. J. Int'l L. 407, 415 (1999).

④ 欧洲强调对危害进行预防,并通过必要的监督控制机制来实现。与之相比,美国使用一大堆复杂的法律(宪法、联邦和州立法以及州普通法)来解决涉及隐私权的问题,针对问题出现的领域进行覆盖面狭窄的立法。美国强调对已发生的损害进行救济,同时通过立法行动防止未来的危害。通过对美国和欧盟国家隐私保护法律的简单梳理即可以解释这两者间的关键区别。Michael W. Heydrich, *A Brave New World: Complying With the European Union Directive on Personal Privacy Through the Power of Contract*, 25 Brook. J. Int'l L. 412 (1999).

⑤ United States v. Alfonso D. Lopez, Jr., 514 U.S. 549.

⑥ Joyce W. Luk, *Identifying Terrorists: Privacy Rights in the United States and United Kingdom*, 25 Hastings Int'l & Comp. L. Rev. 223, 257 (2002).

⑦ Jack M. Balkin, *The Constitution in the National Surveillance State*, 93 Minn. L. Rev. 1, 3-4 (2008—2009). And Orin S. Kerr, *The National Surveillance State: A Response to Balkin*, 93 Minn. L. Rev. 2179, 2179 (2009).

⑧ E.g., Daniel J. Solove, *Digital Dossier and the Dissipation of Fourth Amendment Privacy*, 75 S. Cal. L. Rev. 1083, 1095, 1102 (2002).

⑨ United States v. Garcia, 474 F. 3d 994, (7th Cir. 2007).

⑩ United States v. Garcia, 474 F. 3d 998, (7th Cir. 2007).

理上给出答案,立法讨论自然缺乏坚实依据,这意味着立法进程中始终绕不开缺乏法理支持的窘境。

3. 公众参与缺位与潜在权力滥用

在民主体制下,公众意见在立法程序中发挥着重要作用。如果公众没有机会充分了解和讨论涉及他们每天生活的议题,便无法表达他们对潜在权利被侵犯的担忧和限制政府滥权的呼吁,公众的潜在诉求也无法获得议员关注。这样的空白地带容易滋生不受管控的权力,使得迅速发展的新技术有机会侵犯公民权利。现实表明,在有关视频监控系统的议题上,有价值的公众参与缺位。2005年,托马斯·J.内斯特(Thomas J. Nestel),一位费城的警方督察人员,对美国50个大城市的警察局进行问卷调查,访问各警察局涉及公共视频监控系统的政策和操作指南。研究中,他对社区没有介入警方事前或事后的监控建设过程表示相当担忧。[1] 公众参与的缺位部分源于公众无法获取视频监控系统的完整信息以及并不知晓其隐私权可能遭受潜在侵害的严重性,部分源于视频监控系统本身的隐秘性质,人们很难察觉到监控权力的滥用,并就滥权的侵害寻求司法救济。对于前者,信息缺乏很大部分原因是警察部门拒绝披露相关信息。有学者指出纽约市阻碍公众讨论及规制监控的两个因素之一,就是纽约警方获得法院支持,拒绝透露监控系统操作的大部分文件。[2] 对于后者,侵犯隐私很难被个人了解到,也可以归因于政府不主动公开信息。由于潜在的权力滥用无法被公众注意到,个人无法有效获知滥权信息,也并不拥有挑战这种滥权的能力。[3]

4. 成本分析与监控行业利益

审慎的政策制定者在做出决定前,通常需要考虑一项政策的成本收益。许多既有研究已考察过对视频监控投入产出不成比例的问题。[4] 纽约市每100个监控探头每年的预算接近于85万美元,85万美元仅是人工投入,不包括前期设备投入、维护、存储耗材及相关支出。[5] 成本收益分析提出了替代措施问题,是否存在花费更少、效果更好的措施,比如更多的巡警力量,更好的灯光照明,更多的社区执法协助?相关研究发现,花费相同的情况下,视频监控对犯罪的影响小于某些替代性警务措施,例如更多的警力投入或者街道照明。[6] 成本收益分析,尤其是替代措施考虑可能使监控行业陷入恐慌。自2001年以来,美国监控行

---

[1] N. Y. Civil Liberties Union. *Who's Watching? Video Camera Surveillance in New York City and the Need for Public Oversight* 5 (2006). http://www.nyclu.org/pdfs/surveillance_cams_report_121306.pdf (citing, Thomas J. Nestel, "Using Surveillance Camera Systems to Monitor Public Domains: Can Abuse be Prevented?", Masters Thesis, March 2006, www.chds.us/? research/ thesis&cohort=0403_0404&title=March%202006). 最后访问时间:2016年3月24日。

[2] Olivia J. Greer. *No Cause of Action: Video Surveillance in New York City*, 18 Mich. Telecomm. & Tech. L. Rev. 589, 615 (2012).

[3] Olivia J. Greer. *No Cause of Action: Video Surveillance in New York City*, 18 Mich. Telecomm. & Tech. L. Rev. 626 (2012).

[4] Christopher Slobogin. Public Privacy: *Camera Surveillance of Public Places and the Right to Anonymity*, 72 Miss. L. J. 213, 231-32 (2002).

[5] See generally Remarks of Thomas Coty (Manager of the National Institute of Justice Video Sensor and Processing Program), at Meeting of the Security Industry Association and International Association of Chiefs of Police, at 22 (Apr. 17, 2002)(transcript available at http://www.securitygateway.com/E/E3_5.html). 最后访问时间:2016年3月24日。

[6] Jeremy Brown. *Pan, Tilt, Zoom: Regulating the Use of Video Surveillance of Public Places*, 23 Berkeley Tech. L. J. 755, 773-774 (2008).

业经历飞速扩张,已发展成为年产值数十亿美元的产业。根据华尔街日报提供的数据,监控设施的零售市场从 2001 年接近于零起步,到 2011 年已达 50 亿美元。①2008 年只有 115 亿美元的视频监控市场规模,到 2015 年底将达到 375 亿美元。②一些无视成本收益的观点强调在人的安全面前,投入再大也是值得的。"在悲剧发生以后,很难去计算究竟应该投入多少。如果目的是尽可能将危险降到接近于零的话,投入可以不成比例地延伸至无限。"③这类观点支撑着监控产业的核心诉求,即大规模进行视频监控建设。立法过程不仅仅是公民权利的论坛,同时也是商人试图影响政治从而获得或保持既得利益的舞台。从如此大规模行业的存在推断其可能影响立法进程并不困难。这个行业从监控系统建设的井喷中获益良多,行业会游说议会,抵制任何企图规制监控系统建设的议案。在公众呼声不高涨时,立法中对抗行业利益的竞争性力量也自然弱小。

5. 9·11 事件与公共安全考量

9·11 事件影响了监管公共视频监控系统的时机。1990 年代末,英国在欧盟的鼓励下,已经采纳了一系列隐私和数据保护法律。如果这一进程不被打断,在国际"涟漪作用"的影响下④,欧盟范围内的实践极有可能逐渐影响到美国的实践。事实上,"在 1997 年至 2000 年间美国的政策辩论就尖锐地讨论了美国是否应该采取欧盟模式。"⑤美国公众在 1990 年代也注意到公共视频监控系统的出现及其对隐私权的影响。根据 Alan Furman Westin 的研究,在 1990 年到 2002 年间,"隐私权在美国成为排序第一位的社会和政治议题"。⑥ 十年中共有超过 120 种国家问卷调查或在整体上或在重要部分上引导着公众对于隐私权的态度。这些问卷调查不仅提升了公众对隐私权的关注程度,也为公共隐私权政策的形成奠定了坚实基础。"当政治家看到投票率和舆论潮流,他们非常清楚在 2000 年隐私权保护是非常好的政治议题。在州的层面上,2000 年和 2001 年,在和民主党领导人联合下,每年数百份消费者隐私权法案获得实施。这反映了郊区居民、女人、互联网用户和其他当地选区对隐私权的担忧。"⑦然而,在 2001 年 9 月 11 日,突然出现的恐怖袭击剧烈地改变了美国社会,其中也包括隐私权保护进程。反恐战争催化监控大规模扩张。一方面,公众的恐慌点燃了在街面布置更多视频监控的需求。9·11 袭击发生后不久,一份问卷调查显示政府新的调查权力获得了极高的公众支持率。其中,有 86% 的民众支持在公共事件和场所中运用面部识别技术搜寻恐怖分子。⑧ 一年后相应的问卷调查表明某些高涨的支持率在回落,然而对政府采取更强监控和执法措施的支持仍居高不下。⑨ 58% 的人继续支持街面和公共场所监控摄像头的

---

① Jennifer Valentino-Devries. *Document Trove Exposes Surveillance Methods*, Wall St. J., Nov. 19, 2011, http://www.wsj.com/articles/SB10001424052970203611404577044192607407780,最后访问时间:2016 年 3 月 24 日。

② Keith Proctor. The Great Surveillance Boom, Fortune, April 26, 2013. http://fortune.com/2013/04/26/the-great-surveillance—-boom/. 最后访问时间:2016 年 3 月 24 日。

③ Keith Proctor. The Great Surveillance Boom, Fortune, April 26, 2013. http://fortune.com/2013/04/26/the-great-surveillance—-boom/. 最后访问时间:2016 年 3 月 24 日。

④ 因为在世界范围内通讯、贸易、旅行及市场活动一体化的大背景下,隐私权问题也逐步成为全球化问题的一部分。

⑤ Westin, A. F.. *Social and Political Dimensions of Privacy*, 59 J. Soc. Issues, 431 (2003).

⑥ Westin, A. F.. *Social and Political Dimensions of Privacy*, 59 J. Soc. Issues, 431 (2003).

⑦ Westin, A. F.. *Social and Political Dimensions of Privacy*, 59 J. Soc. Issues, 431 (2003).

⑧ Harris Interactive & Westin, A. (2001a). The Harris poll: #49. New York: Harris Interactive.

⑨ Harris Interactive & Westin, A. (2002c). The Harris Poll: #46. New York: Harris Interactive.

扩张。① 另一方面,在公众的明确要求下,官员们也乐于扩张监控系统。监控运用的膨胀已持续15年,到如今,政府部门已建立一套集中化的整合系统,将不同数据来源进行广泛统合,并作为集中的智库提供给所有政府机构,从而使得观察者随时能掌握某人的身份及位置信息。② 作为这套系统不可分割的一部分,视频监控系统作为一项有力的执法工具很难被舍弃。

(三) 弱势行政与孤木难支的监管

尽管司法和立法机关的监管缺位,作为公共视频监控系统最主要的日常使用者——行政机关,尤其是警察部门仍不得不遵循必要的规定,以方便日常管理,调和安全和隐私间的紧张关系。行政监管措施的基本形式是指南或实务守则。"典型的规定是日常操作指南,覆盖诸如人员、摄录操作及存储程序、安全及登录系统规定、摄像头操作控制等。一些规定可能还包括对系统运行目的或目标的陈述,以及一系列设计用于保护公众免受非法搜查及侵入性监控威胁的规则。"③这种自我限制与自我监管成为政府保护公民隐私权利益、向公众维持政府可靠形象的最后一道关卡。有研究表明,在操作层面的行政监管措施一方面可以组织协调CCTV系统的技术设备及人力资源,在很大程度上能够影响系统运行的有效性。④ 例如CCTV系统愈是被整合进常规的执法手段,它对于减少犯罪就愈加有效。⑤ 另一方面,警察部门发布的指南也会涉及隐私权保护问题。一系列日常工作的规则完全可以设计用于阻止系统被滥用,并保护公众免受系统侵害威胁。然而,中央控制力弱、利益相关者多以及公众意见盲目性等因素的存在,却使得行政监管无法独立担当起对公共视频监控系统有效监管的重任。

1. 中央控制很难影响地方实践,难以建立统一化监管

在去中心化的政治体制中,地方政府更有可能选择不同的操作指南。有时,联邦(中央)政府会运用财政手段,试图诱使地方政府与联邦(中央)要求一致。联邦(中央)政府对公共视频监控系统的地方建设加以财政支持是全球通行的做法。⑥ 但美国的情况较为复杂和秘密。毫无疑问在过去几年中,地方通过国家安全局的拨款,从联邦政府获得了成百上千万美元的资助。尽管并没有确切的数字最终得以披露,但由新闻记者发掘出的信息显示,"联邦

---

① Westin, supra note 85.
② Kevin Miller. Total Surveillance, Big Data, and Predictive Crime Technology: Privacy's Perfect Storm, 19 J. Tech. L. & Pol'y 105, 111 (2014).
③ Goold B J. CCTV and policing: Public area surveillance and police practices in Britain, 98(2004).
④ 系统微观层面的影响因素,参见 Piza E L, Caplan J M, Kennedy L W. *Analyzing the influence of micro-level factors on CCTV camera effect*, 30(2) J. Quantitative Crim., 237 (2014).
⑤ 这是最近一项以美国三个城市巴尔的摩、芝加哥和华盛顿特区CCTV系统为对象的研究发现。参见 La Vigne N, Lowry S. *Evaluation of Camera Use to Prevent Crime in Commuter Parking Lots: a randomized controlled trial*. Urban Institute, Justice Policy Center, Washington, DC, (2011); La Vigne N, Lowry S, Markman J, Dwyer A. *Evaluating the Use of Public Surveillance Cameras for Crime Control and Prevention*, US Department of Justice, Office of Community Oriented Policing Services. Urban Institute, Justice Policy Center, Washington, DC. (2011).
⑥ 在澳大利亚,霍华德政府在2004年至2008年间投入6 550万美元对公共视频监控进行了五轮财政资助。继任政府也进行了多轮投入。见 Carr R.. *Surveillance politics and local government: A national survey of federal funding for CCTV in Australia*, Sec. J., 6 (2014) (Austl.)在英国,政府资助主要采取的是"城市挑战赛"形式对CCTV进行财政资助。1994年至1999年期间,全国范围内585个CCTV项目获得了3 850万英镑的资助。1999年至2003年,内政部资助了犯罪减少计划,通过竞标程序,共计1亿7 000万英镑中央资金被拨付给地方政府。这笔资助使得680个CCTV项目得以建成。见 Parkins, Garry, et al.. National CCTV Strategy, Home Office, 7 (2007), (U.K.).

政府为芝加哥监控系统拨款上千万美元"[1],"圣保罗市的60个视频监控探头获得120万美元拨款;麦迪逊市用38.8万美元购买了32个监控探头系统;匹兹堡市获得了258万美元拨款用于在市中心增加83个监控探头"。[2] 国家安全局的拨款甚至流向了美国最底层的执法机构,很多小城镇都开始安装监控探头。[3]

美国联邦政府尽管对地方政府的公共视频监控建设进行财政支持,但并未能影响地方实践,实现统一化监管。首先,没有官方的统计数据表明全国范围内究竟有多少联邦资金被投入公共视频监控建设。在国家安全局的拨款中并没有单列视频监控一项。国家安全局发言人Russ Knocke表示很难说究竟有多少资金被用于监控探头,因为许多向州一级和市一级的拨款都同时包括监控探头和其他设备。[4] 第二,联邦财政支持涉及保密事项,这使得关于中央控制的研究无法开展,并且任何估计和假设都模糊且不可靠。北卡罗来纳州公民自由联盟成员Matthew Cagle解释说:"所有涉及联邦情报部门的黑色预算允许联邦政府在没有公共讨论的情况下支配数十亿美元用于间谍事业,与其相似,联邦给予地方的(公共视频监控)拨款也同样扭曲了民主进程,阻碍了对监控技术的投入产出比进行有意义的讨论。"[5] 第三,国家安全局的拨款带有很大的争议性,因为它试图用联邦资金"将资源和技能带入(地方)执法部门从而建立(联邦和地方)信息共享新机制"[6]。这种做法激起人们的担忧,地方警察部门和治安官很有可能会沦为联邦机构的非法合伙人。这完全违背美国宪法规定的联邦分权制。因此,联邦拨款及公共视频监控系统建设在一些地方受到抵制。人们担心自己成为无所不在的视频监控系统的牺牲品。爱荷华城暂停了一些监控设备,西雅图市议会强令警察局将联邦资助的无人机(高空视频监控器)退还给制造商。弗吉利亚州检察长宣布由探头收集和存储车辆牌照信息的做法违反州法,并要求警察部门清理数据库,清除牌照及政治集会等信息。对俄克拉荷马市这样财政紧缺的城市来说,尽管联邦财政资助很有吸引力,但在市议会批准了监控项目以后公众也爆发强烈不满。该市被迫对视频监控采取限制措施。市议会责令行政官员制定政策,明确哪些数据可以被收集和保存以及如何被运用。[7]

---

[1] ACLU of Illinois. *Chicago's Video Surveillance Cameras:A Pervasive and Unregulated Threat to Our Privacy*,Feb. 2011,http://il.aclu.org/site/DocServer/Surveillance_Camera_Report1.pdf?docID=3261. 最后访问时间:2016年3月24日。

[2] Charlie Savage. *US doles out millions for street cameras Local efforts raise privacy alarms*,The Boston Globe,Aug. 12,2007,http://www.boston.com/news/nation/articles/2007/08/12/us_doles_out_millions_for_street_cameras/?page=full. 最后访问时间:2016年3月24日。

[3] David A. Fahrenthold. *Federal Grants Bring Surveillance Cameras to Small Towns*,Wash. Post,Jan. 19,2006,http://www.washingtonpost.com/wp-dyn/content/article/2006/01/18/AR2006011802324.html. 最后访问时间:2016年3月24日。

[4] Charlie Savage. *US doles out millions for street cameras Local efforts raise privacy alarms*,The Boston Globe,Aug. 12,2007,http://www.boston.com/news/nation/articles/2007/08/12/us_doles_out_millions_for_street_cameras/?page=full. 最后访问时间:2016年3月24日。

[5] Sarah Berlin. *Department of Homeland Security funding surveillance on the local level*,BORDC,September 19,2013,http://www.bordc.org/blog/department-homeland-security-funding-surveillance-local-level. 最后访问时间:2016年3月24日。

[6] DHS website. http://www.dhs.gov/topic/law-enforcement-partnerships. 最后访问时间:2016年3月24日。

[7] Joe Wolverton,II,J.D. *Federal Grants Enable Increased Surveillance by Local Gov't*,The New American,15 October 2013,http://www.thenewamerican.com/usnews/item/16737-federal-grants-enable-increased-surveillance-by-local-govt. 最后访问时间:2016年3月24日。

2. 多方利益增大决策成本，长期持续投入易受不确定因素影响

地方层面涉及的利益相关者可能会影响操作指南的内容及修改。视频监控项目将涉及一系列政府、公司、公益组织以及个人的利益，其行政监管措施的塑造很大程度上取决于哪一个利益相关者对此施加了最重要的影响。对美国一个辖区内的利益相关者进行阐释，可以参考匹兹堡市的 CCTV 建设，该项目最初列出 18 个会被一个复杂的公共监控所影响的不同利益相关者。① 然而，在建设过程中又有更多的自我定义的利益相关者卷入。② 总结起来，有三类利益相关者在监管议题中享有较大的话语权。

一是警察部门。无论在世界哪个角落，只要安装有公共视频监控系统，警察部门无疑都是关键的参与者。在建设阶段，监控系统建设对警察具有很强的吸引力。有学者提取出三个主要原因：

第一，负责管理 CCTV 系统及查看图像的专业化服务使得警察成为 CCTV 系统发展新的专业同盟。第二，城市警察从 CCTV 系统的使用中可以获得象征性收益，得益于 CCTV 的运用，"侦查"维度被引入日常工作，使得通常由全国性警察所拥有的犯罪调查权被城市警察分享。第三，全国性警察也很喜欢这种免费的 CCTV 资源，他们自己不需要资金投入就可以使用这种专业工具，尤其可以用于执法和犯罪调查。③

警察作为公共视频监控的最主要利益相关者不仅体现在建设阶段，而且还体现在管理和使用阶段。警察部门是公共视频监控系统的主要使用者，同时，系统也能强烈影响警察的行为。④ 行政化的操作指南，其功能性的条款，例如限制公共视频监控、创建操作程序和监

---

① City of Pgh Housing Authority to use City cameras; Hospitals to rent hospital roof-tops for antennas; Board of Education to use City cameras; Universities to use City cameras; Central Business District to use City cameras for Security & events; Mayor to protect City from crime; City Council to protect City neighborhoods from crime; Constituents/Public to protect City from crime; Community groups/organizations to protect City from crime; Public Safety Officials (police/fire/EMS) to assist public safety officials perform job; District Attorney to serve as an investigative tool; Coast Guard to protect waterways and rivers; Media to collect/disseminate info. to the public; City's Chief Information Officer to design infrastructure/manage project; Technologists to design infrastructure; Vendors to sell product; Civil liberty groups to protect civil liberties; City lawyers to prepare contract & ensure compliance. Citing table 1, Mu, Enrique and Stern, Howard A., *A Structured Stakeholder Self-Identification Approach for the Deployment of Public Information Systems: The Case of Surveillance Technology in the City of Pittsburgh*, 23 J. Inform. Tech. Mgmt, 50 (2012).

② City of Pgh Housing Authority to use City cameras; Hospitals to rent hospital roof-tops for antennas; Board of Education to use City cameras; Universities to use City cameras; Central Business District to use City cameras for Security & events; Mayor to protect City from crime; City Council to protect City neighborhoods from crime; Constituents/Public to protect City from crime; Community groups/organizations to protect City from crime; Public Safety Officials (police/fire/EMS) to assist public safety officials perform job; District Attorney to serve as an investigative tool; Coast Guard to protect waterways and rivers; Media to collect/disseminate info. to the public; City's Chief Information Officer to design infrastructure/manage project; Technologists to design infrastructure; Vendors to sell product; Civil liberty groups to protect civil liberties; City lawyers to prepare contract & ensure compliance. Citing table 1, Mu, Enrique and Stern, Howard A., *A Structured Stakeholder Self-Identification Approach for the Deployment of Public Information Systems: The Case of Surveillance Technology in the City of Pittsburgh*, 23 J. Inform. Tech. Mgmt, 50 (2012).

③ Germain S, Dumoulin L, Douillet A C. *A Prosperous 'Business'. The Success of CCTV through the Eyes of International Literature.* 11(1/2) Surveillance & Socve, 134, 143 (2013).

④ Goold B J. *Public Area Surveillance and Police Work: the Impact of CCTV on Police Behavior and Autonomy.* 1(2) J. Surveillance & SocSu, 191 (2003).

管警察行为大部分是由警察部门自行发布。但是,警察部门享有的拟制监管措施的自由度取决于部门的强势程度。如果相对来说比较弱势,政治上具有依赖性的警察局在制定操作指南时可能会受制于一部分利益相关者。"美国是两党主导、联邦和地方分权的政治结构,警察权力结构具有多个层级,有时呈现碎片化。"①因为很多利益相关者的介入,警察部门不得不经常进行妥协。这些利益相关者包括许多邻里社区组织、维持或试图建设独立监控系统的商业机构。对匹兹堡市进行案例分析显示,监控系统委员会由代表不同利益的团体组成,委员会认为应该考虑所有可能涉及的利益相关者。即使在这种情况下,也还会出现意料之外的相关者。例如警察工会要求在建设计划中享有相应的话语权,仅仅是因为警察工会害怕监控系统会被用来持续性地细察警力,并且不间断地通过视频对警察执勤行为进行审查。②

二是生产销售商。目前,对 CCTV 产业是否直接或间接影响行政机关采纳或实施监管措施,美国还没有进行充分的研究。但是,保守估计,产业因素有可能在行政监管中都扮演着一定的角色。比如,生产销售者与政府的关系可能影响系统维护的周期,生产销售者的逐利欲望大小可能影响建成后系统在操作运行中的实践表现,从而影响操作人员使用系统的积极性,等等。原本说来,在成功游说政府开始建设公共视频监控以后,监控的生产销售者唯一可做的工作就是在监管范畴内基于目前可行的技术实现政府监管的特定要求。生产销售商很难有动力在建设安装后的维护管理阶段,去影响政府操作和行政管理的实践,这与生产销售商影响立法的积极性不可同日而语。尽管如此,在有限的证据下,我们还是不能断定商业利益就完全不会影响到行政机关的自我监管。对于本文的研究范围来说,可以肯定,在相关利益者分析中生产销售商是无法绕过的一个主体。

三是市议会和公民自由组织。它们在关于隐私权公共政策的形成过程中发挥着重要作用。美国决定开始一项公共视频监控项目建设之前,隐私权政策必须获得市议会的批准。匹兹堡市起草一份涉及视频监控的隐私权保护草案花了整整九个月的时间。在此期间,匹兹堡市召集所有可识别的利益相关者召开会议,其中就包括产业专家以及各种社区和公民自由组织的代表。会议主要讨论拟定的公共政策的细节规定及实施的可行性。③ 公民自由组织持续不断的工作似乎已经对警察部门及地方政府产生了相当程度的影响。这对后者思考 CCTV 的使用和监管并将此议题提上日程都起到了不小的作用。④ 并且,公民自由组织成功将公民注意力吸引到隐私权保护议题,这些议题均呼吁(CCTV)这项技术需要政府更强的控制和监管。⑤

由于不同的利益相关者具有不同的诉求,公共视频监控系统无论是建设还是监管议题均需要耗费巨大才能达成共识。在各方为数不多的共同诉求中,打击犯罪和恐怖主义属于

---

① Goold B J. *Public Area Surveillance and Police Work: the Impact of CCTV on Police Behavior and Autonomy*. 1(2) J. Surveillance & SocSu, 191 (2003).

② Mu, Enrique and Stern, Howard A.. A Structured Stakeholder Self-Identification Approach for the Deployment of Public Information Systems: The Case of Surveillance Technology in the City of Pittsburgh, 23 J. INFORM. TECH. MGMT, 57 (2012).

③ Mu, Enrique and Stern, Howard A.. A Structured Stakeholder Self-Identification Approach for the Deployment of Public Information Systems: The Case of Surveillance Technology in the City of Pittsburgh, 23 J. INFORM. TECH. MGMT, 60 (2012).

④ Goold B J.. CCTV and Policing: Public Area Surveillance and Police Practices in Britain, 102, 2004.

⑤ Goold B J.. CCTV and Policing: Public Area Surveillance and Police Practices in Britain, 102, 2004.

其中之一。两位学者 Rajiv Shah 和 Jeremy Braithwaite 研究了美国采用公共视频监控的两个主导性理由：一是在犯罪发生后用于侦查；二是减少和预防犯罪。监控行为的有效性于是成为政府监控合法化的关键。[1] 对公共视频监控系统有效性的评价一般是在建设之前，地方的公共视频监控系统倡导者首先需要说服市议会、公众及其他各类参与者和利益相关者，建立公共视频监控系统是在公共安全考量下的迫切需要，从而获得建设的经费支持。例如：

芝加哥市宣称公共视频监控系统减少了犯罪。尤其是在监控区域，严重犯罪减少17%。警察部门宣称在装置有公共视频监控系统的234个地区，犯罪率总体下降30%。在2003年至2004年间，监控探头是杀人案件数量下降25%的重要因素。据此，芝加哥经验为大规模的视频监控网络建设提供了有效性的认可。其他城市如巴尔的摩和纽约就将芝加哥经验作为新增公共视频监控探头的合理化理由。[2]

然而，在建设之前进行的有效性评价难免有开空头支票的嫌疑，暂且不论在其他地区的经验能否替本地建设监控正名，就说地区犯罪率的变化，这也是一个多因一果的复杂社会学问题，监控在其中究竟起到什么作用及作用大小难以估量。监控议题的这些特质使得其在多方利益介入的讨论中，很容易陷入无意义的争论。

3. 公众盲目支持，安全利益被媒体放大从而遮盖隐私权利

根据 CCTV 公众支持度调查，大多数国家都显示出一种清晰的趋势，即公众对 CCTV 的高度支持。[3] 值得注意的是，大部分公众并没有意识到 CCTV 的实际能力，即使他们隐隐约约觉得 CCTV 能够对犯罪产生影响。[4] 一份关于加拿大和美国的比较研究发现，普通民众对公共视频监控有效性的信心要远远高于研究该系统的专家。例如，在2006年和2012年，相信社区 CCTV 发挥了有效性的美国民众维持在71%。[5] 研究人员对结果感到失望，因为民众"对技术和关于自身数据传输具有的话语权知道得更清楚，然而很少有人确切地了解涉及个人数据管理的法律，以及谁在使用这些数据。他们倾向于选择的自我保护模式相当易变"。[6]

---

[1] Shah R, Braithwaite J. *Spread too thin: Analyzing the effectiveness of the Chicago camera network on crime*, 14(5) Police Prac. & Res., 415 (2013).

[2] Shah R, Braithwaite J. *Spread too thin: Analyzing the effectiveness of the Chicago camera network on crime*, 14(5) Police Prac. & Res., 415 (2013).

[3] 英国在1992年和2005年分别两次对公众支持度展开调查，结果显示公众对 CCTV 的支持度一直维持在高水平。参见 Honess T. and Charman E.. *Closed circuit television in public places: its acceptability and perceived effectiveness*. Police Research Group Crime Prevention Unit, 35 (1992) (U.K.). Argomaniz J, Gill M, Bryan J, Public attitudes towards CCTV: results from the Pre-intervention Public Attitude Survey carried out in areas implementing CCTV, 48 (Home Office, 2005). 2005年的报告收集了12个地区民众的意见，有82%的受访者，即使在此之前没有任何关于 CCTV 的知识和经验，对其建设也持欢迎的态度。在居住区和城镇中心的调查都反映出一致的趋势。参见 Argomaniz J, Gill M, Bryan J. Public attitudes towards CCTV: results from the Pre-intervention Public Attitude Survey carried out in areas implementing CCTV, 48 (Home Office, 2005).

[4] Argomaniz J, Gill M, Bryan J. Public attitudes towards CCTV: results from the Pre-intervention Public Attitude Survey carried out in areas implementing CCTV, 48 (Home Office, 2005).

[5] Smith E. A. and Lyon D.. *Comparison of Survey Findings from Canada and the USA on Surveillance and Privacy from 2006 and 2012*. 11(1/2) Surveillance & Soc'y 190, 196 (2013). http://www.surveillance-and-society.org 最后访问时间：2016年3月24日。

[6] Smith E. A. and Lyon D.. *Comparison of Survey Findings from Canada and the USA on Surveillance and Privacy from 2006 and 2012*. 11(1/2) Surveillance & Soc'y 202 (2013). http://www.surveillance-and-society.org 最后访问时间：2016年3月24日。

为什么民众会支持一个他们并不十分了解的项目？这个问题引起一些学者的兴趣，他们中的一些人研究了媒体在塑造公众对监控接受程度中所扮演的角色。毕竟，大众传媒受益于公共视频监控系统，探头捕捉到的画面能够使得新闻显得更加真实和鲜活，媒体因此成为鼓励监控系统扩张的一环。而作为系统看门人的警察部门，因为有途径接触图像，所以能够根据部门利益需要，有选择性地向媒体提供信息。有关犯罪的图像一经电视新闻等媒体播出，能够加重公众对犯罪危险性的焦虑。而这种焦虑反过来会刺激更多人呼吁加大视频监控力度，从而导致有更多的犯罪事件被镜头捕捉到，并在媒体上获得展示。[1]对于报道监控的新闻媒体来说，视频监控探头被视为"友好的眼睛"，使得系统的有效性合法性并未受到质疑。从1990年代早期开始，CCTV逐步扩展进入公众视野，监控探头已经与公共打击犯罪的努力联系在一起。这意味着CCTV已经获得了直接反映在媒体报道中的公共价值。然而，尤其是在英国，任何批判性的讨论从一开始似乎就被禁止了。[2]换句话说，在CCTV成为每天日常生活的现实以前，它首先成为了媒体新闻故事和电视节目的一部分。[3]

此外，Rachel L. Finn和Michael McCahill认为，媒体对监控的刻画，"持续加强了社会早已存在的分隔，通过明确标记出'我们'（守法公民），从而与'他们'（离经叛道者）进行区分"。[4]公民被描述成守法公民团体，为了获得安全愿意忍受不断增长的监控系统。如果就CCTV的数量增长表达反对意见，那么这些反对者就可能被归入"他们"的行列。[5]

除了媒体以外，对于高支持率还有其他几种解释。一位领先的监控领域专家，David Lyon教授发现个人很少感觉到由权力机关实施的监控所带来的压迫性。大众甚至会积极配合给出个人数据信息，认为这样做好处大于坏处。[6] Didier Bigo教授提出了一个概念，"筛选监视机制"（ban-opticon）[7]，用此替代"环形监狱"（panopticon）[8]和"单视监狱"（synopticon）[9]理论。"筛选监视机制"是通过少数人监视另外少数被归类为"不受欢迎的"人，强调例外性，包括排斥特定团体，权力例外论以及在后9·11时代制造规范势在必行的讨论。"筛选监视机制"特别有趣之处就在于"排斥的可视性消失了，权力例外论和规范必要性并入了对不确定、不安、恐惧和不安全的治理中"。[10]与此同时，Gary T. Marx教授认为新监控的

---

[1] Surette R.. The thinking eye: *Pros and cons of second generation CCTV surveillance systems*. 28(1), Policing: Int'l J. Police Strategies & Mgmt., 152 (2005).

[2] Hempel L, Tempel E. *The Surveillance Consensus Reviewing the Politics of CCTV in Three European Countries*, 6(2) European J. Crim., 157, 166 (2009).

[3] Hempel L, Tempel E. *The Surveillance Consensus Reviewing the Politics of CCTV in Three European Countries*, 6(2) European J. Crim., 167 (2009).

[4] Finn, R. and M. McCahill. *Representing the Surveilled: Media Representations and Political Discourse in Three UK Newspapers*, Pol. Stud. Ass'n Conf. Proc., 2 (2010).

[5] Kroener I.. *"Caught on Camera": The media representation of video surveillance in relation to the 2005 London Underground bombings*. 11(1/2) Surveillance & Soc'y, 121 (2013). (U.K.).

[6] Lyon D. Surveillance Society. Monitoring everyday life(Buckingham: Open University Press 2005).

[7] 强调监视之间的筛选过程，首先决定谁会被监视。Bigo D. *Security, Exception, Ban and Surveillance*. In Theorizing Surveillance: The Panopticon and Beyond, 46 (D. Lyon ed., Uffculme: Willan. 2006).

[8] 边沁所描绘的一种全景敞视建筑，即环形监狱。这被福柯视为最完美的规训机构设计方案。

[9] 托马斯·麦谢森(Thomas Mathiesen)的理论，通过大众媒体的覆盖，多数观看少数。

[10] Hempel L, Tempel E. *The Surveillance Consensus Reviewing the Politics of CCTV in Three European Countries*, 6(2) European J. Crim., 157, 161 (2009).

一个特征是抽象化的趋势。这种抽象化几乎使得所有反对归于无效。[①] 监控具有的例外论和抽象性特征有可能导致在一定的时间段以后，没有人（包括法官）会再对监控系统的合法性和效率提出质疑。

公众这种对公共视频监控系统一边倒的狂热支持，归根结底还是建立在对监控行为所具有的功能的期待上，这种盲目的支持并不稳固。随着越来越多研究揭示出对视频监控系统有效性的质疑，公众对监控有效性的迷信可能会逐渐淡化。另外，在三权分立相互监督制约的体系中，惯常的立法和司法监督缺乏，行政权力则容易超出约束范围，滥用监控的可能性大大增强。如若公民权利受到行政滥用恶性侵害的案件越来越多，那么会吸引更多的社会关注。假设将来恐怖主义威胁减少，公众对隐私权的担忧可能会在与安全保障的关系中寻找一个新的平衡。很多研究都揭示了公共视频监控不仅具有预防和侦查犯罪的能力，还关乎"去观看、去部署、去干涉、去识别、去监管的权力"。[②] 这些新功能也需要新的合法性理由去平衡隐私侵害危险，同时，需要充分的监管措施以将对隐私的威胁降到最低。

（四）小结

在公共视频监控领域，公共安全利益[③]与公民在公共场所的权利之间始终存在一定的矛盾。维持两者之间平衡的关键是防止对公共视频监控系统的滥用。因为无论从任何角度来说，完全禁止使用视频监控系统对于政府来说都是不切实际的。摆在一个负责任政府面前的问题是，如何将这些功能强大对公民权利具有巨大潜在威胁的系统纳入严格有效的监管之中，防止滥用。从具体操作层面来讲，政府的当务之急就是明确对公共视频监控系统合法使用的界限，也就是如何判断是否滥用了该系统。美国三权分立的政府在面对公共视频监控这一特殊的新兴事物时，陷入了监管困境，难以采取有意义的行动去保障公民的隐私权。在目前，立法机关可能纠结于党争和形势变化以及某些重要偶发事件的影响，司法机关具有天然滞后性，唯有行政机关具有强大的内在驱动去采取一定的监管行动。然而，弱行政的局面又在一定程度上限制了美国政府有效监管公共视频监控系统的努力。

三、美国困境对我国公共视频监控制度的启示

虽然起步较晚，但是中国的视频监控发展可用狂飙突进来形容。从北京、上海、广州等大城市到二三线中小城市，从沿海到内陆，整个中国大力兴建视频监控系统早已不是新闻。对视频监控的确切数量，并没有全国范围的官方统计数据，只能从近年来媒体对各地监控数量的报道中窥见其规模。"2007年，北京的摄像头达到了26.7万个。"[④]"长春市政府启动天

[①] Marx G. T.. *What's New About the 'New Surveillance'? Classifying for Change and Continuity*, Surveillance and Socve, 9 (2002).

[②] Norris C.. *The success of failure: Accounting for the Global Growth of CCTV*. In: Routledge International Handbook of Surveillance Studies, 258 (eds K. S. Ball, K. D. Haggerty and D. Lyon. London: Routledge, 2012).

[③] 尽管存在争议，因为既有的许多实证研究表明CCTV在整体上减少犯罪作用有限，成本高昂，然而本文无意介入这类讨论。本文假定CCTV对公共安全的作用正如政府宣称的那般有效。此外，在世界范围内的大规模建设趋势并没有消失的势头。

[④] 季天琴，曾向荣，石宴瑜，唐爱琳，《你我都在网中央》，《南都周刊》2011年度第44期，http://www.nbweekly.com/news/special/201111/28096.aspx，最后访问时间：2016年3月24日。

网工程到建设二期工程,至少投入 3 亿多元,2010 年年底数量达到 6 万个左右。"①"2013 年底,合肥市已建监控探头 62 203 个。"②成都市 2013 年"完成 80 余个公安监控中心的升级改造,新增和改造的高清监控设备达 650 余个。天网监控系统,共设立图像监控探头 1.6 万个,同时 20 余万个社会监控可根据需要随时接入天网系统。基本实现了对成都市监控覆盖。"③早在 2007 年,广东省就规划"在 2010 年底全省监控数量超 100 万个",④到 2013 年,"广东省计划三年内新增 96 万个一、二类社会治安视频图像采集点,同时还要新建 2 750 个高清治安卡口"。⑤"天津市公安局也表示要在全市街头路面规划建设 10.5 万个高清视频监控点位、900 处高清电子卡口。"⑥"从 2013 年至 2015 年,青岛天网工程计划新建 9 万探头。"⑦而整个山东省"2014 年内监控数量将突破 200 万台"。⑧在各地进行得如火如荼的视频监控系统的建设甚至得到国家层面的大力推进。2015 年 5 月 6 日,国家发展改革委联合中央综治办、科技部、工业和信息化部、公安部等九个部委联合下发了《关于加强公共安全视频监控建设联网应用工作的若干意见》(发改高技〔2015〕996 号),第一次在全国范围内将公共安全视频监控建设联网应用工作正式纳入各地经济社会发展和城乡规划统筹考虑,到 2020 年,建设基本实现"全域覆盖、全网共享、全时可用、全程可控"的目标,并且要求各地要加快推进视频图像信息安全、数据保护、个人隐私保护等方面的立法工作,创新管理方式,加强人才队伍建设管理。2014 年,在中国智慧城市创新大会上,公安部科技信息化局总工程师朱抚刚表示,据不完全统计,中国公安部门在 2013 年共计使用视频监控系统 4 200 万次,服务民生近 1 000 万次。⑨

　　根据既往的实证研究,我国视频监控系统的飞速建设背后,是较为粗放的管理和对公民隐私权的忽视。第一,制度规范层面,公共视频监控系统的管理部门并没有相应的法律法规可以借用,工作的开展和推进主要是按照公安系统内部的文件精神进行。由于缺乏统一的标准,管理工作处于"摸着石头过河"的状态,规范化、精细化、科学化水平明显不足。第二,人的主观能动性发挥层面,无论是管理者还是操作者,其关于公共视频监控系统的知识和能力储备具有一定的缺陷,工作培训没有完全跟上,人员专业化水平不高。较低的福利待遇及较松散的管理也阻碍工作人员主观能动性的发挥。第三,功能实现层面,实时监控的功能预设在实践中被消解,日常巡查成为发现并消除监控设备故障的一种方式。功能基本局限于

---

① 吉林省长春市文明办,《长春实施"天网工程"6 万个探头编织安全网》,http://archive.wenming.cn/gzyd/2010—08/12/content_20601009.htm,2010 年 8 月 12 日,最后访问时间:2016 年 3 月 24 日。
② 赵乾坤,胡广,《合肥"天网工程"已建 6 万个探头 为市民看家护院震慑犯罪》,http://365jia.cn/news/2013-11-20/C949F5FF680D9F8A.html,2013 年 11 月 20 日,最后访问时间:2016 年 3 月 24 日。
③ 熊浩然,《成都天网升级:新增 650 个摄像头 监控不留死角》,http://sc.sina.com.cn/news/b/2013-05-22/055990034.html,2013 年 5 月 22 日,最后访问时间:2016 年 3 月 24 日。
④ 刘妍,《广东省计划 2010 年底前全省摄像头达到 100 万个》,http://www.gd.chinanews.com/2007/2007-11-27/8/57024.shtml,2007 年 11 月 27 日,最后访问时间:2016 年 3 月 24 日。
⑤ 张亚利,《被直播的中国:监控摄像头数量每年增加 20%》,http://city.sohu.com/20130819/n384487111.shtml,2013 年 8 月 19 日,最后访问时间:2016 年 3 月 24 日。
⑥ 张潋瀚.天网监控运行机制实证研究.四川大学硕士论文,2014.
⑦ 青岛日报,《青岛天网工程将新建 9 万探头 全市监控无缝覆盖》,http://news.qingdaonews.com/qingdao/2013-11/08/content_10083809.htm,2013 年 11 月 8 日,最后访问时间:2016 年 3 月 24 日。
⑧ 齐鲁网,《山东布"天网"打击犯罪 年内监控数量破 200 万台》,http://finance.dzwww.com/sdcj/201402/t20140212_9635952.html,2014 年 2 月 12 日,最后访问时间:2016 年 3 月 24 日。
⑨ 《公安部将加大视频监控系统覆盖或全行业带来利好》,证券时报网,2014 年 11 月 7 日,http://kuaixun.stcn.com/2014/1107/11835126.shtml.(China). 最后访问时间:2016 年 3 月 24 日。

案件发生以后查询相关的视频资料,并且这一功能实现的程度还受到监控系统建设覆盖面、技术水平等的较大影响。第四,外部关系层面,公共视频监控系统的管理、运行各个阶段都局限于公安系统内部,基本没有外界力量的介入,缺乏相应的监督,公开性透明性明显不足。作为查看公众生活中一言一行的监控系统,公众对其知之甚少。一般人只会知晓某地安装了一个监控探头,至于探头是否启动,监控如何运行,自身权益遭受侵害以后是否能够借助公共视频监控的力量,程序如何,监控系统的建设、运行和维护等需要耗费的行政成本等,公众均无从知晓。更不用提自身的隐私权益是否可能受到监控系统的侵害。①

这些实证研究发现看起来似乎与美国的问题如出一辙,然而与美国政治制度间存在的差别决定了我国在面对公共视频监控系统的监管问题时,并不一定会面临美国式的困境。毋庸置疑,我国在不久的将来也必将着手解决公共视频监控带来的平衡安全利益与公民权利的挑战。美国当下陷入困境的成因及其某些具体的做法,兴许能给我国的相关的理论和实践提供一些有益启示。

第一,必须保持公众对政府的信心。"要想视频监控技术被最有效的利用,就必须保持人们对政府的信心——相信他们是安全的,相信他们所缴纳的税款被用于增强公众安全的措施,并且他们的公民权利不会在这之中被妥协掉。"②早在 2008 年,英国内务事务委员会就拒绝"将我们的社会定义为监控社会"。它认为定义一个社会是否属于监控社会的标准在于对政府意图的信任。只要(民众)对政府涉及数据和数据分享的意图保有信任,那么这个社会就不能被描述为监控社会,即使那里存在着自动化、功能蠕变和集成化监控系统。③与美国相似,目前中国公众对视频监控也持高度支持的态度。④但这种高支持度背后的动因可能不同。中国政府能通过诸如文化因素等方式获得政治信任。马得勇称之为政治威权主义价值观的影响,他解释说,"在一个具有专制或权威主义统治历史的国家,人们对政府的信任不仅是基于政府的表现,而且也基于人们对权威的崇拜和依赖"。⑤ 因此,只要人们被告知政府所做的事都是为了保护民众,他们就很可能认为政府在公共视频监控议题上采取的立场和所做的决定皆是理所应当的。当基于文化的政治信任热潮减退时,建立起公民对政府运用公共视频监控系统的信任则更多地需要从系统本身的合法性入手。

第二,明确公共视频监控系统的主要目标。美国政府主要集中 CCTV 打击犯罪和恐怖主义的目标,这使得该系统的运用能够受到适用范围的限制。而中国政府在进行"金盾工程"及公共安全视频监控建设联网应用时,除了指出公共视频监控在提高公安工作效率和侦查破案水平、科技强警方面具有的重要意义,还强调了建立国家立体化的社会治安防控体

---

① 张潋瀚. 天网监控运行机制实证研究. 四川大学硕士论文,2014.
② Aileen B. Xenakis. *Washington And CCTV: It's 2010, not 1984*, 42 Case W. Res. J. Int'l L. 573,(2010),(citing Press Release, District of Columbia, Mayor Fenty Launches VIPS Program; New System Will Consolidate City's Closed-Circuit TV Monitoring (Apr. 8, 2008), http://www.dc.gov/mayor/news/release.asp?id=1273.)最后访问时间:2016 年 3 月 24 日。
③ Hempel L, Tempel E. *The Surveillance Consensus Reviewing the Politics of CCTV in Three European Countries*, 6(2) European J. Crim. , 157, 174 (2009).
④ 中国虽然没有已发表的研究表明关于视频监控系统的公众态度,然而根据笔者在 2012 年参加的一项田野调查,478 名来自中国两个经济社会发展水平相差较大的县城的民众接受了问卷调查,其中有 93.7%非常支持或一般支持公共视频监控系统。未发表材料,马静华,张潋瀚,S 省 S 县、H 县公众意见问卷调查分析。
⑤ 马得勇. 政治信任及其起源——对亚洲 8 个国家和地区的比较研究. 经济社会体制比较,2007(79).

系,提升社会治理能力现代化水平等方面的目标,公共视频监控将在城乡社会治理、智能交通、服务民生、生态建设与保护等领域得到综合应用。① 这种"粗犷"的目标,对于清晰界定监控运用及权利保护的界限会产生消极影响。同时,新功能越多,运用的范围越广,对新的合法性理由的需求就越大。人们需要了解,包罗万象的监控究竟能给自己带来多大的服务以抵消在此过程中可能牺牲掉的隐私权益。

第三,加强公共视频监控系统建设和运行的透明度。如果政府想要向公众兑现负责任的承诺,它就必须主动公开涉及监控的信息,并在系统的建设、管理和使用阶段纳入更多的公共参与。美国正是基于信息可能被犯罪分子利用的理由而拒绝向公众公开公共视频监控系统建设和运行的相关信息,从而堵死了公众通过获知更多信息而展开充分讨论进而推动立法进程这一途径。我国公安局在涉及公共安全和社会控制领域的决策程序中起主导作用,没有谁能质疑它的权威。当地方警察部门遵循上级命令来部署和使用公共视频监控时,他们一般都会得到本地政府绝对的支持,在财政允许的情况下一般很少遇到阻碍。警察部门的需求获得地方政府的批准后,会有一个委员会被建立起来协调各个相关部门的工作。这些部门都遵循着项目的统一要求,很难算得上是可以影响建设走向的利益相关者。因此,可以说在中国,由政府拥有的视频监控系统主要是警察部门自我建设的产物。② 这样的封闭性可能导致权力滥用,需要被逐步打破。

第四,重视行政监管的重要性。在中国,行政机关占据支配性地位,地方政府也受到严格的中央控制,警察部门受到来自更高层级部门的监督,因而并不存在美国因为"弱行政"局面而产生的一些问题。但是行政机关也必须加强自律,在实践中摸索出公共监控权、公共安全权与个人隐私权的相应范围,探明这组权利彼此间的交叉、重叠和制衡;定义监控滥用的具体行为,划定被动记录与主动监控的边界。

第五,事前对公共视频监控系统进行有效性评估。中国警察部门在建设启动阶段一般不会像美国相关部门一样过多地考虑系统的运行效果。监控项目的好处只是被建设提议者概括性地提到,并没有更多的具体支撑性数据。系统的建设早于对系统实效进行有意义的系统性评估。中国式的效果评价是事后型的,并可能被全国范围内行政机关普遍采纳的"目标管理和绩效考核制度"所扭曲。③ 相反,事前评估能够在一定程度上避免盲目投入及重复建设,并且将公共视频监控系统理性纳入公共安全管理系列措施之一,而不是过于迷信其未经充分论证的、"被夸大的"能力。

(责任编辑:王禄生)

---

① 参见金盾工程简介,中国电子政务网,2011年3月27日,http://www.e-gov.org.cn/news/news007/2011-03-27/117164.html,最后访问时间:2016年3月24日;《关于加强公共安全视频监控联网应用工作的若干意见》,发改高技〔2015〕996号。
② 杨建国.论视频监控的犯罪预防功能及犯罪侦查价值.犯罪研究,2011(1):66.
③ 评价系统是否运行良好取决于一个重要机制"典型案例上报制度"。上级部门要求监控系统操作人员每月上报一定数量的典型案例,在这些案例中监控对于案件的解决发挥了一定作用。比如,帮助侦查刑事案件、帮助维护社会秩序、监控交通违法行为或是提供其他有价值的信息。操作人员必须收集事件的完整信息并反映监控系统发挥的作用,将附有视频截图的信息简报报送给上级部门。这些典型案例则被上级部门挑选,用于满足部门目标考核的要求,或者选取某些案例向社会公开,宣传公安部门为打击犯罪保护人民所做的工作。典型案例上报制度成为部门考核监控系统运行效果的主要指标。当各级警察部门完成了典型案例上报的指标,该地的监控系统就被认为是运行良好。张潋瀚.天网监控运行机制实证研究.四川大学硕士论文,2014.

后谢弗林时代的美国行政解释司法审查
——基于若干判例的审视

黄 琳

摘 要 美国联邦最高法院分别于1944年和1984年确立的"斯基德莫尊重"原则、"谢弗林尊重"原则,是美国行政解释司法审查的两大重要原则,但二者如何进行衔接一直是困扰学界与实务界的一大难题。为此,美国最高法院在此后数年间尝试在一系列个案中解答这一难题:奥尔案中法院确立了超级尊重原则;克里斯腾森案与俄勒冈案中法院对谢弗林原则的适用疆域作了限缩;米德案及其后若干判例标志着"斯基德莫尊重"与"谢弗林尊重"并行体系的初步建立;X品牌案则确立了行政解释优于司法先例的判断框架;阿灵顿案表明司法应尊重涉及行政管辖权的行政解释。司法尊重姿态的变迁,一方面表明了近年来美国行政权的不断扩张与国家权力结构重心的转移,另一方面也体现了美国从司法克制主义到司法能动主义的转变。

关键词 行政解释 司法审查 谢弗林尊重 斯基德莫尊重 司法能动主义

一、引言:要件裁量与司法尊重

自20世纪上半叶"行政国家"兴起后,行政权大幅度扩张已成为不争的事实。"无论我们是否情愿,政府的行政管理无所不在"①的论断虽略显夸大,但却是现代行政国家的真实写照。由于社会活动日益复杂,"宽泛的立法指令很少能够直接处理具体的情形"②"大量整饬社会秩序的规则,直接出自行政机关而非立法机关之手,已是毋庸置疑、难以扭转的事实。"③行政裁量权也因此获得了滋生的土壤。更确切地说,是其中的要件裁量方面出现大幅增长。

"所谓要件裁量,亦称判断裁量,是指对法律规范所规定的要件进行解释以及将行政机关所认定的事实适用于法律规范所规定的要件时的裁量。根据要件裁量论,当法律规范仅对要件作了抽象规定,或者法律规范对要件没有做出任何规定时,该行政行为便是裁量行为。"④实践中,涌现出了大批行政机关针对语义模糊的法律条文而制定的各类解释。这些

作者简介:黄琳,浙江大学光华法学院博士研究生。
① [美]斯蒂芬·布雷耶.法官能为民主做什么.何帆,译.法律出版社,2012:142.
② [美]理查德·B.斯图尔特.美国行政法的重构.沈岿,译.商务印书馆,2011:23.
③ 沈岿.解析行政规则对司法的约束力——以行政诉讼为论域.中外法学,2006(2).
④ 杨建顺.论行政裁量与司法审查——兼及行政自我拘束原则的理论根据.法商研究,2003(1).

行政解释被冠之以各类名称并以多种形式出现,例如"通知""补充通知""暂行规定""复函""答复"等。① 一般而言,这些"不属于法规或规章、且由行政机关制定并针对不特定对象发布、具有普遍约束力"的解释统称为"其他规范性文件",均属运用要件裁量权执行行政任务的体现。② 我国的行政诉讼制度建立至今,围绕行政规范性文件司法审查问题的讨论从未平息。追根溯源,问题的关键在于这些解释法律、法规的行政规范性文件触及了宪政体制下行政与司法的角色分工问题。究其本质,这些解释无疑"是对受行政政策影响的各种私人利益之间相互冲突的主张进行调节的过程,本质上是一个立法过程"。③ 故此,一个不可回避的问题随之产生:行政机关的合法角色是执法者而非立法者,④其作出的解释对法院有无约束力?法院又应以何种姿态面对行政机关据此作出的行政决定、是否需要对其予以遵从?

无独有偶,数年来美国行政法学界也深受这一问题的困扰。美国也存在大量的运用要件裁量的实例。建国初期的美国,法院的判例法是主要的法律规范,法院是法律解释无可争议的权威。但19世纪末20世纪初以后,伴随着工业化和城市化的发展,美国社会经济生活发生了巨大变迁,行政国家开始出现。⑤ 与行政权膨胀相伴随的是制定法的大量增长,行政机关开始通过制定政策陈述、新闻通讯稿、行政规定来解释国会制定的法案中存在的模糊之处。多年来,美国的学界前辈展开了积极探索,试图就行政解释在司法审查中的地位问题作出肯定回答,但均各执一词、莫衷一是。有学者因此发出感慨:"对那些研究法院和行政机关的相互关系的人来说,一直最令人困惑的问题之一就是如何确定行政机关和法院在规制法律的解释中的不同角色。"⑥尽管如此,美国作为行政解释司法审查制度的先行者,在过去的数十年间对以"谢弗林尊重"⑦为代表的司法尊重标准展开了充分的探索,已积累了大量案例及细化规则。"即使在那些互相不同的法律文化背景之中,经验也很可能产生出一些类似的解决问题的办法以适合解决某些基本前提相同的问题的需要。"⑧这些经验无疑对我国行政解释司法审查制度的建构具有重要的借鉴意义。

诚然,迄今为止我国行政法学界的前辈先贤已就"谢弗林尊重"及美国的行政解释司法审查标准展开了充分探索并拥有丰硕的研究成果。⑨ 但值得一提的是,这些讨论大多着重于讨论谢弗林原则及其之前的司法审查标准,甚少涉及谢弗林原则出现之后美国司法审查标准的演变历程。为此,本文尝试以判例观察为视角,探究后谢弗林时代⑩美国司法尊重姿

---

① 胡敏洁. 专业领域中行政解释的司法审查——以工伤行政为例. 法学家,2009(6).
② 王庆廷. 行政诉讼中对其他规范性文件的审查. 人民司法,2011(9).
③ [美]斯蒂芬·布雷耶. 法官能为民主做什么. 何帆,译. 法律出版社,2012:22.
④ 余凌云. 行政自由裁量论. 中国人民公安大学出版社,2013:124.
⑤ 李洪雷. 规制国家中对行政解释的司法审查——以谢弗林判例为重心的考察. 规制研究第1辑. 格致出版社,2008:123.
⑥ Cynthia R. Farina. Statutory Interpretation and the Balance of Power in the Administrative State, 89 Columbia Law Review, vol. 89 (April, 1989).
⑦ Chevron Deference。也有学者将其称为"谢弗林遵从"。
⑧ [印]M·P·赛夫. 德国行政法——普通法的分析. 周伟,译. 山东人民出版社,2006:绪言第1页.
⑨ 参见朱新力. 行政法律规范中的不确定法律概念及其司法审查. 杭州大学学报,1994(1);杨伟东. 行政行为司法审查强度研究——行政审判权纵向范围分析. 中国人民大学出版社,2003;李洪雷. 规制国家中对行政解释的司法审查——以谢弗林判例为重心的考察. 规制研究第1辑. 格致出版社,2008;宋华琳. 制度能力与司法节制——论对技术标准的司法审查. 当代法学,2008(1);余凌云. 行政自由裁量论. 中国人民公安大学出版社,2013.
⑩ Post-Chevron Era,意指谢弗林案件宣判后数年间,美国行政解释司法审查标准的发展状况.

态的演绎发展与演进变迁,希冀为我国现今的司法审查制度建构提供可资借鉴的素材。

二、美国行政解释司法审查之缘起

提及美国的行政解释司法审查制度,1984年的"谢弗林诉自然资源保护委员会案"①(以下简称"谢弗林案")是无法回避的话题。美国最高法院在该案中提出了著名的"两步法",并引发了此后数年间学界对司法尊重问题的讨论。事实上,在谢弗林案出现以前,美国司法界曾在涉及行政解释的案件中运用过各色各样的审查标准。

(一)初期:变化万千的司法审查标准

长久以来,如何审查行政机关就法律所作的解释是法院面临的一大难题。法院一直在考虑,应该对这类行政解释给予多大程度的尊重以及何时给予尊重。在谢弗林案之前,最高法院曾运用过多种不同的尊重标准,但一直没有形成体系化的原则,导致这段时期的行政解释司法审查标准普遍是"彼此冲突并不可预测的"。②

例如,同为1944年发生的案件,"赫斯特出版公司案"③与"戴维斯仓库案"④的判决理由即大相径庭。在"赫斯特出版公司案"中,争议焦点是报童是否属于《公平劳动标准法》("Fair Labor Standards Act",FLSA)的"雇员"(employee)。四个洛杉矶日报集团认为报童不属于雇员,并拒绝与代表报童的工会展开集体谈判。在审理过程中,最高法院认为国会对这一概念并未作清晰的界定,五位大法官一致支持全国劳工关系委员会(National Labor Relations Board,NLRB)对"雇员"这一概念的解释,并认为"这一解释具有合理的法律基础",因此法院应当尊重行政机关的解释。学界普遍认为,最高法院尝试在这个案件中建立一些通用的指引方针。⑤

而"戴维斯仓库案"同样涉及一个定义模糊的概念——"公用事业"(public utility)。此时,六位最高法院大法官就是否给予尊重问题给出了截然相反的答案。在最终的判决结果中,法院选择忽视行政机关的解释。判决指出,尽管行政机关的解释是可接受的,但法院自身仍应对这一概念进行合理的解释。

基于此,谢弗林案之前的司法审查标准之混乱可见一斑。这一时期,由于法院并未建立起明确的尊重原则,而是对每个个案逐一进行单独判断,因而导致对行政解释的尊重程度时强时弱,彼此间差异较大。显然,这不利于判决的稳定性与确定性。为此,最高法院发展了两类截然不同的审查方式。一种方式为:若国会已将解释权授予了行政机关,且该行政解释具有合理的法律依据,则法院通常应当尊重这一解释。例如,在前述"赫斯特出版公司案"中法院认为:"毫无疑问,法院应当对行政机关的解释给予适当的考量,因为实施法规是该行政机关的特定职责。但是,若问题的焦点是某个宽泛的法规术语在特定情形中能否适用,此时

---

① Chevron v. Natural Resources Defense Council, 467 U. S. 837 (1984).
② Richard J. Pierce Jr.. Administrative Law. New York: Foundation Press, 2008, p. 87.
③ NLRB v. Hearst Publications, 322 U. S. 111 (1944).
④ Davies Warehouse Co. v. Bowles, 321 U. S. 144 (1944).
⑤ Whitney Ruijuan Hao. City of Arlington v. FCC: Jurisdictional or Non-jurisdictional, Where to Draw the Line, Journal of the National Association of the Administrative Law Judiciary, Spring, 2014, p. 3.

法院的作用是有限的"。① 另一方面,以"严格审查原则"为代表的审查方式要求法院严格审查行政机关的解释及制定解释的过程,在部分案件中法院甚至可以以自己的判断取代行政机关的在先解释。例如,在"全国劳工关系委员会诉贝尔航空航天公司案",法院拒绝接受劳资关系委员会给出的意见,认为部分特定的管理人员不属于《国家劳资关系法案》的管辖范围。②

(二)独立判断模式:斯基德莫尊重

为改善司法审查标准不一的情形,最高法院在"斯基德莫案"③中确立了"斯基德莫遵从"④原则。

该案的争议焦点在于原告(消防员)每晚在消防局等待的三个半小时是否属于工作时间、能否依据《公平劳动标准法》领取加班工资。管理者认为在公司过夜的时间不属于工作时间,无需给予补偿。对此,最高法院指出:"我们认为行政机关依据本法所作出的裁决、解释和意见,尽管并不具有可以支配法院判断的权威,但却构成了法院和诉讼当事人可以适当借助的经验和判断。在个案中作出的这种判断的分量,随考量的全面性、推理的有效性、与此前和此后判断的一贯性等而有所不同,所有这些因素的具备,使得行政机关的判断虽未有支配力,但具有说服力。"⑤据此,有学者提出,斯基德莫案确立了"谨慎考虑"的原则。⑥ 根据这一判决的宗旨,行政机关的解释在法院的解释中扮演着与文本和立法史料等相似的重要角色,是法院确定法律含义的一个重要辅助性资料。"斯基德莫原则依据行政解释的完整性、论证的一致性及其他具有说服力的因素,确定了司法回应的态度谱系。"⑦法院在审查行政解释时,不仅要看其合理性,还要看其正确性。事实上,到1983年为止,美国法院对于纯粹的法律问题一般采纳独立判断的标准。有学者将其称为"独立判断模式",并指出,在独立判断模式中,法院虽对行政解释予以考量,但最后依然对法律条文中的不确定法律概念做出自己的独立判断,以替代行政机关的判断。⑧

说到斯基德莫尊重,另一个不得不提的案件即为"塞米诺尔案"⑨。本案中,价格管理办公室(The Office of Price Administration)对自己的法规做了解释,并进而解释了授权法令。法院认为,若国会在授权中已作了规定,法院对行政解释的尊重应延伸至行政机关对自身的法规作出的解释。

斯基德莫案与塞米诺尔案共同确立了美国司法界早期的行政解释尊重标准,并对若干

---

① NLRB v. Hearst Publ'ns, 322 U. S. 111 (1944).
② See, e. g. , NLRB v. Bell Aerospace, 416 U. S. 267, 289 (1974).
③ Skidmore v. Swift & Co. , 323 U. S. 134 (1944).
④ Skidmore Deference。也有学者将其译为"斯基德莫考虑"。
⑤ Skidmore v. Swift & Co. , 323 U. S. 134 (1944).
⑥ Jamie A. Yavelberg. The Revival of Skidmore v. Swift: Judicial Deference to Agency Interpretations After EEOC v. Aramco, Duke Law Journal, vol. 42 (October, 1992).
⑦ J. Lyn Entrikin Goering. Tailorting Deference to Variety with a Wink and a Nod to Chevron: The Roberts Court and the Amorphous Doctrine of Judicial Review of Agency Interpretations of Law, Journal of Legislation (2010), p. 18.
⑧ 李洪雷. 规制国家中对行政解释的司法审查——以谢弗林判例为重心的考察. 载《规制研究》第1辑. 格致出版社,2008:82.
⑨ Bowles v. Seminole Rock & Sand Co. , 325 U. S. 410 (1945).

年后最高法院建立司法尊重体系产生了重要影响。尽管这两个案件都曾遭遇过批评,①但它们仍为最高法院最具影响力的先例之一。

(三)遵从模式:谢弗林尊重

谢弗林案被认为是美国现代行政法上最重要的案例之一。② 这个案例中法院建立了著名的谢弗林尊重原则。

该案的核心问题是应如何理解《清洁空气法》(Clean Air Act)中的"固定污染源"(Stationary Pollution Sources)一词。环保署对此制定了解释性的细化规则。审理过程中,最高法院指出:"在审查行政机关对其负责执行的法律的解释时,法院面临两个问题。第一个问题就是国会对这个争议的问题是否作出了直接的规定。如果国会意图是明确的,事情就到此为止了。……如果法院认为国会并未直接规定这个争议的问题,法院还不能简单地给出其自己的法律解释。只有在缺少行政解释的情况下,法院才必须给出自己的解释。……如果国会已经清楚地留下空间,让行政机关去填补,这就是明确授权行政机关以制定条例的方式阐明法律的具体规定。应当赋予这样的立法性条例以支配性力量,除非它们是武断的、反复无常的或者明显与法律抵触的。有的时候,给行政机关的立法授权是暗示的而非明示的。在此情况下,法院也不能以自己对法律规定的解释,来取代行政官员作出的合理解释。"③

这段经典的论述被称为"谢弗林两步法"。第一步是确定国会法律是否明确。如果存在充分的授权,则确定合理性问题,此为第二步。此时,法院对行政解释进行审查,如果认为其是合理的就接受。④

由此,"谢弗林案"确立了一个异常的司法遵从规则——"谢弗林尊重",即法官是解释法律的专家却要遵从行政机关的法律解释,而具有优越的专业技术和责任感的行政机关的行政政策却要接受法官的严格审查。此时,主要的解释责任配置给行政机关,法院必须接受行政机关的任何合理的解释,只要其与法律语言或者立法史料并无明显的不一致。另一方面,法院只决定行政机关所选择的解释是否是"理性"的解读,而非其是否是"正确"的解读。依据这一原则,法院在审查行政解释时保持谦抑姿态,尊重并接受行政机关作出的解释,行政

---

① 例如斯卡利亚法官在一次纪念谢弗林25周年的会议上发表意见称:"斯基德莫原则就是一场闹剧。依照斯基德莫的观点,法院可以为所欲为,实质上是授予了法院巨大的权力。" Antonin Scalia, Keynote Address at the Washington College of Law at American University: Is Chevron Out of Gas, The State of Judicial Review 25 Years after Chevron U. S. A., Inc. v. Natural Resources Defense Council. See J. Lyn Entrikin Goering, Tailorting Deference to Variety with a Wink and a Nod to Chevron: The Roberts Court and the Amorphous Doctrine of Judicial Review of Agency Interpretations of Law, Journal of Legislation (2010), footnote 281. 又如,John F. Manning对Seminole案判决的合宪性提出了质疑。See John F. Manning. Constitutional Structure and Judicial Deference to Agency Interpretations of Agency Rules, Columbia Law Review, vol. 96, (1996).

② See Antonin Scalia. Judicial Deference to Administrative Interpretations of Law, Duke Law Journal, Vol. 1989 (June, 1989), pp. 511-512. ("Chevron has proven a highly important decision—perhaps the most important in the field of administrative law since Vermont Yankee Nuclear Power Corp. v. NRDC."). Vt. Yankee Nuclear Power Corp. v. NRDC, 435 U. S. 519 (1978).

③ 余凌云. 行政自由裁量论. 中国人民公安大学出版社,2013:124.

④ 李洪雷. 规制国家中对行政解释的司法审查——以谢弗林判例为重心的考察. 规制研究第1辑. 格致出版社,2008:108.

机关的解释只要合理,对法院就有拘束效果,因而被称为"遵从模式"。[1]

基于上述事实可知,在谢弗林案之前,法院并未建立起统一的行政解释审查标准。20世纪 80 年代早期,最高法院在审理涉及行政解释的案件时通常会选择其中一种审查标准,并很少或不给出选择的理由。法院何时需尊重行政解释、应给予多大程度的尊重,这些问题都没有确切的答案,较低级的法院也无法得到指导。而 1984 年的谢弗林案则确立了一个明确的"两步法",其重要性不言自明。

三、后谢弗林时代:美国司法尊重姿态之变迁

谢弗林尊重认为,获得国会授权的行政机关"往往是法规的最佳解释者"。[2] 在谢弗林案中,法院基于行政机关的政治可靠性与专业知识认为尊重行政解释具有正当性。然而,在后谢弗林时代,最高法院并未在所有涉及行政解释的案件中都坚持这一原则。在诸多个案中,法院逐步对谢弗林尊重及早期的司法尊重体系作了修改。

(一)超级尊重原则

谢弗林尊重的浪潮在 1997 年的"奥尔案"[3]中达到了顶峰。奥尔案是一则关于警察起诉当地警局要求支付加班费的案件。1938 年的《公平劳动标准法》第 13 条第 1 款第 1 项规定,"以真正行政、管理或专业人员资格受雇的任何雇员"不受该法第 6、7 条规定的最低工资标准及最长劳动时间的约束。[4] 该案中,圣路易斯市的部分警员认为自己应按照最低工资标准获得加班补贴。而警察局则辩称,原告作为警察,属于"真正的行政人员",因此不属于最低工资标准保护的对象,无法获得补贴。此前,劳动部部长已根据该法案的授权颁布了一系列规则,规则中对免于适用的范围做了界定。随后,应法院的要求,劳动部部长又提交了一份意见书(amicus brief)。意见书对法案中的模糊之处做了解释,认为警察属于免于适用的范畴。法院审理认为,劳动部部长的解释是可接受的,对这一问题具有决定性的解释效力,理应得到谢弗林尊重。

显然,这一判决与法院近期的尊重姿态并无明显差别。[5] 然而,奥尔案的特殊之处在于本案中法院特意要求第三方当事人出具意见书。在早期的判例中,法院通常无视简短的诉讼意见中提出的行政解释。[6] 悖反的是,该案认为,劳动部部长的陈述理应获得尊重,尽管

---

[1] 李洪雷. 规制国家中对行政解释的司法审查——以谢弗林判例为重心的考察. 规制研究第 1 辑. 格致出版社 2008:82.

[2] Russell L. Weaver & Thomas A. Schweitzer. Deference to Agency Interpretations of Regulations: A Post-Chevron Assessment, Memphis State University Law Review vol. 22 (1992).

[3] Auer v. Robbins, 519 U. S. 452, 462 (1997).

[4] "The provisions of sections 206 [except subsection (d) in the case of paragraph (1) of this subsection] and 207 of this title shall not apply with respect to—(1) any employee employed in a bona fide executive, administrative, or professional capacity (including any employee employed in the capacity of academic administrative personnel or teacher in elementary or secondary schools)." See 29 U.S.C. § 213(a)(1).

[5] 例如与 *Bowles v. Seminole Rock & Sand Co.* 中法院的态度相差无几。See Bowles v. Seminole Rock & Sand Co., 325 U. S. 410, 414 (1945).

[6] 例如在 1988 年的 *Bowen v. Georgetown University Hospital* 与 1991 年的 *Gregory v. Ashcroft* 中,法院对于以诉讼意见形式出具的行政解释给予了较低程度的尊重。See Bowen v. Georgetown University Hospital, 488 U. S. 204 (1988); Gregory v. Ashcroft, 501 U. S. 452, 485 n. 3 (1991).

并非是经由正式的规则制定程序作出的,因为"没有理由怀疑这一解释无法反映行政机关的公正、周全的判断"。由此,法院确立了所谓的"超级尊重"原则。① 简言之,奥尔案是特例,且无法与法院近期的尊重体系相协调。②

尽管奥尔尊重对行政机关的解释权限做了让步,但从另一个角度看,这一尊重原则抛弃了司法解决法规歧义的责任。同时,奥尔尊重也无法与《行政程序法》10(2)(A)条相衔接,该条款要求法院审查所有法律问题,并对包含行政规则在内的行政行为作出解释。③ 事实上,之后的案例中,当涉及行政机关解释自己制定的规则时,法院都在尝试适用奥尔尊重来审理。④ 尽管如此,也有部分学者呼吁撤销奥尔尊重。⑤ 尽管在奥尔案中最高法院的司法尊重达到了顶点,但三年后,最高法院开始逐渐回归到谢弗林原则之前的多因素原则,并重申法院在法规解释中的角色功能。⑥

(二)谢弗林尊重的适用疆域收缩

非正式行政解释的司法审查范围是谢弗林原则遗留的一个问题。前已述及,奥尔案中法院对劳动部部长以意见书形式作出的法规解释给予尊重。然而,在2000年的"克里斯腾森案"⑦与2006年的"俄勒冈州案"⑧中,法院均对谢弗林尊重与奥尔尊重的适用范围进行了限缩。

1. 克里斯腾森案

克里斯腾森案的争议焦点集中在哈里斯县政府能否要求127位警长强制休假以避免支付加班工资。与奥尔案相似,问题的关键在于对《公平劳动标准法》中特定条款的解释。《公平劳动标准法》明确规定,允许州和县的雇主给予对雇员时间补偿以替代支付加班工资。⑨ 然而,该法令并未就"雇主能否强制雇员用尽补偿时间以免于支付加班工资"的问题作出规定。为此,哈里斯县写信向美国劳工部工资和工时部门(Department of Labor's Wage and

---

① See Scott H. Angstreich. Shoring Up Chevron: A Defense of Seminole Rock Deference to Agency Regulatory Interpretations, UC Davis Law Review, vol. 34 (December, 2000). 有学者将此称为"奥尔尊重", See Robert A. Anthony. The Supreme Court and the APA: Sometimes They Just Don't Get It, Administrative Law Journal of American University, vol. 10 (1996).

② 例如在2009年的 Coeur Alaska, Inc. v. Se. Alaska Conservation Council 中,法院曾尝试使 Auer 超级尊重原则与类似于斯基德莫尊重中的说服力因素保持一致,但结果并不乐观。See Coeur Alaska. Inc. v. Se. Alaska Conservation Council, 129 S. Ct. 2458, 2472—74 (2009).

③ "就行政规则解释的司法尊重标准而言,法院的做法与《行政程序法》不相符。"See Robert A. Anthony. The Supreme Court and the APA: Sometimes They Just Don't Get It, Administrative Law Journal of American University, vol. 10 (1996).

④ See Coeur Alaska. Inc. v. Se. Alaska Conservation Council, 129 S. Ct. 2458, 2468 (2009); Long Island Care at Home, Ltd. v. Coke, 551 U. S. 158, 171 (2007).

⑤ 例如 Strauss 认为,由行政机关解释规定中的歧义,会引发诸多问题。See Peter L. Strauss. Within Marbury: The Importance of Judicial Limits on the Executive's Power to Say What the Law is, Yale Law Journal. Vol 116 (September, 2006).

⑥ J. Lyn Entrikin Goering. Tailorting Deference to Variety with a Wink and a Nod to Chevron: The Roberts Court and the Amorphous Doctrine of Judicial Review of Agency Interpretations of Law, Journal of Legislation (2010), p. 15.

⑦ Christensen v. Harris County, 529 U. S. 576 (2000).

⑧ Gonzales v. Oregon, 546 U. S. 243 (2006).

⑨ 29 U. S. C. § 207 (2006).

Hour Division)询问:是否需要安排员工休假以减少相应的加班补偿?应其要求,劳动部单独向哈里斯县发送了一封意见信(opinion letter),信中提出,政府雇主不应强迫雇员选择时间补偿以取代金钱补偿。不同于与奥尔案中劳动部部长对原告诉讼请求的强烈反对,在克里斯藤森案中劳动部支持原告的申请,认为原告不应被强制休假。

但最终,最高法院拒绝对该意见信给予谢弗林尊重。法院经审理认为,克里斯藤森案与奥尔案存在本质区别,因为本案中有关补偿时间的规定是"十分宽泛的"(plainly permissive),而奥尔案中的涉案规定是"模糊、有歧义的"(ambiguous)。对此,托马斯法官在撰写多数意见(majority opinion)时专门指出:"现在我们面对的是以意见信形式出具的行政解释。而这一意见信并非是以正式裁决形式或通过通知与评论程序颁布的。这类解释,例如政策陈述、行政手册、实施指导等,均欠缺法律效力,不应获得谢弗林尊重;并且只有当法规语言模糊不清时才允许适用奥尔尊重。但在本案中,法规语言并不模糊,只是含义较为宽泛。此时若允许行政机关作出解释,则无异于准许行政机关以解释法规的名义,在事实上创造新的法规。"①由此,法院强调,因法规已明确规定允许哈里斯县强迫原告们用尽补偿时间,以避免支付加班工资,故而劳动部的解释无法成立。

基于此,在克里斯腾森案中,法院首次确立了"欠缺法律效力的非正式性解释,如政策陈述、行政手册、执行指南等,不适用谢弗林尊重"的规定。

2. 俄勒冈州案

该案中,司法部长约翰·阿什克罗夫特(Attorney General John Ashcroft)颁布了一个解释性的规定。②该规定声称,依据《受管制药品法案》(Controlled Substances Act),安乐死是不符合治疗目的的。事实上,这一规定旨在阻止俄勒冈州通过《尊严死亡法》(Death with Dignity Act)。《尊严死亡法》规定,在特定情形下,依法注册的医生可以遵照病人的要求开出致命剂量的管制药物。③ 更甚者,根据司法部长所颁布的这一规定,医生若依据该法案采取安乐死行为,可能会面临联邦刑事起诉。俄勒冈州州政府对此表示反对,并经第九巡回法院的批准获得了阻止执法的禁令(injunction)。④ 随后,最高法院就此案件批准了复审令(certiorari),并针对"司法部长对《受管制药物法》及相关实施条例作出的解释是否应获准许"的问题展开审查。

法院经审查认为,应禁止这一解释性规则的执行,并驳回了司法部长提出的适用奥尔尊重的申请。法院指出,司法部长的解释仅仅是对相关法定术语的复述(parroted),而非对模糊用语的解释。且这一解释性规则超越了司法部长基于《受管制药物法》而拥有的有限的规则制定权限。此外,本案中也不能运用谢弗林尊重原则,因为《控制物质法》没有授权司法部长单方面对规章进行有法律效力的解释。⑤ 因此本案中,奥尔尊重或谢弗林尊重均不可用。随后法院认为,唯有当这一解释性规则符合斯基德莫尊重的要求时方可获致法院的认同;而通过比对斯基德莫因素,法院认为该解释性规则是不具有说服力的。

---

① Christensen v. Harris Cnty., 529 U. S. 588 (2000).
② Dispensing of Controlled Substances to Assist Suicide, Federal Register, vol. 66 (November, 2001).
③ Or. Rev. Stat. §§ 127.800—127.995.
④ Oregon v. Ashcroft, 192 F. Supp. 2d 1077 (D. Or. 2002), aff'd, 368 F. 3d 1118 (9th Cir. 2004).
⑤ J. Lyn Entrikin Goering. Tailorting Deference to Variety with a Wink and a Nod to Chevron: The Roberts Court and the Amorphous Doctrine of Judicial Review of Agency Interpretations of Law, Journal of Legislation (2010), p. 4.

然而,法院并非铁板一块。斯卡利亚法官、托马斯法官、罗伯特法官均对这一多数判决提出异议,认为即使是运用重新审查的标准来看,司法部长的解释也是正确的;并强烈反对多数意见中"因解释性规则超出了法定权限,因而不适用谢弗林原则"的论断。

值得一提的是,俄勒冈州案对谢弗林尊重的适用范围进行了限缩。法院否定当事人适用奥尔尊重原则的提议表明,法院已经意识到奥尔尊重的范围过于宽泛,在审理过程中应审慎适用。

(三) 两类尊重原则并行

克里斯滕森案仅仅反映了美国司法尊重体系框架变迁中的冰山一角。事实上,在此后数年间,法院一直在个案中尝试对谢弗林原则的适用疆界进行限缩,如 2001 年的"米德案"、① 2002 年的"沃尔顿案"②、2003 年的"克拉克马斯案"③及 2004 年的"克莱因案"④。这一系列案件见证了全新的司法尊重体系框架的建立与完善。在这一时期,斯基德莫尊重与谢弗林尊重并行于世并互为补充。

1. 米德案

该案的焦点问题在于美国海关总署(United States Customs Service)将米德公司进口的"每日计划本"(daily planner)归为关税类别中的"日记类"而非"其他类"的裁决是否正确。最高法院否定了联邦巡回法院的判决,认为谢弗林尊重适用于运用"通知与评论程序"(notice and comment)的非正式行政规则,而对于其他的解释可以适用斯基德莫尊重。由于海关的这一解释不符合通知与评论程序,因而不应获得谢弗林尊重。尽管如此,但依据斯基德莫尊重原则,海关解释具有合理性,仍应被视为是有说服力的。

米德案的出现标志着"谢弗林第零步"⑤的诞生。有感于谢弗林原则导致法院过分地臣服于行政机关灵活性和独立性的要求,本案中,最高法院将海关裁决视为与"政策陈述、行政手册、实施指南"相类似的行政解释,认为其欠缺法律效力,超越了谢弗林原则的适用范畴,故拒绝将谢弗林尊重进行拓展适用。这一举措实质上是对行政机关的法规制定权的进一步限缩。

另一个尤为引人注目的创新点在于,该案中,法院唤醒了蛰伏多年的斯基德莫尊重,从而创设了谢弗林尊重和斯基德莫尊重并存的双重尊重标准。如果说谢弗林案是美国最高法院对"法院与行政机关之间谁决定什么是法律"的问题所作出的回答,那么米德案则不仅是迄今为止美国最高法院对谢弗林原则的适用范围与性质的最重要说明,同时也是"美国最高法院就处理行政行为司法审查问题作出的最重大判决之一"(大法官斯卡利亚语)。⑥

---

① United States v. Mead Corp., 533 U. S. 218 (2001).
② Barnhart v. Walton, 535 U. S. 212 (2002).
③ Clackamas Gastroenterology Associates, P. C. v. Wells, 538 U. S. 440 (2003).
④ General Dynamics Land Systems, Inc. v. Cline, 540 U. S. 581 (2004).
⑤ Chevron Step Zero. "第零步"的说法最早由 Thomas W. Merrill 与 Kristin E. Hickman 在 2001 年的文章《谢弗林原则的疆域》中提出。"Together, these principles comprise what might be called 'step zero' in the Chevron doctrine: the inquiry that must be made in deciding whether courts should turn to the chevron framework at all, as opposed to the skidmore framework or deciding the interpretational issue de novo." See Thomas W. Merrill, Kristin E. Hickman, Chevron's Domain, Georgetown Law Journal, vol. 89 (April, 2001).
⑥ 杨伟东. 行政行为司法审查强度研究——行政审判权纵向范围分析. 中国人民大学出版社,2003:87.

结合前述的奥尔案、克里斯滕森案和米德案,我们可以知道,谢弗林尊重适用于通过通知与评论程序发布的正式行政规则,或者通过其他类似程序拥有法效力的正式行政规则;反之,则不能适用谢弗林尊重。此时法院必须结合斯基德莫案中确立的"彻底性""有效性"和"一致性"原则来确定行政解释的说服力。① 由此,法院创设了一个全新的司法尊重体系。在这一新框架之下,法院对待行政机关的法律解释,不再是谢弗林尊重或无尊重这两种"全有或全无"的状态,而是可能出现三种结果:"第一,谢弗林尊重,法院接受行政机关对模糊法律的合理解释;第二,斯基德莫尊重,法院在综合考虑行政机关解释所涉及的各种因素后,对具有说服力的解释予以尊重;第三,无尊重,法院在进行独立审查判断后,不接受行政机关的解释。"②此后,一般认为对立法性规则适用谢弗林尊重,而对包括技术标准在内的非立法性规则适用斯基德莫尊重。③ 不同于谢弗林的强尊重原则,适用斯基德莫尊重通常很少得出司法认可行政解释的结论,而仅仅只是保证法院将行政解释纳入考量范畴。④ 但法院会在多大程度上考虑行政解释则取决于一系列要素,部分要素有时会与谢弗林尊重中的元素相重叠。

2. 沃尔顿案

距米德案宣判一年后,最高法院在沃尔顿案中适用了经米德案调整后的谢弗林尊重原则。

沃尔顿案涉及依据《社会保障法》(Social Security Act)申请残疾福利的问题。针对法案中提到的"十二个月"是仅仅针对受损伤的时间,还是包括"不能从事任何实质性营利活动"的时间,相关法规并未做明确规定。本案中原告因精神障碍失业,一个月后找到了另一份工作,行政机关据此驳回了原告的残疾福利申请。原告辩称,尽管自己已在十二个月内重新获得工作,但受损伤的时间已超出了法案规定的期限。但行政机关认为十二个月应包含受损伤后无法工作的时间,而非仅仅是受伤的时间。

起初,法院援引了奥尔案的判决来证明行政机关对本机构的规则进行解释的正当性。⑤ 随后因该规则是以通知与评论程序制定的,法院遂在分析过程中适用了谢弗林两步法。"因此,我们必须决定:(1)法案是否明确禁止行政机关作出解释;(2)若未禁止,则该解释是否超越了可允许的界限。"⑥法院的两步法分析表明,要求对行政解释进行司法审查的那方当事人应承担说服责任。法院经审理认为,行政机关的解释是对模棱两可的法定语言的合理推断,因而是可获得准许的。法院认为,在本案中,考虑到法律问题的本质、行政机关的相对

---

① Whitney Ruijuan Hao. City of Arlington v. FCC: Jurisdictional or Non-jurisdictional, Where to Draw the Line?, Journal of the National Association of the Administrative Law Judiciary (Spring, 2014), p. 6.

② See Thomas W. Merrill. The Mead Doctrine: Rules and Standards: Meta-Rules and Meta-Standards, Administrative Law Review, Vol. 54 (Spring, 2002).

③ 宋华琳. 论行政规则对司法的规范效应——以技术标准为中心的初步观察. 中国法学,2006(6).

④ 例如 2002 年的 *Wis. Dep't of Health & Family Servs. v. Blumer* 中,法院认为"意见信、政策陈述等均应获得一定分量的考虑";2004 年的 *Raymond B. Yates*, *M. D.*, *P. C.*, *v. Hendon* 中,法院提到"依斯基德莫原则,咨询意见理应得到相当程度的考虑"。See, e.g., *Wis. Dep't of Health & Family Servs. v. Blumer*, 534 U. S. 473, 496-97 (2002); *Raymond B. Yates*, *M. D.*, *P. C.*, *v. Hendon*, 541 U. S. 1, 18, 20-21 (2004).

⑤ "Courts grant an agency's interpretation of its own regulations considerable legal leeway." See Barnhart v. Walton, 535 U. S. 217 (2002).

⑥ Barnhart v. Walton, 535 U. S. 218 (2002).

专长、争议焦点问题对法案实施的重要性、福利申请领域的复杂性以及行政长期以来对这一问题的深思熟虑，该行政解释是合法且合理的。事实上，这些因素与斯基德莫尊重中的"具有说服力的因素"十分相近。因此布雷耶法官认为谢弗林尊重与斯基德莫尊重在本质上是相同的。

3. 克拉克马斯案

该案中，法院运用了米德/斯基德莫浮动标准（Mead/Skidmore Sliding-Scale Standard）。一个档案管理人员声称，公司因她身患残疾而将她开除。案件的争议焦点在于持股董事能否依据《美国残疾人法》（Americans with Disabilities Act）被视为"雇员"。法案中将雇员定义为"受雇于雇主的个人"。由于这一定义过于宽泛，法院转而在以往涉及类似问题的判决先例中寻找答案。① 法院认为，国会未作明确规定，表明国会期待法院对这一文本缺陷进行解释。另一方面，法院也将平等就业委员会（Equal Employment Opportunity Commission）制定的解释性指引纳入考量范畴。由于平等就业委员会依据《美国残疾人法》及其他法规获得了特殊的实施责任，法院遂转向了斯基德莫原则。法院认为，平等就业委员会的指南是具有说服力的，并最终认可了其对雇员的定义。

4. 克莱因案

本案中，法院经审理认为，《反就业年龄歧视法案》（Age Discrimination in Employment Act）并未保护"歧视年轻雇员、优待年长雇员"的情形，并拒绝了平等就业机会委员会的相反解释。通过重新解释法令，法院认为该法令是清楚的、无歧义的。因而平等就业机会委员会长期以来作出的解释是明显错误的。由于这一结论是以司法解释的方式得出的，法院并未就尊重程度问题展开讨论。

克莱因案是法院通过传统的重新审判方式（de novo review）解决有歧义的法律适用问题的典范。此时法院将解释问题视为完全的法律问题，并通过司法解释的方式作出回应，并未涉及对行政机关的尊重问题。② 即使是依照谢弗林两步法，平等就业机会委员会的解释也会在第一步中被排除。因为通过运用传统的法律解释工具可知，该部法令的用语是无歧义的。

（四）行政解释优于司法先例

前已述及，最初的司法尊重膨胀期过后，司法尊重热逐渐回温。最高法院通过一系列案件逐渐确立起了全新的司法尊重框架体系，并对谢弗林尊重的适用范围进行了限缩。然而，谢弗林尊重并非万能，其中仍留有些许亟待解决的问题，例如，在先的司法判例对之后的行政解释是否具有拘束力？2005 年的"X 品牌案"③中，法院即尝试对这一问题作出回应。该案中，联邦通讯委员会（Federal Communications Commission）出台了一项规定，认为有线电视公司提供的宽带互联网服务不属于电信服务，因而不属于联邦通讯委员会的管辖对象。

---

① 例如法院在审理过程中援引了 Nationwide Mut. Ins. Co. v. Darden. See e.g. Nationwide Mut. Ins. Co. v. Darden, 503 U.S., 318, 322-23 (1992).

② J. Lyn Entrikin Goering. Tailorting Deference to Variety with a Wink and a Nod to Chevron: The Roberts Court and the Amorphous Doctrine of Judicial Review of Agency Interpretations of Law. Journal of Legislation (2010), footnote 359, p. 57.

③ National Cable & Telecommunications Ass'n v. Brand X Internet Services, 545 U.S. 967 (2005).

一审中,第九巡回法院依据其先前的司法判例①否定了联邦通讯委员会的裁决。随后,最高法院推翻了这一判决。法院对1996年颁布的《电信法》(Telecommunications Act)的立法史料与联邦通讯委员会的裁决过程进行了详细审查,认为联邦通讯委员会无疑拥有实施法律并发布具有拘束力的执行性规定的权力。本案中,被诉规定是联邦通讯委员会在执行自身的法定权力时制定的一个正式规则,因而满足获得谢弗林尊重的前提条件。随后法院转而关心第九巡回法院的先例是否优于联邦通讯委员会的解释的问题。托马斯法官将其称为"下级法院对于谢弗林尊重与遵循先例原则间的互动关系的困惑"。托马斯法官认为,第九巡回法院的先例中并未将有争议的法令用语视为是明确、无歧义的,也没有强调法院的解释是唯一可接受的解读。

随后,法院再一次对谢弗林尊重作了强调。托马斯法官指出,或许运用谢弗林第一步来解读先例中的司法解释更为合适:只有当司法先例提出"法令明确禁止行政解释"时,才能以在先的司法解释取代在后的行政解释。换言之,除非法院已查明,国会对所争议的问题做了明确规定,否则,只要满足两个条件,司法解释就应服从行政解释:(1)属于谢弗林原则的适用范围;(2)行政解释符合行政职权的规定,并且是可获得准许的。鉴于米德案及克里斯滕森案的判决,X品牌案并没有正面回应"若联邦通讯委员会的解释未获得谢弗林尊重,法院应如何解决这一案件"的问题。例如,若欠缺经由通知与评论程序制定的规则,行政机关是否应服从现在的司法解释?若联邦地区法院或州法院认为法案是明确的,行政机关是否必须将司法解释视为具有法律拘束力的?事实上,该案提出的问题远远超过其所解决的问题。然而,该案再一次强调了司法尊重领域的核心问题:法定语言是否是模糊不清的。

(五)司法遵从行政对自身管辖权的解释

有关谢弗林原则是否适用的问题被称为"谢弗林第零步"。前已述及,奥尔案、克里斯藤森案、米德案中巡回法院根据行政解释的制定程序来判断是否适用谢弗林尊重原则。换言之,制定程序的拘束力与权威性决定了行政解释是否具有法效力。法院真正的关注焦点在于国会是否通过暗示授权将法规解释权授予了行政机关。② 然而,除了行政解释的制定程序外,谢弗林第零步还包括其他方面,例如,对于涉及行政机关法定管辖权的行政解释,是否应适用谢弗林尊重的问题。2011年的普鲁德兹案就涉及这一争议。③

在此期间,有些法院在审理过程中回避了这一问题,有些则对此不置可否。④ 概括而言,对这一问题存在两种相反的意见。一方认为,涉及行政机关管辖权的争议也应适用谢弗林尊重原则。如瓦利货运系统案⑤中,第三巡回法院认为:"当国会未对争议问题作出精确直接的回答时,法院必须接受行政机关提出的合理解释。"无独有偶,在水电资源公司案⑥

---

① AT&T Corp., 216 F. 3d at 880.
② 孙斯坦教授在《谢弗林第零步》一文中提到,最高法院尝试通过三个案件(Christensen, Mead, Walton)来厘清谢弗林的适用领域。See Cass R. Sunstein. Chevron Step Zero, Virginia Law Review, Vol. 92 (April, 2006).
③ Pruidze v. Holder, 632 F. 3d 234, 237 (6th Cir. 2011). See Whitney Ruijuan Hao. City of Arlington v. FCC: Jurisdictional or Non-jurisdictional, Where to Draw the Line?, Journal of the National Association of the Administrative Law Judiciary (Spring, 2014), p. 7.
④ 例如,*O'Connell v. Shalala* 中法院未对这一问题作出回答。O'Connell v. Shalala, 79 F. 3d 170, 176 (1st Cir. 1996).
⑤ Puerto Rico Maritime Shipping Authority v. Valley Freight Systems, Inc., 856 F. 2d 546, 552 (3d Cir. 1988).
⑥ Hydro Resources, Inc. v. EPA, 608 F. 3d 1131, 1145-46 (10th Cir. 2010).

中,第十巡回法院认为:"若国会已将解释模糊法规的权力授予行政机关,则法院应当尊重行政机关作出的解释,包括对行政管辖权的解释。"另一方面,部分法院拒绝对涉及行政管辖权的解释给予谢弗林尊重。例如,在博尔顿案①中,联邦巡回法院在审理时并未适用谢弗林原则。又如,在北伊利诺斯钢铁供应有限公司案②中,第七巡回法院同样认为,针对涉及行政管辖权的解释,法院应当进行重新审理。

基于这一分歧,法院尝试在2013年的阿灵顿案③中对这一问题作出正面回应。

2008年7月11日,美国无线电协会代表无线电服务供应商向联邦通讯委员会提交请愿书,要求联邦通讯委员会对1934年颁布的《通讯法案》(Communications Act)第332(c)(7)条进行解释。请愿书认为,332(c)(7)(B)(ii)规定的"当地政府可以在合理的时间内对设立无线电设施的申请作出回应"的规定过于模糊,要求联邦通讯委员会对"合理的时间"这一模糊定义作出解释。随后,州政府与地方政府提出反对,认为联邦通讯委员会无权解释332(c)(7)条。2009年11月18日,联邦通讯委员会发布宣告式判决,认为其有权解释332(c)(7)条。对此,阿灵顿市向第五巡回上诉法院起诉,认为联邦通讯委员会违反了《行政程序法》要求的通知与评论程序。法院审理认为,联邦通讯委员会的宣告式判决属于裁决而非规章,且联邦通讯委员会在颁布这一裁决时已发布了通知,并收到超过六十家政府机关的评论。此外,法院认为此案中应适用谢弗林原则。随后阿灵顿市向最高法院提出复审申请令并得到批准。

斯卡利亚大法院代表最高法院发布了审理意见,④对第五巡回法院的判决予以支持,认为对涉及行政管辖权范围的行政解释应给予谢弗林尊重。斯卡利亚法官认为"管辖权解释"与"非管辖权解释"(Jurisdictional and Nonjurisdictional Interpretations)的区分是无意义的,并指出无论行政解释的内容为何,法院在审查时面临的问题仅仅是行政机关是否在法定权限范围内作出解释。斯卡利亚法官认为,每一个概念宽泛的法规概念的适用均可被视为是对行政管辖权的拓展;法院在决定是否适用谢弗林尊重时区分管辖权与非管辖权是在做无用功。

由此可知,阿灵顿案为谢弗林尊重是否适用于涉及行政管辖权的解释的问题提供了解决之道。值得注意的是,谢弗林案中,行政机关是在其管辖范围内对法规中的模糊用语作出解释。与之相反,阿灵顿案中行政机关是对于自身的管辖权作出解释。最高法院在阿灵顿案中的判决进一步拓展了行政机关的法规制定权。⑤

四、隐匿于司法审查背后的美国行政法领域司法哲学演变

由前文可知,数年来,美国法院在审查行政解释时确立了诸多尊重原则,而这些强弱各异的尊重模式间则是彼此共存、相互补充的,美国最高法院也一直在这些尊重模式中来回徘徊。但综合而言,总体的趋势体现为司法尊重的领域不断收缩,以"强尊重模式"著称的谢弗

---

① Bolton v. Merit Systems Protection Board, 154 F. 3d 1313, 1316 (Fed. Cir. 1998).
② Northern Illinois Steel Supply Co. v. Secretary of Labor, 294 F. 3d 844, 846-47 (7th Cir. 2002).
③ City of Arlington v. FCC, 133 S. Ct. 1863 (2013).
④ 托马斯法官、金斯伯格法官、索托马约尔法官及卡根法官均赞同这一审理意见。
⑤ Whitney Ruijuan Hao. City of Arlington v. FCC: Jurisdictional or Non-jurisdictional, Where to Draw the Line?, Journal of the National Association of the Administrative Law Judiciary (Spring, 2014), p. 14.

林原则在其后数年间逐渐受到限制。在谢弗林原则确立之初,布雷耶法官与斯卡利亚法官曾就这一遵从模式产生过争执:前者反对将谢弗林案的判决理解为"当国会立法出现模糊时,接受行政管理机构任何合理解释"的简单化态度;①后者则认为这种简单化态度减少了法官的负担和他们容易犯的错误,应得到赞许。诚然,斯卡利亚法官的观点对其后的很多判决确实产生了影响,一定程度上增强了税收、劳工、环保、食品与药物、公路安全等领域的行政管理机构通过解释法律制定政策的权力。然而,20世纪90年代后,布雷耶法官的看法逐渐占据上风。最高法院在一系列案件中对"国会是否授予了行政管理机构以法律解释权"的问题逐一进行审理,或将谢弗林原则的适用范围限制在行政管理机构经由正式程序而采取的具有法律效力的行动上,或裁定该原则不适用于涉及"重大问题"的案件。② 简言之,这两类裁决都或多或少的修正了谢弗林原则将"行政管理机构法律解释权视为普遍适用"的简单化模式,"其结果是重申行政法方面的马伯里案原则,即法院才是法律的最终解释者。"③米德案、沃尔顿案等均是对此的现实回应。

事实上,"行政法就是一面时代的镜子,映照出它所运行于其中的社会生活的全貌。"④数年间美国司法尊重姿态的发展演变,一定程度上映射了这段时期内美国司法权与行政权交织缠绕、此消彼长的现实图景,也与美国行政法领域司法哲学的变动不无关系。或许,我们可以从司法哲学的变动中发现美国行政解释司法审查模式演绎背后的逻辑。

(一)行政权扩张与国家权力结构重心转移

自20世纪以来,尤其是第二次世界大战以后,传统的民主模式和国家权力结构受到了重大挑战。随着社会经济的迅猛发展和社会整体化趋势的加剧,代议机关既受本身运作机制的限制,又因缺乏有效的手段,其获得社会信任和应对社会变革的能力均遭到怀疑。在此背景下,代议机关又通过立法将众多的权力授予其他机关,特别是行政机关,进而使得代议机关的权力不断受到压缩,行政权力空前膨胀。受此影响,代议机关至上或者代议机关权力中心的模式开始土崩瓦解,逐渐让位于以行政权为中心的"行政国家",国家权力结构中心发生转移。⑤ 而美国最高法院所确立的诸多尊重标准恰恰反映了"权力向行政部门转移"这一事实对法律思想和实践的影响。有学者甚至提出,"谢弗林案是20世纪从司法立法向行政立法转移的自然产物。"⑥

(二)司法克制主义让位于司法能动主义

与此同时,为实现三权分立体制内的平衡与自治、满足社会的需要,司法权也渐有扩大

---

① Stephen Breyer. Judicial Review of Questions of Law and Policy, Administrative Law Review, vol. 38 (Fall, 1986), p. 363.
② Cass Sunstein. After the Rights Revolution: Reconceiving the Regulatory State. Cambridge: Harvard University Press, 1990, p. 50.
③ 韩铁. 新政以来美国行政法的发展与司法审查的新领域. 史学月刊,2008(6).
④ 骆梅英. 新政后美国行政法发展的重心流变——《行政法的几个核心问题》评介. 当代法学,2009(4).
⑤ 杨伟东. 行政行为司法审查强度研究——行政审判权纵向范围分析. 中国人民大学出版社,2003:10-11.
⑥ Cass Sunstein. After the Rights Revolution: Reconceiving the Regulatory State. Cambridge: Harvard University Press, 1990, p. 50.

的趋势,司法部门逐渐成长为与立法部门、行政部门平行的"第三巨人"①,以达致权力的平衡。由此,美国最高法院也逐步由原先的司法克制主义转变为司法能动主义的捍卫者。

司法克制主义(judicial restraint)与司法能动主义(judicial activism)是两种不同的司法哲学。② 所谓司法克制主义,是指法院和法官对既定法律规则以及立法机关和行政机关应当保持尊重和谦抑姿态,远离立法功能;对含义明确的法律条文必须无条件遵守,对含义模糊的法律条文应采用严格主义的解释方法,不应掺入个人理解;对于自由裁量权的使用应当自我抑制,尽量避免介入存在争议的社会政治问题,以保持司法权的独立与安全。③ 自由派大法官布莱克将其定位为:"我们已经回到了原初的宪法立场,也就是法院不应该用它们的社会和经济信仰来代替民选立法机构的判断。"④而所谓司法能动主义,意指法官不应回避案件,而应积极地受理和审判案件;不应严格局限于宪法条文的字面意义和立法者的原初意图消极地顺从立法,而应当密切关注现实社会的发展和需要,对抽象的宪法和法律原则进行创造性解释,及时弥补既有法律和先例的漏洞与不足,"并广泛地运用其权力,尤其是透过扩大平等和个人自由的手段,达致促进社会公平,即保护人的尊严。"⑤二者的侧重点不同,但在根本立场上并不冲突,其区别最多只是一个程度不一而非性质不同的问题。⑥

建国初期,美国最高法院坚持司法克制主义,在十几年内没有裁决过任何国会立法或行政行为违宪无效,甚至断然拒绝为政府提供法律咨询。⑦ 然而,自20世纪60年代起,美国最高法院开始走向"最积极的法院"。⑧ 沃伦法院时期(The Warren Court,1953—1969),司法活动呈现出明显的能动主义倾向。美国联邦最高法院在这一时期将司法活动的焦点集中在对公民自由和权利的保护上,掀起了司法能动主义的一个高潮。沃伦法院极大地扩展了

---

① "法院一旦面临上述两种形式——立法和行政的国家膨胀,便无法逃脱如下进退维谷之僵局。它们不得不在两者之间做出选择:(1)恪守19世纪对司法职能传统的、典型的限制;(2)上升至其他部门的高度,自身实际上成为'第三巨人',以制约庞大的立法者和'利维坦式'的行政机构。……美国这样的普通法国家,司法部门成为第三巨人毅然承担了超越传统的解决私人争议的角色。"参见[意]莫诺·卡佩莱蒂著,徐昕、王奕译:《比较法视野中的司法程序》,清华大学出版社,2005年版,第27—28页。

② "司法能动主义"和"司法克制主义"概念最先是由著名历史工作者、社会评论家亚瑟·斯科勒辛格(Arthur Meier Schlesinger)在1947年1月《财富》杂志上发表的《1947年的最高法院》一文中提出。作者在文中介绍了当时美国最高法院的9位大法官,并将他们划分为三类:"司法能动主义者"(Judicial Activists),"司法克制的拥护者"(Champions of Self-Restraint),折中派(a Middle Group)。参见施嵩:《美国司法能动主义评析》,载《云南大学学报》(社会科学版),2009年第2期。1959年约瑟夫·C.哈奇森法官首次在司法意见中运用这一术语来批评最高法院的几位奉行能动主义的大法官,自此,这一术语才正式进入司法领域并沿用至今。参见肯恩·凯密可著:《司法积极主义的起源和当代含义》,范进学译,载山东大学法学院法律方法研究中心编:《法律方法》(第11卷),山东人民出版社2010年,第66页。

③ 程汉大.司法克制:能动与民主——美国司法审查理论与实践透析.清华法学,2010(6).

④ Ferguson v. Skrupa, 372 US 726, 730(1963).

⑤ [美]克里斯托弗·沃尔夫.司法能动主义——自由的保障还是安全的威胁.黄金荣,译.中国政法大学出版社,2004:3.

⑥ [美]克里斯托弗·沃尔夫.司法能动主义——自由的保障还是安全的威胁.黄金荣,译.中国政法大学出版社,2004:2.

⑦ 1793年,华盛顿政府就外交事务中的国际法问题委托国务卿杰弗逊写信求最高法院意见。5名大法官联名回信拒绝,声称这样的"司法建议"与其司法职能是"不相符合"的。参见程汉大.司法克制:能动与民主——美国司法审查理论与实践透析.清华法学,2010(6).

⑧ "从1953年到2003年的半个世纪里,美国联邦最高法院共判决89个国会立法全部或部分无效,其中沃伦法院23个,伯格法院32个,伦奎斯特法院40个,比以前同样的时段多。"任东来,胡晓进,等.在宪政舞台上——美国最高法院的历史轨迹.中国法制出版社,2007:458.

基本权利的种类,并且在很多有争议的领域制定了广泛的社会政策。由此,沃伦法院也成为美国历史上最体现能动主义的法院并且在美国政治和法律生活中留下了深远的烙印。这一时期更被称为是"公法两个伟大的开创时代之一"。① 随后的伯格法院时期(The Burger Court,1969—1986)、伦奎斯特法院时期(The Rehnquist Court,1986—2005)以及从2005年10月开始迄今为止的罗伯茨法院(Roberts),均延续了沃伦法院时期司法积极主义的风格。② 1994年以后的伦奎斯特法院甚至被称为是"美国历史上最积极主义者"。③

诚然,司法能动性不断加强,但美国社会对最高法院的批评也越来越多。针对一些大法官继续沃伦法院的事业,有学者严厉指出,"法院现在真正改变了自己在美国生活中的作用。它们比以往更为强大,违背人民的意志,进入到人民生活中,其深入程度超过了美国历史上的其他时候。"④为此,最高法院也相应作了改变。沃伦法院之后,最高法院的能动主义有所克制,司法能动主义也不再如同从前一般冲动与张扬,而是更加审慎、温和与稳健,更加讲究分寸、策略与实效。因为最高法院已经认识到,"只有通过相对谨慎地微调历史发展的轨迹,最高法院才可能对美国现实生活产生最大的影响。相反,如果最高法院投身于那些旨在阻挡强大政治潮流、不顾一切的纲领性宣示,那只会把大法官们牢牢地限制在自以为是的观念内,只会自找麻烦,尤其是在下面的情况下:最高法院扭曲民意、不合时宜的企图引发了民众不满的浪潮,足以冲垮司法构建的大堤。"⑤有鉴于此,尽管司法能动主义仍占据上风,但在司法实践中,司法能动主义与司法克制主义二者呈现出相互补充的局面。在具体个案中,法院和法官总是自觉或不自觉地站在两个极端之间的某个位置上,在此时此案上倾向于克制,而在彼时彼案上倾向于能动,不存在绝对的司法克制或绝对的司法能动。⑥

(三)回应与妥协:司法尊重疆域时有变动

前已述及,现代行政国家中,行政权不断扩大,国家结构权力中心逐渐向行政机关倾斜。为应对这一现象,美国最高法院所坚持的司法哲学也发生了改变,从早期以司法克制为主导到后期司法能动占据主流位置,最终二者呈现"互补式协奏"⑦的状态。尽管司法能动主义仍在美国司法体系中占据主导地位,但在司法克制主义的影响下,司法尊重日渐得到重视。

---

① "在美国公法上,有两个伟大的开创性时期,第一个是它的形成时代,当时马歇尔法院奠定了美国宪法的基础,赋予了成文宪法中所包含的宽泛的一般术语以具体内容,那时的司法使命是从宪法文本中涉及适应进入新国家和新时代需要的主要法律学说。第二个伟大的开创时期是沃伦法院时代,当时的司法使命是追赶上20世纪社会急剧发展的步伐,为此,沃伦法院不得不扮演一种常常被认为是立法者而不是法官更适合的转型角色。在这一过程中,它对美国宪法的整个内容的大部分进行了重写。"参见[美]伯纳德·施瓦茨,著.美国最高法院史.毕洪海,等译.中国政法大学出版社,2005:288.
② 王一.司法能动主义的语境和语义考察——基于美国司法史的梳理.绍兴文理学院学报,2012(1).
③ Thomas M. Keck. The Most Activist Supreme Court in History. Chicago: The University of Chicago Press, 2004, p. 205.
④ Nathan Glazer. Towards an Imperial Judiciary, Public Interest, 1957, p. 106. 不少学者赞同这一观点。例如,"我坚信司法能动主义是一个不幸的现象,如果没有它美国将变得更美好。"克里斯托弗·沃尔夫.司法能动主义——自由的保障还是安全的威胁.黄金荣,译.中国政法大学出版社,2004:4.
⑤ [美]罗伯特·麦克洛斯基.美国最高法院.任东来,等译.中国政法大学出版社,2005:173.
⑥ 程汉大.司法克制:能动与民主——美国司法审查理论与实践透析.清华法学,2010(6).
⑦ Thomas M. Keck. The Most Activist Supreme Court in History. Chicago: The University of Chicago Press, 2004, p. 205.

概言之,司法尊重行政解释主要出于两方面原因。其一,反多数难题与民主正当性的需求促使法院在一定程度上尊重行政解释。反多数难题(the counter-majoritarian difficulty)意指非民选的法官通过司法审查宣布立法机关的法律违宪或宣布行政机关的行政行为违宪的做法,"背弃"了人民通过他们选出的代表所表达的意志。① 为回避这种质疑与指责,美国联邦法官们的现实选择就是在正常发挥司法审查功能的前提下,尽可能尊重行政机关作出的解释。有学者曾坦言:"法院的民主正当性低于民选的政治部门,因此法院在原则上只应扮演触媒或催化者的角色,也就是透过'个案'裁判去'协助'社会形成各种价值决定,而不应主导或垄断价值决定,尤其是主导那些具有广泛效果的一般性价值决定。……就算法院有能力对某一重大争议问题提供答案,也应该避免以判决直接表明,而应该由政治部门去提出解决之道。"② 又如"对总统和国会的责任使得行政机关成为'现代政治偏好的特别精确的气压计',因此相对于法院而言,行政机关有着更强烈制度因素来做出政策决定。"③ 谢弗林案中,法院在判决主文中也坦诚,"没有民选的联邦法官有义务尊重那些有选民的行政官员做出的合法的政策选择。"④

其二,现代行政的复杂性与专业性迫使司法在特定领域中尊重拥有相对专长的行政机关的意见。与传统国家相比,现代国家已不再是只需要从社会的外部保障国民安全和自由交换秩序就足够了的"夜警国家",而是为了实现特定的政策目的,更直接和积极地干涉经济活动,或为了从实质上保证国民的生活而广泛地提供种种服务的"福利国家"或"社会国家"。⑤ 也正因为如此,现代行政有着明显不同于传统行政的特点:第一,行政领域迅速拓展,行政的专业化和技术化进一步加强;第二,现代行政的高效性、技术性和灵活性大大增强了行政裁量范围和幅度,司法的控权作用一定程度上被淡化;第三,在某些特定领域,司法权和立法权的外部控制,被行政系统内部的程序和政治性的控制逐步替代,行政过程本身的正当性在不断增强。由于法官"往往只懂法律知识,缺乏政府运营所必要的技术和科学知识的素养",故面对"法律和事实混合、法律和科技绞结"的现状,法院很难肩负起对技术标准进行司法审查的重担。⑥ 因此,司法唯有恪守谦抑姿态、尊重行政解释、轻易不替代行政机关作出某种实体判断⑦,才能保障现代行政国家的稳定与良好运行。

然而,回溯谢弗林原则产生后数年间的司法尊重姿态变迁史,我们会发现,法院一直在试图限缩司法尊重行政解释的适用范围、扩大司法发挥作用的疆域。从最初的谢弗林尊重开始,最高法院虽然在奥尔案中确立了超级尊重标准,但很快就通过克里斯腾森案与俄勒冈州案对司法尊重范围进行了收缩;随后更是通过若干判例实现了斯基德莫尊重的复苏,并开创了若干尊重模式共存的新局面。结合前述美国司法哲学的变动过程,我们不难发现,这一

---

① 黄先雄.司法谦抑论——以美国司法审查为视角.法律出版社,2008:45.
② [美]凯斯·桑斯坦.司法极简主义.商周出版社,2001:12.
③ Torrey A. Cope. Judicial Deference to Agency Interpretations of Jurisdiction after Mead, Southern California Law Review, vol. 78 (July, 2005), p. 1327.
④ Chevron v. Natural Resources Defense Council, 467 U. S. 837 (1984).
⑤ [日]棚濑孝雄.纠纷的解决审判制度.王亚新,译.中国政法大学出版社,1994:251.
⑥ Yellin. Judicial Review and Unclear Power: Assessing the Risks of Nuclear Catastrophe, 45 George Washington Law Review, vol. 45 (1977), p. 969. 转引自宋华琳.制度能力与司法节制——论对技术标准的司法审查.当代法学,2008(1).
⑦ 吴英姿.司法的限度——在司法能动与司法克制之间.法学研究,2009(5).

现状无疑受到了20世纪后半叶司法能动主义深化的影响。由于司法克制主义日渐式微,司法机关作用的扩张,法院在越来越多的领域发挥着积极的作用。有鉴于此,法院开始通过克里斯滕森案等一系列案件收缩司法尊重的疆域,并经由米德案及其后若干判例唤醒了沉默已久的斯基德莫尊重原则,重新确立了法律解释的主动权。由此,美国司法实现了从极端司法克制主义到司法能动主义占据主流的发展过程。

五、结语

"谢弗林原则的发展变化反映了法院对行政裁量问题的态度和应对方法上的变化。"① 自20世纪30年代以来,行政部门开始呈现出一种"异军突起"的迹象:新的行政机构大量涌现,覆盖了社会的各个方面。② 相应的,谢弗林原则也随之发生变化。前文已述,最高法院通过一系列案件建构起了全新的司法尊重体系,并取得了不错的成果。而这一全新的尊重体系则一定程度上映射了美国法院从司法克制主义到司法能动主义的转变。笔者在此选择以美国司法实践作为观察对象,并非是主张将美国经验奉为圭臬,或是原封不动地移植到中国;而是希冀以美国的实践为我国行政规范性文件司法审查过程中遇到的难题提供新的视角与思路,以真正实现"法律终止的地方是个案正义的开始"③之理想。

参考文献:

[1] [美]小威廉·F.福克斯.美国行政法的新动向[J].杨明成,译.行政法学研究,2000(1).
[2] [美]理查德·斯图尔特.进入21世纪的美国行政法[J].田雷,译.南京大学法律评论,2003(秋).
[3] 张书琴.美国行政法的演化及其对我国行政法完善之启示[J].暨南学报(人文科学与社会科学版),2004,26(5).
[4] 宋华琳.中国的美国行政法研究——一个学术史的概观[J].浙江学刊,2005(6).
[5] 颜廷.美国最高法院的成长——评伯纳德·施瓦茨《美国最高法院史》[J].美国研究,2007(3).
[6] 胡晓进.近三十年来中国学者对美国最高法院的研究与认识[J].美国研究,2008(4).
[7] 韩铁.新政以来美国行政法的发展与司法审查的新领域[J].史学月刊,2008(6).
[8] 骆梅英.新政后美国行政法发展的重心流变——《行政法的几个核心问题》评介[J].当代法学,2009(4).
[9] 胡敏洁.合作行政与现代行政法发展的新方向——读《合作治理与新行政法》[J].行政法学研究,2012(2).
[10] 顾海燕.行政解释对法院的拘束力——以美国最高法院的实践为线索[J].中南财经政法大学研究生学报,2012(5).

(责任编辑:熊樟林)

---

① 邓栗.美国行政解释的司法审查标准——谢弗林案之后的发展.行政法学研究,2013(1).
② Richard B. Stewart. The Reformation of American Administrative Law. Harvard Law Review, vol. 88 (June, 1975), p. 1667, p. 1684.
③ 余凌云.行政自由裁量论.中国人民公安大学出版社,2013:3.

公职人员家庭财产申报主体比较研究

邓小兵　孙祯锋

摘　要　公职人员家庭财产申报制度作为"反腐利器"和"阳光法案",已成为世界多数国家和地区的共识。而对于申报主体的合理界定是该制度发挥效用的前提和关键。本文在对我国各现行规定、试点区域以及国外部分国家关于财产申报主体的规定进行认真比较的基础上,综合考量各相关因素,提出了合理界定我国公职人员家庭财产申报主体范围的构想,以期对即将到来的公职人员财产申报立法工作有所助益。

关键词　公职人员　家庭财产申报　申报主体

现今多数国家已经建立公职人员财产申报法律制度,该制度已呈现出明显的世界性。[①] 我国早在上世纪80年代就将公职人员财产申报法列入立法议程。财产申报制度防治腐败的效用是毋庸置疑的。经过漫长的探索阶段,我国公职人员财产申报的立法工作已是呼之欲出。那么到底哪些公职人员应当申报财产或者说财产申报主体到底有哪些呢? 这是进行财产申报制度研究必须明确的前提,同时也是将来的立法中必须明确界定的基本问题,需要进行详尽的阐述和考察。

一、我国现行制度关于申报主体的规定

(一)文本层面

1. 规定申报主体的政策文件

1995年以来,我国公职人员家庭财产申报制度相关政策文件陆续出台:1995年4月份,中共中央办公厅、国务院办公厅联合发布《关于党政机关县(处)级以上领导干部收入申报的规定》;紧接着,1997年1月,中共中央办公厅、国务院办公厅发布《关于领导干部报告个人重大事项的规定》;2001年6月份,中共中央纪委、中共中央组织部颁布《关于省部级现职领导干部报告家庭财产的规定(试行)》;2006年9月,中共中央办公厅、国务院办公厅颁布《关

基金项目:甘肃省2014年度社科规划项目《甘肃省公职人员家庭财产申报立法研究》(编号:14YB004)。
作者简介:邓小兵,兰州大学法学院副教授,法学博士。孙祯锋,兰州大学法学院硕士研究生。
① 参见彭宗超.世界性公职人员财产申报制评析.郑州大学学报(哲学社会科学版),2010(6).

于党员领导干部报告个人有关事项的规定》,同时废止《1997 年规定》;2010 年,中共中央纪律检查委员会、中共中央组织部、监察部负责发布《关于领导干部报告个人有关事项的规定》,同时废止《1995 年规定》和《2006 年规定》。除掉已经废止的三个文件,《2001 年规定》和《2010 年规定》依然现行有效。屡屡颁布关乎公职人员家庭财产申报的政策文件,表明中央层面对于该制度在反腐倡廉和促进公务伦理法制化上重要作用的高度重视,同时也表明该制度在理论及实践上尚不成熟并且亟待完善。

2. 申报主体的具体规定

《1995 年规定》第二条:"各级党的机关、人大机关、行政机关、政协机关、审判机关、检察机关的县(处)级以上(含县处级,下同)领导干部须依照本规定申报收入。社会团体、事业单位的县(处)级以上领导干部,以及国有大中型企业的负责人,适用本规定。"《1997 年规定》在此基础上规定了各大机关的领导职务和非领导职务的副县(处)级以上干部,同时细化了国有企业的申报主体。《2001 年规定》明确将申报主体界定为省部级现职领导。《2006 年规定》将申报主体扩大至各大机关的县处级副职以上(含县处级副职)的党员干部,并且包括了副调研员以上非领导职务的党员干部。《2010 年规定》在其标题中即删掉了"党员"二字昭示着申报主体不再局限于党员干部而同时包括非党员领导干部,增加了民主党派机关,并且扩大、明晰了国有企业中应当申报财产的领导干部。从演变的趋势来看,申报主体的范围逐步扩大,从"公务员"延伸至"公职人员",领导干部作为申报主体的级别要求上起点越来越低。这是符合该制度在世界上的共通的发展趋势,即总的方向是将更多的腐败风险比较大,可能会损害公共利益的岗位上的公职人员作为申报主体对待。同时,对于国有企事业单位的领导成员的规定趋于精确化。此外,民主党派机关的领导干部也被纳入申报主体范围,不再局限于党员干部,打击腐败的面向更广。总之,国家对于公职人员财产申报主体的制度建设日臻完善。

不难看出各规定的共性部分体现在:各级党的机关、人大机关、行政机关、政协机关、审判机关、检察机关即"六大机关"的领导干部始终是申报主体的基本组成部分。其次,人民团体、事业单位中相当于县处级副职以上的干部;国有独资企业、国有控股企业的领导人员;副调研员以上的干部共同构成除基本申报主体以外的主要申报主体。

(二)实践层面

2008 年阿勒泰率先开启我国财产申报的地方实践。珠海、慈溪、湘乡、黎川都是区域实践的典型地域,既代表了我国处于各个方位、不同经济发展水平的实际情形,又反映出实施效果的不同及其影响因素。阿勒泰在实施过程中进行了一系列创新,将"收入申报"变为"财产申报"从而扩大了申报内容。正是由于阿勒泰的试点作用,"目前财产申报制度已经在全国 10 多个地方进行试点,横跨东部、中部、西部三个地理区域,呈现出试点区域层级不断提高、试点地区范围不断扩大、试点速度不断加快、财产申报的范围不断扩大、公示的力度不断加大等特点,已经形成一种积极的示范效应和带动效应"[①],地方不断推进的实践经验对于在全国范围内建构财产申报制度和进行财产申报立法工作都具有极大的参考与借鉴价值。

我国部分试点地区财产申报主体规定中多集中于一定级别的党政领导,如广东珠海的"党政一把手"。与此相反,对于"一把手"之外的其他领导干部鲜有规定。这种针对"党政一

---

① 王锡锌. 官员财产申报制度立法、实践与制度完善. 中国法律,2010(4).

把手"的模式可以发挥领导以身作则的示范作用,在一定程度上减少制度运行的阻力。但在实际职务工作中,"一把手"之外的领导干部进行公务管理,与民众的交集点更多,在此过程中也会滋生腐败,理应对其进行监督。因此在以后的实践中应逐步扩大主体范围,从"一把手"扩展至其他掌握着公共资源的公职人员,以达到全面监督的作用。

对于新任干部的财产状况审查成为一个新的突破点,如江西黎川县。新任干部的财产核查对于有效杜绝腐败官员的升迁是一个良好举措,有利于减少制度施行的阻力。新任干部羽翼未满从心态上更容易接受而不是排斥申报其财产的义务,而且新任干部申报其财产的规定也是构成申报种类中"初任申报"[①]的主体部分。从大的制度来讲,让一部分人先申报财产,对于开启推动整个制度具有重大意义。我国部分试点地区关于财产申报主体规定存在的问题首先表现在申报主体范围过窄。从职位上说,一些地区仅仅局限于特定级别的"党政领导一把手",这类主体是十分有限的。就申报主体的级别来看,大多集中在科级干部和县处级干部。[②] 级别上非常单一,由此衍射出的申报主体也是不全面的,容易形成制度的漏洞。其次,"新任科级干部"存在两个弊端:一是新任,对于走马上任的新干部进行监督很有必要,但是也不能因此对老干部放任不管,一些行为不端的老干部有可能趁势成为该制度的漏网之鱼,也就使该制度的效用大打折扣;二是科级,非常单一的级别规定既会使申报主体片面化,也会使一些较高级别的公职人员得不到有效监管,既不能发挥高级别公职人员的垂先示范作用,也不能实现财产申报制度的全面监督效能。

二、国外部分国家关于申报主体规定的比较分析

表1 国外部分国家财产申报主体规定情况

国家	美国	俄罗斯	法国	韩国	新加坡
申报主体具体规定	包括白宫官员在内的所有政府官员、参议院和众议院的议员及其雇员、法官和司法雇员[③]	联邦国家官员及国有集团、国家基金和有关国有组织领导人、公职人员配偶和未成年子女[④]	总统及候选人、国会议员、大企业负责人[⑤]	国家政务官员、地方各级政府首长和地方议会议员、四级以上公务员、政府投资的企事业单位的正副负责人等以及上述申报人的配偶及直系亲属[⑥]	所有公职人员[⑦]

选取美国、俄罗斯、法国、韩国和新加坡作为参考的样本,绝非随意挑选,而是充分考虑

---

① 吴玉英.关于我国建立公职人员财产申报制度的思考.江苏省社会主义学院学报,2007(2).
② 王锡锌.官员财产申报制度立法、实践与制度完善.中国法律,2010(4).
③ 参见美国1989年《政府道德改革法》。转引自:黎慈.美国公务员财产申报制度及其启示——从萨默斯的财产申报风波说起.云南行政学院学报,2009(5).
④ 参见《俄罗斯联邦关于监督国家公职人员及其他人员收支相符法》第二、三、四条之规定。转引自:龚兵,杨震.俄罗斯公职人员财产申报立法:实际效用及未来走向.环球法律评论,2013(2).
⑤ 李瀛鸾.中法公务员财产申报法律制度比较研究.东北大学2012年硕士论文,第24-25页.
⑥ 费京润,同萍.韩国公职人员的财产申报和公开制度.法学杂志,1997(2).
⑦ 刘桂兰,郝继明.国外官员财产申报制度的典型特征及对我国的启示.行政与法,2011(3).

了这几个国家所具备的典型性与全面性。美国自上世纪70年代即实施公职人员财产申报制度,该方面富有经验且法制较为系统。俄罗斯作为我国的邻国,在反腐败治理上一直持强硬态势,而且在法制传统上,俄罗斯与我国都有沿袭前苏联的印记。法国有行政法母国之称,在行政法制水平上处于世界前列,存在我国可资借鉴的有益理念。韩国的财产申报制度规定的十分精细,实施效果极佳。新加坡的官员廉洁指数在世界范围首屈一指,防腐方面成就斐然。这些国家里,既有英美法系也有大陆法系,有发展中国家也有发达国家。在申报主体范围的规定上也呈现出各种样式,能够在共性和个性上代表整个世界的现状和发展趋势。

(一) 国外部分国家关于财产申报主体的共性规定

"纵观域外相关国家和地区的财产申报制度,大多数国家和地区都会将立法机关和司法机关的公职人员纳入财产申报的范畴,存在差异的多是行政系统的公务员。"[1]立法机关和司法机关的公职人员由于承载着社会正义,尤其司法人员是司法公正的践行者,也是司法不公的制造者,将其纳入申报主体范围自然不容置疑。发达国家在确定哪些公职人员应当申报财产时,通常都是从保证公民的正当权益不受非法侵害的角度来考虑,规定对于凡是有可能损害公民正当权益的重要岗位都要申报财产,以此来确保公权力的运作不受官员个人自身利益的误导。[2] 财产申报制度发展比较成熟的国家对申报人员的分类十分精细,发达国家一般会在界定清楚的公职人员申报主体范围基础之上,根据级别或者岗位的特殊性以及资产的不同性质区分公开申报和秘密申报两种类型。

另一个显而易见的趋势是域外相关国家和地区均能依据国情和制度成本等因素尽量将财产申报主体范围拓展至最大化,国外规定的主体中国家公务员只是其中一部分。此外,掌握一定公共权力和公共资源的其他单位工作人员也是申报主体的重要组成部分,这部分群体虽然可能并不具备或达到申报主体所要求的行政级别或职位,但因为公共资源掌握者易经受不住利益诱惑而动用公权力损害公众的利益而将其纳入申报主体范围。

(二) 国外部分国家关于财产申报主体的个性规定

在一些诸如公务伦理法制化、公务行使透明化以及限制公权力、保障公众合法权益等普适性的共通价值理念指引下,公职人员财产申报制度呈现申报主体趋于完备、申报程序严密严格、救济制度严谨完善等一致化的趋势。这也表明财产申报制度作为预防腐败、促进公务行为公平公正的一项制度为世界各国所接纳和倡导,其作为反腐利器已被世界各国所认同,同时也表明这项制度从诞生到不断演进的过程中伴随着各个国家互相借鉴彼此先进经验不断完善制度设计的过程。但由于各个国家的政治体制、经济发展水平等国情基础和实际情况不同,对于申报主体的规定不可避免地呈现出不同的样式。

1. 不考虑级别、职位等因素而统一规定所有公职人员都必须申报个人的家庭财产,如新加坡、菲律宾等。此种情形多因为所处国家人口较少,公职人员总体数量不多,可以兼顾全面有效监督公职人员的功能和有效控制制度运行的成本进而保障其可操作性。这种模式能够全面监督公职人员是否廉洁奉公,具备国家公职人员的资格等同于具备了申报主体的

---

[1] 林华. 公职人员财产申报立法研究述评. 中共浙江省委党校学报,2014(3).
[2] 周攀,颜永容. 公职人员财产申报制度的国际经验研究. 社科纵横,2008(12).

身份。作为财产申报主体制度发展的趋势所向,未来随着政治体制、经济文化的逐步发展,相信会有越来越多的国家在不断扩展申报主体范围的过程中接受并采用这种模式。

2. 以级别为标准,规定处于一定级别以上的公职人员须履行申报财产的义务,典型代表有美国、日本等。此种情形将权力与责任对应起来,公职人员因为其所处级别而享有一定范围内的公权力,其行使公权力履行公职行为廉洁与否应受到监督。以级别来界定申报主体,优点是显而易见的,有助于突出重点,富有针对性地监督作为腐败易发群体的一定级别以上的公职人员。但也容易形成制度漏洞,使一些本该承担罪责的贪赃枉法之徒逍遥法外。

3. 以职务为标准,公职人员申报义务的确立与否取决于其担任的具体职务,如俄罗斯等。现行俄罗斯公职人员财产申报立法对既往财产申报制度进行了细化与发展,其在申报主体范围上的主要变化表现在改变所有公职人员均需申报财产的做法,而是按照腐败风险而确定应当申报财产的公职职位。① 公职人员行使其权力的一个前提即是代表其公务身份的职位。对于容易诱发腐败的岗位重点监督,可以起到以较小成本投入就能打击典型腐败群体的重大威慑作用。但仅以职位作为评定要素,也会产生遗漏部分申报主体的情形。因此,职位模式还需要级别模式来补充,使其能够重点监督处于某些职位的公职人员又不至于发生遗漏。

三、建构申报主体的考量因素

(一)防治腐败

党政机关工作人员的腐败多体现为以贪污、受贿等为主要形式的权钱交易。要求公职人员进行家庭财产申报一方面有效打击权钱交易的贪腐之风,使一些贪腐者心存戒惧而有所收敛;另一方面,在进行财产申报的过程中,易于收集贪腐证据,便于对隐瞒不报或申报不实的人员予以强硬的法律制裁。

现如今的腐败现象蔚然成风,已不是一两个国家的问题,而是世界上各国普遍存在的问题。新加坡的公务人员廉洁指数位居世界第一,同样也要面对预防腐败的问题。合理界定公职人员家庭财产申报主体,就是要将可能发生腐败的相关级别、职位的公职人员都纳入申报主体范围之内,有效预防腐败,逐步推进廉政工作,从而实现财产申报的制度目标。

(二)制度成本

从公职人员家庭财产申报制度的设计到制度运行,再到法律责任的追究、社会效果的评估,整个过程涉及一系列物力、人力资源的占用。这就需要进行效益的评估,如果财产申报制度占据了大量的社会资源而只能起到微乎其微的作用,就显得得不偿失。

理论上来讲,家庭财产申报的主体应包括所有国家工作人员。② 但申报主体的设计恰恰与制度运行成本息息相关。哪些公职人员应该申报财产从而既能最大限度地预防腐败又能最低程度地虚掷资源?这是一项制度追求的目标所在。现在反腐的趋势是走向制度反

---

① 龚兵,杨震. 俄罗斯公职人员财产申报立法:实际效用及未来走向. 环球法律评论,2013(2).
② 李旭辉. 我国家庭财产申报及公开制度的分析和建议. 中国青年政治学院学报,2014(4).

腐,由主动反腐向被动反腐转变,用制度去评判优劣是非,依赖于一套稳定的制度是大势所趋。

(三) 利于监督原则

公职人员家庭财产申报制度贵在实施,只有通过实施才有实现制度目标的可能,而有效的监督机制是保障其实施的关键所在。由《2001年规定》可知,中央组织部、中央纪委是核查机关;《2010年规定》中规定纪检监察部门和组织(人事)部门负责核查;还有如澳门地区的廉政公署等。这些机构在核查公职人员的申报材料时其实履行的就是一种监督职能。

在监督申报主体如实履行其申报义务上,需要在申报主体和申报主管机关之间形成一一对应的严密衔接关系。在申报主体与其监督者之间的关系上,需要考虑级别、职位上的隶属关系以及其他利益关系,扫除不必要的障碍,让监督机关在行使其监管权时无后顾之忧。

(四) 确定性与弹性的平衡

申报主体的界定为部分公职人员设定了申报个人家庭财产的义务,其范围设定的精确性可以使申报主体更好地履行义务而不能推脱责任、逃避相应的法律义务。因此,申报主体的范围应最大限度地趋于精确,可增强制度的可操作性,也是该项制度设计的目标追求。但是,现实情形很复杂,社会政治经济状况是动态发展着的,需要考虑制度的未来发展空间,封闭式规定易沦为僵化的教条,起不到实际的作用。

综合上述两方面的利弊,可行之道就是要平衡确定性和弹性,如我国台湾地区《公职人员财产申报法》和加拿大的《公职人员利益冲突与离职后行为法》都在对申报主体作了明确规定之后亦规定了诸如道德评议制等其他相辅的制度。目的即是既要追求申报主体规定的明确性,又要赋予其一定的弹性空间,比如设置兜底条款和指定申报制。

四、我国公职人员家庭财产申报主体的建构

(一) 财产申报主体相关问题的辨明

1. 申报主体的称谓选择

顾名思义,申报主体回答的是哪些人应当依法申报自己的家庭财产的问题。对于应当申报个人家庭财产的人,有"申报主体、申报对象、申报义务人、财产申报的对象"[①]等多种不同称谓。亦有的文章称之为"财产申报的人员范围"。[②]

称谓的不同抉择取决于对概念能否精确把握。申报对象在实际运用中多指称财产而非应当申报的人,因此很容易将财产申报制度的两个不同环节即申报主体和申报对象混淆掉,此种称谓显然不合适。申报义务人虽然能直接明白地表明进行财产申报是一种法定义务,但其通常指称的是具体的个体而非一类人,但申报主体包容的就是一个面向公职人员的庞大群体,所以从其指称上很难涵盖整个主体群体,不利于将申报主体映射到一个广泛的群

---

① 乔亚南. 公职人员财产申报主体类型化分析——基于中国问题意识的比较研究. 中国管理信息化,2013(16).
② 李响. 试解制定公务员财产申报法的三大难题. 法学杂志,2010(12).

体。财产申报的人员范围是一种相当朴实的界定方法,但其只是揭示了一个概念的内涵范围,并未传达出其义务性特征。综上所述,选择申报主体这个称谓,利于区分主、客体,同时也能与国内外多数学者的研究成果和现行制度相衔接,相较之下,此称谓更为适宜。

2. 公职人员的家庭成员的身份问题

申报主体一般以其具有公职人员身份为前提,而且如果不适当履行申报财产的义务就要承担不利法律后果。显然,公职人员的家庭成员不具备上述两个条件,不是适格的申报主体。但现实情形中存在很多公职人员将其个人名下的财产转移至家庭成员如配偶、未成年子女以及不能独立生活的成年子女名下的实例,企图以此逃脱财产申报制度的监管。

公职人员的家庭成员虽然不能作为申报主体看待,但并不意味着其不具有申报义务,根据《2010年规定》和其他规定,公职人员家庭成员的财产也要进行申报。但不应将其视为申报主体是因为其申报义务其实是公职人员申报义务的延伸,他们是在配合相应公职人员进行财产申报时产生的附随义务。因此,家庭成员不属于此处的申报主体之列但应当承担申报财产的义务。这里涉及一个主体资格与申报义务相对应的问题。没有主体资格是否必须承担相应的义务?一般而言,二者是对应的或者说作为适格主体是承担义务的一个前提条件。但此处,基于各种情形的实际考虑,应将其作为特殊情形对待。首先,如果将公职人员的家庭成员纳入申报主体范围之内,无疑会大大扩充申报主体的范围,因而影响到制度成本和合理监督的问题。其次,公职人员与其家庭成员都一视同仁视为申报主体,不利于重点监控作为重点贪腐群体的公职人员。但必须强调的是,不能据此否定家庭成员的申报义务。

3. 退休公职人员的身份问题

现行制度多强调对现任在职公职人员的监督,强调现职人员要切实履行申报义务,那么已经退休的公职人员是否应当被认定为申报主体,或是否需要履行申报义务呢?由此就要考量两方面的问题。首先是面对这些为国家社会作出重要贡献的公职人员,在他们退休之后是否要为他们设定财产申报的义务?其次是如果将这些昔日的领导干部设定为申报主体,由于他们自身的影响力依然很高,必将为财产申报制度的实施带来一些阻力,如何解决制度运行阻力也是很大的问题。

一些动机不纯的公职人员离、退休之际,在"捞最后一把"的欲念驱使之下,大敛横财,不仅侵害了他人权益,也毁掉了自己坚持大半生的廉洁品格。针对"腐败期权化"现象,"为严密法网,县(处)级以上的干部,法院、检察院以及公安、安全、财政、工商、税务、海关等特殊机关的公务人员在职以及离退休后若干年内,也应进行财产申报"。① 设计合理的程序来克服退休公职人员影响力所造成的阻力,比如对于申报程序、申报种类、申报制度的监督机关以及不利法律后果的细致的设定来防范和消解上述阻力。

(二) 申报主体的具体界定

对于主体的界定,目前学界的一个总的趋势和共同观点是现行制度所规定的申报主体范围过于狭隘,应进一步扩大主体范围。在对于主体范围的界定上,多数学者采取类型化界定的方式,将申报主体依据不同的级别、岗位或其他因素分成不同的类别。但在具体的结论上多偏重于理论上的概括,鲜有条分缕析地具体罗列每一类别的申报主体。根据《联合国反

---

① 覃旭. 官员财产申报制度求法. 财经,2008(3).

腐败公约》第二条对公职人员的规定,①公职人员既包括承担公共职能的人员也包括提供公共服务之外的其他人员。

建构我国申报主体制度的基本思路,首先是进一步扩展申报主体的范围,以行政机关、立法机关、司法机关为最基础和核心的申报主体,再由此一步步辐射开去,循序渐进地把事业单位、社团团体和其他公共组织也逐步纳入申报主体的范围。还有各级党的机关、政协机关和各民主党派机关工作人员也可以随着条件的成熟认定为申报主体。其次,我国应采用公职人员的级别和岗位相结合的标准界定申报主体,而不能一刀切式的将所有公职人员均纳为申报主体,也不能只是仅仅采取级别标准或者岗位标准,具体原因下文有进一步分析。再者,我国公职人员申报主体制度应采用法定申报制和指定申报制相结合的方案。法律直接规定由谁进行财产申报的为法定申报制,法律未直接规定而由有权机关指定由谁申报其家庭财产的为指定申报制,这个制定权需要有权机关在法律授权前提下根据具体情况进行裁量。至此在理清了我国建构申报主体制度的基本思路之后,本文试图第一步依据申报主体的核心群体和其他各类群体将申报主体分为基本申报主体和其他领域的申报主体两大类,第二步将其他领域的申报主体依据不同级别和岗位作进一步的划分和界定。

1. 基本申报主体

《2001年规定》把申报范围从公务员扩大到公职人员,这是因为不仅仅是公务员掌握公共权力,还有一部分国有企业、事业单位甚至是人民团体的主要负责人掌握的公共权力和职位也能造成腐败。在此,将公职人员的核心群体剥离出来作为一大类申报主体,再分析其他类别的公职人员就会便利许多而不至于毫无头绪。正如《2010年规定》第二条规定的"党的机关、人大机关、行政机关、政协机关、审判机关、检察机关、民主党派机关"即"七大机关"中县处级副职以上(含县处级副职,下同)的干部为申报主体,可见其采取了"县处级副职以上(含县处级副职)"的级别标准,以此级别标准划分的公职人员即为基本申报主体。我国相较于其他国家和地区,由于是社会主义国家,采用人民民主专政的国体、人民代表大会制度的政体和中国共产党领导的多党合作和政治协商制度的政党制度,因此党的机关、人大机关、政协机关也是我国十分重要的担任公务的机关,当然也是申报主体的主要组成部分。

毫无疑问,前述七大机关涵盖了我国主要的权力机关,是整个国家运行和提供公共服务的基础和保障。至于县处级副职以上的级别规定是基于与《2010年规定》这个最新政策文件相衔接的考虑,如此在推行上就具备了效力根据。还有是考虑到制度成本这个因素,以级别来划分就限定了范围而不至于申报主体的范围过大反而削弱了财产申报制度应有的作用,而且对于七大机关中的个别机关以其特性可以延伸至乡科级,这种情况在下文中做进一步讨论,这里统一起见而以副处级以上人员作为限定基本申报主体的标准。

2. 其他领域的申报主体

(1)在国有公司、企业、事业单位、人民团体中县处级副职以上从事公务的人员。这里所讲的国有公司、企业仅仅指国家所有的公司、企业,而不包括国家参股、合资的公司、企业;此处的国有事业单位、人民团体则是指公立学校、医院等单位;从事公务是指承担经营、管理职责或者经管单位财务职责的人员。

国有公司企业是指公司企业的财产属国家所有,国家既是公司企业权利的享有者,也是

---

① 张晶. 我国刑法对外国公职人员行贿罪的对象认定. 人民法院报,2013-6-19(006).

义务的承担者。因此在国有公司、企业中从事公务的人以国家工作人员论。在国有公司、企业、事业单位、人民团体中从事公务的人员同样拥有可以引致腐化的权力,以财产申报制度对其进行监督同样是必要且紧迫的。我国有国务院正部级事业单位证监会、银监会、保监会,事业单位中如正部级事业单位证监会、银监会、保监会权力加大,同样需要财产申报。可见对国有公司、企业、事业单位、人民团体中从事公务的人员进行监督具有可行性,不过还需要配套制度的完善。

(2)国家机关、国有公司、企业、事业单位委派到非国有公司、企业、事业单位、社会团体从事公务的人员。此种情形下,在委托派遣的过程中,被委派人员仍然保留其之前的职位及待遇,其作为一类公职人员群体,仍应在此标明其身份并应承担申报财产的义务。

正是因为委托派遣不改变其原初的职位待遇,作为公职人员的属性仍未改变,仍然有履行申报的义务。在委派过程中,受委派者自然取得履行其职责所应有的权力、工作条件、经费报酬等权利,与之相应的也不能超越权限,不徇私舞弊,否则就应受到惩处。而财产申报制度的功能正是与此相洽的,因此对于国家机关、国有公司、企业、事业单位委派到非国有公司、企业、事业单位、社会团体从事公务的人员的申报主体资格认定同样是非常必要的。

(3)县(市)直属机关与乡镇的乡科级公职人员虽然级别较低,但其更多地与基层群众打交道,是权钱交易等腐败行为的高发领域,应将其纳入申报主体范围。目前的规定考虑到我国地域辽阔,各地情况不统一,不宜对所有地区实行一致的规定,造成实际上的不对等。其次是我国乡科级干部数量规模庞大。但《2010年规定》将乡科级公职人员申报主体的决定权赋予了各省、自治区、直辖市党委和政府。而且随着政府职能转变及简政放权改革的进行,县(市)直属机关与乡镇的工作部门及领导职位在不断缩编之中,所以上述地域差异及工作成本问题的考虑也有欠妥之处。官员财产申报立法虽以政治不信任的预设为逻辑起点,但其预期目的是要达到政治信任的社会效果,提高公权力的公信力。① 在实际操作上,可以将对申报材料的核查与公众举报监督结合起来,对处于基层的乡科级公职人员进行切实有效的监督。

(4)《军队党员领导干部廉洁从政若干规定》第二条明确规定"军队党员领导干部,是指团级以上单位党委常委会成员(不设常委会的党委成员)和机关、部门的副团职(副处级)以上党员领导干部"。《关于军队党员领导干部述职述廉的暂行规定》第二条将军队领导干部界定为团级以上。为了申报主体认定的全面性,以廉政规定中副团级作为级别起点,将申报主体规定为军队中副团级以上的公职人员更为适宜。军事人员的家庭财产申报追溯至我国宪法的规定,军事机关是国家的重要机构之一,军官不属于公务员编制但也属于公职人员。现今军队中的腐败情形愈演愈烈,不时有军队高官领导因为贪贿行为"落马",将军队中副团级以上的公职人员纳入申报主体范围,以定期核查军队领导干部的家庭财产为契机,制止和打击军队中的贪污贿赂问题,倡国法之威,严军纪之明,从思想理论水平和实战技术上打造钢铁劲旅。

(5)各民主党派的专职工作人员如政府的统战部门、农村村委会与城镇居委会等基层群众自治组织中的工作人员及人民陪审员等依法被选举或被任命从事公务的人员。② 由于其特定的职责和享有的掌管一定公共资源的权力,也应将其纳入申报主体的范围。现代行政理念是由管制型政府向服务型政府转变,服务型政府向公民、社会提供公共物品,坚持以

---

① 梅丽红.官员财产申报:从政策调整到立法突破.探索,2010(6).
② 王明高,胡祥勇.中国家庭财产申报制的建立与健全.湖南社会科学,2004(1).

人为本,以公民参与、公民合作以及说服、指导、协商为基本方式。[①] 而公民社会是通过各种自治组织而非依靠政府对社会提供公共服务,因此就涉及自治组织的自律问题,因为他们掌握一定公共资源,有必要对其行为如同机关公职人员一样进行监督。

(6)离退休三年以内属于上文所列申报主体的公职人员。基于之前的分析,此类离退休人员仍有利用其任职时的影响力谋取非法利益的可能,因此不能在此处留下制度漏洞,让一些侥幸之士钻制度的空子,利用其非在职人员的身份大敛不义之财。现今,一些被查办的贪官之中不乏一些曾任高级别领导职务而在退休之后枉法恣意谋取私利的干部。这些实例说明非常有必要以财产申报制度扼制此类现象。

在具体制度设计上,对退休的非在职公职人员同样适用在职公职人员相同的财产申报条件,如相同的申报程序和申报期限,根据其原任职级别和职务确定相应的组织部门或纪律检查部门作为申报主管机关,若出现申报不实和逃避申报的情况,承担同在职人员相同的不利法律后果。如此来看,对于非在职人员的财产申报制度设计也具备必要性和可行性,在此基础上的实施效果自然是卓有成效的,对于震慑贪贿人员具有不可替代的重要作用。

五、结语

"对于财产申报主体的界定必须考虑到中国的国情,遵循职级分类、岗位分类、法制配套和渐进改革的原则。"[②]凡是掌握一定公共权力以及利益资源的公务人员都有义务基于公益的考量积极申报个人的家庭财产,接受专门监管机关和社会民众的监督,以此促进公务行为的廉洁性和提升政府的公信力,从而更好地保障公众利益和推动社会进步。当然建构合理的财产申报主体制度绝不是一蹴而就的,需要一个循序渐进的过程,还需要依赖于申报主体和社会公众观念的转变以及法制进步所带来的制度保障。

(责任编辑:熊樟林)

[①] 姜明安主编.行政法与行政诉讼法.北京大学出版社、高等教育出版社,2011:102.
[②] 黄岩.财产申报主体界定:原则与范围.中州学刊,2010(5).

腐败治理中的软法法理研究

周忠学

摘 要 古今中外的国家治理腐败大都重视刚性、覆盖有限的硬法,忽视柔性、覆盖面广的软法,结果未达致腐败治理的预期目标。软法治理腐败的论述鲜有被提及。这使腐败治理在实践中走入了歧路,理论上无法纵深发展。事实上,既然腐败由具有主观能动性的主体做出,那么对于腐败的治理就要在民主的语境下内外兼治、双管齐下,才能达致理想的效果。软法的衍生发展为腐败治理提供民主的情境使人们心悦诚服、不愿腐;软法的自律秉性肇致人们自我约束、不去腐;软法数量众多、纵横交错、涉及领域广阔使人们不能腐。我们强调软法循循善诱、治理腐败的长期杰出功效,并不冷落硬法的作用。只有软法与硬法的有机结合,才能从根本上治理腐败。

关键词 腐败治理 软法 民主 自律 制度实践

一、问题的提出

被视之为人类社会健康机体上毒瘤的腐败,可以肇致社会崩塌、经济崩溃的危害,其具有历时的恒久性与共时的普遍性。对于腐败的历史,孟德斯鸠曾经指出权力容易被滥用的传统源远流长,至今没有改变。①世界银行前行长沃尔芬森对腐败的危害有过惊人的观点,贪污腐化的毒瘤迟滞经济的发展,阻碍社会的进步。②毋庸置疑,腐败历史之久、空间之广、危害之大,受到历朝历代、世界各国所重视,被称为"政治之癌""政治顽疾"。

毫不例外,在我国也视腐败为洪水猛兽,与腐败相对应的廉洁被高调宣扬。管子曰:"国之四维,四维不张,国乃灭亡。何谓四维?一曰礼,一曰义,一曰廉,一曰耻。礼不逾节,义不自进,廉不蔽恶,耻不从枉。"③廉洁的国纲间接否定了腐败现象,腐败一直被人民深恶痛绝。新中国成立后,社会主义事业更是与腐败水火不容。政府出台了一系列的反腐文件,开展了行动。1951年《关于实行精兵简政、增产节约、反对贪污、反对浪费和反对官僚主义的决定》的"三反"(反对贪污、反对浪费、反对官僚主义)运动,1963年的"四清"(清理账目、清理

基金项目:本文受江苏高校哲学社会科学重点研究基地"东南大学反腐败法治研究中心"资助。
作者简介:周忠学,东南大学反腐败法治研究中心副研究员,东南大学法学院博士研究生。
① 孟德斯鸠.法意.严复,译.北京时代华文书局,2014:238.
② 转引自倪星.惩治与预防腐败体系的评价机制研究.中山大学出版社,2012:3.
③ 《管子·牧民》.

仓库、清理财务、清理工分)运动与"五反"(反对分散主义、反对贪污盗窃、反对官僚主义、反对铺张浪费、反对投机倒把)运动等。改革开放后,无论是反腐的广度,还是反腐的深度,抑或反腐的力度都比历史上任何时代都要大。对于反腐战略地位,始终将其作为关系党生死存亡的重大政治任务:十五大报告指出,反腐败关系着党和国家的生死存亡;十六大报告强调,只有惩治腐败,才能加强党同人民群众的关系,否则脱离人民群众,党就会走向灭亡;十七大再次强调腐败治理对党的重要性。反腐具有长期性、复杂性和艰巨性,邓小平告诫人们腐败治理要贯穿改革的始终。① 党的十七大报告也述及,反对腐败是一项长期、复杂而又艰巨的斗争。在反腐倡廉的方式方法上,国家强调依靠制度防治腐败。我国在历史上先后采取了"运动反腐""权力反腐",最后确定了依靠制度防治腐败的方式。"运动反腐"与"权力反腐"缺乏稳定性、连续性、标准的一致性,具有随意性、随机性、片面性等弊端。"制度反腐"弥补了"运动反腐"与"权力反腐"的缺陷,是对它们的新超越。因为"制度是一种规则,规范了人们之间的相互关系"。② 这里的制度既包括依赖国家强制力实施的硬法,也包括主要依靠自律或社会影响力约束的软法。硬法有我国刑法规定的有关行贿或受贿方面的法律,譬如1988年的《关于惩治贪污罪贿赂罪的补充规定》等。相比硬法反腐而言,软法反腐涉及面更加广泛,如1997年的《中国共产党党员领导干部廉洁从政若干准则(试行)》、2003年的《党内监督条例(试行)》、2016年的《中国共产党纪律处分条例》等。据统计,"十六大以来,中央组织委制定的法规或规范性文件有三百多项"。③ 这里还只是软法中极少的一部分,因为软法还包括硬法中指导性、号召性、激励性、宣示性等非强制性规范,国家机关制定的不能运用国家强制力保证实施的非强制性规范,以及社会共同体创制的各类自治规范等。事实上,邓小平同志曾一针见血地指出,腐败带有全局性、根本性制度的责任要远远大于个人的责任。④ 确实,腐败的治理与包括硬法与软法在内的制度有着密切的联系,当前的腐败"主要是制度腐败",以及"反对腐败还是要靠法制,搞法制靠得住些"。⑤ 那么腐败的治理与软法有什么的内在机理与外在联系呢?

二、本质论:腐败治理中的软法民主本真

腐败作为古老且常新的现象,一直为人类所关注。古老是因为腐败历史悠久,常新是因为腐败的表现推陈出新、不断变化。人们比较熟知的腐败涵义是,"利用公共权力或者影响为了私人牟利的行为"。⑥ 世界银行认为,"腐败是为谋取私利而对公共职权的滥用"。⑦ 通过比较以上腐败的论述,因此获得以下三点共识:一是腐败的主体是公职人员或拥有公共权力者;二是公共权力得到异化;三是为了谋取私利。⑧ 故腐败可以定义为,国家公职人员或

---

① 邓小平文选(第3卷).人民出版社,2001:327.
② 道格拉斯·C.诺斯.制度、制度变迁与经济绩效.三联书店,1994:3.
③ 章尚武.新中国成立60年来反腐倡廉的历史经验.长春市委党校学报,2010(1).
④ 邓小平文选(第2卷).人民出版社,1994:333.
⑤ 邓小平文选(第3卷).人民出版社,1993:379.
⑥ 于风政.论"腐败"的定义.新视野,2003(5).
⑦ 世界银行反腐行动计划工作组1997年发表的《帮助各国同腐败作斗争:世界银行的作用》的研究报告.
⑧ 邓杰,胡廷松.反腐败的逻辑与制度.北京大学出版社,2015:3.

拥有公共权力者为了私人利益而使权力异化的行为。这里公职人员或拥有权力者是腐败的主体;权力异化是腐败的外在表征,是核心;谋取私利是主观追求,是目的。职是故,治理腐败必须内外结合,双管齐下,既注重外在压力让公职人员或拥有权力者不敢腐、不能腐,也要加强公职人员或拥有权力者的主观精神追求、主观自律,使他们不想腐。外在的压力是基础,内在的自律是关键,任何一方都不可偏废。

  古今中外的大哲贤人、仁人志士为了不使权力异化,想尽了一切方法预防、治理腐败行为。总体上,我国实行设立监察、惩贪治污,倡廉崇检、推崇清官以及注重教化、倡导自律等措施来治理腐败。在这些措施中,成效最大的属于监察制度。秦朝统一全国后,创立了较为系统的监察制度,经过历代反复打磨、强化与提炼,最终形成了较为完整且成熟的监察制度。"这种体系,内容繁杂,但一般来说,包括两个子系统:一是负责监察百官的御史制度;二是到唐代确立起来的谏官制度。"①但由于我国古代是人治不是法治,是专制而非民主,再加上监察制度没有规范化、法治化,即制度不完备、标准不统一、缺失相应的实施细则,监察制度并没有从根本上遏制腐败的蔓延趋势。不仅古代中国有着丰富腐败治理的经验与教训,作为西方发达国家的美国也有着腐败治理的曲折经历。据统计,美国历史上腐败高发期共有三次,分别是1840年前后、1857—1861年间以及19世纪70年代,即共和党总统格兰特执政期间。后经过不断健全相关制度、党派制衡、媒体监督、公众参与等措施,腐败现象逐渐减少。②在美国腐败治理的各项措施中,无论是党派制衡,还是媒体监督、公众参与民主等,都拥有共同的性质是民主。而制度只是起到固化各项民主的作用,故在美国的腐败治理中制度是基础,民主是核心。新中国成立后,我国采取了"运动反腐""制度反腐"等反腐形式:运动反腐分为前期与后期的区别。改革开放前,我国的运动反腐主要指通过大规模的群众运动惩治腐败。改革开放后,主要指短时间内纪检集中反腐,不过本文所指运动反腐主要是指前期的反腐含义,即发动群众、群众揭发、群众批斗,惩罚与教育相结合的"大民主"形式的反腐。③ 相关的活动有1951—1952年的"三反""五反"、1961年的"社会主义教育"、1963—1966年的"四清"运动等。运动反腐是非正常状态下的一种"大民主""群众运动"效果显著的反腐形式,但因它的"运动化""临时化""无序化""扩大化",弊端明显,只能是权宜之计。为了克服上述运动反腐的缺陷,1990年前后开始出台大量的规范性文件,拉开了制度反腐的序幕。如1989年最高人民法院与最高人民检察院联合发布的《关于贪污、受贿、投机倒把等犯罪分子必须在限期内自首坦白的通告》、同年8月监察部发布的《关于有贪污贿赂行为的国家行政机关工作人员必须在限期内主动交代问题的通告》等。后来又陆续出台《关于实行党风廉政建设责任制的规定》《中华人民共和国行政监察法》《中国共产党纪律处分条例(试行)》《关于党政机关厉行节约制止奢侈浪费行为的若干规定》、《中国共产党党员领导干部廉洁从政若干准则(试行)》等。据官方资料显示,在2002年至2013年间,国家省部级以上颁布与实施的有关反腐的法律和规范文件超过2 000余件,④这其中硬法所占比重相对较少,绝大部分属于软法。

---

① 王景斌,李贺平. 中国古代社会反腐败的特点及其历史局限性. 社会科学战线,2000(1).
② 张宇燕,富景筠. 美国历史上的腐败与反腐败. 国际经济评论,2005(5).
③ 苏茂芳,易代阳. 运动反腐、权力反腐、制度反腐:梯度演进及其实践效应. 湖南工业职业技术学院学报,2011(4).
④ 中共中央纪律委员会第六次全国工作报告.

从上述古今中外腐败治理的事实中,可得出如下结论:腐败治理最为有效的方式是民主;民主的理念必须通过制度具象为现实力量,变腐败治理的短期效应为长期的效果;制度由硬法与软法构成,但主要由软法构成。贯穿腐败治理与软法的核心是民主,民主作为恒久的价值,一直为人们孜孜不倦的追求,那么民主究竟是什么,对权力的正常行驶到底有什么意义,什么又是软法的本质呢?

民主可分为静态与动态两个方面:民主静态方面又分为民主的内容、形式以及民主意识等;民主动态方面分为民主监督、民主决策与民主生活等。民主的本真,是维护全体公民的权益、自由,这是民主的应然范畴,确立了人本身是目的而不是手段。个人的自由与平等是天赋的,国家政府存在的正当性是为了个人权益与幸福的保障。因此权力在应然范畴里也是为了民众权益与幸福的维护和增加,确保民众的福祉,即"人本身存在的目的性决定了价值的绝对性,即个人权利是神圣不可侵犯的;个人是社会、政府存在的依据,社会、政府要为个人的幸福服务;人们既可以监督政府行使权力,也可以收回委托的权利"。① 但表征权力异化的腐败,背离了权力的初衷,损害了赋予权力的民众的权益。故腐败的治理,就是使权力回归权力的原初使命。民主不仅在理念上标注了权力的本质,同时还在具象上实现权力的使命。停留在抽象理念上的民主本真不具备现实的力量,不但无法实现,更不能保障权力行使于为民众谋福祉的方面。诸如法国大革命、我国"文化大革命",此类现象很多。以民主的名义破坏民主,肇致权力的异化、人民的幸福荡然无存。这就要求民主具化为制度,保证权力的正确行使、不被异化,腐败得以治理,故制度承载了民主实现、腐败治理的使命。

毋庸置疑,在一国范围之内,国体与政体是最重要的制度。国体昭示国家的性质,即权力的最终所有者是谁,以此校正权力行使的方向;政体宣告政权的组织形式,即国家权力的整体安排。权力的恰当安排有助于腐败的治理,因为"权力易腐、万古不变,限制权力的方式,一是权利约束权力,二是权力之间相互制衡"。② 在我国,国体是人民主权,即人民是权力的所有者,那么权力的行使应当是为了人民的权益,而为了私利的腐败与人民主权的国体相冲突;政体是人民代表大会制度,由人民代表大会组织权力的行使形式保障人民的权益,而腐败无疑使权力的行使远离正确的轨道危害了人民的权益。当前制度反腐已成共识,但人们关心的是通过哪些制度治理腐败,是否仅仅指"反腐败"制度?事实上,治理腐败的制度众多,并不仅仅是直接的"反腐制度",同时还包括众多的诸如党内民主制度、人事制度、信息管理制度、干部选拔制度、公务员制度、权力监督制度等都对腐败的治理有着积极的意义。③

无疑,上述众多制度里面,只有极少的规范性文件是通过国家强制力来实施的行为规则,即通常所说的硬法;其余绝大部分的规范性文件,是靠自律或社会影响力来约束人们的行为规则,即人们常说的软法。软法相对于硬法而言,硬法就是人们通常所言的法,是指由国家制定、反映国家意志并以国家强制力为后盾实施的规范性文件。硬法反映了法的国家性、意志性、强制性。与硬法对应的软法,是 20 世纪 70 年代末 80 年代初之后西方法学界出现的概念,90 年代我国学者李中圣、朱勇等开始研究。④ 软法是指"自治共同体以制定或认

---

① 邹建锋. 理解当代民主的含义. 探索,2003(3).
② 孟德斯鸠. 论法的精神(上). 商务印书馆,2010:154.
③ 董志霄,苗德才,李来和. 制度反腐的理性思考. 河北学刊,2006(3).
④ 李中圣. 关于软法律约束的初步研究. 学习与探索,1991(1);朱勇. 硬法与软法. 载朱勇. 法律与现代社会. 湖南教育出版社,1996:83.

可的方式拟聚共同意志,以自律或社会影响力等内在约束力的形式,产生实际效果的行为规则"。① 由此得知,与硬法相比软法有着明显的独特之处:软法反映着公共自治组织的共同体意志、侧重于为法主体的行为选择提供导向、效力范围的"普适"程度较差、不能运用国家强制力实施等特点。② 软法以特有的概念,宣示了自己的存在与功能。事实上,国家制定法只是一个社会所有法律的一部分。在制定法之外还有数量众多的各种类型的法律,它们填补了制定法的空白,在某种程度上,它们是制定法的基础。③

比硬法更具民主本质的软法,是民主制度的重要组成部分,与腐败治理共享民主本质。民主亦是软法治理腐败的本质依据。软法的民主本质,表现在软法的主体性、制定、实施等方面。主体性是现代社会的基石,更是软法的基石。主体性的表征是现代社会中各政党、阶层、社会组织、每个个体的地位平等、利益得到平等尊重,以及平等参与对话、协商。虽然现代社会中的硬法也体现主体性,但大都以间接民主表达主体性,很容易遮蔽与弱化部分主体的意志与利益,这与以直接民主宣示主体意志与利益的软法相比有着明显的弊端。软法的直接民主切实保障每个相关利益主体平等的参与机会,充分表达自己的利益诉求,对决策有着实质性地影响。软法在制定与实施时,参与主体多样,有助广泛民意的表达;程序开放,各种利益诉求充分表达,信息、智识开放,强调共识与认同、注重对话与沟通。软法这种民主商谈的落脚点,是合理地推动意见的一致。原则上是能够无限制地反复进行或在任何时候恢复的,从而省略了一些重要的内部分化。④ 软法的民主性使"软法能够很容易被包容于商谈民主之中,这种民主和传统的代议制民主联系微弱"。⑤ 譬如作为欧洲共同体的欧洲联盟在制定《阿姆斯特丹协议》这个软法时,成员国平等对话、广泛协商,保证了成员国参与的真实性、有效性、平等性,最终有利于本法在成员国的施行。

软法的天然民主本质与腐败治理的民主诉求高度一致,这决定了腐败治理中软法的重要地位,一言蔽之,软法与腐败治理共享民主理念,是软法治理腐败的根本依据。

三、理念论:腐败治理中的软法自律原旨

软法与腐败治理因共享民主本真,使得软法成为腐败治理的基础。民主是腐败治理的外在条件;软法与腐败治理又因共通自律理念成为腐败治理的关键;自律是腐败治理的内在因素。软法的自律理念治理腐败是指,公共权力行使者通过自我的自律意识,主动地约束权力的行使,防止恣意地、违法地行使权力为牟取私利的行为。在腐败治理方面,外在的制度是基础,内在的自律是关键。这是因为,内在的自律能达到事半功倍的效果。事前,自律可以预防腐败发生;事中,自律可以阻止腐败继续发生;事后,自律可以修正腐败结果。

---

① 刘小冰,等.软法原理与中国宪政.东南大学出版社,2010:11.
② 罗豪才,宋功德.软法亦法:公共治理呼唤软法之治.法律出版社,2009:369-374.
③ 梁治平.清代习惯法·社会与国家.中国政法大学出版社,1996:35.
④ [德]哈贝马斯.在事实与规范之间——关于法律和民主法治国的商谈理论.童世俊,译.生活·读书·新知三联书店,2003:380.
⑤ See Ulrika Mörth. Soft law in Governance and Regulation: An Interdisciplinary Analysis, Edward Elgar Publishing Ltd,2004,pp160.

(一)软法的自律理念

软法天赋自律理念。自律(personal autonomy 或 individual autonomy)是指"一种状态或能力的表现,自我约束、自我限制对自己支配的权力表现"。① 这种生存状态是一种面对外界的主动或自觉的主观约束,通常由意识、情感、意志三部分构成,其中意识是自律的基础,情感是关键,意志是核心。

首先,意识是自律中的认知因素,是自律的基础。只有清楚理解相关的境况,自律才有正确的方向。意识"属于'精神'范畴,是观念的活动与结果。从客观上讲,意识是人脑的机能;从主观上讲,意识是外界的主观影像;但这种影像不是纯粹外界的描述,而是人的主观改造"。② 意识主要是指对外部世界的反映。在软法形成时,软法的主体既要对自己的利益诉求有清晰的把握,也要对其他主体的利益主张有清楚的认知,还要对相关信息有所掌握;而且这种认知并不是一蹴而就的,要通过反复的对话、沟通、磋商等方式,才能真正形成相对准确的认知。不仅软法形成之初依赖意识,而且软法实施之时更离不开意识。软法在实施时,同样要熟悉软法适应的场景,诸如类似于像《重庆大学普通本科学生管理规定》这样的高校管理条例都有各自不同适应的场域,要求人们熟知它们各自的场域。意识也包括对责任的认知,这是不履行相关义务结果的主观把握。具体到软法的责任意识,是指软法的主体在违反软法时承担相应后果的认知。当然,软法的意识还包括平等、公共、理性等认知。在软法的形成与履行过程中,自治社会组织的平等是基础,组织的每个个体的人格平等,平等的对话、协商是软法形成与运行的基础;任何层次、适应范围的软法都是一个相应的公共范围。理性指"借助于概念、判断和推理,对材料去伪存真、由表及里,反映事物的本质与内部联系,对事物深层次的把握"。③ 理性把握事物的发展规律对科学制定软法、指导软法的运行意义重大。

其次,情感是自律的关键。情感是指"主体需求与客观现实的主观体验,是一种需求与现实之间关系的反映"。④ 上述情感的定义宣示了"客观现实与个人需要之间的关系"是情感产生的原因或基础,不过个人需要可分为天然生物性需要与社会性需要,只有社会性需要才会产生情感。情感是一种"主观体验",这一点把情感与意识、意志等区分开,但情感与意识、意志有着密切的联系,意识为情感的产生提供认知的基础,同时情感的强烈程度影响意志的坚定与否。既然情感是"主观体验",那么就会因个体的差异而有所区别。即面对同一现实,不同个体产生的情感有所差别。但情感一旦形成,就是一种相对稳定的力量,能左右人们的行为。经过各自不同的共同体组织内部的反复协商、充分酝酿的软法反映了共同体的意志,满足各成员以下几种需要:首先,多元利益的需要。随着社会的发展,主体利益的多元化使具有全国普遍约束力的硬法不能满足具有不同利益诉求的主体需要,这要求有不同适应范围、不同效力的软法补偿硬法适应缺陷。众多不同层次、不同范围的软法可以满足不同主体的利益需求。其次,不同主体尊重的需要。尊重意味着主体的意志得到重视,我国一

---

① 徐萍萍.关于自律内涵的道德哲学辨析.道德与文明,2014(3).
② 傅慧芳.公民意识内涵的反思和重释.中共福建省委党校学报,2012(3).
③ 胡弘弘.论公民意识的内涵.江汉大学学报,2005(1).
④ 李红恩,靳玉乐.教师的教育情感:内涵、构成与启示.现代教育管理,2011(10).

切权力属于人民,"人民行使国家权力的机关是由人民选出的代表组成各级人民代表大会,人民代表以分散个体的身份行使代表权力,因此在表决时很难形成共同意志的意见,这削弱了人民意志的表达"。① 但软法是各主体在各自范围内反复商谈、最大限度地基于共识做出的决策,最大限度地尊重了各自主体的意愿。再次,公平的需要。由于现代社会中,处于不同境遇的主体的诉求有所区别,仅仅依赖具有普世性的硬法无法满足主体的差别需求。而具有巨大灵活性的软法则能够回应多元主体的不同利益需求,且实施时不需国家强制力来保证,主要靠自律或社会强制力,增加了社会的公平度。综上所述,软法对主体不同需求的满足使人们对软法有了强烈的情感。

最后,意志是自律的核心表征。意志有哲学与心理学上两种内涵,在哲学上意志是指"人在面对世界或外物不同于动物本能的心理调节活动"。② 哲学上的意志主要强调意志的社会性,即意志是人在社会活动中自觉产生的心理现象,表征了人们的价值倾向,区别于动物的本能心理反射。心理学上意志的内涵更强调的是心理的客观反映与描述,故心理学的意志被定义为"意志是人心理积极、理智的客观活动过程,这种活动过程涉及主观的目的、客观规律的认识,以及心理障碍的克服等一系列心理历程"。③ 无论意志的哲学涵义还是心理学定义,都共享心理的主观调解性,不同的是哲学上的意志关注更多的是主体与客体的相互作用,心理学意义的意志着眼点在心理的主观调节,二者都没有离开客观事务,没有本质区别,只是视角不同罢了。综上所述,意志是有目的、有计划的主观观念外化实践过程中心理调控作用。故意志有主观外化的本质,目的性、计划性的特征以及激励和抑制的功能。意志从软法的诞生至软法的发展直至软法的灭亡都贯穿始终,具体而言:第一,软法的诞生、发展过程就是软法主体想法外化的过程。市场经济使各主体秉持多元的利益观念,现代文明让他们要以法的形式取代丛林法则,来解决彼此冲突的利益观念。他们彼此克制自己内心的冲动,耐心细致地交换各自的想法,最终达致共同的意志以法的形式表现出来,软法本身就是意志的成果。第二,软法是主体有目的、有计划的实践活动。人类自觉的、目的性的社会活动不同于动物本能的生物性活动,表征了人类的主观能动性。人们在制定软法之前,提出制定软法的目的、做出制订软法的计划、列出制定软法过程中可能出现的问题以及解决方案等主观活动。第三,软法的意志性既能激励着主体坚持目标、勇往直前、不畏艰险,同时抑制个体要坚持自己的不正当利益与侵害他人合法利益的冲动。

事实上,自律中的意识、情感、意志时刻渗透于软法的产生、发展、变化之中,须臾不离软法,而且三者相互交织一起,共同浇筑了软法的自律品质。软法的自律主观品质正是腐败治理的关键因素,因此自律是腐败治理的主观因素。

(二)腐败治理中的自律原旨

节制腐败最好的方式是守法(包括硬法与软法)。守法的缘由很多,既有迫于外界的压力,也可自律的守法,即"守法要出自于自己的主观意志积极主动的守法,而不是来自外界强

---

① 程迈.软法概念的构造与功能.金陵法律评论,2009:107.
② 冯契,主编.哲学大辞典(修订本)下卷.上海辞书出版社,1992:1822.
③ 卢家楣,魏庆安,李其维.心理学.上海人民出版社,2001:38.

大的压力被迫的行为"。① 而软法如何治理腐败呢?

首先,软法的认知功能预防腐败。软法的认知功能来自于自律中的意识因素,它是指软法为人们提供不同情况的是非标准,以此判断自己行为的正确与否,从而产生预防腐败发生的效果。现实中社会生活的复杂性使人们在有些情况下,因为不知自己的行为是否正确而无所适从,发生了一些腐败现象。第一,认知混乱。这是由于各种理论相互冲突、相对主义盛行,局势多元、复杂,人们失去了认知标准所致。第二,认知滞后。这是因为迅速变化的社会需要新的认知水平与标准,但人们没有及时提高或更新认知的水平与标准所肇致。幸运的是,众多软法补救了这些缺陷。例如最高人民法院于2005年发布了《法官行为规范(试行)》,为法官提供了行为规范的标准,使法官知道自己的行为是否恰当,在某种程度上起到了预防腐败的发生。

其次,软法的价值功能使人们不想去腐。腐败通常是因为"违法者认为,现实条件没有充分保证满足他的实际需要或者臆想中的需要"。② 因此权力行使者需要的满足与否,是影响他们是否腐败的重要因素。现代社会里种类繁多的软法富含多种价值功能,以此满足不同层次、不同领域人员的不同需求,使他们不想腐败。根据上文软法自律理念的情感因素所述,软法有满足人们的利益、尊重以及公平等各种需要的功能,这使人们不再通过腐败来达到自己的目的。软法还具有激励功能,这是由于软法的柔性特质所决定的。软法的激励功能通过激励机制来实现,国家"主要通过提供人、财、物支持,给予精神奖励等方式,激励公众参与、配合,以共同推动国家倡导目标的实现"。③ 譬如2002年的《中小企业促进法》除总则与附则外,由资金支持、创业扶持、市场开拓、社会服务四章构成,详细地描述了如何促进中小企业的发展。

再次,软法的责任使人们不愿腐。不似硬法权责分明的软法毕竟是"法",也有着相应的责任,违反了软法的人们一样要承担相应的责任,要为自己的过错负责。但软法的责任后果与硬法的有些区别,"软法的实施方式或责任性质同道德、伦理等其他软法规则一样,靠'谴责——丢面子'带来的'出局'压力实施,违反软法的人必须承担'出局'的责任后果"。④ 这种责任后果虽然不如硬法的严厉,但一样会给违反软法者带来不利的影响,使他们不愿意腐败。

四、实践论:腐败治理中的软法制度

软法的民主本质以外部视角考量腐败的治理,自律理念从内部的维度进行腐败治理。但二者都停留在腐败治理的理论架构上,再完美的理论也拿不动一根稻草,只有将上述理论具象为制度才能化作现实的力量对腐败的治理有切实的效果。这里需要说明的是,在论述民主本质时涉及了民主化作制度之意,但那只是制度的一般论述,这里阐释的主要是软法制度。相较于同是制度组成部分的硬法,软法的效力特性可以描述为,"法律并不全是严酷、不

---

① 李步云.法理学.经济科学出版社,2000:601.
② [苏]库德里亚夫采夫.违法行为的原因.韦政强,译.群众出版社,1998:108.
③ 宋功德.公域软法规范的渊源.载罗豪才,宋功德,等著.软法与公共治理.北京大学出版社,2006:202.
④ 牟效波.软法在什么条件下靠得住?——从软法的实施机制切入.载罗豪才,宋功德,等著.软法与公共治理.北京大学出版社,2006:231.

可亲近,它也有温情的一面"。软法反腐有着自己的特色,作为实践的软法反腐不仅比民主反腐与自律反腐效果强烈,也比运动反腐优越。运动反腐属于非常规的反腐,时间短暂、破坏性强,而软法反腐具有常规性、持续性等特点。

由软法构成的制度简称软法制度或直接称作软法,软法制度数量众多、内容多样:根据与腐败治理的关系密切程度可分为直接的软法制度与间接的软法制度;根据软法制度的综合程度可分为综合的软法制度与具体的软法制度;根据内容可分为组织软法制度、领导软法制度、财政软法制度、公务员软法制度、信息公开软法制度等。下面以软法制度的综合程度为原则、以与腐败治理的关系密切程度为线度、以具体软法制度为体系细致缕析腐败治理中的软法制度。

(一)治理腐败的综合软法

综合软法具有全局性、战略性地位。腐败治理的综合软法制度对腐败治理进行长期、合理地规划,是腐败治理连续性、高效性的保证。这种宏观性的制度,确立了腐败治理在经济社会发展中的地位。相关制度有:中共中央 2005 年的《建立健全教育、制度、监督并重的惩治和预防腐败体系实施纲要》,2008 年的《建立健全惩治和预防腐败体系 2008—2012 年工作规划》,2013 年的《建立健全惩治和预防腐败体系 2013—2017 年工作规划》等。上述的"纲要""工作计划"对腐败的惩治与预防做了总体部署与规划,为腐败的治理进行了整体的安排,保证了腐败治理工作的井然有序。

(二)直接治理腐败的软法

直接治理腐败的软法制度是指针对可能发生或已经发生的腐败现象进行预防、惩治的软法制度,这类软法制度具有针对性、高效性、直接性、具体性特点,这些特性区别了宏观性的综合腐败治理的软法制度,是腐败治理具体软法制度存在的价值与依据。

首先,直接治理腐败的国际条约。腐败存在于世界各国、各地区的经济、政治、体育、娱乐各领域,并且范围跨国、跨地区,危害越来越大,为人们深恶痛绝。为此,第 58 届联合国大会于 2003 年 10 月 31 日通过了《联合国反腐败公约》,旨在促进与加强国际合作,指导国际反腐败的斗争。《联合国反腐败公约》需要各主权国家、地区的权力机关同意方有效力,在同意之前没有强制力,故称国际腐败治理的软法制度。

其次,直接治理腐败的国内立法中的软法。这类软法制度存在于国家权力机关制定的法律之中,是指导性或宣示性规范。譬如《中华人民共和国刑法》第二条规定了刑法的任务是保护国有财产与劳动群众及个人的私有财产,保护公民的各项权利。一言蔽之,刑法保护国家、人民的利益,同腐败作斗争。类似的还有《中华人民共和国反洗钱法》,本法的第二条指出人们反洗钱就是预防通过各种方式掩饰、隐瞒贪污贿赂犯罪等犯罪行为。上述《中华人民共和国刑法》与《中华人民共和国反洗钱法》等整体上属于国家权力机关制定、依靠国家强制力实施的硬法,但其中有许多宣示性条款属于软法腐败治理制度。

再次,国家之外的特殊组织制定的直接治理腐败的软法。在我国国家之外的最有特色

---

① 转引自单颖华.当代中国全民守法的困境与出路.中州学刊,2015(7).见刘武俊.激活法律的激励因子.福建日报,2012-10-31.

的组织是中国共产党,尽管她有着特殊的地位,但传统上并没有把她制定的规范性文件当作靠国家强制力实施的硬法,本文延续此观点。这类直接针对腐败治理的软法众多:1. 一般腐败治理行为的软法。本类的软法是腐败治理的一般性概括规定,如 1997 年发布的《中国共产党党员领导干部廉洁从政若干准则(试行)》与 2015 年的《中国共产党廉洁自律准则》。这是两部基础性党内软法,规定党员干部不得违反规定从事盈利性活动,也不得利用职权、职务上的便利为私人牟利。2. 针对特殊对象的腐败治理软法。一般特殊对象通常是领导干部。相比一般国家工作人员,领导干部的廉洁尤其重要。因为领导干部的不廉洁树立了一种示范作用,上行下效,同时领导不廉洁也无法管理下属。由上到下的吏治的腐败肇致王朝的更替、百姓凄苦的教训,历史上比比皆是。① 所以从严治党首先要治理领导班子和领导干部。这类的软法有,2007 年的《中共中央纪委关于严格禁止利用职务上的便利谋取不正当利益的若干规定》,本规定直接禁止了党员干部的 8 种以权谋私的行为;2009 年的《国有企业领导人员廉洁从业若干规定》与 2010 年《中国共产党党员领导干部廉洁从政若干准则》,这两项软法要求包括国有企业领导在内的党员领导不得利用领导地位为自己或特殊关系人牟利;2010 年的《关于领导干部报告个人有关事项的规定》,通过要求领导干部报告自己的收入、资产以及配偶、子女从业的情况进行腐败治理。3. 从事特殊事项的腐败治理软法。如 1995 年《关于对党和国家机关工作人员在国内交往中收受礼品实行登记制度的规定》,明确禁止党和国家机关工作人员在接受礼品馈赠时出现的违规情况;2010 年《关于对配偶子女均已移居国(境)外的国家工作人员加强管理的暂行规定》,加强对配偶子女均已移居国(境)外的国家工作人员进行腐败治理的管理。4. 直接规定惩治腐败的软法。中共中央于 1998 年颁发的《关于实行党风廉政建设责任制的规定》,通过对领导责任的规定强化反腐的制度;2003 年的《中国共产党纪律处分条例》及 2015 年《中国共产党纪律处分条例》规定,根据违纪的不同情况党内处以警告、严重警告、撤销党内职务、留党察看和开除党籍 5 种党纪处分以此来治理腐败;与此类似的是 2007 年《行政机关公务员处分条例》中的指示、宣告型的非强制性规范,通过对违纪的公务员根据情节处以警告、记过、记大过、降级、撤职、开除 6 种政纪处分,在某种程度上具有腐败治理的效果。

(三)间接治理腐败的软法

间接治理腐败的软法是指与直接治理腐败的软法相对应,对腐败行为不是直接规制、惩戒、改正,而是通过合规、合法的权力行为的提倡与监督,或者相关事项的审查达致尽量避免腐败行为的发生的没有国家强制力的规范性文件。

首先,权力行使的软法。

我们知道"权力的设置、存在和作用是为了对社会各种利益分配关系进行权衡、协调和处置"。② 权力具有支配性,其使命就是维护人们的权利。故正确地行使权力,才能保证权力不偏离为人民利益服务的轨道。权力的公共特性决定了规制权力正确行使的软法大都是国家权力机关立法中的软法。这类软法分两类:一类是从行使权力的主体规范权力的行为,

---

① 江泽民. 努力建设高素质的干部队伍. http://news.xinhnanet.com/ziliao/2015-04/05/content_2696270.htm. 最后访问日期:2016 年 4 月 6 日。
② 漆多俊. 论权力. 法学研究,2001(1):26.

譬如2005年的《中华人民共和国公务员法》、2001年的《中华人民共和国法官法》、1957年的《中华人民共和国人民警察条例》、2012年的《中华人民共和国人民警察法》、1995年的《中华人民共和国检察官法》等中的指导、激励性等非强制性规范。通过主体资格的准入、素质的提高、职权范围的界定、义务的设定、纪律的规定等方式可防范腐败的发生；另一类是权力行为的规范行使，譬如2002年的《中华人民共和国政府采购法》、2003年的《中华人民共和国行政许可法》、1999年的《中华人民共和国招标投标法》等中的宣告、指示、号召性等非强制性规范。通过行政自由裁量权的规范、权力行使的主体与程序的规定、监督与责任的制定有效防止腐败行为的发生。

其次，程序的软法。

程序是指处理事情的方式和步骤，由行为的方式、步骤、形式、时限、顺序等要素组成。它既是追求良好结果的手段，也是自身德性的表征。即德性的程序能保证所有利害关系人都能有效地参与，权利得到保障，故程序兼具外在的工具主义价值与内在的本位主义价值。当然程序正当、民主、效率、自由等的内在价值有助于外在工具价值的实现，因此程序的内在价值意义重大。"除非有人重视某种东西，否则就没有东西会有价值。就外在价值而论，这是显而易见的。而内在价值不似外在价值容易辨认，因为它隐含在事物内部，需要理性的判断，但它是事物自我存在的依据，不是对他物的价值"。① 具体到腐败治理程序的软法，就是有助于减少腐败的发生或惩罚、纠正腐败行为。相关的软法有两种：一是立法中的软法，诸如1979年通过，经过1996年、2012年两次修改的《中华人民共和国刑事诉讼法》，1991年的《监察机关调查处理政纪案件办法》和1998年的《人民检察院刑事诉讼规则》等中的激励性、宣示性等非强制性规范，科学、民主的立案、调查、审理等程序有助打击腐败；二是中国共产党内部的规范性文件，譬如中国共产党1994年颁布的《中国共产党纪律检查机关案件检查工作条例》，通过规范案件的受理、核实、调查、审理等程序，科学、高效地治理腐败。

渐次，政府财政预算管理上的软法。

政府财政预算管理是指各级国家政权依据本级政权的职权范围、责任、参与财政的国民收入，进行预算收支的制度。科学的财政预算管理应是预算公开透明、管理民主、分配合理、效率提高、减少寻租空间、降低腐败的发生。由于政府财政预算管理是关系国家公权力的财政管理问题，故相关的软法全部牵涉立法。譬如1994年第十二届全国人民代表大会常务委员会通过的《中华人民共和国预算法》、财政部1997年的《中央级公检法机关公用经费开支范围》与《行政单位预算管理的若干规定》、财政部2001年的《财政预算资金拨付管理暂行办法》、财政部2010年的《财政预算资金拨付管理暂行办法》、财政部2012年的《财政总预算会计管理基础工作规定》等中的号召性、激励性、宣示性等非强制性规范，强化了反腐的力量。

再次，财产申报方面的软法。

财产申报是指"以遏制腐败的发生为目的，有关公务人员财产申报、登记、公示等的行为"。② 它是腐败预防有效的行为，官员申报财产是腐败的治本之策，使腐败在萌芽状态就

---

① [英]A.J.M.米尔恩,著；夏勇,张志铭,译. 人的权利与人的多样性——人权哲学. 中国大百科全书出版社, 1995:103.

② 谭世贵,宗会霞. 论我国财产申报制度的建立与实施. 海南大学学报(人文社会科学版),2009(2).

被发觉,避免腐败的蔓延和发展,有利于腐败的治理与挽救我们的干部以及党的事业发展。① 有关财产申报的软法有:1997年的《关于领导干部报告个人重大事项的规定》、1995年的《关于党政机关县(处)级以上领导干部收入申报的规定》、2001年的《关于省部级现职领导干部报告家庭财产的规定(试行)》、2010年的《关于领导干部报告个人有关事项的规定》、2006年的《关于党员领导干部报告个人有关事项的规定》等。上述软法从个人情况申报到亲属出国、子女就业申报,从高级领导到基层领导的申报,从动产申报到不动产申报的规定,从一般申报时间、范围的规定到新问题、新情况的规定等,通过详细、科学地规范有效地遏制了腐败。

最后,监督的软法。

监督是指监视、检察与督促国家公务人员的公务行为,以达到预防与治理腐败的效果。监督腐败治理的有效措施,在法治社会里监督行为都是法治行为,在本文主要指软法的监督。监督的软法一般可分两类:一类是立法中的监督软法。诸如2006年的《中华人民共和国各级人民代表大会常务委员会监督法》、2014年修订的《中华人民共和国行政诉讼法》、1997年的《中华人民共和国行政监察法》、2006年的《中华人民共和国审计法》、2005年的《中华人民共和国行政复议法》等中的指导性、激励性、宣示性等非强制性规范,提出监督的主旨,倡导权力廉洁的主张,减少了腐败的机会。另一类是中国共产党内部的监督措施与政策。譬如1997年的《关于党政机关厉行节约制止奢侈浪费行为的若干规定》、2001年的《中共中央关于加强和改进党的作风建设的决定》、2005年的《关于党员领导干部述职述廉的暂行规定》与《关于对党员领导干部进行诫勉谈话和函询的暂行办法》、2004年的《中国共产党党内监督条例(试行)》、2010年的《关于实行党风廉政建设责任制的规定》、2015年的《中国共产党巡视工作条例》等。此类措施点面结合,针对性强,从控制会议、庆典等具体行为到培养清正廉洁、艰苦奋斗、任人唯贤等思想作风,从正面行为的提倡到责任内容的确定、检查、监督与追究,从领导干部的述职述廉以及诫勉谈话、函询到巡视工作的常态化,完善与规范了监督工作,使腐败治理科学化。

综上所述,具有民主本质、强调自律的软法治理腐败类似于中医调和阴阳情境下的外敷内用,循循善诱、效果甚佳。当然强调软法的文火慢工,也不要忽视硬法的武火急工。只有文武结合,才能根治腐败,肇致良好秩序。良好的秩序可以压制私欲的膨胀,提升美誉;同样良好的秩序之下,正义被高扬,平等被追求,人人幸福,国家繁荣昌盛。② 在良好的秩序之下,腐败无法遁形,无处藏身,人民安居乐业,社会和谐。

(责任编辑:徐珉川)

---

① 姚瑞平,刘祖云.财产申报制度:现实困境及其路径突破.南京社会科学,2013(6).
② [法]罗伯斯比尔.革命法制和审判.赵涵舆,译.北京:商务印书馆,1985:182.

《联合国反腐败公约》与资产追回制度研究

夏 伟

摘 要 跨境资产追回是腐败犯罪打击的重要环节,牵动着资产流入国与资产流出国的共同利益。作为腐败犯罪的伴生现象,资产外逃已呈现全球扩展之势,并且愈演愈烈。在此背景下,《联合国反腐败公约》确立了资产追回机制,通过事前防范与事后追回的双效机制为资产的有效追回提供全面的解决方案。事前防范通过强化金融监管、建立财产申报制度以及促进金融信息国际交互的方式建立全面的事前审查机制。事后追回包含直接追回措施与间接追回措施:前者基于跨境司法交涉的方式,通过民事手段追缴资产;后者则借助没收与强制返还的方式追回资产。在跨境资产追回实践中,各缔约国应当积极贯彻《联合国反腐败公约》所确立的资产追回制度,促进资产追回国际合作的深化。

关键词 《联合国反腐败公约》 资产追回 预防与监测 直接追回 间接追回

资产外逃(Capital Flight)素来是腐败犯罪的伴生现象之一,而自 20 世纪 90 年代以降,腐败犯罪资产外逃逐渐演变为全球性问题,给资产流出国与流入国均带来极大的负面影响。一方面,资产外逃会对资产流出国造成巨大的经济损失,尤其是伴随腐败犯罪分子向境外转移资产数额越来越大,资产流出国所受到的经济损失也相应加剧。更何况,资产外逃大多是由发展中国家流向发达国家,这也在总体上变相加剧了发展中国家与发达国家的经济差距。另一方面,对于资产流入国而言,外逃资产的流入会破坏正常的社会秩序,也会为洗钱等犯罪的滋生打开缺口。基于此,2003 年 10 月第 58 届联大会议审议通过了《联合国反腐败公约》(以下简称《公约》),其中将资产追回机制作为公约反腐败五大机制之一,并设专章以 9 个条文的篇幅作出详细规定,为新时代背景下外逃资产追回提供了有效的解决机制。

一、腐败犯罪外逃资产跨境追回国际合作的新模式:资产追回制度的确立

20 世纪 90 年代以来,腐败犯罪资产外逃呈现全球蔓延之势,因腐败而导致的资产流失数额长期居高不下。据中国人民银行 2008 年作出的一项名为《我国腐败分子向境外转移资产的途径及监测方法研究》的报告指出,非洲地区存在严重的因腐败犯罪而导致资产外逃的问题,每年因为腐败资产流失的金额约占国内生产总值的 25%。当然,这一问题不仅限于

基金项目:本文受江苏高校哲学社会科学重点研究基地"东南大学反腐败法治研究中心"资助。
作者简介:夏伟,东南大学反腐败法治研究中心副研究员、东南大学法学院博士研究生。

非洲地区,尼日利亚、菲律宾甚至是英国、美国等都存在严重的腐败犯罪资产外逃问题。同样的,中国亦是腐败犯罪资产外逃的重灾区,资产外逃已成为犯罪分子为自己留后路的惯用手法,腐败犯罪在逃人数以及资产外逃数额也因此常年居高不下。据上述研究报告显示,20世纪90年代中期以来,中国各种腐败分子外逃数目高达16 000—18 000人,携款超8 000亿元,相当于平均每年约有900人外逃,平均每人携带资产约5 000万元,并且这组数据并未统计完全。由此可见,因腐败犯罪而导致的资产外逃已逐渐演变为牵动全球神经的问题,如何做好外逃资产的追回工作尤为迫切。

腐败犯罪外逃资产难以追回的现实情况决定了国与国之间需要探索新的合作模式,以便为化解上述问题提供新思路。一方面,司法管辖权的特性决定了国内立法鞭长莫及,无法为外逃资产的跨境追回提供有效的解决方案。对腐败犯罪所得依法追缴已成为腐败犯罪处理的重要组成部分,关于此,国内立法一般具有较为成熟的经验。然而,在国家主权原则的投影下,司法管辖权受到空间限制,国内追缴腐败犯罪所得资产的经验无法适用于外逃资产的追回,因此需要探索一条新的路径。于是,国际合作成为20世纪90年代以来解决外逃资产问题的主要手段。另一方面,早期对腐败犯罪外逃资产追回的国际合作缺乏国际法依据,合作的深度有限。自上世纪60年代起,腐败犯罪资产流出国就开展相应的资产追回行动,但是由于缺乏国际法支持以及资产追回经验,取得的成果也极为有限。比较具有代表性的是菲律宾追回前总统马科斯的外逃资产以及尼日利亚追回阿巴查家族转移至英国、瑞士等国的资产。然而,这些代表性的事件无不呈现如下特点:一是追回周期长,耗资巨大。例如,菲律宾政府在追回前总统马科斯的外逃资产前后历时约16年半(1987年7月—2004年1月),其间采取了"大鸟行动"、与瑞士联邦高等法院谈判以及长达三年的民事诉讼和各种执行程序,耗费了大量的资源。① 二是缺乏专门性的国际立法规定。由于资产追回涉及一国司法主权问题,因此资产流出国无法对资产流入国进行司法干预。腐败犯罪资产追回欠缺专门性国际立法,导致实践中各国资产追回的方式大相径庭,资产流出国与资产流入国在短期内难以就相关事项达成一致意见,外逃资产的追回困难重重。在这种背景下,《公约》应运而生,《公约》在序言部分就旗帜鲜明地表达了对外逃资产的处理立场,要求各缔约国应当"更加有效地预防、查出和制止非法获得的资产的国际转移,并加强资产追回方面的国际合作"。② 为此,《公约》第五章确立了资产追回制度,通过事前监测预防、事后追回以及其他配套措施预防资产外逃以及对外逃资产的有效追回,为解决腐败犯罪资产外逃问题提供新的方案。

二、事前防范:预防和监测犯罪所得转移的机制

作为资产追回的事前防范措施,《公约》第52条规定了预防和监测犯罪所得的转移的机制。由于各种金融中介机构发展迅速,针对客户身份、资产以及交易信息等保密措施越做越好,由此,资产跨境追回的难度也相应地加大。从文义上看,预防和监测犯罪所得的转移并非资产追回本身,但是对于腐败犯罪而言,一旦资产流向国外,犯罪分子就会通过各种金融

---

① 林雪标. 腐败资产跨境追回问题研究. 中国检察出版社,2012:40-45.
② 《联合国反腐败公约》序言。

手段巧妙地将这些资产予以分割、潜藏,对于这些已经进入国外金融系统的资产跟踪与追缴成为跨境资产追回的重要前提,为此,《公约》第52条主要从金融监测角度对资产的流向进行管理,尤其要求强化对国家公职人员以及非正常资产流动的监督,以便从源头上遏制资产外逃。

从《公约》第52条的规定来看,预防与监测的对象主要是特定法律主体(包括自然人和法人)及其账户。具体而言,包括存入大额账户的资产的实际受益人、(正在或者曾经)担任重要公职人员及其家庭成员和与其关系密切的人,或者这些人的代理人。对于这些人员,公约要求缔约国应当加强审查,如果存在可疑的行为应当依据本国的法律向主管机关报告,并且不得妨碍金融机构合法业务的展开。① 需要注意的是,此处"关系密切的人"应当作实质的理解,即不仅仅包括除却家庭成员以外的近亲属,还应当包括基于某种原因而产生的特殊关系,如基于债权债务原因而产生的关系亦可以成为此处的"关系密切的人"。这是因为,越来越多腐败犯罪分子通常并不直接将资产转移到自己或家庭成员的账户,而是采取更加隐蔽的方式,通过某些密切关系者的账户来进行储存,从而逃避监测。在这种情况下,对此"关系密切的人"作实质的理解是对预防与监测对象范围的合理扩张,这种见解亦是与《公约》的精神相契合的。

为了贯彻预防与监测机制,《公约》亦规定了相应的配套措施:

第一,针对特定自然人、法人的反洗钱措施。关于反洗钱措施,《公约》在第14条作了一般性的规定,同时在第5章第52条第2项针对预防与监测犯罪所得的反洗钱措施作出专门规定。通过各种金融手段防止非法资产向不同法域流动对于腐败犯罪所得的查处极为有利,为此,制定强有力的反洗钱措施对于预防腐败犯罪资产外流具有重要意义。《公约》第14条规定洗钱犯罪的一般预防措施,主要包括6个方面的内容,即有效核实客户身份、对交易信息保持有效记录、加强跨境交易监管、报告可疑的交易、建立金融情报机构以及开展国内和国际合作。② 这些措施在效力方面存在一定的差异,有的是强制性义务(如保持有效记录、加强跨境交易监管),也有的是倡议性的规定(如建立金融情报机构、开展国内国际合作),但是其目的都是为打击洗钱犯罪提供便利。《公约》第52条在预防与监测犯罪所得环节亦对反洗钱措施作出了相应的规定,要求缔约国在本国辖区内应当强化对特定自然人、法人的身份审查,并且将此决定(依据其他缔约国的请求或者国内自行作出的决定)通知相关金融机构。③ 与此同时,《公约》还要求各缔约国的金融机构应当保存上述特定人员的身份资料、账户以及交易信息,并且尽可能地挖掘实际受益人的信息。④ 通过这些金融措施,特定人员的资产流转都被置于严密的监控之下,从而有效的预防通过金融手段转移资产的行为。

其次,针对公职人员的财产申报制度。财产申报制度是对公职人员财产进行监管的重要方式,能够对资产的非法流动起到有效的预警作用(如公职人员无法说明超越申报财产的资产来源时,可以依照国内法的规定对其追诉)。《公约》要求缔约国应当建立有效的财产申

---

① 《联合国反腐败公约》第52条第1款。
② 张士金.资产追回国际法律合作问题研究.中国人民公安大学出版社,2014:121.
③ 《联合国反腐败公约》第52条第2款。
④ 《联合国反腐败公约》第52条第3款。

报制度,并对违背该制度的公职人员给予相应的制裁。与此同时,为了确保财产申报的全面性(某些财产可能转移到国外),《公约》主张各缔约国过关机关在公职人员财产申报信息交换上应当加强国际合作,拓宽财产申报制度对公职人员资产监测的广度与深度。① 但是,《公约》并没有对财产申报的内容予以明示,各缔约国在财产申报制度的设计标准上也存在较大的差异。此外,《公约》所强调的财产申报制度并不适用于一切公职人员,只有可能获得非法资产的人员才应当进行财产申报,如具备财务决策的公职人员、对公共财产有处置权的公职人员等。

再次,要求在外国银行享有特殊利益的公职人员承担报告义务。《公约》要求各缔约国对于在外国银行账户拥有利益、对该账户拥有签名权或者其他权力的公职人员应当承担一定的报告义务,并且对违反这种义务的人员应当给予相应的制裁。公职人员的这种报告义务并没有纳入财产申报义务之内,而是作为特殊义务单列出来。

最后,强化对空壳银行的监管。按照《公约》第52条第4款的规定,各缔约国应当在监管机构的帮助下禁止有名无实或者并不附属于监管金融集团的银行,即空壳银行。这种空壳银行通常并不受设立地的法律监管,因而能够有效地通过各种金融手段掩护资产的流转,成为腐败犯罪资产流转的重要途径。由此可见,空壳银行不仅本身逃避国内法的规制,而且常常为腐败犯罪的资产外逃提供便利,也正因为如此,《公约》强调缔约国应当禁止设立空壳银行,同时发表倡议避免缔约国国内的金融机构与这些空壳银行进行合作。

总体以观,《公约》所设定的预防和监测犯罪所得的转移是一套严密的事前防范体系。在该体系中,金融监控与国际合作是两条核心的脉络。金融监控通过在资产流转过程中(尤其是向境外流转)对特定人员身份、账户以及交易信息等进行记录和保持,从而实现对特定人员资产外逃行为的事前预防。例如,《公约》要求各缔约国履行反洗钱措施,在这个过程中,掌握资产的流向、人员的身份甚至是实际受益人的身份是反洗钱措施展开的关键,而金融监管的效果直接关涉上述问题。在预防和监测犯罪所得的转移机制中,国际合作主要是各种信息的交流合作,以实现资产转移的跨国监控。《公约》第52条全方位地贯彻国际合作思想,从反洗钱到监管特定身份的人员再到对空壳银行的监管等都有着国际合作的影子。通过贯通这两条脉络,缔约国对于特定人员的身份、账户以及交易信息等进行全方位地监控,为预防腐败犯罪分子转移资金奠定了良好的基础。

然而,《公约》确立的预防和监测犯罪所得的转移机制只是一种理想的状态,实际操作过程中却困难重重。首先,《公约》所设定金融监控门槛过高。依据《公约》第52条的规定,各缔约国应当履行对特定人员身份核实、强化对账户的审查、采取有效措施防范洗钱活动以及禁止空壳银行等,还要求国内金融机构与他国金融机构(通过主管机关)进行信息交互。且不论各国由于金融监管体制差异②会造成信息交互的障碍,仅仅对国内金融机构及金融管理部门提出的上述要求就需要建立在极高的金融监管水平与完善的金融监管制度基础之上,而很多国家尤其是发展中国家金融监管水平与金融监管制度在相当长一段时间内无法

---

① 《联合国反腐败公约》第52条第5款。
② 关于金融体制监管,实践中存在统一监管、双重多头监管以及分业监管三种模式。实施统一监管或者一体化监管的国家主要有英国、德国以及日本等,美国采取的是双重多元牵头监管模式,而中国则采取分业监管模式。王大庆. 一体化监管模式:未来全球金融监管的发展方向. 经济与管理研究,2010(3).

达到《公约》的要求,只能望而却步。其次,存在监测的空白。《公约》要求缔约国采取金融手段监测犯罪所得的转移,然而,很多腐败犯罪分子并不通过金融账户来转移犯罪资产,如购买贵重物品并转移至境外,在此情况下,金融监管措施就会变得异常乏力。析言之,《公约》所确立的腐败所得监测机制并不全面,存在明显的监测空白。最后,资产监测与人权保障的协调问题。诚然,《公约》所确立的预防和监测犯罪所得的机制是基于犯罪预防(社会防卫)的立场,但是在具体手段上可能会逾越人权保障的界限。《公约》要求各缔约国对重要公职人员个人和其家庭成员以及其他密切关系的人员都进行全方位的金融监控(包括人员身份、账户以及交易信息等),尤其是其他密切关系的人在不同国家刑事立法中的判定标准可能存在较大的差异,这就可能存在侵犯人权的风险。

三、事后追回:直接追回与间接追回措施

《公约》第53条至第57条对资产追回措施进行了详细的规定,其中包括通过直接进行跨国司法交涉的直接追回措施,以及通过请求资产流入国没收犯罪所得并返还(资产流出国)的间接追回措施。这种事后追回机制为跨境资产追回的国际合作提供了国际法依据。

(一)基于跨境司法交涉的直接追回措施

腐败犯罪分子转移资产的主要目的在于获取非法收益,为此,腐败犯罪分子往往会将资产分流到不同的法域,从而逃避国内相关部门的追查。在国家司法主权原则之下,腐败犯罪所得跨境追回很难通过司法渠道来化解(除非存在双边或者多边协议)。为此,必须要突破司法管辖权的国际界限,增强司法权的国际合作,从而为全面追缴腐败犯罪分子的外逃资产提供保障。《公约》第53条确立了基于跨境司法交涉的直接追回措施,突破了司法权的国内界限,为跨境资产的追缴提供有效的司法救济渠道。具体而言:第一,要求缔约国采取措施允许其他缔约国在本国范围内通过民事诉讼的方式追回犯罪分子所得资产;第二,本国法院应当(通过裁判)命令腐败犯罪分子向受到损害国家给予补偿或者支付相应赔偿;第三,法院或者主管机关对腐败犯罪分子的财产没收时,应当允许他国依照《公约》的规定获得财产的所有权。① 在这三种直接追回措施中,第一种是允许资产流出国通过跨境民事诉讼的方式来追回财产,从而将资产追回从国内刑事诉讼中剥离出来。这种诉讼在本质上属于民事确权诉讼,②即明确腐败犯罪分子所转移的资产的归属。第二种措施是基于损害赔偿的视角,将对资产流出国的损害纳入审判的考虑范围,并将资产来源国定位为损害的第三方,依据损害赔偿的方式判决腐败犯罪分子给予资产流出国补偿或者赔偿。第三种措施是根据资产流入国的法院与主管机关的决定,承认资产流出国对腐败犯罪分子所转移到本国的财产的所有权。需要注意的是,直接追回措施的适用建立在资产流入国对腐败犯罪分子启动刑事追诉程序的基础之上,换言之,需要资产流入国的法院或者主管机关肯定这些携带资产外逃分子的犯罪性并且采取特定的措施予以追究,在此基础上,再通过民事诉讼的方式将资产追缴分离出来,确保资产来源国跨越刑事程序,实现对资产的有效追缴。

---

① 《联合国反腐败公约》第53条。
② 李晓欧. 打击跨国腐败犯罪刑事司法协助制度比较研究. 对外经济贸易大学出版社,2014:28.

《公约》所确立的上述三种措施,创造了资产流出国跨境资产追回的新模式,即通过跨境司法交涉的方式解决外流资产的追回,并且以民事措施为核心。具体而言,《公约》将对资产流出国而言的刑事犯罪转化为民事意义上的损害赔偿案件,并且将资产追回独立于刑事犯罪,探索出资产追回案件的独立解决模式。这种模式的优点在于,能够有效地克服以往国际司法协助中以刑事手段难以追回外逃资产的问题,① 让资产流出国化被动为主动,直面腐败犯罪分子与外逃资产,便于资产流出国对于外逃资产的追索。② 由于对缔约国之间相互承认并执行民事判决和裁定已成为国际通行的基本规则,因此,腐败犯罪资产跨境追回的民事诉讼的裁判是具备国际法依据的。③ 与此同时,《公约》又强调资产流入国应当采取措施保障资产流出国能够有效地参与民事诉讼、判决犯罪分子补偿或者赔偿资产流出国损失抑或赋予资产流出国向资产流入国主张被其没收的流失资产。这三种直接追回措施极大地便利了资产流出国对外流资产进行全方位的追索,确保外逃资产的有效追回。

(二) 通过没收方式的间接追回措施

　　在上述基于司法交涉的直接追回措施之外,《公约》第54条还规定了由资产流入国没收犯罪所得财产之后,再返还给资产流出国的间接追回措施。该措施的实施主要有三种方式:一是根据资产流入国的主管机关执行资产流出国的法院的没收令;二是根据资产流入国的判决或者其他有效令状没收腐败犯罪分子的犯罪所得;三是在特殊情形下(犯罪人死亡、潜逃或者缺席而无法对其起诉等情形)能够跨越刑事程序径行没收腐败犯罪分子的犯罪所得。④ 为了确保资产的有效追回,《公约》在间接追回措施的设计上分为两个阶段进行:第一阶段是资产的没收,缔约国可以采取以上任一措施从腐败犯罪分子手中追缴非法资产,这种追缴既可以是基于资产流出国的请求,亦可以根据本国法的规定主动进行。第二阶段是资产的返还,即资产流入国依照《公约》、双边或者多边协定等相关规定将没收的非法资产转移给资产流出国。间接措施的设置主要是基于以下两种因素考虑:第一,追缴的便利性。资产流入国占据属地的便利,在资产的追缴上具备资产流出国所无法比拟的优势,让资产流入国没收后再依据《公约》、双方或者多边协定等将没收的资产转移给资产流出国,极大地简化了资产的追缴流程。第二,弱化资产追缴的风险。在某些情况下,域外的判决是无法得到承认和执行的,间接追回措施借助域外相关部门进行资产追回事项,从而避免因此而引发的资产追缴不力。

　　为了有效地开展没收事宜,《公约》还规定了相应的保障性措施。为了防止犯罪分子闻风转移非法资产,必须采取特定的方式固定资产,这就是《公约》第54条第2款所规定的保障性措施,即在具备合理理由的情况下,可以对这些财产采取扣押、冻结或者其他必要措施或补充措施。《公约》着重强调采取以上措施时应当具备合理的理由,且该理由必须能够让资产流入国信服。上述保障性措施显然是刑事措施,且基于《公约》的规定,这些保障性措施应当具备如下条件:第一,必须具备合法性,即是由具备刑事管辖权的机关作出的,这是奠定

---

① 如由于行为人死亡或者缺席而造成的刑事裁判障碍。
② 通过民事手段能够跨越繁琐的刑事程序,只要具有充分的证据证明行为人的资产是非法获取的,通常就能够较为有效地追回外逃资产。
③ 陈雷.《联合国反腐败公约》与资产追回制度.华东刑事司法评论,2006(1).
④ 《联合国反腐败公约》第54条第1款。

该措施合法性的依据。第二,必须具备合理性,即要让资产流入国有充足的理由相信采取上述措施是必要的。第三,符合目的正当性,即之所以采取上述措施是为了能够有效地确保资产的没收。除此之外,公约还引入了类似财产保全的措施,即缔约国"考虑采取补充措施,使本国主管机关能够保全有关财产以便没收,例如基于与获取这种财产有关的、外国实行的逮捕或者提出的刑事指控"。①

当然,间接追回制度毕竟是一种主要借助资产流入国的措施来实现资产追缴的方式,因此,有必要通过特定措施加强国际合作。关于此,《公约》第 55 条以及第 56 条就国际合作的内容作出了具体规定,包括:执行外国的没收判决、司法协助以及特别合作三个方面。首先,《公约》第 55 条规定了执行外国判决的两种方式:一是资产流入国依照资产流出国的请求执行其判决,这种方式通常要求资产流入国国内法有规定,或者二者之间存在双边或者多边协定。二是对《公约》第 46 条作出变通,由资产流入国作出没收判决。为了确保上述执行能够有效作出,《公约》赋予了资产流入国特定义务,即应资产流出国的请求,资产流入国必须采取特定措施固定没收财产,以便于后期没收工作的展开。其次,关于间接追回过程中的司法协助工作,《公约》对其程序以及拒绝理由作出了详尽的规定。依照《公约》第 55 条第 4 款的规定,资产流出国请求资产流入国采取司法协助措施时应当遵循流入国本国法的规定或者二者之间存在的双边或多边协定的安排。② 该款主要是注意性规定,用以说明司法协助措施采取的法律依据。《公约》在间接追回的司法协助拒绝的理由上给予了详尽的规定,即如果资产流入国没有收到请求用以证实资产流出及其归属的充分证据或者认为资产的价值极为低廉时,则可以解除上述规定的司法协助。当然公约仍然倡议,如果有可能,资产流出国应当给资产流入国说明继续保持上述司法协助措施的机会。③ 最后,关于特别合作机制,严格意义上说它既适用于直接追回措施也适用于间接追回措施,属于一般性的义务规定。依照《公约》第 56 条之规定,在不影响本国法律或者不影响本国侦查、起诉或者审判程序的情况下,各缔约国应当就腐败犯罪资产追回问题自发的提供相关材料信息,而无需事先请求。这种主动的信息提供机制最初在《联合国打击跨国有组织犯罪公约》(U. N. Convention Against Transnational Organized Crime)第 18 条中予以规定④。主动信息提供机制为腐败犯罪的国际合作开拓了新视角,也为跨境资产追回国际合作迈向更深层次提供了法律依据。

在对上述腐败犯罪分子犯罪所得没收完毕之后,需要进入下一个程序,即资产的返还与处分阶段。《公约》第 51 条将资产返还作为其基本原则之一,为此,在第 57 条设置了要求执行没收令状或者判决的国家应当强制返还没收财产(给资产流出国)的义务,即应当依照《公约》或者其国内法的规定处分,包括返还给原合法的所有人(资产流出国)。与此同时,《公约》还要求各缔约国均应当根据本国法律的基本原则,确保在采取相关行动时能够妥善地考虑到善意第三方的权利(通常是资产流出国)。由此可见,《公约》将资产返还义务作为一项强制性义务予以确立,确保资产追回国际合作的有效性。当然,《公约》也并非要求各缔约国

---

① 《联合国反腐败公约》第 54 条第 2 款第 3 项。
② 《联合国反腐败公约》第 55 条第 4 款。
③ 《联合国反腐败公约》第 55 条第 8 款。
④ 2000 年《联合国打击跨国有组织犯罪公约》第 18 条第 4 款规定:"缔约国主管当局如认为与刑事事项有关的资料可能有助于另一国主管当局进行或顺利完成调查和刑事诉讼程序,或可促成其根据本公约提出请求,则在不影响本国法律的情况下,可无须事先请求而向该另一国主管当局提供这类资料。"

在他国资产追回过程中承担无偿义务,在采取没收行动之前,依照《公约》第57条第4款的规定,被请求采取措施的缔约国可以扣除因司法程序而发生的合理费用,并且可就上述费用的具体数额与请求国协商。这一规定在某种程度上突破了前述规定强制返还义务,确保被请求国的合理利益,有助于资产追回国际合作的展开。

（三）检讨

基于跨境司法交涉的直接追回措施和通过没收方式的间接追回措施是《公约》所确立的资产追回制度的核心内容,通过对以往资产追回国际立法的借鉴以及对资产追回国际合作的创新,这两项措施对于腐败犯罪外逃资产的跨境追回具有重要的意义。一方面,《公约》所确立的直接追回措施,将资产流出国作为民事主体,依照民事确权之诉、民事侵权之诉或者善意第三人制度来确保资产流出国跨越刑事诉讼的障碍,直接有效地面对犯罪分子和流失的资产,这极大地便利了资产追回工作的展开。另一方面,关于通过没收方式的间接追回措施,《公约》要求通过广泛而深入的国际合作来确保对腐败犯罪分子犯罪所得的控制,同时要求执行没收措施的缔约国承担强制返还的义务。

上述追回机制对于各缔约国国内法的调整和完善也提出了新的要求。首先,提升金融监管水平,设立金融情报机构。不论是直接措施还是间接措施都涉及腐败犯罪分子犯罪所得信息的获取与分析问题,这就要求各缔约国应当提升国内金融监管水平,强化对腐败犯罪分子资产流向的追击与监控。为此,《公约》第58条发表倡议,建议缔约国设立金融情报机构,负责专门收集可疑的金融交易信息,从而便于对此类犯罪的打击。其次,推广《公约》所设立的资产追回机制,促进资产追回模式的统一化。以往的资产追回主要是通过跨境司法协助或者引渡的方式进行,这些措施通常建立在双边或多边协定或者被请求国主管机关同意的基础上。并且,通过这种方式,外逃资产追回的成本与效果都极为有限,这一点从赖昌星遣返案可见一斑。① 为此,《公约》强调:"缔约国应当相互合作,以预防和打击根据本公约确立的犯罪而产生的所得的转移,并推广追回这类所得的方式方法。"最后,协调国内立法与《公约》规定。《公约》第53条所确立的直接追回机制要求跨越刑事程序,通过民事手段解决资产追回问题,这是对国家司法主权原则的明显突破。为与这一规定相协调,缔约国应当对国内立法作出相应调整,接纳《公约》所确立的这一特殊规定,为直接追回措施的有效展开提供国内法依据。

然而,《公约》所确立的直接追回与间接追回措施也存在一定障碍。首先,《公约》所确立的直接追回措施受困于民事措施的固有缺陷。以往的实践表明,民事措施在资产追回上需要耗费大量的资源与时间,"民事追回途径因法域的不同而呈现出巨大差异",②导致在民事措施的执行上困难重重。例如,不同国家的立法在腐败犯罪资产的认定以及处理措施上存在差异,这就导致资产流出国所请求追回的数额与被请求国所认定的数额不一致,这种差异无疑将影响资产的具体追回。除此之外,民事措施的强制力有限,难以对外流资产进行强有力的控制。其次,间接追回措施要求缔约国采取刑事没收的方式追回外逃资产。然而,刑事模式必须要被请求国对腐败犯罪分子进行定罪,随后才能进一步展开,如果行为人死亡或者

---

① 黄风,赵琳娜. 境外追逃追赃与国际司法合作. 中国政法大学出版社,2008:134-135.
② 张士金. 对资产追回国际法律合作的现实考量. 政法论坛,2010(1).

因为其他原因而不能展开刑事程序,则刑事没收也无法进行。而且,这种没收程序的启动通常要求请求国与被请求国之间存在双边或者多边协定,也正是为了确保上述措施的有效展开,《公约》在资产追回机制的最后(第59条)也倡议缔约国应当确立双边或者多边协定。但是双边或者多边协定的缔结需要经过漫长的过程,《公约》所构建的通过刑事没收间接追回外逃资产的措施仍然需要较长时期的奠基工作。

四、结语

跨境资产追回既是清理腐败的重要方式也是防止国内资产流失的重要手段。《公约》第5章所确立的事前防范与事后追回的双效机制,对腐败犯罪外逃资产的有效追回具有重要意义。《公约》在以往资产追回制度上进行了极大的创新:(1)强调金融监测的重要作用,构建全面有效的事前预防体系,瓦解腐败犯罪分子利用金融工具进行资产分流的措施,强化资产追缴的实效性。(2)跨越司法管辖权的国际界限,确立基于跨境司法交涉的直接追回措施,以民事手段(民事确权之诉、民事侵权之诉)消解刑事措施的弊病,让资产流出国直面犯罪分子与外逃资产,减少资产追缴的障碍。(3)通过没收与强制返还义务的设置间接追回外逃资产,倡议缔约国就资产没收与返还问题建立全面的国际合作。与此同时,《公约》也借鉴了相关国际法律规范,最为典型的是在第三人权益保障方面几乎照搬了《联合国打击跨国有组织犯罪公约》的相关规定。

当然,由于形形色色的原因,《公约》在腐败犯罪外逃资产跨境追回方面仍然存在一定缺陷。首先,就预防与监测措施而言,《公约》所设置的监测门槛过高,至少发展中国家在短期内难以达到这种监测标准。其次,通过民事手段直接追回资产也会由于法域差异以及强制力弱等因素而影响具体追回的效果。最后,间接追回措施所要求的前提要件(通常要求双方具有双边或多边协议)在短期内难以实现,而且刑事没收往往以被请求国依据国内法对行为人进行定罪为前提(除非犯罪人死亡、潜逃或者缺席而无法对其起诉),不利于请求国对外逃资产的快速追缴。

依照《公约》之精神,在外逃资产追缴的过程中,各国应当加强金融监测,深化司法交涉,缔结双边或多边协定,从而奠定资产追回制度有效运作的现实基础,提升外流资产跨境追回的实效性,最终实现抑制腐败犯罪与减少经济损失的双赢效果。

(责任编辑:叶　泉)

行政执法与刑事司法衔接机制的实证性考察
——以对《珠海经济特区行政执法与刑事司法衔接工作条例》出台及运行的评价为例

王 硕

摘 要 我国虽已对行政执法与刑事司法衔接制度作出了具体规定,但两法衔接仍是困扰法律实践的难题。两者之间的衔接既面临着理论困境的突破,也缺乏对实际运行数据的分析评判。通过对全国首部地方性法规为切入点的实证性研究,试图寻找解决问题的路径,以期为今后的两法衔接工作提供有益借鉴。

关键词 行政执法 刑事司法 衔接机制 实证研究

通过对既有的关于两法衔接立法状况进行梳理发现,除了《行政处罚法》《刑法》《刑事诉讼法》中有个别条款涉及两法衔接外,自2001年至今的十几年间,已有众多关于两法衔接的专门性法律规定相继出台。2001年国务院出台了《行政执法机关移送涉嫌犯罪案件的规定》,这部行政法规是目前为止对两法衔接制度进行专门规定的最高法律文件。由于两法衔接问题横跨行政与司法两个领域、涉及多个部门,为了理顺相关部门的职责关系,最高人民检察院分别于2001年12月、2004年3月、2006年1月单独或与其他部门共同发布了三部规范性文件①。2011年中共中央办公厅、国务院办公厅转发了《关于加强行政执法与刑事司法衔接工作的意见》(以下简称2011年《意见》)。由于该意见制定主体广泛,虽不是严格意义上的"法",但该文件颁布的重要性毋庸置疑。在具体的行政执法领域,多部委也联合公安部针对本领域的两法衔接工作作出了具体的部署②。而在地方层面还有大量的关于两法衔接工作的意见、办法、条例等。可以看出,两法衔接在立法方面形成了以一部行政法规为核

作者简介:王硕,吉林大学法学院博士研究生、吉林大学珠海学院行政系讲师。

① 这三部规范性文件分别是:2001年《人民检察院办理行政执法机关移送涉嫌犯罪案件的规定》、2004年《关于加强行政执法机关与公安机关、人民检察院工作联系的意见》(以下简称2004年《意见》)、2006年《关于在行政执法中及时移送涉嫌犯罪案件的意见》(以下简称2006年《意见》)。

② 公安部、国家版权局2006年3月发布了《公安部、国家版权局关于在打击侵犯著作权违法犯罪工作中加强衔接配合的暂行规定》。2006年3月,公安部和海关总署共同发布了《关于加强知识产权执法协作的暂行规定》。2006年1月公安部和国家工商行政管理总局共同发布了《关于在打击侵犯商标专用权违法犯罪工作中加强衔接配合的暂行规定》。2007年5月,农业部、公安部联合下发了《关于在农资打假中做好涉嫌犯罪案件移送工作的意见》。2008年5月,中国保险监督管理委员会印发了《中国保监会关于在行政执法中及时移送涉嫌犯罪案件的规定》。2015年3月,人力资源社会保障部、公安部共同发布了《人力资源社会保障部、公安部关于加强社会保险欺诈案件查处和移送工作的通知》。

心、四部意见为辅助、多部部门规定性文件及地方性规定为补充的制度框架。这反映出国家对此项工作的高度关注,立法成果众多。

珠海市出台的《珠海经济特区行政执法与刑事司法衔接工作条例》(以下简称《条例》),于2014年11月28日由珠海市第八届人民代表大会常务委员会通过,自2015年3月1日起实施。由于珠海市地处经济特区,具备较大市立法权以及特区授权立法权的双重立法优势。就特区授权立法而言,其承担着全局立法试验田先行先试的重要使命。在不与法律和行政法规的基本原则相抵触的情况下,可对相关问题作出创新性的立法规定。特区授权立法制定的《条例》也被期待能够在完善两法衔接制度上有所突破。从总体上看,该《条例》呈现出如下几个特点:首先,其定位为一部保障执法的法。在两法衔接移送程序的规定上、工作监督的具体保障上、信息平台管理的实际运行上以及法律责任的追究上等多个方面都作出了具体的规定。解决了以往所存在的政策层面高、原则性规定多而可操作性差的弊端。其次,作为首部地方性法规,其既为其他地方性法规的建立树立了样板,同样也会成为后来者探讨、评判的对象。这也体现出《条例》先试先行的引领作用。最后,十八届三中全会《关于全面深化改革若干重大问题的决定》中将两法衔接作为全面深化改革的重大问题之一;十八届四中全会《中共中央关于全面推进依法治国若干重大问题的决定》中又进一步明确了两法衔接健全的方向与完善的标准①。《条例》的出台亦是对两次全会中对两法衔接规定内容的回应。

一、两法衔接所面临的困境及破解途径

行政执法与刑事司法两者的衔接问题,是与整顿及规范社会主义市场经济秩序工作相伴而凸显出来的。尽管实践中存在大量的破坏市场经济秩序和社会管理秩序的犯罪行为,但真正能够进入刑事诉讼程序的案件并不多,由此产生了"有案不移、有案难移、以罚代刑"的现象。历经了十几年,"两法衔接"问题仍是进行中的问题,其依然没有跳出"原则规定多,实务规定少"的窠臼。究其原因,两法衔接不顺畅的原因主要体现为如下几个方面:一是两法衔接中的基础性理论需要明确。二是不同部门对违法还是犯罪的定性上仍存差异,判断标准的不统一严重影响了衔接机制的顺畅。三是有效的监督制度是两法衔接的重要保障,但在两法衔接中长期存在如监督依据缺少以及监督效果堪忧等难题。四是两法衔接中信息共享平台建设需要进一步完善与规范。结合《条例》的相关规定,对以上问题进行反思与评判。

(一)刑事先理原则的反思与完善

在两法衔接机制运作中,最基础的理论当是刑事先理原则。而对该项原则多数学者持

---

① 党的十八届三中全会《关于全面深化改革若干重大问题的决定》中提出"完善行政执法程序,规范执法自由裁量权,加强对行政执法的监督,全面落实行政执法责任制和执法经费由财政保障制度,做到严格、规范、公正、文明执法。完善行政执法与刑事司法衔接机制"。十八届四中全会提出"健全行政执法和刑事司法衔接机制,完善案件移送标准和程序,建立行政执法机关、公安机关、检察机关、审判机关信息共享、案情通报、案件移送制度,坚决克服有案不移、有案难移、以罚代刑现象,实现行政处罚和刑事处罚无缝对接"。

有赞成的态度①,但也不乏质疑的声音。深入反思刑事先理原则,将是健全和完善衔接机制的关键。

刑事优先原则肇端于刑民交叉案件,在出现可能同时违反刑事法律规范和民事法律规范的情况时,应优先审理刑事法律关系。其传递的是这样一种理念,即与个人利益保护相比对社会利益与秩序的维护具有更为优先的地位,刑事的优先能够更好地保护社会整体利益。对此也引发了刑事优先原则对个人权利保护不利的担忧,受到刑法谦抑主张的批判。刑事优先原则处于既冲突又协调的两类主张当中,一方面是刑法的不断扩张,另一方面则是对刑法的不断扩张进行限制,即强调刑法的谦抑。而"两法衔接"中的刑事先理相比照于刑民案件又有所不同。首先,刑民交叉案件的刑事优先是公权力基于整体社会利益的维护而介入到了私权利的纠纷当中,而"两法衔接"中的刑事先理是两种公权力的对接问题,不论是行政处罚还是刑事处罚都是对市场经济秩序与社会管理秩序的维护,是解决行政执法机关有案不移、以罚代刑、有罪不究问题的有效回应。其次,与刑民交叉案件不同,"两法衔接"过程中所遇到的案件多数情况下并没有明确具体的受害人,因此并不存在当事人自主选择权与公权力主动介入的冲突。正是由于缺乏具体受害人的权利主张,使得案件移送监督的难度加大,易于出现以行政处罚代替刑事处罚的问题。最后,刑事先理原则强调权力之间的配合与监督。从配合方面看,涉嫌犯罪的行为人可能逃匿或者销毁证据,需要公安机关参与、配合的,可以商请公安机关提前介入。再者,对于特殊案件②公安机关、检察机关可以提前介入执法活动。从监督方面看,检察机关在接到举报、控告,或者通过其他渠道发现行政执法机关不移送或逾期未移送涉嫌犯罪案件的,应当及时向行政执法机关查询。

对于刑事先理在"两法衔接"中的作用,有观点认为如果实行刑事优先原则,等待经过漫长的刑事诉讼程序,被法院确认有罪后,再由行政执法机关作出停产、停业之类的行政处罚,则不可能及时而有效制止这种行政违法行为的继续③。还有观点主张,由于刑事处罚未必严于行政处罚,两种价值取向不同的制裁措施不应有先后之分④。虽然在规范层面上,还没有哪一部法律、行政法规或规范性文件在条文中直接规定刑事优先原则,但是从有关衔接制度的行政法规以及规范性文件的字里行间,还是可以明晰地看出刑事优先原则的体现。如2011年《意见》规定"行政执法机关在执法检查时,发现违法行为明显涉嫌犯罪的,应当及时向公安机关通报"。2006年《意见》中规定"行政执法机关在查办案件过程中,对符合刑事追诉标准、涉嫌犯罪的案件,应当制作《涉嫌犯罪案件移送书》,及时将案件向同级公安机关移送,并抄送同级人民检察院"。为了完善刑事先理原则在"两法衔接"中的适用,《条例》作出了如下几个方面的规定,弥合了刑事先理原则认识上的差异。第一,建立口头通报制度。行政执法机关在履行法定职责时,发现违法行为明显涉嫌犯罪的,或者犯罪嫌疑人有可能逃

---

① 陈兴良教授在《论行政处罚与刑罚处罚的关系》一文中指出,"在对行政犯罪实行双重处罚时,应当优先追究其刑事责任,在追究刑事责任以后,除刑事处罚吸收行政处罚的情形外,可以再行由行政机关予以行政处罚"。周佑勇教授在《论行政处罚与刑罚处罚适用衔接》一文中指出,"在适用程序上衔接行政处罚与刑罚处罚的关系,首先必须遵循刑事优先原则"。
② 特殊案件包括如下情况:1. 社会团体、新闻媒体、广大群众反映强烈的行政执法案件;2. 检察机关在对行政执法机关专项检查中,发现违法行为涉及金额较多、波及范围较广、造成影响较大并尚未移送的案件;3. 涉及重大人身安全、公共安全及利益的食品安全、生产安全、环境污染、资源掠夺、偷税漏税及渎职侵权等案件。
③ 谢治东.行政执法与刑事司法衔接机制中若干问题理论探究.浙江社会科学,2011(4).
④ 练育强."两法"衔接视野下的刑事优先原则反思.探索与争鸣,2015(11).

匿、销毁证据、转移或者隐匿涉案财物的,应当立即口头通报公安机关,并可以依法采取必要的处理措施。公安机关应当立即派人进行调查,并依法作出立案或者不立案的决定。第二,行政处罚的适度优先。出于对公共利益的保护,原本需要等待刑事处罚的完成才能进行的行政处罚,可以在移送案件时或者移送案件后依法作出责令停产停业、暂扣或者吊销许可证、暂扣或者吊销执照等行政处罚决定。第三,双向移送衔接制度。对于不需要追究刑事责任,但依法应当给予当事人行政处罚的,应当在作出结论后移送行政执法机关处理。

(二)衔接中行为定性标准的难题与解决

行政执法机关自我消解案件的情况是"两法衔接"所着重解决的难点问题。但现实的情况可能是并非行政执法机关不移送,而是由于对案件性质定性不准或由于执法人员水平不高所造成的。之所以存在该种情况,一方面是由于价值取向、职责分工等方面的差异,使得行政执法人员与公安人员对一项行为的定性不尽一致;而另一方面,不得不说是和我国散在型立法方式密切相连。

在刑法理论上,往往把这种在经济行政法规中设置刑法规范的立法方式,称为散在型立法方式。散在型立法方式可以分为依附性与独立性两种,我国主要采用依附性的散在型立法方式,即经济行政法规中的刑法规范必须依附于刑法典才有存在的意义。离开刑法典,这些刑法规范就无从发挥作用①。采用依附性的立法方式往往只是规定对某种犯罪行为依照或者比照刑法典的规定追究刑事责任,甚至只是笼统规定依法追究刑事责任,而没有直接规定罪名和法定刑,因此存在许多缺陷②。为规范"两法衔接"适用依据的一体性,多数学者主张独立性的散在型立法方式,即在经济行政法规中设置具有独立罪名和法定刑的刑法规范③。但以目前的情况来看,试图以经济刑法典的形式来统领"两法衔接"在立法体例上的一体化还需时日。而对于如何处理好衔接机制的前设性难题尚未有有效的理论、制度能够解决。

为保证《条例》更好地贯彻执行,珠海市在以下两个方面所做的工作从一定程度上弥补了行为定性认识上的差异。一方面,从法律清理工作入手,汇编了《行政执法与刑事司法衔接工作常用刑法罪名及移送标准》一书,作为日常工作参考用书。该书将行政法规、刑法、司法解释进行整合,以各行政执法单位执法过程中常见刑法罪名为查询目录,形成了刑法罪名—行政处罚依据—刑法依据—案件立案标准的对应体系。另一方面,加大执法人员的培训考核工作,将"两法衔接"纳入公务员年度普法考试范围。

(三)衔接监督上的困境及解决

虽然学界对检察权的性质问题有不同的看法④,但不论观点如何都不可否认的是检察

---

① 陈兴良. 论行政处罚与刑罚处罚的关系. 中国法学,1992(4).
② 例如原则性规定的刑事罚则,一般无法在刑法典中找到相对应的罪刑规定,往往导致难以甚至不能适用而形同虚设;二是援引性或者比照性规定的刑事罚则,又往往显得十分牵强、不合理,使得它们与刑法典不协调,并导致刑法典失去规范性,犯罪的构成要件失去统一性。参见张明楷. 刑法的基础观念. 中国检察院出版社,1995:338、339.
③ 陈兴良教授在《论行政处罚与刑罚处罚的关系》中、周佑勇教授在《试论行政处罚与刑罚处罚的立法衔接》中都主张独立性的散在型立法方式。
④ 主要有如下四种观点:一是认为检察权是一种行政权;二是认为检察权是一种司法权;三是认为检察权是一种兼具行政权和司法权双重属性的权力;四是认为检察权是一种法律监督权。

机关在两法衔接过程中所起到的重要督导作用。作为衔接机制的主导机关,检察机关的法律监督权如同一条疏通管道一样,一头联结着行政权,一头联结着司法权,通过管道的过滤和衔接作用,执法资源在管道内流通、配置,使得整个衔接机制始终保持一种开放、运动的状态①。从两法衔接机制的实际运行来看,主要涉及检察机关对公安机关的立案监督及检察机关对行政执法机关的移送监督两个方面。对于立案监督来说,检察机关对公安机关立案侦查有着明确的法律依据,这一点不论从《中华人民共和国人民检察院组织法》还是从《人民检察院刑事诉讼规则(试行)》(2012修订)等法律当中都能找到对应的条款②。这就足以保证检察机关对公安机关立案监督的顺利实现。

"两法衔接"监督机制的难点在于检察机关对行政执法机关的案件移送监督。从立法依据上来看,移送监督没有明确的规定或者说移送监督的表述是模糊的。依据的不明确是监督难以开展的一个方面。从现有的规范性法律文件来看,由于移送监督权属于权力运行、制度架构等国家基本制度范畴,不可能突破《立法法》第8条、第9条之规定,所以人民检察院对行政执法机关也仅能是提出移送涉嫌犯罪案件的检察意见。如在2011年《意见》第十五项中规定,"人民检察院发现行政执法机关移送或者逾期未移送的,应当向行政执法机关提出意见,建议其移送"。而检察意见对行政机关来说并没有强制效力。以往的实践来看,对此问题的解决无外乎有两种方式:一种是由人民检察院将相关情况通知公安机关,公安机关根据人民检察院的意见主动向行政机关查询案件,必要时直接立案侦查。同样是2011年《意见》第十五项中规定,"人民检察院建议移送的,行政执法机关应当立即移送,并将有关材料及时抄送人民检察院;行政执法机关仍不移送的,人民检察院应当将有关情况书面通知公安机关,公安机关应当根据人民检察院的意见,主动向行政执法机关查询案件,必要时直接立案侦查"。而该种方式不啻为立案监督权的延伸。另一种方式是向上级人民检察院汇报,由其向同级行政执法机关通报、协调。如在《国家工商行政管理总局、公安部、最高人民检察院关于加强工商行政执法与刑事司法衔接配合工作若干问题的意见》第六项中规定:"对于工商机关不移送或者逾期未移送涉嫌犯罪案件等问题,公安、工商机关可以协商或者提请上级机关协调解决;仍有异议的,公安机关可以建议人民检察院进行纠正。……工商机关仍不移送的,人民检察院应当将有关情况书面通知公安机关并函告上级工商机关,必要时公安机关可以直接立案侦查,工商机关应当积极配合。"这则体现为上级行政机关对下级行政机关的领导。可见,两种办法都是以迂回方式来实现人民检察院对行政机关移送案件的监督。移送监督难的另一个方面体现为,从国家权力的界分上来看行政执法与刑事司法分别隶属于不同的权力系统。对于原本作为封闭性的行政执法系统,如若监督不当,就有干涉、取代行政机关执法权之嫌。因此除了特殊案件需要提前介入的情况外,检察机关应当尊重行政机关的执法办案,这就不可避免地导致了移送监督的主要方式为事后监督,即通过对已作出行政处罚决定案件当中的案情、案由、处罚依据来发现应移送而未移送等问题。事后监督的弊端在于即使发现了应予以移送的案件,也很可能会因为原始证据的不完整而导致无法追

---

① 李辰星. 行政执法与刑事司法衔接机制研究. 武汉大学博士论文,2013.
② 如《中华人民共和国人民检察院组织法》第5条各级人民检察院的职权中规定:"对于公安机关侦查的案件,进行审查,决定是否逮捕、起诉或者免予起诉;对于公安机关的侦查活动是否合法,实行监督。"《人民检察院刑事诉讼规则(试行)》(2012修订)在刑事立案监督中规定:"人民检察院依法对公安机关的刑事立案活动实行监督。"

究刑事责任的情况出现。

将移送问题纳入政府和有关部门的综合考核评价体系,不失为当下解决移送难的一项有益探索。对此,《条例》的第22条规定:"市人民政府对行政执法机关落实本条例的情况进行检查,并纳入依法行政考核。"结合2013年的《广东省法治政府建设指标体系》第31条的规定①来看,依法移送涉嫌犯罪案件业已成为完善行政执法体制和机制的一项重要考评指标。考评机制的引入虽然没有从根本上解决移送监督的难题,这需要以法律的形式明确授予人民检察院移送监督权才能实现。但考评机制作为移送监督的辅助方式,在某种程度上能够调动起行政机关移送案件的积极性,改变行政机关在检察机关面前的被动受管制状态。

(四)信息共享平台建设上的不足与完善

信息共享平台的建设,首先规定于2004年《意见》中,其规定"要建立情况信息通报制度,并在加强保密工作的前提下,逐步实现各行政执法机关信息管理系统与公安机关、人民检察院的信息联网共享。"随后2006年《意见》与2011年《意见》都有相应的规定。尤其是2011年的文件中作出了非常明细的规定,强调要"将行政执法与刑事司法衔接工作信息共享平台建设纳入电子政务建设规划,拟定信息共享平台建设工作计划,明确完成时间,加大投入,加快工作进度,充分运用现代信息技术实现行政执法机关、公安机关、人民检察院之间执法、司法信息互联互通"。

但在实际运行过程中却存在诸多问题,如并没有将所需要移送的案件进行登录,充分利用信息平台进行沟通交流,而只是将其作为一般性的"信息交流平台"来使用。有些行政执法机关为了完成所谓的考核任务,只是将已经移交并经司法机关立案的案件进行登录,这就背离了信息共享平台设置所追求的"网上录入、网上移送、网上受理、网上监督"的本意。这里既有客观原因,如缺少专门的人员和设备,缺少明确有效的操作规范,影响了信息录入的及时、准确;也有着主观上的原因,由于移送案件必将自己置于监督之下,平添麻烦与不利,使得各成员单位对该项工作并不重视。

为保证信息录入的及时完整且不流于形式,《条例》在如下方面作出了明确的规定。一是成立专门机构指定专门人员负责此项信息录入工作。《条例》第25条规定:"指定专门内设机构、配备专用计算机、设定专用信息点,对信息共享平台实行专人负责、专机操作、定点应用。"二是明确案件信息的录入规则,防范以往信息录入中所存在的录入信息过短、语焉不详、认识模糊等无效信息情况的出现。《条例》第27条规定:"案件基本信息包括案由、基本案情、处罚依据和处罚结果等。"三是严格明确的时间限定。《条例》规定行政执法机关、公安机关、人民检察院以及人民法院应在决定、裁定或者判决作出之日起七日内将案件信息录入信息平台。平台在实际运行当中,还破解了一些技术性的难题,如开发了信息数据导入系统,将电子政务系统与信息平台系统进行对接,实现案件信息的自动导入。

---

① 《广东省法治政府建设指标体系》第31条:"建立健全分工明确、配合默契、反应快速的行政执法协作机制,落实行政执法案件移送制度;完善行政执法与刑事司法相衔接的工作机制,依法移送涉嫌犯罪案件。"

二、两法衔接工作实际运行分析

通过对珠海市人民检察院及相关行政机关的调研①,获得了"两法衔接"实际运行状态的第一手数据。通过对相关数据的对比分析,可对《条例》出台前后以及《条例》实施以来"两法衔接"的实际运作作出相对准确的评判。数据作为可量化的评价指标具有客观真实性,这为"两法衔接"工作的进一步完善和发展奠定了更加坚实的基础。正如加里·金教授所言:"这是一场革命,庞大的数据资源使得各个领域开始了量化进程,无论学术界、商界还是政府,所有领域都将开始这种进程。"②

(一)行政执法部门移送案件及案件移送率数据情况分析

1. 数据反映的情况

表1　2014—2015年珠海市"两法衔接"行政执法机关案件处理及移送情况

年度/数据	行政处罚案件	移送刑事案件	移送率
2014年	3 960	97	2.45%
2015年	7 082	159	2.25%

数据来源:珠海市"两法衔接"信息网络平台

以上数据反映出如下情况:第一,2014年到2015年录入案件数量有较大幅度的提升,同比增长约达78.84%。第二,从公安机关受理移送案件数量这项数据来看,移送案件同样有所增长,增长约为63.92%。第三,从移送率这项指标上,移送率略有下降,两年的指标基本持平。

2. 数据情况分析

从行政处罚立案数量指标看,2015年较2014年有较大幅度的提升。这一方面说明我们的经济社会生活发展迅速,违法乃至犯罪等破坏经济秩序及管理秩序的行为激增。另一方面说明《条例》出台对于行政执法部门起到了积极的促进作用,更加配合"两法衔接"工作,愿意接受检察部门乃至社会各界的监督。从公安机关受理移送案件数量该项数据来分析,行政处罚案件数量的增加同样带来了移送案件数量的增加,两者的同比增长基本符合心理预期。

移送率是衡量"两法衔接"的一项重要指标。客观地说,从目前国内已有的相关研究来看,还没有对"两法衔接"的移送率问题进行系统细致的研究,即是说,作为"两法衔接"所着力解决的"以罚代刑、有案不移、有案难移"问题。什么样的移送率是最佳的判断标准,尚缺乏深入的探讨。这需要通过连续性的跟踪调查,通过数据的积累比对以得出移送率的合理区间。因此在没有说服力的评判指标得出之前,笼统地以移送率的高低作为评判"两法衔接"的工作情况有失公允。但从目前实际情况来看,经济犯罪高发的基本态势业已得到官方认可。移送率的降低意味着有些涉嫌犯罪案件没有进入司法程序,一些犯罪分子没有受到刑事追究。

---

① 此次调研源起于珠海市全面深化改革领导小组委托的项目,即对珠海市"两法衔接"的绩效评估工作。
② 桂昭明.大数据:人才发展决策新"罗盘".光明日报,2014-9-27(011).

(二) 公安机关受理案件立案数据情况分析

1. 数据反映的情况

表2 2014—2015年珠海市"两法衔接"公安机关案件受理及立案情况

年度/数据	受理案件数量	立案数	立案率
2014年	117	97	82.91%
2015年	159	124	77.99%

数据来源:珠海市"两法衔接"信息网络平台

以上数据反映出如下情况:《条例》实施前后的对比来看,近两年公安机关受理案件数量与立案数量这两项指标均有所提升。两项指标分别同比增长35.90%及27.84%。并且,两年的立案率都达到了较高的水平。但比较来看,2015年的立案率较2014年有所下降。

2. 数据情况的分析

在与检察院的座谈中了解到,2015年未立案数为35件,其中人社局移送的涉嫌拒不支付劳动报酬的案件为20件,占未立案案件数的57.14%。2014年未立案数为20件,其中人社局移送的涉嫌拒不支付劳动报酬的案件为5件,占未立案案件数的25%。从中可以看出,2015年移送案件立案率略有下降是因为涉嫌拒不支付劳动报酬案未立案数所占比例有大幅升高,所以导致整体立案率有所下降。主要原因在于,有些雇佣者存在拖延心理,在行政部门解决问题时不积极。当案件移送公安机关后有所忌惮,反而积极配合主动寻求解决途径。而根据《关于审理拒不支付劳动报酬刑事案件使用法律若干问题的解释》第六条规定:"拒不支付劳动者的劳动报酬,尚未造成严重后果,在刑事立案前支付劳动者的劳动报酬,并依法承担相应赔偿责任的,可以认定为情节显著轻微危害不大,不认为是犯罪。"因此,雇佣者在立案前积极支付的,公安机关相应的就会作出不立案决定。

(三)《条例》实施以来移送案件主要部门对接数据分析

1. 数据反映的情况

表3 《条例》实施以来公安机关与主要行政执法部门对接案件移送数量情况

单位	人社局	食药局	税务部门	工商部门
移送案件数	89	22	18	9

数据来源:珠海市"两法衔接"信息网络平台

以上数据反映出如下情况:"两法衔接"中案件对接数量最多的4个行政部门分别是人力资源和社会保障局、食品药品监督管理局、税务部门以及工商行政管理部门,移送案件分别达到了89件、22件18件及9件。

2. 数据情况分析

这与以往所认识到的行政犯罪多发生于经济领域的观点有所不同,体现出2015年珠海市在"两法衔接"中的不同之处。从对维护市场经济秩序及社会管理秩序密切相关的税务部门及工商部门来看,其案件数量并不是很多。究其原因,来源于两个方面:一方面,部分行政执法部门执法权限的变更,导致案件数量的下降,如工商局之前有食品这块的行政执法权,但现在统一由食药局进行执法,由于管辖职能的改变,导致移送案件数量的减少。另一方面,由于各种专项活动的开展,加上珠海两法衔接工作开展的较早、力度大。因此,工商、税务等单位开展的打击力度和预防措施比较有力,珠海市场环境有了较大改善,也导致了移送案件数量的下降。排名第二的是食品药品监督管理部门,而这个排名基本符合预期。可见关系人民群众生命健康安全的食品药品问题在相当长的一段时期内仍将值得重点关注。提高违法犯罪成本、着力打击食品药品违法犯罪行为也仍将是行政机关及司法部门共同应对的难题。

通过与人力资源和社会保障局劳动保障监察支队的座谈交流,得出了《条例》在实施以来劳动保障部门移送案件多的原因在于如下方面:其一,时间上的特殊性。《条例》自2015年3月1日起实施,其适用于珠海经济特区内的行政执法与刑事司法衔接工作。而在2015年2月3日,人力资源社会保障部、公安部联合发布了《关于加强社会保险欺诈案件查处和移送工作的通知》。其针对于欺诈、伪造证明材料等手段骗取社保基金,严重侵害基金安全的行为,进行了专门的部署。重点强调完善行政执法与刑事司法有效衔接机制,加强社会保险行政部门与公安机关的协作配合。这两项法律规范几乎在同一时段发生效力,共同推进了两法衔接在社保欺诈方面的顺利开展。其二,刑法修正案八出台之后,对于恶意拖欠薪金问题有了明确的规定。其在第二百七十六条中规定:"以转移财产、逃匿等方法逃避支付劳动者的劳动报酬或者有能力支付而不支付劳动者的劳动报酬,数额较大,经政府有关部门责令支付仍不支付的,处三年以下有期徒刑或者拘役,并处或者单处罚金;造成严重后果的,处三年以上七年以下有期徒刑,并处罚金。"适用依据的明确,也造就了劳动保障部门案件移送量多的原因。最后,不得不说的是,近年来拖欠薪金的问题得到了社会各界的普遍关注。劳动者的权利意识大幅提高,懂得利用法律手段维护合法权益。

三、存在的问题及改进的建议

以《条例》的出台为契机对珠海市的"两法衔接"工作所作的考察来看,不论在两法衔接已有困境的解决上,还是在实际运行数据的表现上都取得了良好的业绩。但"两法衔接"不仅是一项系统性的工程,同时也是一项长期性的工作,在其发展完善的过程中不可避免地暴露出一定的问题。

(一)责任追究的刚性不足

首先,责任制度的落实是"两法衔接"工作机制顺利开展的保障。《条例》在法律责任一章中,多次提到了"由主管机关或者监察机关责令改正"这样一段表述,这显得《条例》在责任追究上的刚性不足。"责令改正"并非对行为的否定性评价,其功能在于两个方面:一是消除违法行为的后果,例如对随地吐痰进行罚款,责令改正是要求对地上的痰进行清除。二是在作出最终处罚之前的缓和性举措,责令限期改正,如果没有改正再进行处罚。但如果将"责令改正"作为一项单独的责任形式显得并不适当。试想对于已经发生过的事情的"责令改正"也只能是"下不为例",并不包括对本次行为的评价。并且从以往的法律规范来看,少有将"责令改正"作为一项单独责任形式的。如《行政监察法》第45条的规定:"被监察的部门和人员违反本法规定,有下列行为之一的,由主管机关或者监察机关责令改正,对部门给予通报批评;对负有直接责任的主管人员和其他直接责任人员依法给予处分。"从该条文中可以看出,"通报批评"是责任而非"责令改正"。从《条例》出台的过程来看,其草案第一稿的 37 条中的表述较为适当,其规定"行政执法机关及其工作人员违反本条例,对应当向公安机关移送的案件不移送,或者以行政处罚代替刑罚的,由主管机关或者监察机关责令改正,给予通报;拒不改正的,对负有直接责任的主管人员和其他直接责任人员给予记过以上的行政处分;构成犯罪的,依法追究刑事责任"。按照行为的性质或情节依次递进,通报、行政处分、刑事责任三种责任形式的架构比较完整,体现对"两法衔接"过程中行政执法机关及其工作人员违反本条例违法犯罪行为的打击力度,保障了"两法衔接"工作的顺利运行。

(二)信息网络平台建设有待完善

信息平台的建设实现了"网上录入、网上移送、网上受理、网上监督"的运行机制。尤其是广东省第一家实现市区两级联网的信息平台,联网部门达到了 64 个,近期会把市中级人民法院和 4 个区法院纳入平台。通过座谈了解到,该项工作研发已经完成,目前正在调试。法院相关联络人名单已经上报,相关硬件设备已经准备就绪,调式完成即可正式安装。这将使得行政犯罪案件的办理流程更加完整,从行政机关的移送、公安机关的立案、检察院提起公诉到法院的裁判整个环节都纳入信息平台。

但需要注意的问题是:其一,按照《条例》规定各联网单位要及时将全部行政处罚案件(简易程序案件除外)和涉嫌犯罪录入信息平台。从数据统计来看,2015 年同期录入案件数量同比增长约达 78.84%,这大大增加了检察院侦查监督科工作人员的工作量,如若保持这样的案件录入增长态势,则很难保障案件监督质量及监督力度。如果能够在系统中设定监控内容、指标和条件,通过分析行政执法与刑事司法中的重点部位和薄弱环节,及时捕捉和发现"非常态"信息,建立预警提示。以科技代替人力,实现对预警提示的案件进行重点监督,将能够缓解案件增多所带来的人员不足的压力。其二,《条例》第 25 条规定,"信息共享平台用于各联网单位内部的信息交换和工作联系"。从这段表述来看,信息平台是不对公众开放的,其仅用于体制内部门之间信息的交换和工作的联系。这一点不论在《珠海市行政执法与刑事司法信息共享平台运行管理办法》中①,还是在 2011 年《意见》②当中都有明确的规定。但问题是单独依靠检察院一方来发现"以罚代刑、有案不移、有案难移"等问题显然力量不足。并且《条例》也注意到了这样一点,其在第 23 条中规定,"对涉嫌犯罪案件,行政执法机关应当移送而不移送,或者公安机关应当受理而不受理、应当立案而不立案的,任何单位和个人有权向人民检察院、监察机关或者上级行政执法机关举报"。既然如此,将信息平台向公众开放既能够解决监督力量单一的问题,又能够回应十八届四中全会所提出的"全面推进政务公开,坚持以公开为常态、不公开为例外原则"的要求。之所以不将平台向公众公开,主要理由在于遵守保密工作的规定。通过技术性手段完全可以将这一问题解决,系统可以针对不同的角色设定不同的使用权限,当事人或公众仅能查看到案件的处理结果及办理程度。这样既实现了信息公开,又维护了保密工作的规定。

---

① 《珠海市行政执法与刑事司法信息共享平台运行管理办法》第 4 条规定:"信息共享平台仅用于联网单位内部的信息交换和工作联系,不对社会公众开放。"
② 《关于加强行政执法与刑事司法衔接工作的意见》第十二项规定:"加强对信息共享平台的管理,严格遵守共享信息的使用权限,防止泄密。"

（三）监督权的有效监督

在"两法衔接"工作机制的整个运行和操作过程中，人民检察院处于主导者的地位。从《条例》当中不难看出，人民检察院既可以将行政执法机关认为不涉嫌犯罪的案件必要时直接立案侦查；也可以对公安机关未在规定期限内说明不立案理由或者未在规定期限内立案的，向公安机关发出"纠正违法通知书"予以纠正。人民检察院的监督机制是"两法衔接"工作有效运行的保障。但从权力运行规律的角度来看，监督机制的构建与监督权的限制是一个问题的两个方面。当下的现实情况是，既要解决检察权监督制约机制中干扰、妨碍检察权独立行使的不利因素，又要在容易产生检察权滥用的环节设置合理的制约机制，保障检察权的合法运行①。监督制约机制的建立，既能够解决监督的热情和动力问题也能够解决绝对权力所带来的缺陷。其实，从现有规定及实际操作来看，已体现出对检察权的监督。如从证据转化上看，《刑事诉讼法》第52条第2款②的规定只是赋予行政证据以刑事证据的资格，至于某个证据最终能否在刑事诉讼中作为证据使用则需要法官对其进行具体的审查判断。所以，有观点认为第52条第2款的规定实际上是以法庭审判为中心的规则，解决的是在庭审中出现的行政证据最终能否适用的问题③。这体现为权力机关之间的外部监督。再者，信息网络平台中严格的程序规定，对人民检察院同样也提出了要求，"人民检察院应当在作出以下决定之日起七日内将相关信息录入平台"。这是自我约束的内部监督模式的体现。

对"两法衔接"中的人民检察院监督权的有效监督问题，尚未有理论作出专门的探讨。对于横跨行政权与司法权的两法衔接工作来说，其监督制约机制的重点应放在外部监督方面。从权力的分立和制约的角度看，应体现为国家权力机关（人大）对检察权的监督、公安机关侦查权和人民法院审批权对检察权的监督。从权利与权力的制约层面，则应体现为犯罪嫌疑人、被告人、辩护人和被害人的具体权利对检察权的制约、人民监督员对检察权的监督、新闻媒体对检察权的监督等。相应监督制约机制的设计和构建，将能确保"两法衔接"中监督权的进一步完善。

（责任编辑：熊樟林）

---

① 郭立新.检察权外部监督制约机制研究.河北法学，2007(2).
② 《刑事诉讼法》52条第2款规定："行政机关在行政执法和查办案件过程中收集的物证、书证、视听资料、电子数据等证据材料，在刑事诉讼中可以作为证据使用。"
③ 杜磊.行政证据与刑事证据衔接规范研究.证据科学，2012(6).

冒领彩票奖金案件刑民交叉问题探讨

费 翔 乐志怡

摘 要 冒用他人彩票领取奖金的行为属于三角诈骗,受骗人为彩票管理中心,被害人为彩票所有人。这属于刑民交叉案件,确认冒领奖金的犯罪事实有赖于从民事上确认彩票所有权的归属。在"阜阳案"中,法院受理后不得以涉嫌犯罪为由将案件移送至公安机关,而应径行就给付之诉(含确认之诉)做出裁判,即"先民后刑"。一旦民事判决确认冒领事实,便为追究冒领者的刑事责任提供了基础,公安机关立案不应以撤销而应以维持该民事判决为前提;以撤销民事判决为条件的立案情形,只限于民事判决与刑事追诉相矛盾的场合。因此,公安机关应当在民事终审之后,主动立案,这并不违背一事不再理原则;拒不立案的,检察机关应行使立案监督职责通知立案。

关键词 冒领彩票奖金 三角诈骗 刑民交叉 先民后刑 一事不再理

一、问题的提出

所谓刑民交叉案件,是指"案件性质既涉及刑事法律关系,又涉及民事法律关系,相互之间存在交叉、牵连、影响的案件,或根据同一法律事实所涉及的法律关系,一时难以确定其为刑事法律关系还是民事法律关系的案件"。事实上,刑事犯罪和民事纠纷交叉的现象并非鲜见,在欺诈类经济纠纷(如非法集资案件、贷款诈骗案件、合同诈骗案件等)中,这种交叉关系表现得尤为突出。生活中冒用他人彩票兑奖的行为时有发生,被冒领奖金达数千、数万甚至数百万,给真正中奖人造成巨大财产损失。对于此类案件法律该如何保护受害人的财产权利、有效回应其法律诉求?这亟须对相关案件所涉及的刑民交叉法律关系予以抽丝剥茧,正确厘清其中的刑民纠葛。

潘某经营一家福彩投注站,阜阳市电信公司职员李某长期在该投注站用缩水软件投注法购买彩票,李某购买彩票的方式有电话委托购买、当场现金购买,李某也受潘某委托,代缴电信电话费,双方每周结算一次。2012年12月9日,李某代潘某缴电话费400元。12月11日,李某电话委托潘某为其购买双色球彩票。李某在打电话过程中向潘某陈述了自己事先设定好的号码及设定的初始条件,潘某边接电话边按李某要求打印出86注彩票,价款172元。中国福彩发行管理中心于12月11日晚公布该期双色球摇奖结果,潘某替李某投

作者简介:费翔,南京师范大学法学院硕士研究生。乐志怡,江苏大学文法学院硕士研究生。
① 刘艳红,施建辉.不动产贷款诈骗犯罪刑民交叉问题探讨.华东政法大学学报,2015(4).

注的86注彩票全部中奖,奖金600万。12月13日,潘某妻子的哥哥王某持86注彩票到安徽省福彩发行中心领取税后奖金480多万元。12月16日,李某去投注站索要彩票并结算票款时,潘某否认李某购买彩票。李某遂打电话进行查询,发现其委托购买的86注彩票已中奖。12月18日,李某再次找潘某索要彩票,双方发生争执。12月19日,李某向阜阳市颍泉区人民法院起诉,因超级别管辖,该案被移送至阜阳市中级人民法院审理。12月22日,李某又向颍泉区公安分局报案,公安机关以案件属于民事案件且法院已经受理为由,拒绝立案。2013年4月,阜阳市中院认为该案涉嫌刑事犯罪,又将案件移交公安机关,而公安机关坚持认为该案属民事纠纷,将该案退回法院。一番折腾后,阜阳中院最终以民事纠纷重新立案。2014年4月25日,阜阳中院根据彩票的特殊投注方式,认定王某持有的86注中奖彩票实际是李某投注的彩票;潘某将李某委托购买的中奖彩票交付王某,王某明知自己不是该彩票真正的购买人,却仍然去领取奖金,二人有恶意串通行为,应将领取的税后480多万元奖金返还李某。潘某、王某不服,向安徽省高院提起上诉,2014年8月18日,安徽省高院终审判决驳回上诉,维持原判。① 2014年10月,该案生效判决被移交至阜阳中院执行庭,但480多万奖金早已被王某转移,执行6个月李某未拿到一分钱。② 2015年4月,阜阳中院认为潘某、王某涉嫌拒不执行判决罪,将案件线索移送至公安机关,潘某在2015年5月投案自首,但王某下落不明。李某再次要求公安机关以诈骗罪追究二人的刑事责任,公安机关认为本案事实已经被法院做出判决,对同一事实不能再次追究,拒绝立案。③

　　本案所带来的问题有三:第一,冒用他人彩票进行兑奖的行为在刑法上究竟该如何评价?冒领480万元,给他人造成特别巨大损失,是否为"法无明文规定"而不构成犯罪的行为?第二,刑民交叉案件中,国家对受害者财产权益的保护是否存在"先民后刑"或"先刑后民"的权力介入模式?公安机关与法院将案件相互"推送"是否妥当?第三,民事判决对刑事法律关系具有何种影响力?在民事判决之后,是否意味着公安机关不能因同一事实对冒领奖金者进行第二次评价,即公安机关最终仍不立案是否合法?

二、是否涉嫌诈骗罪:冒领彩票奖金行为刑法定性的理论考察

　　关于本案,李某认为冒领彩票奖金的行为构成诈骗罪,阜阳中院在审理民事纠纷的过程中也认为该案涉嫌刑事犯罪,唯有颍泉区公安分局自李某第一时间报案至二审结束再次要求立案时,始终没有将冒领彩票奖金行为以犯罪对待。于是,有必要首先从理论上探明冒领巨额彩票奖金行为的刑法规范评价。

　　刑法中的罪名上百个,冒领彩票奖金的行为该从何说起?没有疑问的是,人们在生活中理解任何事物的时候,头脑并不是一片空白,人们的理解总是由头脑里事先存在的一些基本

---

① 参见安徽省高级人民法院(2014)皖民二终字第00284号民事判决书。
② 如后所述,王某将冒领的奖金以及其名下的所有财产转移,这不能归咎于公安机关拒不立案以及公安机关与法院相互推案而给其(潘某)可乘之机。李某在一审期间完全可以申请财产保全,但冒领者往往领到奖金后便率先对自己名下的财产进行转移,即便申请财产保全,也可能不够及时。若此,追究刑责成为正义实现的主要方式。
③ 参见山东卫视《调查》栏目组对颍泉区公安分局案件负责人的视频采访,http://www.iqiyi.com/v_19rro8u214.html。访问日期:2015年8月20日。

观念开始。① 相应地,在面对一个案件时,人们往往先基于自己的知识、情感等诸多因素,得出有罪或者无罪的结论(预判),再寻找可能适用的刑法规范。例如,对于著名的"许霆案",有人会产生盗窃罪的预判,有人会产生侵占罪的预判,也有人会产生不构成犯罪的预判。这种三段论倒置的思考路线,是任何人都难以回避的,它的结论很可能不是正确的,但判断方式却是最正常的。人们之间的差异只在于,在完成这种"前见"之后,是以前见为最终结论,还是在理解、论证过程中不断修正自己的这个前见。一个负责任的司法人员都会遵守后一种解释循环,绝不固守前见,而将自己的前见"置于正义理念之下、相关条文之间、生活事实之中进行检验"。② 本案中,李某对冒领彩票大奖行为的预判是诈骗,并且直到二审结束,他也始终坚持这种判断。与此相对,公安机关自做出不立案决定之时起,始终反对诈骗行为之定性,至于其最早的预判或前见是什么(也即其认识过程中是否有变化),无据可查,也并不重要。本文支持作为社会一般人的李某对冒领行为的预判,并从刑法规范角度对冒领行为的诈骗性质进行分析,以检视公安机关最终拒不立案的妥当与否。

所谓诈骗罪,是指以非法占有他人财产为目的,使用掩盖事实、隐瞒真相的方法使对方陷入错误认识,让对方基于这种错误认识而处分财产,使财产权利人受到损失,数额较大的行为。③ 因此,诈骗罪的行为流程中必须存在行骗人、受骗人(财产处分人)、财产损失人,进而形成以下逻辑:行骗人以非法占有为目的虚构事实、隐瞒真相→对方受骗→基于被骗而处分财产→财产损失。一般情况下,受骗人、财产处分人与财产损失人是同一方,也即诈骗过程中只存在两方当事人;还有的情况下,存在行骗人、受骗人即财产处分人、财产损失人三方当事人,即三角诈骗。在三角诈骗中,受骗者即财产处分人与财产损失人是分离的,受骗者基于有权处分的地位,在被骗时处分的是他人的财产,最典型的就是行骗人欺骗法官即诉讼诈骗。④ 如果彩票投注站老板存在冒用他人彩票进而去彩票中心进行兑奖的事实,则其行为就构成了三角诈骗类型的诈骗罪。

其一,在我国刑法典中,"冒用"行为一直是诈骗罪的行为类型。刑法典中出现了三次"冒用",且它们均与诈骗罪相连,如第194条票据诈骗罪的第三种行为类型便是"冒用他人的汇票、本票、支票",第196条信用卡诈骗罪的第三种类型是"冒用他人信用卡",第224条合同诈骗罪的第一种行为类型是"以虚构的单位或者冒用他人名义签订合同"。"冒用"本质上是在没有获得他人授权的情况下,将他人的物品作为自己的东西使用,是以假充真,这既是一种虚构事实的行为,也是一种隐瞒真相的行为。行为人使用这种行骗方式,使对方陷入认识错误而处分了财产,财产权利人受到损失的,就满足了一个完整的诈骗罪犯罪构成。例如,合同诈骗行为中的"冒用"直接欺骗的是合同相对人,财产的直接损失者也是合同相对人,这属于通常的诈骗;票据诈骗中冒用他人支票的,直接欺骗的是付款人,财产损失者是出票人,信用卡诈骗行为中的"冒用"直接欺骗的是银行,财产损失者是信用卡原持有人,这两种行为是三角诈骗。无论哪一种诈骗行为,均构成诈骗犯罪,其对应的票据诈骗罪、信用卡诈骗罪、合同诈骗罪是第266条之外的特别法条规定,它们与普通诈骗罪是法条竞合关系,

---

① 参见张隆溪.阐释学与跨文化研究.生活·读书·新知三联书店,2014:26.
② 参见张明楷.刑法学研究的五个关系.法学家,2014(6).
③ 参见刘艳红主编.刑法学(下).北京大学出版社,2014:150.
④ 参见赵冠男."诉讼诈骗"的行为性质.法学,2015(2).

是诈骗罪的特别表现形式。相应地,持有他人真实的彩票,却谎称为自己的彩票,进而以自己的名义向彩票中心进行兑奖的,就存在诈骗事实:以非法占有彩票奖金为目的,虚构彩票属于自己的这一事实、隐瞒彩票不属于自己的这一真相,导致彩票管理中心工作人员误以为行骗人为真实奖金所有人而处分奖金,继而使真实中奖人损失巨额奖金,这属于诈骗罪。刑法没有像票据那样在分则中单独规定彩票诈骗行为,冒领奖金的行为构成第266条普通诈骗罪,而不是"法无明文规定不为罪"。

其二,彩票虽然是不记名的中奖凭证,但并不意味着冒领奖金的过程不存在"骗"与"被骗"。购买彩票是一种幸射行为,目前基于彩票发行、购买的高效性,我国没有确立彩票实名制,幸射合同双方不需要知道合同对方的真实姓名,不记名、不挂失的那张彩票就是合同凭证,也是中奖、领奖的凭证。但这绝对不意味着,谁持有彩票,谁就是中奖人;更不意味着谁持有彩票去领奖,奖金就归属于谁。在本案一、二审中,被告均辩称:"彩票不记名、不挂失,谁持有彩票,谁就享有彩票上所记载的财产权益"。① 作为一种事实状态,"占有"确实具有权利推定与事实推定的效力。② 但是,如果能够证明占有人的占有属于无权占有、恶意占有,那么根据占有所推定的权利和事实都将被推翻,无权占有、恶意占有人不得对抗有权占有人。无权的占有人由于没有占有的权源,若遇到有权源的人请求其交还占有物时,无权拒绝,而有返还的义务,根据《物权法》第244条,恶意占有人还负有赔偿责任。③ 本案中,彩票店老板潘某与李某存在委托合同,本来潘某对于其给李某打印的86注彩票的占有属于基于合同的有权占有,但潘某在李某向其索要彩票时谎称其没有帮李某打印任何彩票,至此潘某已经违背合同义务,其对86注彩票的占有已经失去了权源,属于无权占有且是恶意占用。④ 既然潘某无权占有彩票,那么其和王某自其兑奖一刻起,自始无权取得彩票所对应的巨额奖金,二人的辩护意见不成立。因此,二人明知自己不是彩票所有人而隐瞒这一事实,向彩票中心人员虚构自己是中奖者,工作人员基于(无过失的)错误认识而将奖金兑给被告,存在诈骗行为实施。这种不记名彩票的兑现与不记名支票的兑现方式一致,行为人冒用他人的"票"欺骗财产处分人,已经构成诈骗罪,只不过后者成立票据诈骗罪,前者成立普通诈骗罪。

综上可知,冒用他人彩票领取巨额奖金的行为构成刑法第266条诈骗罪,"阜阳案"已经属于典型的刑民交叉案件,阜阳中院在审理本案过程中认为案件涉嫌财产犯罪,这种看法是正确的;公安机关自始至终否认行为"涉嫌"犯罪,是错误的。以上是实体关系上的分析结论,至于法院是否应该将案件移送到公安机关、公安机关在法院判决之前及之后是否应该立案,则涉及的是刑民交叉案件中公权力如何介入的程序处理问题,需要单独讨论。

三、"先刑后民"抑或"先民后刑":权力介入冒领纠纷的逻辑

刑民交叉案件在司法实践中之所以复杂,正是因为同一案件事实面临着刑事法律关系与民事法律关系如何调处的问题,这最先表现为公安机关、法院民庭在刑民交叉案件处理过

---

① 参见安徽省高级人民法院(2014)皖民二终字第00284号民事判决书。
② 参见崔建远.物权法.中国人民大学出版社,2014:133-134.
③ 参见梁慧星.物权法.法律出版社,2007:391.
④ 就此而言,潘某不构成侵占罪。

程中如何确定管辖权,以及如何选择刑事法律关系与民事法律关系的处理程序。刑民法律关系处理模式若要有章可循,对之进行类型化研究十分必要。

有学者根据案件事实对不同的刑民交叉案件进行了归类并提出了相应处理方法:① 案件事实在表象上具有刑民交叉的形式,但只具有单一的民事法律关系,其行为性质并未超出民法或其他刑法前置性法律规定的调整范围,无需进入刑法领域进行评价的案件,此时应当遵循"先民后刑"或者"有民无刑"的破解方法和处理原则;② 案件在表象上具有刑民交叉的形式,但内中形成的刑民交叉所具有的相互关系在本质上是一种纵向的、属于刑事包容民事的法律关系,此时就应当遵循"先刑后民"或者刑事附带民事诉讼的破解方法和处理原则;③ 案件在表象上具有刑民交叉的形式,但内中形成的刑民交叉的法律关系本质上属于一种横向的、处于同位并列状态的关系,此时就应当确立"刑民并行"的处理原则。① 笔者以为,第一类中的"先刑后民""有民无刑"案件及其处理规则,是从实体角度做出的划分,即根据刑法的补充性原则,民事纠纷解决完毕之后,就不再有刑法上的评价(情节显著轻微危害不大,不认为是犯罪),因而这最终不是刑民交叉而是彻底的民事案件。所以,以上分类其实并没有划分出刑民法律关系并存时程序处理意义上的"先民后刑"。其实,完全可以在第二分类即"刑事包民事的法律关系"中进一步分离出程序处理上的"先民后刑"。

"刑事包民事的法律关系"之所以成立,是由于刑法上犯罪与民法上的违约、侵权、不当得利等具有特别关系或交叉关系,行为若构成犯罪,则当然会存在经济赔偿、不当得利(赃物)返还等民法上的纠纷事项。② 此类案件可以说是最主要的刑民交叉类型,其中多数案件属于刑事主导民事。例如,2015年5月31日,被告人杨某在中国邮政储蓄银行泰州市胡庄支行的自动柜员机上,拾得被害人卢某遗忘的信用卡并使用,先后两次支取现金共计人民币6 000元。③ 根据2009年《关于妨害信用卡管理刑事案件具体应用法律若干问题的解释》第5条,拾得他人信用卡并使用的行为属于"冒用他人信用卡",构成信用卡诈骗罪。信用卡诈骗属于三角诈骗,6 000元不法所得属于民法上的不当得利(与侵权责任竞合),应当返还被害人。因此,本案当然属于刑民交叉案件,只不过财产所有权属相当明确,完全可以以刑事主导民事即"先刑后民",本案一审法院适用简易程序、独任审理,也说明了这一点。再如,2015年9月1日生效的最高人民法院《关于审理民间借贷案件适用法律若干问题的规定》第7条"民间借贷的基本案件事实必须以刑事案件审理结果为依据,而该刑事案件尚未审结的,人民法院应当裁定中止诉讼",也体现了刑事主导民事的刑民交叉案件应采用"先刑后民"的处理原则。

与此不同,还有很多刑事包容民事的案件,民事权利关系并非明确,甚至裁判案件唯一的争议因素就是民事权属,属于民事主导刑事。这些案件一旦民事权属明确,整个刑事犯罪部分就会迎刃而解,应当采取"先民后刑"的处理规则。这最典型的表现在知识产权案件中,导致知识产权案件实行"三审合一",形成"确权→一般侵权→犯罪(严重侵权)"的处理流程。知识产权实务人员甚至将这种处理规则称为"民事附带刑事诉讼",④ 形象地表达了民事主导刑事的刑民交叉案件"先民后刑"的合理性。再如,刑法第345条规定了盗伐林木罪与滥

---

① 参见杨兴培. 刑民交叉案件法理分析的逻辑进路. 中国刑事法杂志,2012(9).
② 参见张明楷. 实体上的刑民关系. 人民法院报,2006-5-17,第B01版.
③ 参见江苏省泰州市高港区人民法院(2015)泰高刑初字第00052号刑事判决书。
④ 参见孙海龙,董倚铭. 知识产权审判中的民刑冲突及其解决. 法律适用,2008(3).

伐林木罪,盗伐林木罪的成立以林木权不属于行为人为前提,滥伐林木罪的对象则包括行为人所有的森木或者其他林木,因而林木权属成为区分二罪的关键。① 这就属于民事主导刑事,应采取"先民后刑"的进路。

就阜阳冒领彩票奖金案件而言,首先要解决的正是一个确权问题,即中奖彩票的所有权归属于哪一方,这属于一个地道的民事纠纷,王某、潘某是否构成诈骗罪由这一问题直接决定。详言之,若彩票属于王某自己投注即归王某所有,那么王某持有自己的彩票前去兑奖,是完全正当合法地行使财产权利。反之,若彩票属于李某所投注即归李某所有,那么王某、潘某以非法占有为目的持有他人的彩票前去兑奖的行为,已经超越了李某与潘某之间的委托合同权限,属于冒用他人彩票,对彩票中心构成诈骗。因此,"先民后刑"是必需的处理路径。就此而言,李某向人民法院起诉后向公安机关报案,以及法院在立案后的审理过程中认为潘某、王某冒领600万彩票奖金的行为涉嫌犯罪便将全案移送给公安机关,公安机关在彩票权属纠纷不明的情况下拒绝立案,这种权力介入的克制是正确的,因为公安机关无法确认是否存在犯罪事实,不能随意将民事案件被告人确认为犯罪嫌疑人。阜阳中院在审理过程中、判决前认为案件涉嫌刑事犯罪而将案件移送到公安机关,其处理逻辑是"先刑后民",这是错误的,因为李某通过民事诉讼请求王某、潘某返还巨额奖金,完全属于民事诉讼范畴,是包含确认之诉的给付之诉,阜阳中院不能拒绝裁判。②

由于刑事追诉程序的启动有赖于民事权属纠纷的审明,本案一审判决之后,被告提起了上诉,上诉期间一审判决并未生效,权属关系仍然争议,公安机关不能立案;只有安徽省高院终审判决李某胜诉之后,基于民事判决既判力,公安机关才能确认"有犯罪事实需要追究刑事责任"(《刑事诉讼法》第110条),才能立案。那么,公安机关在二审判决之后,仍然拒绝立案,则是错误的。对此,李某有三种救济途径:一是根据《行政复议法》第12条,向颍泉区人民政府或者阜阳市公安局申请行政复议;二是根据《刑事诉讼法》第111条,向颍泉区人民检察院提请立案监督;三是根据《刑事诉讼法》第20条、204条,直接向阜阳市中级人民法院提起刑事自诉。

总之,刑民交叉案件有4种处理方式:① 形式上属于刑民交叉,但本质只处于民事范围而不涉及刑事犯罪的,遵循"有民无刑";② 刑民属纵向关系且民事主导刑事的案件,采用"先民后刑"原则(民事附带刑事);③ 刑民属纵向关系且刑事主导民事的案件,采用"先刑后民"原则(刑事附带民事);④ 刑民处于横向关系即并列状态,则遵从"刑民并进"路径。冒领彩票奖金案件属于上述第二种类型,应当"先民后刑",只有从民事上解决彩票的权属纠纷,才能为诈骗罪提供行为不法的前提,为犯罪追究提供证据材料。这就是公权力介入冒领纠纷的基本逻辑。

---

① 参见张明楷. 程序上的刑民关系. 人民法院报, 2006-5-24, 第B01版.
② 1998年最高人民法院《关于审理经济纠纷案件中涉及经济犯罪嫌疑若干问题的规定》第11条规定,人民法院作为经济纠纷受理的案件,经审理认为不属经济纠纷案件而有经济犯罪嫌疑的,应当裁定驳回起诉,将有关材料移送公安机关或检察机关。本案虽然可能涉嫌经济财产犯罪,但不是"不属于经济纠纷"的纯刑事案件,民事确权是案件处理的必由之路,法院立案后不能驳回起诉或中止审理而应对民事部分作出判决。更何况,"案件最终是属于经济犯罪还是普通民事纠纷,取决于结果,人民法院不能在对案件进行侦查前决定案件是普通民事经济案件还是刑事案件"。参见江伟. 刑民交叉案件处理机制研究. 法商研究, 2005(4).

四、民事判决对刑事追诉影响力的确定:一事不再理原则辨析

本案中,法院终审判决李某胜诉,但李某的胜诉并没有给其赢来任何财产,败诉一方并未履行给付义务,且已经将财产转移,没有任何可以被强制执行的财产,480万税后奖金杳无踪迹。王某、潘某被以拒不执行判决罪立案侦查,本罪的最高刑只有三年,冒领如此之巨的奖金,只承受如此之低的刑罚,二人已经破罐子破摔,俨然"要钱没有,大不了坐牢"之态。正是基于罪刑之间的巨大落差,李某及其家属宁可不要480万奖金,也要坚决追究二人诈骗罪的刑事责任,二审后继续请求公安机关以诈骗罪立案,但公安机关仍拒不立案。

公安机关拒不立案的理由是一事不再理。例如,阜阳市颍泉区公安分局刑警大队大队长宋林指出,之所以不立案,是因为"同一事实已经经人民法院作出判决,公安机关对同一事实,不再作出受理"。李某在接受记者采访时也表示,"公安说的,你这个案件民事已经给判决了,你要再找刑事很难,除非你把高院案子撤销,我们才可能给你按刑事案件侦查"。① 可见,在公安机关看来,冒领彩票的行为已经被法院审理定案,公安机关再次介入将违背一事不再理原则,除非撤销高院的判决,因为一旦撤销判决,就不存在"前诉"。公安机关的这一做法并非"于法无据",根据2005年公安部《公安机关办理经济犯罪案件的若干规定》第12条,"需要立案侦查的案件与人民法院受理或作出生效判决、裁定的民事案件,属于同一法律事实,如符合下列条件之一的,公安机关应当立案侦查:(一)人民法院决定将案件移送公安机关或者撤销该判决、裁定的;(二)人民检察院依法通知公安机关立案的"。本来,本案一审法院在审理过程中已经决定将案件移送公安机关,即满足上述第一项条件,只不过那时公安机关坚决认为本案不属于诈骗罪,其不会介入立案;基于本文提出的"先民后刑"规则,公安机关也不能介入立案。本案终审之后,公安机关对案件涉嫌犯罪的否认态度有所放松,开始认为可以立案侦查,只不过得符合上述第12条的规定。考虑到本案已经终审,不可能再有第一项所谓的"人民法院决定移送",且第二项属于人民检察院依法履行的立案监督职责,所以二审后公安机关决定立案侦查的条件(撤销判决)是苛刻的。

其实,公安机关立案不必以撤销高院判决为条件,同一事实经过人民法院民事判决之后,再追究其刑事责任,恰恰是刑民交叉案件之体现,根本与一事不再理原则不搭界。

一事不再理作为诉讼基本原则,滥觞于罗马法中的诉权消耗制度,现在以既判力为基础流行于民事诉讼和刑事诉讼之中。只不过在民事诉讼中多称为"禁止重复诉讼",即禁止重复提起与"前诉"主体同一、标的同一的诉讼;②在刑事诉讼中多称为"一事不再理"或"禁止双重危险",即对于被追究的行为,一旦作出有罪或无罪的确定判决,便不得再次启动新的刑事诉讼程序。③ 所以,一事不再理是在民事诉讼、刑事诉讼中分而述之的,即民事上的"一事"不再理、刑事上的"一事"不再理,从不禁止对"一事"提起民事、刑事的双重诉讼。程序上的这种处理正是因为在实体上,同一行为能够引发民事与刑事上并行不悖的双重责任(实体

① 参见山东卫视《调查》栏目组对颍泉区公安分局和李某的视频采访,http://www.iqiyi.com/v_19rro8u214.html. 访问日期:2015年8月20日。
② 参见张卫平. 重复诉讼规制研究——兼论"一事不再理". 中国法学,2015(2).
③ 参见李建明主编. 刑事诉讼法学. 高等教育出版社,2014:77.

关联性),最典型的表现就是刑事附带民事诉讼。"附带民事诉讼是一种特殊的侵权之诉,由于犯罪行为既造成了危害社会的后果,又给被害人造成民事侵权的后果,因此,民事侵权之诉其实是与刑事公诉并行的两种诉讼形式",①只是基于程序便利性,才将民事诉讼附带到刑事诉讼当中(先刑后民)。例如,2013年6月18日本案一审开庭前,潘某与李某在阜阳中院门口曾发生肢体冲突,潘某将李某的妻子计某殴打致流产,颍州区法院一审以故意伤害罪判决潘某有期徒刑一年,赔偿计某经济损失4 866.5元。②可见,民事部分正是作为附带民事诉讼解决的,同一殴打事实既有刑事责任,又有民事责任,不同性质的评价无所谓重复诉讼、一事再理。

与"先刑后民"相对,在民事主导刑事的刑民交叉案件中,刑民关系仍具实体关联性,只是因为不存在"民事附带刑事诉讼",所以应先审理民事诉讼,刑事诉讼部分重新侦查并由刑庭继续审理(先民后刑)。本案中,问题的焦点在于李某、潘某之间是否订立口头委托合同,以及彩票的所有权归属于哪一方,这实际解决的是物权纠纷。当法院确认李、潘二人之间存在委托合同以及李某对彩票拥有所有权,李某享有的《物权法》第34条、《合同法》第404条规定的返还原物请求权(前者是物权,后者是债权)就获得支持。而且,不管将这些事实置于民庭还是刑庭审理,所有权确认基础均在于上述民法规范。由于王某、潘某已经将彩票兑奖,原物已经不可返还且返还无意义,王某、潘某冒领奖金构成了对李某财产权的侵犯,属于侵权与不当得利的竞合,李某享有《侵权责任法》第15条、《民法通则》第92条规定的财产返还请求权(二者均为债权)。对于冒领事实,一、二审的审理只在民事部分,基于上述民法规范判决李某胜诉,对冒用他人彩票诈骗彩票中心的三角诈骗行为没有给出评价。这种行为评价的不足,需要刑事判决来补强,正如刑事诉讼中通过附加民事诉讼(当然可以单独提起民事诉讼)来补强刑法评价效果的不足,只不过刑法评价的补强,是通过单独提起刑事诉讼来解决的。

总之,刑事责任是刑事法律规定的,因行为人实施犯罪行为而产生的;民事责任是行为人违反民事义务而产生的。"当某一行为既属于民事违法,又构成刑事犯罪时,同时触犯不同的法律,当然就产生了两种不同性质的法律关系和法律责任的竞合。"③本案中,彩票属于李某所有的民事判决是法院依照民事法律作出的,这一判决可以直接决定着冒领彩票奖金这一事实的存在以及由此行为所引起的刑法评价——诈骗罪。因此,公安机关立案不仅不能以撤销高院判决为条件,反而应以维持高院判决的既判力为立案前提,即民事判决是刑事追诉的基础,二者根本不存在重复评价的问题。

五、结论

刑民交叉案件的处理没有固定模式,需要根据具体情况具体分析。在涉嫌冒领彩票奖金案件中,应当首先根据案件事实和民法规范确认彩票的所有权归属,即"先民后刑";一旦法院判决原权利人(李某)胜诉,就可以确定存在冒领事实,且法院的这一民事判决对追究冒

---

① 参见陈瑞华.刑事附带民事诉讼的三种模式.法学研究,2009(1).
② 参见安徽省阜阳市颍州区人民法院(2014)州刑初字第00368号刑事附带民事判决书.
③ 杨兴培.刑民交叉案件的类型分析和破解方法.东方法学,2014(4).

领者刑事责任具有影响力,公安机关应当据此立案。这属于同一事实所引发的民事责任与刑事责任的竞合,与一事再理、重复评价毫无牵涉。根据 2005 年公安部《公安机关办理经济犯罪案件的若干规定》第 12 条的规定,公安机关需要立案侦查的案件与人民法院受理或作出生效判决、裁定的民事案件,属于同一法律事实,公安机关应当立案侦查的,必须满足第一项条件"人民法院决定将案件移送公安机关或者撤销该判决、裁定的"。这一规定只能限定在刑事追诉意见与法院民事判决相矛盾的情形,即法院判决彩票所有权归现实领奖人(王某),不存在冒领事实,与此相反,公安机关却认定存在冒领事实。若此,公安机关立案之前必须撤销民法判决,否则公权力无法介入冒领纠纷。但在"阜阳案"中,民法判决恰恰为刑事责任追究提供了基础,刑事立案不应以撤销而应以维持该民事判决为前提,公安机关应当在民事终审之后,主动立案,拒不立案的,检察机关应行使立案监督职责通知立案。

(责任编辑:杨志琼)

统一刑事法学之提倡

李瑞杰

摘　要　刑事法学所涉及的不少问题具有广泛性、复杂性和系统性。然而,我国的刑事法学体系性研究尚未形成,刑事法学者多囿于一室之内而不顾其他,各个学科之间各自为政、划界自封,使得我国刑事法学的发展长期受制。因此,有必要在保障人权这一共通的刑事法治理念指导下,对刑事诉讼法、刑事实体法、刑事执行法进行系列学术研究。从而,借助各部门刑事法学之间的静态观察的一致性和动态推进的互动性,在统一互动之关系的引领下推动整个刑事法学学科的建构与完善,最终形成大刑事法研究格局,打破学科隔阂,解决实际问题。更深层次,统一刑事法学作为理论的凝练和技术的指导,不止步于逻辑的自洽,也关注问题的解决。

关键词　隔阂　体系　学科　保障人权　统一刑事法学

目前我国的刑事法学体系性研究尚未形成,刑事法学者多囿于一室之内而不顾其他,①各个学科之间各自为政、划界自封,使得我国刑事法学的发展长期受制。不过,在全面推进依法治国、大力构建刑事法治的过程中,亟须打破学科隔阂以解决实际问题。因而,笔者率尔操觚,贸然为文,振臂大呼统一的刑事法学研究。在接下来的论述中,本文将从辨析与"统一刑事法学"相近的概念出发,揭示其命题之精义,继而论述"统一刑事法学"的必要性与可能性,最后简要阐释"统一刑事法学"的一些相关问题。

一、引言

一百多年前德国已经有学者李斯特提出了"整体刑法学",上世纪80年代我国也有学者甘雨沛主张"全体刑法学"、储槐植倡导"刑事一体化"。由于任何理论的产生都有其深厚的历史渊源,"统一刑事法学"亦不例外。"统一刑事法学"在很大程度上都与其相勾连。但是,统一刑事法学并不简单等同于以上诸说。

"只有密切的、组织上有保障的合作,才能期望刑法和犯罪学与其相邻学科,适应纷繁复杂和瞬息万变的社会要求。没有犯罪学的刑法是瞎子,没有刑法的犯罪学是无边无际的犯

作者简介:李瑞杰,西南政法大学法学院本科生。
① 德日以及我国台湾地区,多有兼能出色研究刑法学与刑事诉讼法学的学者,例如,汉斯·海因里希·耶赛克教授、克劳斯·罗克辛教授、许迺曼教授、林山田教授、林东茂教授、林钰雄教授,等等。但是,同为大陆法系的我国大陆地区却是少见。

罪学。"①由此,德国学者李斯特提出整体刑法学。整体刑法理念的框架是"犯罪—刑事政策—刑法"。依据犯罪态势形成的刑事政策,它又引导刑法的制定和实施,这样的刑法便可有效惩治犯罪。在这三角关系中,李斯特倚重刑事政策。②

全体刑法学是"一个具有立法论、适用解释论、行刑论、刑事政策论以及保安处分法的全面规制的'全体刑法学'"。③"从刑法整体来说,单是依实体法本身的规定或依实体法作出的判决、决定、裁定本身,不能完成刑法的整体性或全体性,当然也不能达到刑法的任务、目的,还需要有个使之实现的过程、手续或方法,这就必须有刑事诉讼法的助成。为了达到刑法的改造教育目的,也必须有刑法领域的监狱法的措施来保证。为了彻底、准确地揭发和侦查犯罪以及正确认定犯罪,还需要有侦查学、法医学等的助成。这些都属于刑事法的范围。据此,刑事法可称为'全体刑法'。一句话,凡有关罪、刑的规定者均属之。"④

"刑事一体化的基本点是,刑法和刑法运行处于内外协调状态才能实现最佳社会效益。实现刑法最佳效益是刑事一体化的目的,刑事一体化的内涵是刑法和刑法运行内外协调,即刑法内部结构合理(横向协调)与刑法运行前后制约(纵向协调)。"⑤

通过以上的描述,不难发现:整体刑法学、全体刑法学与刑事一体化虽然个中还有些许差别,但都是采取多学科研究的范式以解决实际问题。三者以刑法为中心,尤其是着眼于犯罪与刑罚之罪刑关系,反复拷问如何有效打击犯罪,进而充分发挥刑法的社会保障机能。但是共同的缺点也显而易见,即对于人权保障重视不够。例如有文认为,"刑事政策引导刑法立法,同时刑事政策又应当在刑法框架内起机制性作用,融入哲学、社会学、犯罪学、经济学等学科知识理念,用以解决刑法问题,体现刑事一体化。"⑥暂且不说中国现有的哲学、社会学、犯罪学、经济学等学科能否为其提供支撑,在其文中笔者尚未看出何处采用了社会学、经济学的知识。此外,由于上述学者研习刑法多年,深有心得,依然还是偏爱"本位主义"——以刑法为中心,吸纳其他刑事科学的智识资源。由此,笔者呼吁统一的刑事法学研究。⑦

辨名析义,统一刑事法学之"刑事"二字表明其与犯罪相关,而"法学"与之黏合后必然是一门规范之学,是在持某种规范及其所蕴含的价值观念去开展研究,故而至少包涵刑事诉讼法学、刑事实体法学及刑事执行法学,而犯罪学由于其更具事实科学属性,排除在外。另需指出,刑事诉讼之广义上也有"执行",然此"执行"非彼"执行"。刑事执行,不仅指刑事诉讼法典涵盖的交付执行和执行变更等程序性行为,还包括执行中的实体性行为,即具体执行行为,涵盖了刑事诉讼法"执行"的延伸行为。⑧刑事执行法亦即是全面调整所有刑罚执行及

---

① [德]汉斯·海因里希·耶塞克,托马斯·魏根特. 德国刑法教科书(总论). 徐久生,译. 中国法制出版社,2001:53.
② 参见储槐植. 再说刑事一体化. 法学,2004(3).
③ 甘雨沛,何鹏. 外国刑法学(上). 北京大学出版社,1984,"前言".
④ 甘雨沛,何鹏. 外国刑法学(上). 北京大学出版社,1984:4.
⑤ 储槐植. 建立刑事一体化思想. 中外法学,1989(1).
⑥ 储槐植. 刑事一体化践行. 中国法学,2013(2).
⑦ 当然,早在十余年前,袁曙宏等学者进行过建立"统一公法学"的尝试,时至今日还不能说十分成功。笔者以为,"统一公法学"对于当下中国法学来说还较为难,如此宏大的命题难以付诸实践,域外也鲜有先例。但是,纵贯刑事实体法与刑事程序法之学者大有人在,如使其更进一步,将触角延伸至刑事执行法,应无大碍。参见袁曙宏. 论建立统一的公法学. 中国法学,2003(5).
⑧ 参见曹海雷. 刑事执行法论纲. 西南政法大学,2010年博士论文.

其矫治活动的专门性法律或法典,包括实施刑罚的内容和落实刑罚执行制度两个方面的规范。①

统一刑事法学,以建构中国特色社会主义刑事法治文明为使命,核心范畴是刑事司法活动中的人权保障,研究对象主要是整体刑事法规范、共性刑事法特征和刑事司法规律以及刑事诉讼各阶段人权保障的体制机制等,学科体系是以刑事程序法、刑事实体法、刑事执行法互通的目标理念、价值取向、基本原则为总论,在其下以刑罚权运行机制与刑罚权防控体系展开具体问题并充实分论。②开展统一刑事法学研究,紧紧关注于制度与思想、理论与现实、宏观与微观这三者的关系,既有宏大叙事——三法互动衔接,也有微观论证——具体问题思考。

二、统一刑事法学之"统一"的基础与意义

法治之精义在于限制国家权力并防止政府侵犯个人自由,而不是重点关注私人瓜葛与邻里纠纷。"法治既是一个公法问题,也是一个私法问题。但是,归根结底,是一个公法问题。"③作为一国根本大法的宪法就是一部彻底的公法,将宪法问题变为私法问题,难免有误解法治之嫌。

公法问题的关键在于刑事司法问题。因为,"强制私人尊重法比较容易,国家在此可起举足轻重地仲裁人的作用,而强制国家尊重法比较不易,因为国家掌握着实力。"④尤其是涉及国家社会根本秩序的刑事法,如不构筑完备而周密的刑事人权保障体系,公权力难免会肆无忌惮,视法律为草芥,有用则用,无用则弃。

兵刑同源,其历史不可谓之悠久。但在专制的时代,刑事法没有也不可能真正得到发展。蒙昧的国度,秘密法盛行,罪刑擅断不绝如缕,刑事审判常不公开,崇尚"刑不可知则威不可测",广施身体刑罚,人们陷入无端的恐怖与凄惶之中。现代意义上的刑事法还是近代才出现的,脱胎换骨之后的刑事法抛却了"打击犯罪、维护统治"的传统服饰,真正成为限制国家权力、保障人权和公民自由的神器。

传统刑事法学关于保障人权与控制刑罚权的研究往往是平面的、分散的和静态的。刑事法研究碎片化,刑事法各领域日趋明显的专门化与板块化,如果不在统一的刑事法学研究之引领下,在刑事法涵盖的各领域与规范适用上出现了重叠、冲突与漏洞,从相当程度上消耗了学术资源,也无法对整体运行机制中的问题及成因作出透彻的探讨,并由此影响了大刑事法学研究格局的出现与刑事法治之网的构筑。而且,统一刑事法学之所以可以并必须被建立,因为其不仅有实践的制度支撑,也有理论的方法论证。当然,统一刑事法学之"统一"只是一种抽象理论与基本制度层面上的相对统一。因为,如果是一种完全的统一,则各个刑事法部门也就没有存在的必要了。

---

① 参见张绍彦.论监狱法治和依法治监的建构.法学家,1999(4).
② 在新进的研究中,有部分学者将刑事执行归结为行政权的范畴,行刑自始具有一种行政管理的性质,有其合理性,但是笔者为了行文上的便利与遵从既定的学术路径,并未区分。另外,刑事诉讼法与刑事程序法也未做区分。
③ 夏勇.法治与公法.载夏勇编.公法(第2卷).法律出版社,2000:601.
④ [法]勒内·达维德.当代主要法律体系.漆竹生,译.上海译文出版社,1984:74.

（一）三大刑事法旨在促进人权保障

文艺复兴以来，人的自觉与理性被高度彰显，从而人们的行动更富有目的性。"目的是全部法律的创造者。每条法律规则的产生都源于一种目的，即一种实际的动机。"①在特定的时代，任何人造之物存在都有其特殊意义，并只能是一点，于当代刑事法而言，其根本目的在于保障人权。

国家是保障人权必不可少的工具，人权存在于个人与国家的关系之中，而且这种关系呈现两种形式：首先也是最为重要的是，国家的消极不作为意义上的保障，亦即是"国家避免和自我克制对个人自由的侵害"，②主要表现为个人的"防御国家的自由"（freedom from state）；其次，国家的积极作为意义上的保障，亦即是"防止和阻止他人对个人权利侵害的义务"，③主要表现为个人的"依靠国家的自由"（freedom by state）。当今之时，后者的思想渊源福利国家与前者的思想渊源自由国家的基本理念已经融入一体。欲求刑事法治，国家既不得滥用刑罚权，也不得不用刑罚权。例如，韩国宪法从国家的人权保障义务中引申出国家的犯罪防止义务和犯罪被害者的国家补偿权（韩国宪法第30条）。

"在一个法治社会，国家权力受到公民权利的制约，保障人权应当是国家权力存在的依据。"④亦即说，保障人权是一切法律存在的根本依据。然而，我们常常混淆目的与功能的区别。例如，移动电话之所以是移动电话在于其是不受线路影响的通话设备，虽然也可以照相，也可以上网，但只要其无法通话就不能成为移动电话。同理，刑事法可以收惩罚犯罪、防控犯罪之效，却不意味着其为刑事法根本目的所在。

惩罚犯罪和保障人权，最终还是体现在国家刑罚权的行使。我国一直弥漫这样的观点：实体公正与程序公正冲突时，不是一味地程序优先或实体优先，而是根据案件的具体情况，亦即是比较各自对社会正义、效益价值可能产生的功效，选择综合效益最大的方式。"（结局是）刑法必须在法益保护机能与人权保障机能之间进行调和。但这种调和没有明确的标准，只能根据适用刑法时的客观背景与具体情况，在充分权衡利弊的基础上，使两个机能得到充分发挥"。⑤

惩罚犯罪是间接的保障人权，保障人权是直接的保障人权。两者形式上矛盾而又实质上统一，然而实质上的统一的角度或者说是立场，则应该以被告人为基准，将保护法益形骸化。"人们一直在追求二者的协调与均衡。追求的结局是限制国家刑罚权的行使，使个人免受国家刑罚权无理之侵害，使个人之自由真正获得保障。"⑥虽然刑事司法过程中保障人权不只限于被告人的人权，⑦至少有三个方面：一是保障被追诉人即犯罪嫌疑人、被告人和罪犯的权利；二是保障所有诉讼参与人，特别是被害人的权利；三是通过惩罚犯罪保护广大人

---

① 耶林语，转引自［美］博登海默. 法理学：法律哲学与法律方法. 邓正来，译. 中国政法大学出版社，1999：109.
② ［日］大沼保昭. 人权、国家与文明. 王志安，译. 生活·读书·新知三联书店，2003：220.
③ ［日］大沼保昭. 人权、国家与文明. 王志安，译. 生活·读书·新知三联书店，2003：220.
④ 陈兴良. 从政治刑法到市民刑法. 载陈兴良主编. 刑事法评论（第1卷）. 中国政法大学出版社，1997：38.
⑤ 张明楷. 罪刑法定与刑法解释. 北京大学出版社，2009：94.
⑥ 张明楷. 法益初论. 中国政法大学出版社，2000：322. 虽然犯罪嫌疑人并不等同被告，但为了行文简洁，一律用"被告"。
⑦ 不过，最近的极个别学者认为"刑事诉讼人权仅包含正当程序权，其持有的主体当然也就仅限于刑事被追诉人，也就是犯罪嫌疑人、被告人"，此论令人颇值得思量。参见易延友. 刑事诉讼人权保障的基本立场. 政法论坛，2015（4）.

民群众的权利不受犯罪侵害。① 但是,被追诉人在经济上所享有的司法资源稀少,在舆论和道义上也往往得不到支持。国家专门机关以国家强制力为后盾,在追究和惩罚犯罪的过程中,往往自觉或不自觉地超越权限,滥用公权,无端侵犯被追诉者的权利。

因之,保障人权的真正含义和关键所在是保护少数甚至是个体的人权,即保障被告人的人权是其核心价值。通过刑事法保障被告人的人权,产生弱势群体尤其是弱势个体的人权保障的辐射效应,以达到保护每个人的人权的长远宏图,最终保障全体社会成员的人权。

过于强调保障人权的机能,可能不利于对犯罪的惩罚;过于强调惩罚犯罪的机能,可能不利于对人权的保障。正如同刑事诉讼结构的争论中,当事人主义和职权主义何以协调?但我国的刑事司法实践是保障人权还很不够,完全不用担心矫枉过正。在当下中国呼唤惩罚优先,无非是国家主义的余波,从而偏离法治的轨道。如果说,刑事法的惩罚犯罪机能是任何刑事法都具有的,只不过其打击的范围有所差别而已,但刑事法的人权保障机能则是法治社会刑法才具有的。以刑法为例,"刑法是否把人权保障放在首要的位置上,是法治国家刑法与专制社会刑法的根本区别"。② "刑法应最大可能地保障个人自由,同时兼顾维护社会秩序的稳定。现代刑法的首要任务是维护个人自由,如果不把个人自由放在首位,那么刑法的现代文明特点将大打折扣。"③

于刑事执行而言,刑罚的执行要克服统治阶级刑罚报应与迷信惩罚的落后观念,重在教化,使受刑人得以回归社会。"刑罚目的必须符合人道主义,而不是为了实现刑罚目的而实行人道主义。"④ 罪犯人权保护是比惩罚和改造都更为基础、更重要的价值体现,它本身就是目的和前提。"监狱人道是监狱价值系统中最基础的东西,是监狱存在发展的价值起点,监狱人道非以其他价值命题为基础,不能把人道理解为一种工具理性意义上的手段。"⑤

由于社会犯罪因素或者原因的存在决定了犯罪的发生是必然的,而由哪个具体的个体实施现实的犯罪行为则是偶然的。⑥ 行为人的行为选择虽然受社会环境乃至自然环境的影响,但是依然有自由的意志去决定。任何犯罪都只是主体通过一定的方式将存在于头脑之中的罪过努力化为客观现实的过程。刑罚以责任为基础,报应限制功利但又让步于功利。⑦

我国不少学者表示过对于报应刑的偏爱,有学者指出,报应是刑罚的目的之一,并且认为,报应作为刑罚的目的,体现了社会正义观念。⑧ 尽管报应刑与目的刑都是刑罚存在的根据,但是,"刑罚的目的仅仅在于:阻止罪犯再重新侵害公民,并规诫其他人不要重蹈覆辙。因此,刑罚的目的既不是要摧残折磨一个感知者,也不是要消灭业已犯下的罪行"。⑨ 报应刑无论如何都不是刑罚存在的目的,更不是理性自觉的产物,报应刑充其量只是刑罚与生俱来的一种属性。"把惩罚犯罪视为刑法的目的,就如同把吃饭说成是用餐的目的一样,没有

---

① 参见陈光中.应当如何完善人权刑事司法保障.法制与社会发展,2014(1).
② 陈兴良.刑法理念导读.中国检察出版社,2008,"代序",第2页.
③ 曲新久.个人自由与社会秩序的对立统一以及刑法的优先选择.法学研究,2000(2).
④ 曲新久.刑法的精神与范畴.中国政法大学出版社,2003:601.
⑤ 张绍彦.刑罚实现与行刑变革.法律出版社,1999:181.
⑥ 张绍彦.犯罪与刑罚研究的基础及其方法.法学研究,1999(5).
⑦ 此论述是我国学者邱兴隆所主张的"统一配刑论"。参见邱兴隆.配刑原则统一论.中国社会科学,1999(6).
⑧ 参见陈兴良.刑法哲学.中国政法大学出版社,1992:356-357.
⑨ [意]贝卡里亚.论犯罪与刑罚.黄风,译.中国法制出版社,2002:49.

任何实际的意义。"①报应刑对于犯罪行为事后的坦白、自首、认罪等影响刑事责任的轻重无法解释,至于假释、减刑等更加难以自圆其说。②

就刑罚而言,从形式上看,刑罚就是犯罪的法律后果;从实质上看,刑罚就是对犯罪的报应。笔者并不否认,刑罚的出现根源于人类朴素的心理情感。但是,一旦产生刑罚之后,人们就不得不思考:如何才能恰当运用刑法?"刑法只有把防止未然之罪作为自己的目的,通过惩罚已然之罪来预防未然之罪,才能显示其存在的价值"。③ 如果将惩罚犯罪作为刑法的目的,那么刑法的目光也就狭隘地关注于定罪判刑,但是事实上,人们评价刑法的优良还需要考量刑法对于犯罪的预防效果。"往之不可谏",刑法与其说是在保护法益,不如说是采取事后处理的方式,以预防下次类似的不法行为。

耶林曾言:"刑罚如两刃之剑,用之不得其当,则国家与个人两受其害。"④刑罚如欲恰当运用,就必须在如何利用刑罚有效预防犯罪上下功夫。刑罚不是盲目地对犯罪行为进行"冲动性报应刑",而是理智地对犯罪行为进行"意识性目的刑",在其中,强调"教育刑",充分发挥刑罚的教化与改善犯人的功能。

刑事执行中的人权保障具体要求提供受刑人服刑改造所必需的基本与社会发展水平平衡的、人道的生活、劳动条件,享有未依法剥夺的其他一切权益,并且行刑活动旨在矫正其罪过生成机制。

总而言之,刑罚的意义在于报应与预防,但其目的却不是二分,不在于回顾已然之罪,全在于前瞻未然之罪。三大刑事法在保障刑事司法领域之人权的共有目的的指引下,又共享了其他更多的价值旨趣、功能诉求、体制机制等,从而在理论上可以进行一定的凝练,亦即是存在统一刑事法学的可能性。

(二)当下三大刑事法学发展堪忧

一般认为,刑罚权由制刑权、求刑权、用刑权和行刑权组成。由于天生的扩张性,一切权力都倾向于滥用,这是亘古不变的真理。只有构筑严密完善的权力制约与监督体系,使之有效实行,才会实现刑事法治。一旦我们忽视权力运行机制的某个环节,就可能遭受无穷的困厄。当然,统一刑事法学学人考虑到制刑权的制约并不属于三法所能为之的任务,故而只关注求刑权、用刑权和行刑权。

在刑事司法领域,既然刑事诉讼法、刑事实体法、刑事执行法三法的价值追求与基本理念可以通约,都为了保障人权而生,而诸人权之间并无高低贵贱之分,那么理应平起平坐,各自受到应有的重视,实现三大刑事法学科的均衡发展。三者等量齐观,齐头并进,始能达成

---

① 张智辉.理性地对待犯罪.法律出版社,2003:8;报应刑的更多缺陷,参见邱兴隆.刑罚理性导论.中国政法大学出版社,1998:186.

② 对于犯罪行为事后的坦白、自首、认罪等影响刑事责任的轻重如何解释?这一问题的答案只有从主观罪过中寻找。虽然行为人的主观罪过没变,但是,"往之不可谏,来者犹可追"。刑罚适用在于教育,不光教育罪犯,也教育普通公民,就是教育行为人不要下次再产生罪过,就是教育其他公民不要产生罪过。行为人已经从行为中吸收了教训,主观罪过就得到了一定程度的改造,当然就可以从轻或者减轻处罚。犯罪是社会的某些病态的体现,刑种与刑期是司法机关给社会治病时开出的一剂药方。尽管"病人"没有达到"住院"预计所需的期限,但是如果其好得快了些,自然也就可以通过减刑早点"出院",或者可以通过更好的方式如假释来"保守治疗"。

③ 张智辉.刑法理性论.中国法学,2005(1).

④ 耶林语,转引自林山田.刑罚学.台湾商务印书馆,1985:127.

刑事司法的任务。

但是长期以来,各刑事法学内部厚薄不一,各刑事法学之间冷热殊异,与定罪和量刑相比较,行刑的研究明显受到冷遇,刑罚的效果主要通过行刑得以实现,等闲视之者实不该;犯罪论与刑罚论发展不平衡,犯罪论金鸡独立,刑罚论落寞寡合;定性重于定量,定罪甚于量刑;偏好实体,轻视程序;较之刑法学与刑事诉讼法学,刑事执行法学由于其规范分析的基础尚未形成,理论尚属草创阶段。

此种状态下,彼聊备一格之法与学科,何以担当防范权力恣意妄为之重任?一般研习刑事法者,亦会误以为可有可无,造成知识的残缺,对于刑事法律效果的发挥也大有制约。其实,法学研究不应局促于一隅之地的规范技术,而是应当融会贯通刑事法体系领略其价值旨趣,实践刑事司法活动之正义。

究其原因,刑事法理论与实务"沆瀣一气",高举"惩罚犯罪、保护人民"的大纛,自然而然上述现象也就在情理之中。行为人有犯罪嫌疑,但又慑于破案率,则可"先侦后立";追求有案必破,强调客观真实,将"人权宪法"玩弄股掌;①既然犯罪是对人民或人民民主专政政权的破坏,当然实行"专政",不重视行为人基本人权的保障,等等。

近些年来,前述的怪现状有所改善,人权理念不断深化,量刑规范化已经起步,但是行刑规范化尚未展开。以笔者之见,既往的刑事执行法立法分散、刑事执行主体多元影响了人权司法保障水平的提升,亟须刑事执行法的出台"以确保国家刑事法律调整和刑事司法活动的统一性、严肃性和权威性";②加快包括完善各刑种执行程序,建立监狱服刑人员基本生活保障制度,实行减刑假释开示制,加强监狱行刑监督在内的行刑规范化研究。此外,刑事诉讼法学的注意力应由"制度建构"转向"规范解释"上来,提高刑事诉讼法的解释学水平。

一个刑事法学者,既然选择了从事法学研究工作,大抵都是汲汲以求刑事法治的,那么就不应由于学术偏好或者研究冷热而随波逐流,更不可为了显示自己所关注问题的重要性而有意或无意地贬低或不关注与之联系密切的学术问题。

(三) 公权力之间相互交织与协同运作

将国家刑罚权视作一个完整的整体,并对它进行系统的研究,这是统一刑事法学的基本价值之一。刑事司法领域,为防止公权力滥用对自由竞争秩序造成破坏,实行严格的权力分立制度。具有整体性的国家刑罚权被人为地分割为制刑权、求刑权、用刑权和行刑权,求刑权又有侦查权与公诉权之分,以达到权力之间的相互制衡效果。从而,各刑事法学科基本上以解释、分析某一特定种类的权力运行规律和规范特点为对象,带有浓厚的自成体系色彩。

但是,由于刑事司法活动带有极强的国家意志,各刑事司法专门机关容易"同流合污"。加之我国特色的"政法委",在"维稳"的工作定位下,各部门机关负责人时常切磋协商和私下交流。"公检法司是一家,共同对付犯罪人。"一旦本部门或者兄弟部门不积极"打击犯罪",常常会被挤兑和难堪。在刑事诉讼活动中,我国历来强调流水作业式诉讼构造,沙漏出口小

---

① 例如《刑事诉讼法》第七十七条之规定"人民法院、人民检察院和公安机关对犯罪嫌疑人、被告人取保候审最长不得超过十二个月",另《最高人民法院关于适用〈中华人民共和国刑事诉讼法〉的解释》《人民检察院刑事诉讼规则(试行)》《公安机关办理刑事案件程序规定》各规定"人民检察院决定对犯罪嫌疑人取保候审,最长不得超过十二个月"。

② 张绍彦. 论监狱法治和依法治监的建构. 法学家,1999(4).

且少。由于公安局长大都兼任政法委副书记甚至书记,公安机关的侦查权可能会向司法权扩张,司法机关的司法权则相应收缩而难以独立,造成审判服从起诉、起诉服从侦查的结果。例如,对于本院侦查监督部门不予以批准逮捕的案件,职务犯罪侦查部门需撤销案件,并报上一级检察院;对于侦查监督部门不予以批准逮捕的案件,公安机关可以提请复议、复核,却未见对于其批准逮捕的案件,犯罪嫌疑人可以提请复议、复核。又如,《刑事诉讼法》对于提请批准逮捕的案件只能批准或者不批准,但是实务中不少承办人都会在期限内用电话或者直接请相关民警来院交代补充材料事宜。

根据法治的基本原理,司法权的行使主体只限于检察机关和审判机关。然而,在中国的政法系统下,这种应然被严重扭曲。有些公安机关行使了司法权性质的"侦查权",有的学者将这种现象定义为司法权的"泛化"问题。① 2015 年《中共中央关于全面推进依法治国若干重大问题的决定》提出要"优化司法职权配置,健全公安机关、检察机关、审判机关、司法行政机关各司其职,侦查权、检察权、审判权、执行权相互配合、相互制约的体制机制"。这里关于"司法职权配置"的表述是严重不科学的,但这又是我国的现状的写照。② 又如,法律保留原则要求关涉基本人权的规范只能以基本法律的形式出现,但我国尚有最高人民法院、最高人民检察院、公安部、国家安全部、司法部、全国人大常委会法制工作委员会共同制定《关于实施刑事诉讼法若干问题的规定》的传统,这显得不伦不类,既不是立法解释,也不是司法解释,但效力具有当然性。被规范的对象居然参与规范的制定,其后果可想而知。一方面,各专门机关一致对外;另一方面,又时常展开权力博弈。

在这样的法治境况中,公权力之间相互交织与协同运作的形式多样、手段丰富,这促使刑事法学必须肩负起加强人权司法保障、防范公权扩张滥用的学术担当,促使刑事法学人必须建立统一的刑事法学研究框架。

(四)刑事法治问题的根本解决必须依靠统一刑事法学

部门刑事法学者在提出某一问题的对策之时,惯于定式思维,常只从自家田地中思考,既无法彻底解决相关刑事法治问题,也会无端耗费学术资源,造成低水平、高频率的重复。

刑事法学研究中有两个突出的趋势:一个趋势是研究走向精细化、专门化,研究具体而微的问题;另一个趋势是研究走向多样化、差别化,研究跨学科或相关学科之间的交叉性问题。这二者既各具特色,又殊途同归,本质上是挖掘问题的深度与广度,以求其得以彻底解决,至少是完整再现其所处的境域。

刑事法学所涉及不少问题具有广泛性、复杂性和系统性,需要彼此相互借鉴与协同研究,注重综合性、整体性和系统性。这些问题是各个部门刑事法学所共同面临的问题,单纯倚靠于某一刑事法学根本无法使之得以解决,而是需要各个刑事法学的通力配合。如,刑罚轻缓化和修复性司法理念是世界刑事法学的普遍共识。如何实现轻缓化,三大刑事法各有法宝:小事缓起诉、轻罪有限不诉、提高管制与缓刑的适用率、行刑社会化等。

然而,刑事法学者多囿于一室之内而不顾其他,各个学科之间各自为政、划界自封,很难

---

① 陈瑞华.司法权的性质——以刑事司法为范例的分析.法学研究,2000(4).
② 很简单,侦查权是司法权吗? 检察权不能全部归为司法权,其具有双重属性。执行权在晚近的研究中也都认为是行政权。

跳出已有体系的框架和现有知识的窠臼。例如,张明楷先生作为刑法学的领军人物,其所长在于犯罪论,近段时间由于犯罪论之争的意义有所降低,故而也进行了一些量刑与刑罚论的研究,可能是尚未关注先前的成果,总体上没有突破十多年前邱兴隆先生的学术观点。①

刑事法学各学科之间、内部诸板块之间分离,影响和制约着刑事法学研究的广度、深度和视角,不利于法秩序的统一和安定。在刑事法学研究中较为普遍地存在着学术视野狭隘的问题,在理论层面未能有效借鉴其他刑事法学的研究成果;在规范层面不会重视其他刑事法律规范的实质影响;在经验层面不顾刑事法治问题的多维度与立体性的特征。例如,死刑的废止,除了立法革新还有司法控制,而且立法控制与司法控制又可细分为程序与实体之二维。整日呼吁废除死刑的学者是不是忽视了这一点呢?实体控制属于硬性,但繁琐而谨慎的程序也可以阻挡权力的恣意。

各刑事法学者在努力构建学科"专业槽"的同时,也造成了各刑事法学科、内部诸板块之间的"兄弟上山,各自努力"的问题,形成了过于泾渭分明的走向,疏远误解的现象时有发生,对立隔绝的情况并不少见,导致本来具有内在逻辑关系的刑事法学被人为地分割破碎。这不仅阻碍了对刑事法规范本身共性特征的全面把握,也停滞了我们对于刑事法治现象的系统性研究。纯粹的理论抽象和演绎,缺少对于现实的关怀,使得各自的理论欠缺可操作性,并导致刑事法学日益贫困化。或许沉迷其中也是一件快事,但是之于刑事司法有何裨益,不能不让人持"合理怀疑"。

刑事法由合到分,刑罚权却由相关制约走向彼此协作,只要认真考察整个刑事法的历史发展轨迹和内在运行规律,就不难发现这点。为了提高人权司法保障水平,有必要围绕刑罚权的运行过程,建立起以刑事实体法、程序法和执行法三个互相衔接、平行、配套的刑事法律规范体系。于此,全面把握刑事法律规范的整体结构和共性特征,多角度、全面相研究刑事法一般规律与普遍问题,从根本上实现新时期刑事法和刑事学的发展,也会扭转刑事法部门之间的畸轻畸重的不良态势。

三、统一刑事法学的一些相关问题

一个学科理论系统的建立,包含着四个层次:第一个层次是概念的制作,第二个层次是命题的建立,第三层次是理论的整合,第四个层次是统一理论的建构。② 统一刑事法学,是通过对各部门刑事法学科的综合而建立的一门介于公法学与部门刑事法学之间的中观层次的统一刑事法学,旨在以公共权力与公民权利关系为主线,在通过一系列独特的范畴体系进行逻辑推理的基础上,来展开对整体刑事规范、共性特征、一般刑事法治规律和刑事诉讼各阶段人权保障的体制机制等内容的研究。

法律的生命不只在逻辑,更在于经验。"没有一种体系可以演绎式地支配全部问题……假使其构成要素即是概念——演绎式体系的概念,如是构成的体系,在很大的程度上必然会

---

① 读者如有兴趣,可将之比对,参照邱兴隆. 关于惩罚的哲学——刑法根据论. 法律出版社,2000. 不过,之所以刑法学者关注犯罪论的与关注刑罚论的,彼此借鉴较不充分,这里更深层次可能涉及思维方式的不同。参见王利荣. 为重构刑罚学说寻求新方法. 法学研究,2013(1).

② 易君博. 政治理论与研究方法.(台湾)三民书局,2003,9(6):5.

趋于僵固,在理念上倾向于一种终结的体系。"①统一刑事法学的体系化,不仅是概念和逻辑的推论,也还是实践和经验的产物。实行统一刑事法学,有理论的抽象概括、逻辑的推理论证,也有实际的制度基础、经验的遥相呼应。其体系化过程紧密联系刑事法治的实践,从而在统一刑事法制度支持的前提下,其存在的实践意义与理论价值得以充分凸显,真正进入名副其实的理论之境,在"统一"方面大有作为。当然,笔者这里的学术立场和研究方法,只是创建统一刑事法学的一种努力,大方之家可另辟蹊径。加之想法也不成熟,仅泛泛而谈。

(一) 通过"人权"这一核心概念,构筑统一刑事法学的理论框架

"一贯尊重宪法所授之权与人权,乃司法所必具的品质。"②一个必须最低限度的法治要求是:"立法机关受宪法和宪法制度的约束,行政机关和司法机关受法律、权利的约束。"③保障人权是司法机关受法律约束的目的所在。例如,刑事实体法之中最为彰显人权的莫过于罪刑法定原则了,不少学者就认为:"罪刑法定原则与分权制存在内在联系,罪刑法定的基本价值就是制约刑罚权"。④

人权,是各刑事法学科得以统一的根本原因,也是统一刑事法学的出发点与落脚点。"人权"概念从保障具体的个人权利出发,体现出刑事法与刑事法学研究的视角实现了从抽象到具体的实质性转移。在统一刑事法框架内,人权从立法保障走向司法保障。对人权的保障与对权力的制约是一体两面,形成完备的刑事法治体系正是统一刑事法学的价值旨归。以民选的代议机关遵从公共意志颁行刑事法律,作为国家权力运行的规范,这是人们实现宪政生活的精巧设计。

在分析刑事诉讼的模式时,有犯罪控制模式与正当程序模式之分,前者主张实体真实主义,后者强调正当程序主义。犯罪控制模式下,呈现运输式成品制作流程;正当程序模式,展示漏斗式过滤杂质阶段。这是由于重视运用国家刑罚权来打击犯罪或是抑制国家的刑罚权而保护人权直接造成的。统一刑事法学将打造正当程序刑事诉讼的模式视为刑事法治的基础,紧扣人权、刑罚权二元变量。

刑事法是以刑罚权的运用为核心,以规范和控制刑罚权为内容的法律规范。刑事法学就是研究刑罚权的运用过程中如何对其进行规范、控制,使之运行合乎理性与正当要求的学科。统一刑事法学,通过分析刑罚权的基本权能结构和实践运行过程,用"人权"凝练起刑事法律的点线面,致力于构建一个职能科学、功能齐备、运行规范、回应现代社会公平正义渴求的统一刑事法格局。

西方哲学注重对于个案中的人权的精细化分析,东方精神则崇尚整体视野,关注统一性和一般性。统一刑事法学兼采两家所长,一方面构建刑事司法的人权保障体系;另一方面又运用全面、立体、联系的思维与方式解决具体问题。整个刑事法学科成为既分立又统一的和谐整体。

刑事法的基本价值是控制国家刑罚权的理念。因而,在任何一个民主国家里,刑事法律

---

① [德]卡尔·拉伦茨.法学方法论.陈爱娥,译.商务印书馆,2003:45.
② [美]汉密尔顿,杰伊,麦迪逊.联邦党人文集.程逢如,等,译.商务印书馆,1980:395.
③ [德]哈特穆特·毛雷尔.行政法学总论.高家伟,译.法律出版社,2000:105-106.
④ 参见储槐值.刑事一体化论要.北京大学出版社,2007:39.

最能表现人文关怀,体现人道精神。以刑法为例,法不强人所难,不知法可免责。刑法运行过程中,如果不审慎思考"可能性"的有无及其程度,不仅惩罚无意义,"预防刑"与"威慑刑"无从谈起,良法蜕变成恶法,而且,还会激起国民的反感,使得国民对于法治尤其是刑事法治的热情和信心消退,因为冷冰冰的法治不是人们所向往的。具体来说,国民预测性反映的是国民对于刑法规范可能的含义的理解,违法性认识体现的是行为人对于自己的行为可能严重危害社会或可能违反刑法规范的认识,期待可能性张扬的是国家和刑法能否期待行为人可能做出适法的行为。于定罪而言,法官对于刑律的解释不得超出国民预测可能性,被告对于自己的行为必须具有违法性认识,且其做出的行为是必须被谴责的。对于刑法"国民预测性→违法性认识→期待可能性"呈现层层递进的态势,阙失任何一环,即使行为的严重侵害或威胁了法益,科处的刑罚都是不正当的。

此外,"人权"观念的深化还可以使我们的某些刑事法学研究柳暗花明。如近代以来,无数学人反复追问刑法的实质、刑罚的正当性、报应刑与预防刑的关系等问题。一部良好的刑法,究竟要将哪些行为规定为犯罪,为什么要将这些行为规定为犯罪?如果融入"人权"概念,则豁然开朗。刑罚实质上就是国家为了保障全体公民的人权在迫不得已的情况下剥夺或限制公民个人的人权的制裁措施,刑法调整的对象实质上就是全体公民人权与公民个人的人权之间的关系,刑法实质上就是国家以刑罚为手段,用以调整全体公民的人权和公民个人的人权之间的关系的刑事法律规范的总和。①

在"人权"看来,刑事法具有高度的一致性,张扬私权,遏制公权。在法律的金字塔上,理念居于顶层,指导原则;而原则也当然指导规范的确立。在人权司法保障理念的指引下,设定一套有机统一的"权利束",整合刑事法学学科的学术资源,形成三法互动机制。牢靠的人权信条,使得今后的研究得以穿透范畴系统的表象而把握概念的实质指归,进而助推刑事法价值和功能的正确归位,真正做到外在形式规范与内在实质精神形神合一。最终,指引人权保障及公共权力制度建设,使公共权力的运行能够在人权保障的前提下获得正当性。

"任何一门科学成熟的标志,总是表现为将已经取得的理性知识的成果——概念、范畴、定律和原理系统化,构成一个科学的理论体系。这种理论体系不是零碎知识的汇集,也不是一些定律的简单拼凑,更不是许多科学事实的机械凑合,而是有其一定内部结构的、相对完整的知识体系,或者说,是反映对象本质、对象发展规律的概念系统。"②同理,以"人权"为核心概念,辅之以"刑罚权""自由与秩序""公平与效率"、正当性、合理性等基本概念,从而形成统一刑事法学之理论框架。

(二)统一刑事法学主要以整体刑事法规范、共性刑事法特征和刑事司法规律等内容为研究对象

学科研究对象的确定是一个关涉基础的根本问题。统一刑事法学的研究对象不同于此前的任何一门刑事法学科,也不同于理论法学和法哲学,统一刑事法学主要以整体刑事法规范、共性刑事法特征和刑事司法规律等内容为研究对象。其学科体系以三法互通的目标理念、价值取向、基本原则为总论,在其下以刑罚权运行机制与刑罚权防控体系展开具体问题

---

① 参见陈忠林,王昌奎.刑法概念的重新界定及展开.现代法学,2014(4).
② 彭漪涟.概念论——辩证逻辑的概念理论.学林出版社,1991:2.

并充实分论。

当我们站在人权的高地上俯瞰这些各具特色的刑事法律规范的时候,我们可以发现所有存在于刑事司法活动中的理念、制度有其通约之处,而困扰刑事法治的痼疾需要超越部门刑事法学的偏见和藩篱才可以得到根本解决。统一的刑事法学研究,以整体的视野审视平等、限权、谦抑、明确、均衡等刑事司法的价值标准,不关心那些"地方性问题",因而无法代替各刑事部门法的具体研究。统一刑事法学的研究对象是对各刑事部门法研究对象的概括和提炼,是存在于这些子法研究中普遍性的问题。统一刑事法学,不会由于关注一般规律而忽视具体分析,反而是提倡在遵循刑事法治基本规律的前提下因地制宜,实现整体研究与部门研究并举。

法律世界里,权力与权利的差异显而易见。于权利而言,"法不禁止皆自由";于权力而言,"法无授权不可为"。刑事司法的独特性使其需要更为重视和强调人权优先性和维权首要性,广泛实行权利推理,不将人权限定于法定的权利。

源于对刑事司法基本规律的把握,统一刑事法学最终关怀两个刑事法治领域的世界级难题:一是正当性问题;二是功能性问题。虽然正当性问题与功能性问题都是解决目的与手段的关系,但并非同一层次,而是一前一后亦即是如何进入与产出结果之区别。"正当优于善"而存在。正当性要求目的与手段正当,但是如果有多种正当手段,则必须考虑功能性问题。例如,重罪重罚,轻罪轻罚,无罪不罚。但出于某些合理的要求,可以重罪轻罚,轻罪不罚。又如,死刑直接执行方式多样,法律对此语焉不详,只要不采用突破基本人权的行动,执行机关如何从事似乎皆属正当,但可否允许被执行人自行抉择离去的途径?

刑事法的最终目的都是保障人权,但是对于刑事法的内在运行机理还需做具体分析。刑法是国家以刑罚为手段,用以调整全体公民人权和公民个人人权之关系的刑事法律规范。[①] 刑事诉讼法是国家在查明犯罪事实、准确打击犯罪过程中所必须遵守的正当法律程序性规范。刑事执行法是规定国家运用刑罚矫正犯罪者时,犯罪者至少可以享有的人权保护的法律规范。于内容观之,一者为犯罪法律要件及其法律效果,一者为对被追诉人科处刑罚权的程序事项,一者为刑罚具体执行与变更条件。

统一刑事法学的理论框架是对于原有各刑事法理论框架的进一步萃取,从而可以在更高层次实现法律的理性化。法律"必须是不因内在矛盾而自相抵触的一种内部和谐一致的表现"。[②] 法律欲为良法,首先应具备形式理性,有着纯形式的、客观的逻辑自洽,对于同一事项不存在双重乃至多重规定,规范之间不宜出现抵牾现象。然而,人的理性毕竟是有限的,形式不理性的法律反是常态,实质不理性的法律更是多见。拒绝统一的刑事法学,各刑事法律内部,此刑事法律与彼刑事法律之间的规范适用冲突和价值判断碰撞将使人们手足无措。统一刑事法学强调规范的自洽性与自足性,而且认为这一问题又区分两种面相:一是某一刑事法规范内部的冲突;另一种是各刑事法规范之间的冲突。

虽然官方早已宣布中国特色社会主义法律体系已经建立,但是"体系"一词不仅要求社会各领域都有相应的规范可依,更要求此规范与彼规范、规范内部不可冲突,如有可能,还应避免规范重叠并努力实现诸部法律之间、法律内部价值理念的同一性。在刑事法领域,三大刑事部门法组合成一个整体的法律规范,虽然有些性质各异,而且规范内容与规范重点亦有

---

① 参见陈忠林,王昌奎.刑法概念的重新界定及展开.现代法学,2014(4).
② 马克思恩格斯选集(第4卷).人民出版社,1995:702.

区分,但是均担当建构刑事法治的重任,努力维系着法律秩序。对于社会共同体中的这一行为,在是否违法的价值判断上,必须是致一而不冲突的,如此方可实现其规范功能。例如,在刑事法之中,人权保障之中关于青少年的也可谓自成体系。如果不以整体刑事法规范、共性刑事法特征和刑事司法规律等内容为研究对象的话,难免自相矛盾、功亏一篑,我国当下的少年刑事法研究就是适例。依我国《刑事诉讼法》相关规定,审判的时候不满十八周岁才实行不公开审判,这就意味着存在犯罪的时候未满十八周岁却被公开审判的情况。然而,我国《刑法》又规定了前科消灭制度,这显然会互相抵牾,人为制造前科消灭制度漏洞。究其实质,未成年人刑事案件不公开审理的核心价值诉求乃是在于对未成年人犯罪记录的保密。① 如《刑法》第 29 条第 2 款中,包含这样一种情况:虽然教唆犯在教唆他人为自己实施危害行为时被拒绝,但是这种教唆行为本身即是犯罪预备行为。有些学者由于僵化地理解了共犯从属性说,认为"在被教唆者没有预备行为时,不能处罚教唆犯"。② 对这种情况,援引本法条可以从轻或减轻处罚;根据预备犯规定可以从轻、减轻处罚或者免除处罚。当然亦可以依《刑法》第 13 条但书而除罪化。如,量刑均衡要求司法上同案同判,立法上同罪同罚,而合同诈骗罪与诈骗罪的数额起点差异较大,刑事司法中是不是可以使二者事实上一致以实现朴素的正义和基本的逻辑自洽呢?如,《刑事诉讼法》第七十九条第一项规定:"可能实施新的犯罪的"之语,与无罪推定原则南辕北辙。又如,"行为人意图使火车发生倾覆,将一长条巨石放置在铁轨上之后离去,很快又想到其后果太严重,心有悔悟,于是在火车到来之前返回铁路将巨石搬走,避免了严重后果发生。"③案情简单,难题不小。机械套用理论,"具体危险犯"当属行为犯,行为完毕则成立既遂形态,至少科以三年徒刑,如此为之离情悖理! 还如,"某行为人出于生计需要,入室盗窃一个普通提包后急忙离开,不久在路上验看发觉其中有翡翠戒指一枚、金项链一条而心生悔意,在上楼归还途中被保安抓获,经鉴定包内物品价值十余万元。"尔后被捕获刑甚至科以重刑的话,可能是法官自己在拆掉刑法已经为犯罪所架起的"后退的金桥",如果这也算一种公平的话,这样的公平也可能是最为呆板的。

总之,统一刑事法学重视刑事法规范的指引功能和评价功能,力求通过合理的解释最大限度地减少刑事法规范之间的冲突,从而形成一个内容完备、结构合理、体系科学的刑事法规范体系,如此之后,继而关注共性刑事法特征和刑事司法规律。更进一步说,立足于我国法治建设之态势的观察,规范之协调应属目前统一刑事法学研究对象的重点。

(三)学术的会通精神以及刑事法学科之间学术智识资源的共享

统一刑事法学至少有两个可贵的品格:一是它的批判性或解构性,以此揭示传统文本范式及其话语系统的偏误性和滞后性;另一是它的创造性或建构性,以此提出、倡导一种新型文本范式及与之相适应的话语系统。统一刑事法学的提出,担当了传承刑事法传统、创新刑事法理论的学术使命。

各刑事法殊途而同归,一致而百虑。虽然三大刑事法之间立论或有不同,但也有彼此相

---

① 参见高维俭,梅文娟. 未成年人刑事案件不公开审理:"审理时"抑或"行为时"? 载周军,高维俭主编. 未成年人刑事检察制度研究. 中国检察出版社,2014:288-289.
② 参见周光权."被教唆的人没有犯被教唆的罪"之理解——兼与刘明祥教授商榷. 法学研究,2013(4).
③ 参见储槐植. 刑法契约化. 中外法学,2009(6).

通的一面。此种会通,就是为刑事法学寻找"源头活水"。刑事法学思想学术上的会通精神打破各刑事法学之间的门户之见,综合各家所长,开辟一条新路。事物存在于关系之中,关系又在多变之中。对刑事法理论的研究,不可以内部的、孤立的视角看待之,而应超越各刑事法学研究基本局限于学科内部,与邻近学科之间壁垒森严的窘态,予以动态的、宏观的把握,双眼不时打量其与其他刑事法之间的关系。

统一刑事法学既反对自我闭塞,也反对自废武功。不少刑事法学者对其他刑事法理论的发展缺乏基本的了解与必要的关注,但分科设学实为专业分工的理想模式,如果画地为牢,尤其是对世俗的法学来说,难免不智。法学归根结底是一门实践的学问,刑事法理论必须关照世俗的人生,能让人们用起来易上手,可以解决问题。可见,规范逻辑的抽象建构必须与实践理性的具体塑造相耦合,打通规范内外之关节。不过,同样需要指出,统一刑事法学不是无原则、无立场的统一,不是要求学者放弃自己的学术路径与研究传统,而是以扎实的本专业知识前提,继而在人权司法保障旗帜的指引下昂首前行。

统一刑事法学拥有"兼容并蓄、海纳百川"的胸怀,努力打造兼具理论逻辑与实践理性的优质学术产品。从而,通过三法互通的目标理念、价值取向、基本原则等整合现有三大刑事法学科已有的研究成果,在此基础上推进我国刑事法的研究水平。

刑事诉讼法、刑事实体法和刑事执行法这三大刑事法之间由于学科的本身属性和各自面临的具体的问题,分别属于自己与众不同的制度架构,乍看这些制度互相迥异,根本无法通约。仔细考究一番,事实并非如此。

刑法是"被告人的大宪章",刑事诉讼法享有"小宪法""宪法之施行法""宪法之测震仪""应用宪法""人权宪法"等美称,刑事执行法也是被执行人的保护神。罪刑法定是刑法的铁律,程序法定是刑事诉讼法的帝王条款,执行法定也是刑事执行法的基本原则。在刑事法领域,都必须严格恪守法律的正当性原则,一方面代议机关产生法律、公权力实施与执行法律都必须恪守法律的规定,不得越界行事,追求预测的可能性以实现手段合理性;另一方面代议机关产生的法律、公权力实施与执行法律都必须契合法律的精神,不得横行恶法,追求刑罚的妥当性以实现目的合理性。统一刑事法学倡导这样一种学术思维方式:既然 A、B、C 都属于 D,而 A 又由 a、b、c……组成,那么与 A 类似的 B 中是否存在一个类似于 a 的 a^1 呢?

如,刑法允许有利于犯罪嫌疑人/被告人/被执行人的类推解释与扩大解释,不可以进行不利于犯罪嫌疑人/被告人/被执行人的类推解释,禁止不利于被告的类推解释,允许有利于被告的类推解释。那么,刑事诉讼法和刑事执行法是否可以借鉴甚或直接采纳呢?其中有许多文章可做,如对于缓刑的适用,公诉人未提及是否适用缓刑,也未提及不宜缓刑的证据,辩护人也没有主张,法官庭审径直裁判适用缓刑,可否?

如,刑事诉讼法关于事实认定,必须采取"存疑有利于被告人"的立场,刑事实体法对于法律适用,刑事执行法对于刑罚执行,是不是也可如此而为?我国刑法学界有不少学者反对法律存疑时选择有利于被告的解释,然而我们面临某些难题根本无法合理选择,如前述教唆犯与预备犯处罚之规定。

如,未成年人刑事审判要求实行不公开制度,这里的未成年是指犯罪时还是审判时本是一目了然,然而法律由于这样规定而公权力就乘势钻空指鹿为马!这种情况,表明了刑罚权惯于恣意妄为。如果确实是人员水平有限所致,那就应勤加学习,借鉴和反思前科消灭制度中刑法学界的普遍理解。

如量刑建议究竟应怎样定位？定罪决定量刑，定罪然后量刑，又受制于"无罪推定"原则，罪都尚未定，就有量刑建议了？

如刑事诉讼法贯彻"无罪推定"原则，任何人在未经人民法院确定有罪之前都假定为无罪。笔者以为刑事实体法学也可拿来"攻玉"：定罪中，对于规范文本与行为事实的对应，应先看有何不同，再在严守国民预测可能性的前提下实现刑罚的妥当性，而不是秉承入罪思维——先看有何相同，如遇语词无法涵摄时就扩大或者类推解释以资其用。

总之，如果不由各学科的单科性研究转向学科间的协同性研究，将眼光局限于实体法或程序法之中，在发展上很难实现真正的突破。在统一刑事法学的引领下，树立科学的犯罪观和理性的刑罚观，既"纯粹说理"也"解决问题"，研究包括侦查、起诉、审判、执行等在内的各项具体制度，最终树立研究者的宏大视野，这是刑事法各具体知识之间的综合性的要求。可见，如果刑事法各学科独自地研究专业问题而无视其他刑事法学科的智识资源，很难对具有综合性的刑事司法之问题做出全面、系统的研究，只有各个学科加强合作，协同攻关，才能实现周到、细致和准确的研究，并取得切实有用的研究成果。

四、迎接统一刑事法学

"人权概念是当今西方最引人注目的政治辞藻之一。一个保护人权的制度就是好制度。一个侵犯甚至根本不承认人权的制度便是坏制度。"①法治的本质特征就是制约权力，其内在机理就是权力与权利的和谐态势。依法治国的关键在于依法治"权"而非依法治"民"，因为法治作为与人治相对立的治国模式，其工具性价值就是要消除治者个人对治权的专断与滥用，使治权符合人民主权。②

法治，首重公法之治，而公法之治，难于刑事司法。刑事法不是至少不单单是彰显国家意志、维护社会秩序的工具，而是限制国家权力、保障人权和自由的神器。形成完备而周密的刑事法治体系，本就相当艰难，欲使其背后蕴含的法律观念深入人心，还有相当长的路要走。现代司法与诉讼制度设置的基本意义，就在于国家在行使刑罚权的时候，有制度与程序防止这种权力的滥用。司法作为从应然人权向实然人权转化的最重要方式，必须建构有效的刑事法治体系，破解人权司法保障现实难题。

统一刑事法学，一可透过司法分权模式，明晰各自权责，以彼此监督节制的方法，保障刑事司法活动的客观性与准确性；二可高效而全面地控制国家刑罚权尤其是侦查权的行使过程，摆脱"警察国家"的噩梦；三可启发法学研究在关系中看事物，寻找多管齐下的法子让刑事司法难题得以圆满破解。"风起于青萍之末"，我们今天所处的时代，正是刑事法大发展的时代，正是需要建立而且可以建立统一刑事法学的时代。当此之时，笔者粗浅提出来一些观点，希冀能为刑事法学的发展贡献一点心力。

（责任编辑：杨志琼）

---

① ［英］A.J.M.米尔恩.人的权利与人的多样性——人权哲学.夏勇，张志铭，译.中国大百科全书出版社，1995：1.
② 参见汪习根.公法法治论——公、私法定位的反思.中国法学，2012(5).

日本的法学教育及对我国的启示

刘建利

摘　要　日本法学教育分为法学部教育、法学研究科教育以及法科大学院教育。法学部注重培养具有法学素养的社会人,法学研究科注重培养法学研究者和教育者,法科大学院注重培养法律实务职业人才。法科大学院教育制度的改革取得了多项成果,但与此同时也出现了一些问题,为我国完善法学教育改革提供了有益参考。

关键词　日本法学　培养模式　教育改革　临床法学教育

我国正处于完善法学教育的改革途中。当代日本的法学教育经过多年的发展与改革,较为成功地实现了对西方国家法学教育的移植和消化,而且已经形成了较有特色的教育模式以及教育内容和方法,成功实现了法学教育的升级换代。在这过程中,积累了众多成功经验以及失败教训。中日两国同属大陆法系,文化背景较为接近,因此与欧美相比,分析日本的法学教育现状、改革的得失,可以更好地为我国的法学教育改革提供借鉴和参考。

一、日本的传统法学教育

日本当下的法学教育为三元教育体制,可分为法学部教育、法学研究科教育以及法科大学院教育。法学部教育相当于我国的法学本科教育,法学研究科教育相当于我国的法学硕士和法学博士教育,而法科大学院教育则相当于我国的法律硕士教育。这三个层次的法学教育各自目标定位明确,注重实效,共同构建了日本的法学人才培养模式。其中,前两种为传统法学教育模式,而法科大学院则是2004年法学教育改革之后才创设的新模式。

(一) 法学部教育

法学部主要是招收高中毕业生,在这个阶段学生除了要全面学习法律知识和理论之外,也要学习一些人文科学、社会科学、自然科学以及外语等学科。其主要目标为"培养具有法学素养的社会人",即不是为了培养法官、检察官或律师等法律职业人才,而是定位成一种法

基金项目:本文为"东南大学优秀青年教师教学科研资助计划"(项目号:2242015R30023)以及东南大学教改项目"医事与法律研讨课研究"和"情境式双语案例研讨的法律日语教学模式和课程建设研究"的资助成果。

作者简介:刘建利,东南大学法学院副教授,早稻田大学法学博士。

律修养式的普及型、素质型教育。

专业课的内容主要包括宪法、民法、商法、刑法、行政法、民事诉讼法、刑事诉讼法、国际公法、国际私法、经济法、法哲学、法制史以及外国法等等。在授课方式上主要有大型的讲授课和演习课(Seminar)。讲授课往往面向低年级的整个年级的学生,有时甚至多达几百人,主要以教师单方面讲授基础知识和基础理论为主,很少有提问和课堂讨论。演习课主要开设在高年级阶段,通常组织形式为在老师的指导下,少数学生围绕某一主题进行研究、报告并讨论。学生一般都是凭兴趣自愿参加。选题的来源可能是由老师直接给选题,也可能是由学生自己先找选题然后再由老师审核决定。每一次课程开始之前,先把选题列出,然后学生自己分组各自进行研究,或者找老师指导。这种演习课训练强度特别大,每次都要对相关理论或某一经典案例进行反复的、多角度的、深入的探讨。小组的每个同学都要先自己找答案,随后进行相互讨论,最后形成一个共同的答案,然后派代表在课上面向全班同学进行汇报,别组的学生都要认真听,然后提意见,老师也可以提问题或意见。这种课程确实有利于锻炼学生法律思维能力,但是这种思维能力和司法考试以及司法研习所培养的那种思维能力不同。这种思维是对已经出现的案件事实经过抽象提炼后进行分析,即分析的事实是已经出现了的,而司法研习所培养的法律职业人员(法官、检察官、律师)思维能力则是对正在发生的事实的实际体验,乃是实际操作。① 另外,日本虽然是大陆法系国家,但同时也属于判例法国家。因此,判例的引用和分析在日本的法学教育中占有重要地位。在讲到具体法律问题时,老师除了要介绍主要的学术理论观点外,肯定会同时介绍判例的观点。日本官方每年都会选编出版日本各级法院的判例集,一些法学学术刊物还专门刊发由学者所撰稿的判例评析论文。学生在写作业、写报告时都必须要收集和分析相关判例。所以,与我国相比,日本的法学本科教育更为重视案例,实务性相对较强。

法学部的学生毕业后除了极少数人通过国家司法考试进入了法律职业圈以外,大多数人都被公司、企业、银行、公务员队伍所吸收。通过司法考试的学生,还需要进入司法研习所进行研习一年半。在经过研习之后再进行第二次考试,然后再分流从事法官、检察官或律师工作,这样的一套程序是专门培养法律职业人才的。这一体系的优点是能够培养精英,即不管有多少人报名(从50年代到90年代中叶,报名的人数一般都在3万人左右),在很长一段时间内每年都只是按照成绩录取前500人,合格率大约只有2%。这一体系的缺点有两个:第一,考试难度太大,脱离实际。对此,应运而生的就是日本社会上出现不少以应付司法考试为目的的司法考试培训学校,从而导致那些有志于通过司法考试的学生不好好学习大学校内的课程,而将精力主要放在校外的应试培训上。而且,学生一旦司法考试合格,紧接着的后续第二次考试基本上都能过关,然后就能直接进入法官、检察官或律师的队伍。以从事法官职业为例,这样的体系可能造成有些只会考试却根本不懂实务思维不具备实务技能的学生直接成为法官。第二,司法研习所是日本最高法院的下属机构,司法研习所的研习内容主要由最高法院决定。这就造成日本最高法院最终控制了司法考试和司法研习所。自然会导致司法人员官僚化。 这样的一套考试体系不但远离老百姓和律师界,而且还和大学教育脱节。正是这些弊端为日本之后改革法学教育创设法科大学院留下了契机。

---

① 邓曾甲.日本战后的法学教育.中国法学教育研究,2007(4).
② 邓曾甲.日本战后的法学教育.中国法学教育研究,2007(4).

（二）法学研究科教育

日本的法学研究科一般都坚持生源多元化，面向社会敞开大门，欢迎所有热爱法学，要求上进的人。入学考试比较灵活，几乎都有一般入学考试、社会人入学考试、留学生入学考试、自荐入学考试等入学考试制度。而且不同的学校入学考试都不在同一时间。学生可以同时报考多所心仪的学校。

日本的法学研究科以创新法学知识、培养创新性法学人才为根本任务，主要培养具备高度研究能力的法学人才（法学硕士、法学博士）。其中，法学硕士课程学制为2年；法学博士课程学制为3—6年。法学硕士毕业所需学分为30学分，其中专修科目至少4学分。除此之外还必须要完成毕业论文。法学博士课程没有修学分的要求，其毕业条件一般为：(1)至少在籍学习3年以上。(2)通过提交博士论文资格考试（主要考外语）。(3)写出博士论文，并通过审查。其中有的学校也有允许硕博连读的。比如，早稻田大学法学研究科就创设了"MD连贯指导体制"。即通过5年体系课程的连续学习，学生可以硕博连读。在该指导体制之下，学生经过从完善基础知识、制订研究计划、执行研究计划、执笔论文、通过审查等阶段性培养及考核，能够帮助学生比较顺利地完成博士论文。

在课程设置上，除一般法学专业课之外，还提供丰富的教养课程、语学课程（英语、德语、法语、中国语、俄罗斯语）（在日本研究生一般都被要求掌握两种外语），其专业课可分为四大类：民事法学科目、公法学科目、基础法学科目、共同科目。关于教学方式，专业课的教学方式全部都是研讨课，教师出课题，由学生课前自己收集资料做准备，轮流在课上作报告，教师提问、点评，师生互动讨论交流。除课堂教学外，还为学生提供大量的专题研讨会（同一专业的志同道合者定期聚在一起针对某一学科领域的专业问题进行讨论交流的活动，一般都在周末举行，参加者不会因此取得学分，参加纯属自愿，一般同一专业的导师们都会参加，所以该专业的学生也几乎都参加）和校外、国外知名学者所做的讲座。

除上述一般课程外，有的法学研究科还开设有特色课程。比如，庆应义塾大学法学研究科就开设有共同研究指导课课程。该课程由同专业的多名教师共同担任，由这几位教师同时共同指导该专业的学生，每节课这几位老师和该专业的学生都必须同时参加。其主要形式为，每节课由该专业的学生针对自己的研究内容轮流做报告，报告完之后，由所有的老师给予点评和指导意见。由于在该课程上，学生可以同时接受多名教师的指导，更容易受启发，有利提高学生的科研能力，也有利于学生顺利完成学位论文。

法学研究科的学位论文为硕士论文或博士论文，一般要求比国内严格。法学硕士课程学生要修满30学分并完成毕业论文，一般经过2年的学习，几乎都能顺利毕业拿到硕士学位。法学博士课程学生如果通过了提交论文资格考试并写出了博士论文，虽然在理论上3年可以毕业拿学位，但一般连优秀的运气好的学生都要经过4—6年的学习才能通过论文审查，拿到"法学课程博士"学位，但几乎仍有三分之一的学生在6年之内是拿不到学位的。当然这并不影响他们找工作，他们工作后，继续搞研究写论文，写好后可以再回校申请"法学论文博士"学位。

法学研究科的硕士毕业生去向比较多元，既有考入博士课程继续深造的，也有考公务员或进入企业工作的。而博士毕业生则几乎都是进入高校或科研机构从事教学和科研工作。

二、日本的法学教育改革动向

（一）法科大学院的创建

1999年7月，日本在内阁之下成立"司法制度改革审议会"，经过多方努力，该审议会制定并提出《司法制度改革审议会意见书》（下文简称《意见书》）。① 其中所提出的主要改革措施就是参照美国的 Law School 创设"法科大学院"。2004年4月日本的一些综合性大学首次开设法科大学院，至此日本开启了战后最为重大的司法教育改革。

创设法科大学院的目的是为了使司法充分发挥21世纪日本国民所期待的应有作用，并为此确立培养司法人才的基础。其应成为与司法考试、司法研习互相配合的、精干的高级法律专业教育机构。是为了形成一个由大学本科教育（法律或非法律专业）、法科大学院培养、司法考试选拔、司法研习所研修等环节构成的"过程"式法律职业人才培养机制。其制度核心是由大学承担法律职业人才培养的重任，从而能够培养具有多样化知识背景、丰富的社会经验、高超的法律职业技能的法律职业人才。②

"法科大学院"系专门培养法律实务人才的教育机构，除现存大学外，理论上律师协会与地方公共团体在符合法定条件时也可开办。在大学内设立的法科大学院应实现法学研究与实务人才培养并重的目标。学制以3年为原则，但已具备相关法学基础知识并经过法科大学院认可，无论本科是否为法律专业，学制可缩短为2年。入学选拔以公平性、开放性、多样性为原则，除入学考试成绩外，尚需综合参考本科成绩及社会活动情况，同时为了实现培养复合型法律人才的目标，增加非法学专业本科毕业生入学的比例，规定入学人数中非法学部出身的人数和在职人数必须要达到总入学人数的30％以上。在教育方法与内容上，法科大学院注重采取法学理论与实务相结合的教育方法。即以法学理论与法律实务之间的桥梁意识来实施教育，教育方法以小班少人教育为主，辅以双向、多向、密度大的教育方法，采用灵活的授课、研讨、调查、书面报告、口头报告的形式及教学辅助、教师个别辅导等方式，并广泛采用美国法学院的一些教育方法，如"苏格拉底式教学"，英美法系的案例教学和法律诊所式教学等以实现"充实教育"的目标，大幅度增加司法考试的通过率。在教师队伍方面，随着教育内容与方法的转变，"法科大学院"大量吸收实务型教师参加教学，并且规定理论型教师与实务型教师的师资比例，要求至少有20％以上的专职教师从现职司法人员中选任。为此，2003年日本国会还专门通过一项立法《向法科大学院派遣法官、检察官以及其他一般性国家公务员的法律》规定，只要法科大学院提出申请，经过法官、检察官本人同意，法院和检察院就应当派遣法官、检察官到法科大学院担任教员，而且法官在受派遣担任教师期间，其报酬不得减少，检察官的薪金收入要与其从事的实际教学工作相一致。此外，还规定律师协会亦有义务协助法科大学院开设实务课程，并且允许兼任法科大学院课程的教师继续从事律师事务。为实现前述目标，日本文部省还专门认定了第三方评估机构，定期对已经成立的法

---

① 参见日本司法制度改革审议会《司法制度改革审议会意见书》，http://www.kantei.go.jp/jp/sihouseido/report/ikensyo/，最后访问日期：2016年4月15日。
② 定相顺.日本法科大学院制度与"临床法学教育"比较研究.比较法研究，2013(3).

科大学院进行检查。① 在 2009 年的第一轮评估中,竟有 22 所法科大学院被查出不合格的情况,被勒令限期整改,可见评估标准之严。

法科大学院毕业生经考试合格后,将获得法科大学院的专业学位——法务博士(Jurist Doctor),同时取得参加新司法考试的资格。即使在 2010 年废除旧司法考试,建立为获取参加新司法考试资格的预备考试后,法科大学院毕业生也无需参加预备考试,而直接取得参加新司法考试的资格。

(二)法科大学院的成果

日本的法科大学院从 2004 年创设到 2016 年 4 月,已招收 12 届学生,有 10 届学生毕业。与之相应新司法考试已经进行了 10 年。总体看来,法科大学院在以下 3 个方面发挥了积极作用。②

1. 学生的学习态度更为主动积极

法科大学院的学生与之前的法学部学生相比,学习更为主动和积极。其主要原因是法科大学院的学生都是冒了极大风险来学习的。这与日本所特有的就职体系有关。在日本 24 周岁以下的毕业生被称之为"新毕业生"。日本大型公司企业习惯自己培养人才,因此在招人时一般都会都将对象限定为"新毕业生"。在日本满 20 周岁就可以参加旧司法考试。因此,之前考生从 20 周岁到 24 周岁连考四年,即使最终没有通过,仍然可以去应聘大型公司企业的工作,即就职是参加司考的学生的安全网。但是,在新司法考试制度下,原则上只有法科大学院的毕业生才拥有参考资格,而法科大学院的毕业生一般都已经满 24 周岁,能够参加新司法考试时都已 25 周岁以上,如果过不了新司法考试,不仅无法从事法律职业工作(法官、检察官、律师),而且同时也意味着丧失了去大型公司企业就职的机会。因此,考进法科大学院的学生都是那些放弃就职大型公司企业机会,把人生幸福都押注在成为职业法律工作者上。其所下赌注是 2 年或 3 年的时间、学费以及生活费。而且,按照规定,法科大学院毕业生在毕业后 5 年有 3 次考试机会。换言之,如果不幸考试失败 3 次,则丧失考试资格时已经超过 30 周岁。在日本社会,这样的人恐怕连就职中小企业都十分困难。因此,对于法科大学院的学生而言,如果赌输了则意味着几乎完全丧失去企业就职的机会,这种风险非常巨大。所以,甘愿冒这种风险来法科大学院学习的学生入学后都会拼命学习。

2. 课程设计更加优化

依据《意见书》,法科大学院的教育理念为"成为理论教育和司法实践的桥梁"。因此,日本的法科大学院贯彻了理论与司法实践相结合的教育模式。在课程设计上,法科大学院与改革前的法学部不同,主要采取了科目群板块设计。以早稻田大学法科大学院为例,针对非法学本科专业出身的学生,在第一学年为学生提供民法、商法、刑法、宪法、诉讼法以及外国法等法学基础性课程(法学本科毕业的学生可以申请免修),以帮助学生掌握基础法律知识,初步形成法学思考力、判断力。在第二学年主要着眼于培养学生对实体法和程序法的整合能力,培养一定的实务能力,主要开设的课程有民法综合、刑法综合、宪法综合以及临床法学

---

① 参见日本司法制度改革审议会《司法制度改革审议会意见书》,第 63-74 页。
② 柏木昇「日本の法学教育は変わったか—法科大学院制度と新司法試験」『中央ロー・ジャーナル』第 8 巻第 2 号(2011)第 8 頁以下。

教育科目(民事、刑事、行政等)。在第三学年提供的主要课程有民事诉讼实务基础、刑事诉讼实务基础、模拟裁判、法律工作坊(work-shop)、学科应用演习、法律文书写作等课程。学生可以选择自己感兴趣的领域集中选修。这些课程主要是以实务运用为目的,帮助学生强化在法学某一领域的高度专业知识和技能。可以看出,第二学年和第三学年的课程大多是法律实务界人员和法学教授合作开设的能够解决实务问题或具有前瞻性的课程,这有利于学生掌握高度专业知识,形成较高的法律实务能力。

3. 授课方式多元,注重临床法学教育

日本法科大学院的职业化培养目标必然要求学院不仅要让学生掌握专业知识,而且要培养学生掌握法学职业技能,内化法学职业伦理。为了实现这一目标,"临床法学教育"为日本法科大学院广泛接受。与日本传统的法学教育偏向于理论教育不同,临床法学教育以培养运用法律的人才为目的,即为了培养法律实务人员。主要包括法律诊所、模拟法庭以及实习三种模式。其中法律诊所是法科大学院创设以来才开设的全新课程。其具体实施方式是让学生通过法科大学院实际设立的律师事务所或合作事务所,在相关老师的指导下和当事人见面,受理委托、接触真实案件,进行法律咨询、分析和交涉,制作法律文书等司法实务。为了推动临床法学教育,日本于2008年4月专门成立了临床法学教育学会。可见日本对临床法学教育的重视。其实,临床法学教育模式起源于美国,具有双重目的:其一是教育目的;其二是服务社会目的(美国法学院的学生可以为贫困人员提供法律服务)。与美国不同,在日本的临床法学教育更为偏重教育目的,除创设典型的法律诊所对外提供法律服务外,还创设了不少有特色的教育方法。例如,关西学院大学为了解决真实案源不足的问题,学习医学教育中的模拟患者做法,委托普通市民充当模拟委托人。名古屋大学为了培养学生的会面、询问以及交涉等技能,将学生实际演练的过程予以录像建立数据库,并以此为材料开发出新教材。① 这些临床教育的效果主要体现为:学生可以强化学习动机,深化理解法学理论,学会融合理解运用实体法和程序法,形成分析和评价事实的能力,提高口头和书面的交流能力,内化法律人的职业伦理以及社会使命感。② 可见日本的临床法学教育还是比较成功的。

(三)法科大学院所面临的问题

当然,日本的法科大学院经过10多年的建设与发展,也呈现出了一些问题。其中最为突出的就是新司法考试合格率太低,极大地破坏了法科大学院的教育制度。

日本司法改革的主要目标之一就是增加法律实务人才的数量。在设计制度之初,新司法考试被定位为只是整个培养法律职业人员中的一个环节,只是用来检查法科大学院的教育水平。为了防止法科大学院沦落为司法考试辅导班,根据《意见书》,应当使法科大学院的大多数(70%—80%)毕业人员能够通过司法考试,每年的司法考试合格人数应当达到3 000人。但遗憾的是,由于每年入学法科大学院的学生多达5 000多人,而且由于律师界的强烈反对的原因,合格人数应当达到3 000人的目标从未实现过。2006年的合格率为48%,此后随着考生数量的累计增多,合格率也逐年降低,2014年仅为21.2%。面对这样残酷的合

---

① 参见宫川成雄「日本型臨床法学教育の形成と展望」『早稲田法学』第85卷3号(2010年)第1143页。
② 参见须网隆夫「臨床法学教育の実践と展望——法科大学院制度動揺の時期に—」『法曹養成と臨床教育』第2号(2009年)第8-10页。

格率,学生不得不重新选择应试的学习方式。而且愿意考入法科大学院的学生人数在逐年下降,2014年入学人数只占文部省所给招生计划人数的59.6%。至2015年多所因司考通过率低而招不到生源的法科大学院已经停办,正常运行的法科大学院由74所减少至51所。① 在这种氛围之下,原本应当注重实务能力训练的法科大学院引导学生投入到与眼前司法考试没有直接关联的实务技能训练中可能会变得相当困难。比如,虽然法律诊所这样的实务课程教育效果好,而且对社会有益,但是,由于其不能直接提高新司法考试的成绩,所以现在往往不再受到学生重视。在有些大学院甚至出现连上课学生数量也难以保证的现象。② 因此,不得不说这种过低的司考合格率已经影响到了日本整个司法改革目标的实现。

三、对我国的启示

(一) 改革的主体

日本的法学教育改革是作为司法改革的一环由日本政府组织实施。具体而言,成立了以首相为中心,包括法院、检察院、律协、法务省、文部省人员以及一批顶尖学者专家在内的领导班子来自上而下、协调一致地推进改革。尽管在改革的过程中也遇到了不少争议与阻力,但却坚持大方向,始终有条不紊地向前推进,最终才建立起相对比较合理的法律职业教育制度。而反观我国的司法教育改革,无论是1996年新设的法律专业学位教育制度,还是2002年开始的全国统一司法考试制度,都是由教育行政机关或司法行政机关一个部门主导进行,缺乏其他部门的有力配合,从而限制了改革的效果。所以,我国今后的法学教育改革应当学习日本,首先做好顶层设计,要有全面统一的规划和强有力的保障措施。③

(二) 法学本科教育的意义

日本的法学教育改革并没有贸然撤销法学部,这再次证明法学本科教育的存在价值不在于为了服务学生通过司法考试而成为法律职业人才,而是为日本整个社会培养具有法律思维、法学素养的国民。在日本,法学部的毕业生即使没有通过司法考试也能找的很好的工作,很多企业、组织以及公私团体都愿意招收他们,前者主要是看中他们的法律思维、法学素养。可能正是因为这样,日本社会中除了专业法律工作者之外,在众多社会领域中还大量存在这类善于创造规范而且愿意遵守规范的具有法律思维的公民,从而形成日本较为成熟的安定团结法治社会。这才是法学本科教育的真正价值所在。目前我国也有一种声音认为国内已有法学硕士、法学博士以及法律硕士教育来分别培养法学研究者和法律实务人员,因此,应该撤销法学本科。这个观点显然是错误的,我国的法学本科应当借鉴日本,让其在培养具有法学素养的社会人方面作出贡献。

---

① 参见松本健介「法科大学院全74校「司法試験」合格ランキング」,http://president.jp/articles/-/15690,最后访问日期:2016年4月15日。
② 参见肖萍.日本设立法科大学院的背景、效果及问题浅析.日本学刊,2010(1).
③ 董林涛.日本战后的法学教育.中国法学教育研究,2014(2).

(三）法学实践教学

2012年教育部、中央政法委发布《教育部关于实施卓越法律人才教育培养计划的若干意见》，在其中特别指出我国高等法学教育还存在教育教学观念相对落后，人才培养模式单一，教育内容与方法比较陈旧，实践教学环节薄弱，高水平教师较少，国际化程度不高，复合型、应用型高素质法律职业人才紧缺等问题。并且提出了强化法律实践教学环节的具体措施："加强校内实践环节，开发法律方法课程，搞好案例教学，办好模拟法庭、法律诊所等。充分利用法律实务部门的资源条件，建设一批校外法学实践教学基地，积极开展覆盖面广、参与性高、实效性强的专业实习，切实提高学生的法律诠释能力、法律推理能力、法律论证能力以及探知法律事实的能力。"由此可见，新的法学教育改革方案将"法学实践教学"放到了前所未有的重要位置。其实，在当下我国有不少高校法学院已经开设模拟法庭、法律诊所以及实习等法学实践课程。但由于缺乏基础，在资金、案源、合适指导人员以及组织形式上都还存在很大不足。但如上述，在授课方式上，日本大学在法学部阶段广泛采用演习或案例教学法，在法学研究科采用专题研讨教学法，而法科大学院更是聘用实务人员，大量采用模拟法庭、法律诊所等临床教育方法，而且还对其进行了大量变通与完善的尝试，对于提高学生的法律思维能力和实践技能发挥了较好的作用。因此，从比较法的视角观察日本的法学实践教学具有重要意义。

（四）司法考试制度

日本的法科大学院设立后，只有经过4年的本科教育和2至3年的专业学习以及锻炼才能获得司法考试的资格。而司法考试合格率长期保持在每年全国500人左右，即使改革后合格率大幅增加，现在每年通过的指标也不过2 000人左右。这种司法考试制度过于严苛，在日本也饱受诟病。但这种制度造成的结果，是只有少数真正优秀的人才能从事法律职业。在日本通过了司法考试之后还必须要到司法研习所接受1年严格的法律职业培训之后才能从事法律职业。这种"过程式"的人才培养模式，更能保证法律职业人才的质量。相比之下，我国的司法考试并不是从事法律职业的唯一途径，法律从业人员素质参差不齐。而且，司法考试的报名条件过于宽松。根据相关规定，只要具有高等院校本科学历（有些地区只需要专科学历），即使没有经过法律专业教育，也能报名参考。其结果就是部分擅长考试的非法学本科学生，在没有经过系统法学思维训练的情况下，仅仅经过3个月的强化学习就能通过司法考试。再加上我国缺乏与司法考试相配套的法律职业培训制度，导致我国无法实现法律职业人员精英化，其权威性大打折扣。为了避免这些情况，有必要在今后改革司法考试制度时，对参考资格以及次数进行限制并建立与司法考试相配套的法律职业实务技能培训制度。

四、结语

中日两国面临的问题不尽相同，而且日本的法学教育改革是在特殊的历史背景下展开的，有其特殊性，不能简单照搬。但中日两国文化背景接近，法学教育改革所面对的问题也具有一定的相通性。因此，研究日本的法学教育及其改革的成败对于完善我国的法学教育体制及内容具有重要借鉴意义。今后，日本的法学教育的发展动向值得持续关注。

（责任编辑：徐珉川）

"互联网+"背景下运用技术工具改革法学教学方法研究

易波 曾浩

摘 要 在信息技术飞速发展的今天,互联网已经渗透到各行各业,"互联网+"更为近几年的热词。传统行业与信息技术的结合极大地推动了传统行业的发展和升级,在教学领域由于互联网全面融入,推动了教学方式和方法的巨大变革。在法学教学中运用互联网工具,实现教师教学效率、学生学习效率的双重提升。从教和学的不同角度,以教师和学生不同的视野,探究如何运用"互联网+"技术工具改革法学教学方法。

关键词 "互联网+" 技术工具 法学教学 大数据 可视化

一、我国现行的法学教学方法

教学方法是在教学过程中,教师和学生为实现教学目标、完成教学任务而采取的教与学互动的活动方式的总称。①教学方法是教师和学生为了实现教学目标而采取的传授知识、培养能力的方法,教学方法直接决定了教学目标能否实现,从而影响到大学功能的实现。现代法学教育既要注重系统化的理论素质的培养,又要注重实践性的应用能力的训练,还要兼顾职业道德水平的培养和提高。传统的法学教学方法在互联网时代的大背景下已经突显出了很多问题,如何运用互联网对法学教学方法进行改革是当下的热点问题。

(一)法学教学方法现状

就我国现在的法学教学情况而言,主要的教学方法有以下三种。②一是历史最长、最为普遍的课堂讲授教学法。整个教学活动以教师为中心,学生跟着教师的思维走,此方法常常变成枯燥乏味的"灌输式教学"。二是近来大力倡导的案例分析教学法。教师可以把一些有一定综合性、典型性和有相当难度的案例拿出来给学生学习,通过在教师引导下对案例的分析讨论,充分发挥学生的主观能动性,引导鼓励学生通过自己的思考和分析得出最佳的答案,使学生对法律理论和原理的理解更加深入透彻。三是科研教学法。这种教学方法多应用于已有一定科研能力的学生,教师通过与他们的直接交流和答疑解惑,在夯实基础的同时

基金项目:本文系东南大学第二批"(双语)课程、系列研讨课程和校企共建课程立项建设"阶段性研究成果。

作者简介:易波,东南大学法学院副教授,应用经济学博士后、法学博士。曾浩,东南大学法学院本科生。

① 李剑萍,魏薇,主编.教育学导论.人民出版社,2006:776.
② 徐显明,主编.中国法学教育状况,2006.中国政法大学出版社,2007,9:90.

对其撰写论文提供指导;组织学生从事一定的科研项目或社会调查以提高其理论能力;组织学生就案例进行探讨以提高其理论与实践相结合的能力。

以上现行的三种法学教学方法都有值得肯定的地方,但在互联网已经成为人们生活必不可少的一部分的今天,现行的法学教学方法对于互联网技术的运用还远远不够,仍存在不足。总结起来主要有以下几点:

一是对于互联网技术的运用较少甚至不用。由于法学学科性质的严谨性以及长期以来法学教学方法对于互联网技术的忽视,现行的法学教学模式过程中对于互联网技术的运用相当有限,基本还是以课本教材为主,以教师讲授、学生听课提交纸质作业为主。即使在近几年来大力倡导多媒体教学的大背景下,仍有相当一部分法学教师仍然上课不用任何多媒体手段,照本宣科,难以激发学生学习的兴趣和学习的自主性。

二是难以满足时代发展和国际化的要求。随着经济社会的快速发展,我国国际化进程加快,国家大力倡导法治社会,法律服务市场加速形成和扩大,加快了法律的技术化和信息化变革。面对这样的新局面,除了法律观念、法律知识方面的局限外,律师在法律思维、法律方法、法律技能整体上还极不适应。在经济入世和法律入世的背景下,需要大批能参与国际司法事务的法律人才,[①]而现行的法学教学方法直接影响到这一目标的实现。

三是影响学生学习主体地位的确立。现行法学教学方法大都以教师为中心,教师教,学生学,然后按部就班地操作,自主思考较少,不能发挥学生学习过程中的创新性,挫伤了学生的学习积极性。更大的问题是,这样的教学方法使学生们养成了被动接受知识的习惯,总是等待教师的讲解和答案。久而久之,学生们丧失了学习的主动性和独立性,学习能力很难真正提高。

四是重理论、轻实践,重批判、轻建构。现行的法学教学反思多是以书本教育为主,在法学教育中注重价值目标分析,轻视发展路径手段研究,理想主义盛行,实践理性不足,也造成批判过多,建构太少,因为如何建构缺乏足够的知识背景和手段的支撑。

(二)"互联网+"背景下法学教育改革的尝试

"互联网+"是创新2.0下的互联网发展的新业态,是知识社会创新2.0推动下的互联网形态演进及其催生的经济社会发展新形态。"互联网+"是互联网思维的进一步实践成果,推动经济形态不断地发生演变,从而带动社会经济实体的生命力,为改革、创新、发展提供广阔的网络平台。

通俗来说,"互联网+"就是"互联网+各个传统行业",但这并不是简单的两者相加,而是利用信息通信技术以及互联网平台,让互联网与传统行业进行深度融合,创造新的发展生态。它代表一种新的社会形态,即充分发挥互联网在社会资源配置中的优化和集成作用,将互联网的创新成果深度融合于经济、社会各域之中,提升全社会的创新力和生产力,形成更广泛的以互联网为基础设施和实现工具的经济发展新形态。

在"互联网+"的大背景下,法学教学方法正在变革的探索道路上,迄今为止,已经有很多利用互联网改善法学教学方法的尝试。各类高校网络教学、网络交流平台的利用,等等,但仍存在问题。

  王爱民.试论法律人才的培养与法学教学方法的革新.社会科学家,2005(1).

1. 高校网络教学

我国教育部发布的《面向21世纪教育振兴活动计划》将"现代远程教育工程"作为振兴教育的六大工程之一,为我国高等教育的发展开辟了一条新的道路。各高校在此影响下都推行了高校网络教学,即利用网络为媒介,依托高等学校的教学资源,使教与学在时空上分离,并相互影响的一种教学活动。① 基于互联网的高校网络教学开拓了高校教学的时空领域,改变了师生的教学关系,同时也提高了学生参与学习的效率和兴趣。

2. 网络交流平台的利用

我国已全面进入互联网时代,人们交流的工具有多种,在线交流成为主要渠道,如微信、QQ等软件的出现,通过积极利用已有网络平台开展课程教学,能提高学生参与的积极性,使学生和教师的交流不仅仅是课堂,也不仅仅是学习。通过已有的大家熟悉的网络交流平台的使用,可以使学生学习的积极性提高,教师和学生的交流更加频繁,更加深入。

3. 存在问题

1) 法学教学对互联网技术的运用机械化,仍停留表面

近年来对于法学教学运用互联网的尝试很多,推进力度也十分乐观。但是法学教学对于互联网的利用仍停留在表面,只是机械地将互联网平台和法学教学连接起来,将二者简单相加,网络平台并没有实质上改变法学教学的方法,只是将以前的教学方法换了一种形式展现出来。同时这种换汤不换药的互联网法学教学方法仍然是以教师为中心的教学模式,学生的自主性虽有改善,但并未被大力调动出来;法学教学重理论轻实践的局面也没有得到有效改善。

2) 没有专业的有针对性的法学教育互联网工具

在利用互联网改善法学教学方法的尝试中,各高校的实践都是利用已有的网络社交平台,或是学校的网络教学平台,并没有专门针对法科学习的互联网工具。这种利用互联网对法学教学进行改善的做法是一种通用的做法,换一个学科同样适用,没有结合法学学习的特点,不具有专业性和针对性。法学的教学和学习需要用到大量的数据检索,法学学生却常常苦于无法找到准确有效的信息,即使找到相关信息,也无法确定信息的准确性、权威性;法学学生在分析复杂的法律问题或者是相关案件时,常常被复杂的信息弄得头昏眼花,却没有有效的方法迅速理清思路和条理;法学学生需要辩论和演讲的能力,可是长期沉浸于理论知识的学习,却在需要讲话的时候满脸通红,如此等等,这些都是我们运用互联网技术解决法学教学的时候需要去解决的问题。

二、运用技术改革法学教学方法

互联网时代,网络技术的发展对教学的影响已经体现在我们的教学生活中。在法学教学中,如何利用互联网技术工具对法学教学方法进行改革,从而提高教师教学和学生学习的质量和效率,是我们需要考虑和解决的问题。用互联网技术工具对法学教学方法进行革新,掌握互联网时代法学教学方法的新趋势、新方法,提高法学教学的质量。

互联网时代,法学教学方法最大的三个困难就是无法案获得准确有效的信息、遇到复杂

  李旭东. 高校法学网络教学模式构建及实现路径. 电化教育研究,2010(11):68-70,89.

的问题无从下手、理论性偏强导致实践性不够。针对这三大难题,通过我们在法学教学中的实验,介绍上述问题的解决办法,用三个不同类型的互联网技术工具,提升法学教学的教学质量和教学效率。

(一)法律检索:大数据时代如何快速准确查找信息的能力

这是一个互联网的时代,也是一个信息爆炸的时代,互联网上有无穷无尽的信息,在我们有需要的时候,我们可以在其中寻找我们需要的信息,但是巨量的信息也使得我们需要花费大量的时间和精力去搜寻。令人头疼的是,即使查找到相关信息,我们也没有办法判断该信息的真实性如何,是否权威。

互联网时代信息的开放性和信息的自由性,让信息的真实性和准确性的判断变得相当困难。尤其是对于严谨的法学教学而言,无论是教师还是学生,对于所搜寻的信息的准确性和真实性都有相当高的要求。因为信息的不准确,还有过这样一件让人哭笑不得的事情:检索关于审理建设工程合同纠纷案件的暂行办法的法条,通过百度检索出来的是最高人民法院关于审理建设工程合同纠纷案件的暂行办法,而且检索出来的满满都是同样的描述。而实际上,根本就没有最高人民法院关于审理建设合同纠纷的暂行办法,关于审理建设工程合同的暂行办法是广东省高级人民法院的。

数据库是检索信息所依托的载体,法学的教学中对于信息检索的频率和信息检索的质量都有要求,如何在信息爆炸的互联网上准确迅速地找到所需信息是法学教学教师和学生都需要具备的技能。

用互联网数据库对法学教学中所需知识进行检索,不仅仅要使用我们通常使用的公开数据库,如百度、google、搜狗、必应等,还需要包含法律法规裁判文书等的专业数据库,包含学术观点、学术论文的学术数据库,包含准确官方信息的官方数据库。将这四种数据库结合起来进行使用,会使检索变得简单又轻松。

1. 公开数据库的检索

首先需要进行的是公开数据库的检索,进行关键词的确定。学生在拿到相关材料的时候,首先第一反映出来的关键词不一定是专业且准确的关键词,这时候可以使用公开数据库,如百度、google、搜狗搜索等。在相关性的网页讯息中,提取出我们所需的专业关键词。通过这些检索,将我们所拿到的材料的平常语言转换为我们需要检索的准确的关键词,为专业的搜索做准备。

这里就检索的技巧做一个说明(如表1所示),以便在检索的时候能够更加快速地找到所需资料。同时,善用搜狗、微信、百度指数、百度订阅、百度图片、百度视频,可能会有意想不到的惊喜。

表1 常见检索术语

检索术语	说明
filetype:文件格式	搜索特定文件格式 百度只支持 pdf、doc、xls、ppt、rtf、all。"all"表示搜索百度所有支持的文件类型 Google 则支持所有能索引的文件格式,包含 HTML、PHP 等

续表

检索术语	说明
Site:指定域名	搜索某个域名下的所有文件
" "	精确搜索
—（减号）	去除关键词
inurl	网站内包含关键词
intitle	标题内包含

2. 专业数据库的检索

其次需要进行的是专业数据库的检索，对法条和案例进行检索。在公开数据库检索确定关键词的基础上，用这些关键词在专业数据库中进行检索。法学教学检索需要官方准确真实的资料无非是两种：一是法律法规；二是相关的案例。这个时候再用百度、google等公开数据库进行检索就会出现无法确认其真实性和权威性的状况，这个时候我们需要的是法律专业数据库。

1）法条检索

专业的法律数据库有很多，法条类的有律商网法条检索、威科先行法条检索等，这里介绍律商网的法条检索和威科先行的法条检索。

其中律商网的法条检索十分便捷，在检索界面的左侧有不同的分类，如：法律部分分类、行业分类、地域分类等，方便根据自身需要进行个性化的检索要求定制；同时检索界面会提供英文版本和新旧版本对照（如表2所示），以及每个法条相关的案例、评论文章、实用资料和文书范本，使检索者对于法条的理解结合这些资料更加透彻。

表2 新旧版本对比

第七条	依法设立的公司，由公司登记机关发给公司营业执照。公司营业执照签发日期为公司成立日期 公司营业执照应当载明公司的名称、住所、注册资本、实收资本、经营范围、法定代表人姓名等事项 公司营业执照记载的事项发生变更的，公司应当依法办理变更登记，由公司登记机关换发营业执照	删去第七条第二款中的"实收资本"	第七条	依法设立的公司，由公司登记机关发给公司营业执照。公司营业执照签发日期为公司成立日期 公司营业执照应当载明公司的名称、住所、注册资本、经营范围、法定代表人姓名等事项 公司营业执照记载的事项发生变更的，公司应当依法办理变更登记，由公司登记机关换发营业执照

而威科先行的法条检索也十分好用，在左侧也有分类选项，如：发文日期、时效性、发文机关等，方便对法条的效力进行判断；在检索右上方还有保存选项，可以通过Excel、Word、Pdf和发送邮件等方式对检索结果进行保存；也会有新旧法条的对比，以及相关案例。这里需要提醒的是，威科先行法条后附的案例数量相对律商网是多很多的，每个法条之后关联的案例都很多，可供检索者进行选择查阅（如图1）。

第三条 公司是企业法人，有独立的法人财产，享有法人财产权。公司以其全部财产对公司的债务承担责任。

有限责任公司的股东以其认缴的出资额为限对公司承担责任；股份有限公司的股东以其认购的股份为限对公司承担责任。

【法条要点：公司界定及股东责任】

【法条提示】

◆典型案例

昆明某生物应用设备有限公司与杨某财产损害赔偿纠纷上诉案（云南省昆明市中级人民法院民事判决书(2007)昆民三终字第490号）

（引用文档：案例(4277)篇 专业文章(2)篇）

图 1 法条关联案例示例

2）案例检索

案例检索的专业数据库相对较多。官方权威的是中国裁判文书网，有一般检索和高级检索，基本能满足一般案例检索的要求。无讼的案例检索和北大法宝的案例检索也十分方便，两者的案例检索都是通过关键字进行检索，左侧也会有相关的分类选项，应对一般的案例检索完全没有问题。这里也重点介绍威科先行的案例检索和律商网的案例检索。

威科先行的案例检索十分强大，输入对应关键字，会检索出很多相关的案例，左侧有分类，如：裁判日期、裁判文书等；在检索出来的案例中会附有相关案例评析和本案相关的裁判文书（如图 2 所示）。

北京奇虎科技有限公司与腾讯科技（深圳）有限公司、深圳市腾讯计算机系统有限公司滥用市场支配地位纠纷上诉案

审理法院：	最高人民法院
案号：	(2013)民三终字第4号
裁判日期：	2014.10.08
案由：	民事>知识产权与竞争纠纷★>垄断纠纷>滥用市场支配地位纠纷★
附 案例评析：	时事快评：最高法驳回360上诉，腾讯嬴得世纪反垄断判决 奇虎科技有限公司诉腾讯反垄断案中的经济分析 即时通信软件服务提供商是否构成滥用市场支配地位的判定思路（一）——北京奇虎科技有限公司诉腾讯科技（深圳）有限公司与深圳市腾讯计算机系统有限公司滥用市场支配地位垄断案 即时通信软件服务提供商是否构成滥用市场支配地位的判定思路（二）——北京奇虎科技有限公司诉腾讯科技（深圳）有限公司与深圳市腾讯计算机系统有限公司滥用市场支配地位垄断案 即时通信软件服务提供商是否构成滥用市场支配地位的判定思路（三）——北京奇虎科技有限公司诉腾讯科技（深圳）有限公司与深圳市腾讯计算机系统有限公司滥用市场支配地位垄断案 互联网领域滥用市场支配地位垄断纠纷案——2015年最高人民法院公布2014年中国法院10大知识产权案件之案件二
相关裁判文书：	北京奇虎科技有限公司、奇智软件（北京）有限公司与腾讯科技（深圳）有限公司、深圳市腾讯计算机系统有限公司不正当竞争纠纷上诉案【（2013）民三终字第5号】

图 2 案例检索示例

而律商网的案例检索的可视化分析十分具有特色，特色一是在律商网的案例检索中进行案例检索，会出现一个可视化分析的选项，点开就会呈现相关案件的裁判文书的案由、审理程序、审理法院、审理区域的分布；特色二是在打开检索的案例，会有一个关联视图的选项，该关联视图将本案有关的法条、案例、观点进行一个可视化的展示，查看十分清晰（如图 3 所示）。当然律商网的案例检索在左侧也会有分类选项。值得一提的是，律商网的案例

检索和威科先行的案例检索都有高级检索的选项,需求比较具体的案例可以通过高级检索的选项进行检索。

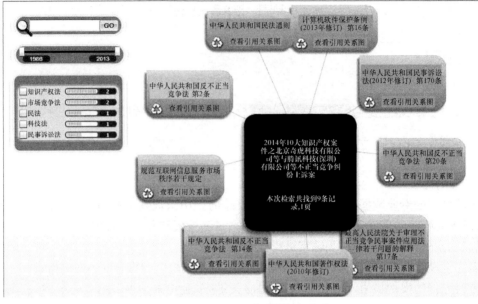

图3 关联视图示例

3. 学术数据库的检索

在法学教学的过程中,常常会出现某个知识点学界对法律现行规定有争议,或是现行法律未规定的地方,这个时候了解相关的学术观点就十分重要,需要快速检索图书、期刊、论文的相关内容。对于学术数据库的运用在现在的教学中已经比较普遍,大多数教师和学生都能有效运用相关的学术数据库,在此不再赘述。

4. 官方数据库的检索

官方检索是指在政府官方网站对相关数据进行检索,包括法条检索、案例检索、注册登记信息检索,等等。官方检索最大的优点是检索得到的信息一定是具有权威性的信息,因此当你对在其他数据库检索到的东西不确定其准确性的时候再在官方网站上进行复查。官方数据库的检索可以通过特定站点检索,即在检索关键字后面加上 site:gov.cn 即可检索所有政府官方网站上的相关信息。

(二)可视化:法学教学运用互联网工具理清思路

法学教学过程中常常会用到知识记忆、法律分析等,这些都需要教师和学生有一个清晰的思路,将复杂的东西简单化、条理化。互联网技术中有几款十分便捷的工具可以帮我们理清思路,让笔记更加系统化、方便化,让思维在体系的基础上更加发散、创新,让复杂的法律关系简单化、可视化。

1. 便捷笔记工具:印象笔记、WorkFlowy 等

每天需要处理的事情和需要记忆的东西比较多,单靠大脑是没办法完全记住的,用纸质的笔记本老是忘掉,此时我们需要一款高效的互联网笔记工具。笔记工具中比较出色的是印象笔记和 WorkFlowy。

1) 印象笔记

印象笔记(evernote)是一款风靡全球的笔记应用,可以用它记录下一切形式的信息,包括文字、图片、网页、待办记事、语音及添加任何格式文档或附件,并且在转瞬之间同步到任何一台设备上(包括电脑、平板、手机、网页等),是全世界同步最快的笔记软件。无论你在哪里,通过它的文本搜索、文档检索,还是图片中的文字搜索功能,都能快速帮你找到记录下的一切信息,让你真正过目不忘。

印象笔记可以对我们的知识进行管理。它的主界面分为菜单栏、常用工具栏、笔记本、笔记列表、笔记内容。

(1) 笔记摘录

a. 创建空的笔记,自己输入新的内容。只要点击常用工具栏上"新建笔记",窗口的右下方就会出现空白的编辑窗口,第 2 窗口那一栏也会出现对应新建的笔记。然后可以在编辑窗口上输入笔记,添加笔记名称和标签,若有相应的网址链接,也可以把网址复制在网址链接那一栏。

b. 除了创建空的笔记、用手输入以外,还有"捕捉屏幕"的功能。把 Evernote 的编辑窗口关掉,并不代表这个软件已经退出了,在电脑桌面的右下方的任务栏上有 Evernote 的图标。当需要截屏记录时,只要打开要截屏的内容,再在任务栏的 Evernote 的图标上右击选择"开始捕捉屏幕",在截屏内容上拖动选框,双击完成就能够自动以新笔记的形式存到了你的 Evernote 上。

c. 捕捉屏幕是以图片的形式存储的,这样不易编辑。Evernote 还提供了"摘录当前所选"功能,存储后的笔记是可以编辑的。"摘录当前所选"功能也是在桌面右下角的任务上。当选中你要摘录的笔记,右击 Evernote,选中"摘录当前所选",Evernote 就自动将内容摘录至新的笔记。

(2) 笔记同步

Evernote 还提供了与网络数据库同步的功能,这样可以避免笔记的丢失,摘录笔记的方式更方便。在软件的常用工具栏上有个"同步"按钮,出现提示输入密码的窗口,输入对应的账户密码即可。同步完以后,所有的笔记就存到了网络数据库中。若在一台没安装有 Evernote 软件的计算机上,可以通过访问网页的方式访问网络数据库中的笔记:在 http://www.evernote.com. 上点击"sign in",输入用户名和密码便能进入网络数据库中的笔记记录界面,编辑笔记的方式跟本地的相似。而且还可以同步到本地的 Evernote 上。

(3) 添加标签

尚未为笔记添加标签时,笔记只会按时间的顺序排列,并没有为其分门别类。Evernote 里有为笔记添加标签的功能。添加标签的方法有两种:一是创建新笔记时,在输入笔记名称的下方有个"点此添加标签",输入即可;二是在已经创建好的笔记添加标签。只要在笔记上右击,选择添加标签,可以添加新的标签,也可以选择已有的标签。标签的功能是可以为笔记分门别类,易于管理,方便查找。

2) WorkFlowy

WorkFlowy 的使用和操作都十分简单,就是白纸一张。首先是功能极为简单,WorkFlowy 的核心功能其实就清单和分级,所有的操作都围绕这两点展开;其次是操作极为简单,Enter、Shift+Enter、Tab、Shift+Tab、Delete、鼠标拖拽,只要学会了这六个操作键,就可以满足它的一切操作需求。虽然是英文版软件,但无论你是技术男,还是电脑盲,都可以很轻易地上手。

(1) 清单功能

制作一份清单,要做的事全部列上去,完成了一项,就把这一项标志为"完成(Ctrl+Enter)",这样就不会出现漏项。

当你把鼠标移动到每一个条目前面的圆点时,会出现这样一个菜单栏,如下图所示:从上到下分别是完成(Complete)、增加备注(AddNote)、分享(Share)、输出(Export)、复制(Duplicate)和删除(Delete),其中最常用的是完成和分享功能,增加备注功能可以通过快捷键 Shift+Enter 来实现。清单功能中的"完成",就是通过点击 Complete 来完成的。不仅如此,还有分享(Share)的功能,可以将自己的清单或笔记分享给他人。

(2) 笔记功能

用 WorkFlowy 记笔记优点很多:WorkFlowy 的呈现方式逻辑更清晰;更接近传统的在纸质笔记本上记笔记,且在 WorkFlowy 中支持鼠标直接拖拽,所以调整起来更加方便;可以通过隐藏每个小部分的细节(在条目旁边点减号进行内容折叠),从而在整体上把握讲者的思路;另外,可以在记笔记时加入自己的思考,可以把自己的想法用[ ]括起来,这样再看到的时候就知道这个点是自己在讲者的启发下想到的;当然,WorkFlowy 的缺点是不能插入图片,也可以说是它的优点——没有图片的干扰,可以迫使我们只用文字和逻辑去展现一些图形化的结构思维。

(3) 其他

WorkFlowy 还可以用来做日程安排、知识管理、梳理文章思路等,其原理和操作与记笔记是一样的,在此不再赘述。

2. 高效思维工具:百度脑图、Xmind

思维导图又叫心智图,是表达放射性思维的有效的图形思维工具,它简单却又极其有效,是一种革命性的思维工具。思维导图运用图文并重的技巧,把各级主题的关系用相互隶属与相关的层级图表现出来,把主题关键词与图像、颜色等建立记忆链接。思维导图充分运用左右脑的机能,利用记忆、阅读、思维的规律,协助人们在科学与艺术、逻辑与想象之间平衡发展,从而开启人类大脑的无限潜能。思维导图因此具有人类思维的强大功能。简单地说,思维导图就是模拟人类大脑思维模式,因此更加形象和直观。

在法学教学过程中,将案例教学和思维导图结合起来,可以帮助学生分清条理,理清思路,同时也有利于学生形成自己的思维方式,有助于学生思考习惯的养成和思维水平的提高。同时,将复杂问题通过思维导图的梳理,会使复杂问题分解化、简单化,使学生更加容易接受和理解。

思维导图比较好用的软件是百度脑图(Mindmanager)和 Xmind,二者的操作十分类似,都相当简单快捷。首先选好自己所需的思维导图的类型,然后就只需要根据你的思维的发散不断用右键菜单或者快捷键添加新东西就可以了,当然不必要的东西添加之后也是可以用右键菜单或者快捷键删掉的(如图 4 所示)。

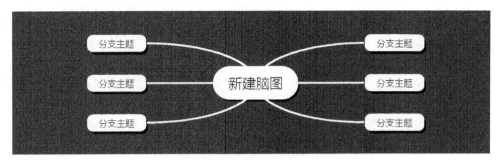

图 4 思维导图示例

3. 复杂法律关系可视化：Visio

法律是门应用性极强的学科。在法律课堂教学过程中我们虽然经常引用案例（包括视频）教学法来引导学生思考实际法律问题，但是实际上大多数法律专业学生仅仅是阅读案例，或者通过观看相关视频，都只是很直观地知晓了案件的结论，在我们以往教学所形成的学生思维惯性焦点也都集中在"结果"，造成的负面影响也十分明显，即为什么看似理解了法律知识，知道有相关法条却不会举一反三，实际操作总是不知如何下手。法学教学中，教师在传授课程和法律专业知识、方法与技能的同时，帮助法律专业学生形成、提高法律思维的能力，是教师的重要责任。那么在法律教学中如何提高学生的思维能力呢？这就需要把案例教学和可视化结合起来。

Visio 是 Microsoft Office 旗下的一款办公软件，是一款便于 IT 和商务专业人员就复杂信息、系统和流程进行可视化处理、分析和交流的软件。将法学教学和 Visio 结合起来，Visio 图就是将案件复杂的事实关系、法律关系进行可视化表达的图表。

Visio 的操作相对于思维导图来讲会更加复杂一些，它更适合于复杂法律关系的分析，用于理清复杂事实关系和法律关系。在 Visio 的操作界面主要是对于框、线、字的操作，只需将所需元素从界面右方拖到图纸上再进行相应调整即可。

工程法是东南大学法学院的特色，下面我们就课程上所讲的建设工程类案件可视化图表进行举例，来阐述可视化图表的做法。

不同案件需要不同形式的图表呈现，但其核心要素主要有三个，分别是：时间、数据和主体间关系。不同核心元素的呈现方式，决定了一个案件所需的图表类型。

1）时间图

在建设工程纠纷中，需要强调某一时间点、某一时间段或不同主体不同时间内的对比时，一般需要制作时间图表。具体分为：

① 对某主体在不同时间点上发生的重要事实进行描述时，常见形式为单一主体的时间轴图。比如具体的工程节点、工程的竣工验收时间等。

② 对一段时间内、不同主体各自实施的行为作对比，常见形式为多主体时间轴图。比如将发包方、承包方具体施工阶段不同关键节点进行对比，一方面能够呈现多个工程节点的具体时间；另一方面，通过关键事件发生顺序的对比，能够进一步表明谁是导致工期延误的过错方。

③ 在表达某一时间段内不同事件持续时间，直观表明目标事件的耗时、进展过程时，常见形式为甘特图。比如以时间段、项目信息和事件实施者三个要素为维度的甘特图，表示工程施工进度。

④ 在不强调具体时间点,而是重点描述事件发生的先后顺序时,常见形式为流程图。比如建设工程审批手续办理过程。

2) 数据图

当案件需要通过表达或强调数据本身、数据间关系、强调部分数据时,需要制作数据图表。具体分为:

① 单纯的数据梳理整合,不关注任意数据之间的逻辑关系,也不凸显单一数据重要程度,仅将案件事实中的各种数据信息进行集中,常用数据表格。如对建设工程施工合同纠纷中的工程量数据进行汇总。

② 强调数据的变化和波动时,常用折线图。如按定额结算的建设工程价款的变化情况等。

③ 强调数据间的对比关系时,常用柱状图或饼状图。如合同设计工程量或原料用量与实际建设工程量或原料用量的对比。

3) 主体关系图

当需要通过不同事件、行为而形成的相互关系表达案件争议焦点时,一般绘制主体关系图。一般包括横向层面的因果、包含、重叠关系,或纵向层面的隶属、递进关系:

① 强调表面上互相独立事件背后的关联、联系,常见形式为横向的线性结构图、环状结构图、网状结构图或星状结构图。如建设工程出现质量问题与施工人施工行为、设计本身或其他事件之间的关系。通常情况下案件的争议焦点不止一个,各方当事人就同一争议也会有不同观点。此时,如果通过网状结构、树状结构等基础图表的组合,可以更为全面地展示各方的主张、依据。

② 强调包含或重叠等相邻关系,常见形式为饼状结构图。如同一工程分包给不同施工人,可能发生施工部位划分不清的问题。

③ 强调隶属或递进等主体关系,常见形式为树形结构图。如总承包人与实际施工人的各层分包、转包关系,或建设工程供货商向实际用料方索要价款时,需证明实际施工人与用料方的表见代理或委托关系。

4) 其他情况

在某些案件中,需要将一些特殊的结构应用于图表的绘制中,制作二维甚至三维图表,表达或重现案件事实:

① 平面图,如设计图与实际工程对比,承包人由于场地限制而导致工程延期;规划设计变更过程对比图等。

② 立体图,如道路建设施工路段或工程量示意图。

③ 思维导图或争点图,在整理案件争议焦点、相应证据时使用。

④ 沙盘,如展示施工进度、设计变更演变过程等。

确定了需要制作的图表的类型之后,就要开始制作,下面以建设工程合同案件为例,介绍可视化的基本方法。面对复杂案件时,可以尝试将其分解为若干简单事实或问题,具体可参考如下步骤:

① 全面罗列,将繁杂案件材料所表现出的每一个案件事实和法律关系绘制成细节图表,如就不同法律行为、概念进行对比,梳理时间关系、背景事实等。

② 逻辑整合,将细节图表按照一定的逻辑结构进行整合,并形成一个完整图表,如先按

法律关系、时间轴为维度分别制作图表,再整合。

③ 精简内容,在形成的完整图表的基础上,删除那些双方无争议,或与案件争议焦点无关的冗余信息,最大限度精练图表。形式上追求文字简洁、构图简明、图形简单;实质上直指关键事实、直击论证要点。

可视化图的设计能够影响人们接受信息的先后顺序和强烈程度,为了强调那些希望被裁判者接受的信息,在图表明确简洁的基础上,需要注意:

① 合理布局,要求整张图表结构匀称:

a. 布局避免局部拥挤或大片留白;

b. 线条尽量平行,减少交叉;

c. 统一对齐方式。

② 配色和谐,要求了解配色基础理论:

a. 一图用色不宜超过五种;

b. 选色有对比有统一,对立观点、对立方用对比色,相近观点、一致方用同色系;

c. 谨慎使用色块。

③ 巧用不同构图元素,如方框、圆框的选择,实线、虚线的交替运用等。

成果如图 5 所示。

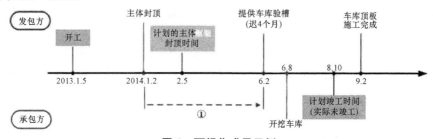

图 5 可视化成果示例

三、学生反馈:技术工具大大提升学习效率

(一)课程心得

"互联网+"是近几年的热词,各界都在和互联网发生方方面面的关系。而对于法学教育而言,由于学科要求的严谨性,法学教育对于"互联网+"的反应似乎有点慢。但是,不能不正视互联网对法学学习方式的不断改变。

1. 网络教学:师生双方主动的互动模式

通过互联网的方式进行法学教育,比如课前通过社交软件或是学习系统将课程的相关内容提前让学生进行预习,让学生在预习的基础上带着问题去听课,这样学生对于课堂知识的吸收和理解的程度大大提高;再比如,开展无边界的互联网课堂,让学生随时有问题都可以在网络上与教师和同学有效地交流;又比如,教师通过互联网向学生分享资料和资源,如此等等。将互联网运用到法学教育中,会大大提升学习的效率,使学生学到更多的知识,同时得到能力的提升。

东南大学采用了网络"课程中心"的模式,很多课程都运用网络"课程中心"进行教学,但法学课程运用的几率极少,希望能有更多的法学课程的教师将现有的网络教学模式利用起来,以此来提高法学教学效率和教学水平,同时也希望教师能够通过网络共享的方式和学生们分享更多的资料和资源。

2. 法律检索:如何快速找到所需知识的能力

对于法科学生而言,检索是一项极其重要的技能,学生需要检索法条、检索案例、检索相关的文章等。但是Google、百度等搜索引擎提供海量信息,学生需要在大量信息中搜寻所需要的准确信息,非常耗费时间和精力;同时,检索获取信息的内容权威性、时效性、相关性和准确性等都无法保证。另外,目前互联网上也出现很多免费查询法律法规的网站,虽然比搜索引擎获取的信息范围少,但也同样存在文件是否有效、是否已被修订或废止、全文内容是否权威等不确定性,不能保证所提供文本的准确性。

在"互联网+"的大背景下,十分需要能够快速准确地检索到我们所需的信息的能力,而这些是以前的法学课堂上没有的。在"互联网+"的大背景下,学生希望能有快速准确检索法律及其相关内容的搜索引擎或者数据库,为法学学习提供更多的助力。

3. 实践式教学:理论结合实际

当下的法学教育还是以理论为主,以教师讲授学生听取为主。学生在课堂上学到的更多的是理论知识,缺乏实践,以至于很多法科学生毕业之后从事实务法律工作的时候会抱怨学校学的东西根本没用,需要从头学起。如果可以将实践教学做好的话,就不会出现理论和实践断层的现象了。

现在司法公开越来越好,也有很多教师从事实务方面的工作,作为法科学生,希望有更多的教师利用真实的案例进行教学,模拟教学,教会学生如何将所学用于实践。比如可分享庭审转播、可带领学生旁听庭审、进行实战性的模拟法庭,等等。

4. 技术工具:理清思维,提升效率

在分析案例,解答法律问题,写论文、写作业的时候都需要清晰的思路,构建基本的框架,再进行细化的工作。法科学生在学习的时候更是如此,如果能自己将所学到的东西整理成一个体系,对知识有一个整体的把握,学习的质量就会更高,学到的东西也能更加的印象深刻。

现有的互联网技术中有很多思维工具,如印象笔记、WorkFlowy、百度脑图等,对于学生们的法科学习具有相当大的帮助,可以帮学生们把思路理清,建立一个整体的框架。同时还有一些作图软件,如Visio、Xmind等,可以帮助学生分析复杂的法律关系,通过更加直观的方式来展示复杂的法律关系,将复杂问题直观化、简洁化,从一大堆材料中跳脱出来,有助于理清思路,找准法律关系,从而找到正确的应对策略。

互联网技术不断发展的当下,法科学生希望能有更多更快速、便捷、高效的方式来进行法科学习,打破单一的课堂模式,随时随地学习,方便高效学习。希望通过互联网技术能够大大提高教学质量,提高学习效率,并从理论走到实践中去,让法科学习更加高效,更加丰富。

(二)课程成果:以可视化为例

下图是东南大学法学院部分学生运用技术工具做的相关图表,与以前传统的教学方式相比较,学生学会了将复杂事物可视化的技能,使其对知识点的理解更加透彻和深入,而且可视化图表(图 6—图 8)的表达方式也方便学生记忆。

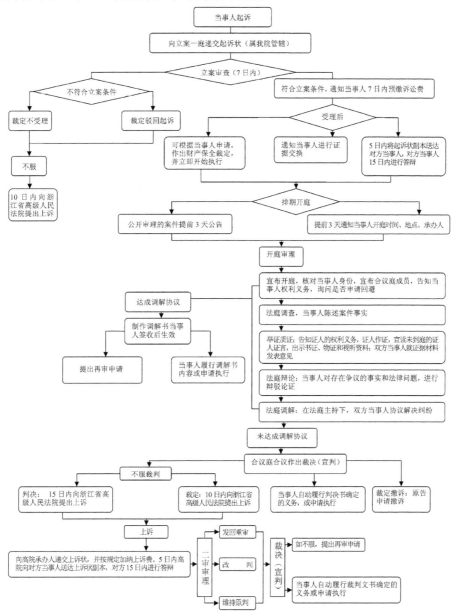

图 6　可视化表达——民商事案件诉讼流程图

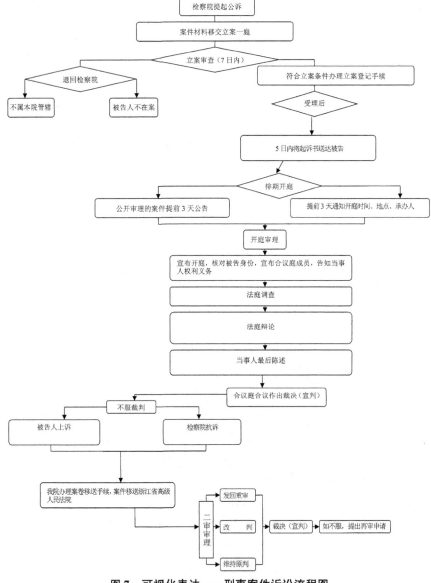

图 7 可视化表达——刑事案件诉讼流程图

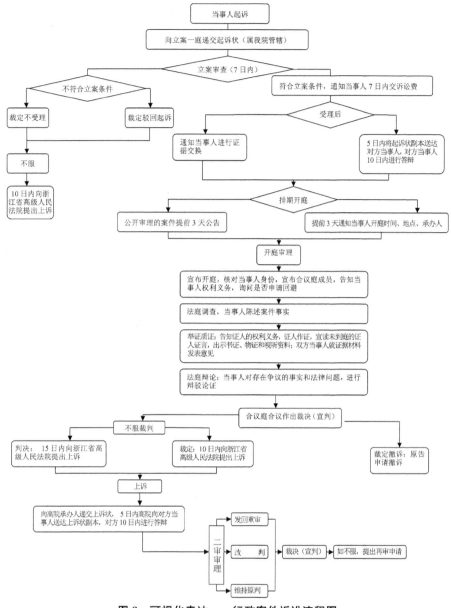

图8 可视化表达——行政案件诉讼流程图

四、结论

在互联网＋的大背景下,法学教学必须跟上时代的步伐,通过互联网技术工具的运用,为法学教学助力。在法学教学过程中,利用互联网技术工具,解决了法律检索的信息筛选困难,创新了法律可视化的思维方式。对教师而言,互联网技术工具在法学教学中的运用,使课堂不再枯燥,教学思路清晰,将思考的任务交给学生,相比传统教学方式,教学任务愈发减轻,教学效果却是事半功倍;对学生而言,运用互联网技术工具可以提升学生对于学习的兴趣,提升学生自主思考的能力,使学生学到知识的同时学会运用互联网的技能和更加开放的思维方式。总而言之,利用互联网技术工具能改善现有法学教学方法存在的不足,大大提高法学教学的质量和效率。

参考文献:

［1］徐显明.中国法学教育状况 2006[M].北京:中国政法大学出版社,2009:89.
［2］李剑萍,魏薇.教育学导论[M].北京:人民出版社,2006:776.
［3］毛牧然,董晓梅.计算机辅助法学教育之研究[J].东北大学学报(社会科学版),2000(2).
［4］朱振."互联网＋"背景下的开放教育法学专业课程实践研究[J].科技视界,2015(25).
［5］曹伟."互联网＋"时代的互动式法学教育[N].光明日报,2015-10-13.
［6］刘满达.互联网对法学教育的影响——从形式到内容[J].西南政法大学学报,2006(6).
［7］李旭东.高校法学网络教学模式构建及实现路径[J].电化教育研究,2010(11).
［8］陈兵,程前.大数据时代高校法学实践教学数据库设计论纲[J].延边大学学报(社会科学版),2015,48(1).
［9］白建军.大数据对法学研究的些许影响[J].中外法学,2015(1).
［10］丁春燕.大数据时代法学研究的新趋势[J].甘肃政法学院学报,2015,32(6).
［11］陈程.基于思维可视化技术的法学案例教学方法探究[J].才智,2014(11).
［12］徐继红,王晓宁.基于思维导图的法学教学可视化研究[J].经营管理者,2015(36).

(责任编辑:徐珉川)

新乡土中国视阈下基层司法职能研究

邢 勇

摘 要 乡土司法即乡土社会的基层司法,是指农村地区基层法院及其派出法庭的司法活动。在乡土中国向新乡土中国变迁的新形势下,基层司法在基层治理体系中被赋予更加重要的使命。人民法庭的核心职能就是依法独立公正行使审判权,人民法庭的重要职能体现在支持、指导、参与等三个方面。

关键词 新乡土中国 基层司法 核心职能 重要职能

引言

治理是一种双向活动,包括为获得公共秩序而进行的各种自上而下的管理和自下而上的认同过程。治理活动的依法性可以增强执政党和政府的合法性基础。

改革开放以来,中国社会的异质化程度不断加大,社会矛盾日渐凸显,以党的十五大正式提出"依法治国,建设社会主义法治国家"为标志,我国国家治理结构逐步转型,执政党开始试图以法治形式解决各种社会问题,"通过法律的治理"成为推动社会建设的根本机制。[①] 党的十八届三中全会将创新社会治理体制作为国家治理体系和治理能力现代化的重要内容进行全面部署。十八届四中全会提出"全面推进依法治国",对推进法治社会建设,实现多层次、多领域依法治理,提出新要求。基层司法作为基层治理的重要环节,在当前国家治理体系中的路径更加清晰,地位和作用日渐凸显。

作为司法的内在组成部分,基层司法不仅禀具司法的基本特性,而且作为沟通法律与社会的基础环节,最直接最生动地反映了社会生活的原生状态以及法律、司法在该场景下的存在和运作样态。[②] 因此,研究当代中国的基层司法特别是乡土司法,对于进一步认知中国司法的复杂性、多元性和独特性具有"窥管见豹"的样本意义,对于精准开展司法改革更具有现实意义。

作者简介:邢勇,湖北省高级人民法院审判监督二庭副庭长,法学博士。
① 丁卫.秦窑法庭基层司法的实践逻辑.生活·读书·新知三联书店,2014:12、17、25、39.
② 高其才,左炬,黄宇宁.政治司法——1949—1961年的华县人民法院.法律出版社,2009:346.

基层司法是指基层法院及其派出法庭的基层法官的司法活动。当今中国,基层司法的重要性用"基础不牢,地动山摇"来形容一点也不为过:基层法院及其法官占全国法院和法官总数的绝大多数。80%以上的法院是基层法院,80%以上的法官在基层法院,80%以上的案件由基层法院审理,因此苏力说,无论从法官的人数来看,还是从处理案件的数量上看,基层法院实际都是中国司法的最主要部分。① 在司法的链条上,人民法庭作为基层法院的派出机构,②就像遍布人体全身的神经末梢一样,广布城乡,根植基层,距离人民群众最近,处在解决矛盾纠纷的最前沿,成为维护社会公平正义的最后一道防线,是人民法院的最基层单位,被誉为"基层的基层""关键的关键",在国家和社会治理特别是县域治理中承担的责任重大,任务艰巨。③ 人民法庭的法官工作在审判战线的最前沿,最能了解群众对司法的需求,是把纸上的、抽象的法律转化为现实法律和社会实践的重要载体。④

随着人民法庭的地位和作用的更加凸显,一度曾经出现的人民法庭存废之争再也不复存在。⑤ 但是,人民法庭在发展过程中也逐渐暴露出一些亟待解决的问题和矛盾,比如人民法庭总量在逐步减少,部分地区县城所在地人民法庭相继被撤销。顾培东据此得出结论,在加强人民法庭建设的倡导背后,实际是人民法庭总体作用和功能的相对萎缩,人民法庭在某种程度上已经或多或少地沦为人民法院现代化、正规化、规范化建设的牺牲品。⑥ 为解决这些困难和问题,从1998年起,最高人民法院先后三次召开全国法院人民法庭工作会议,⑦出台一系列涉及人民法庭工作的规定。其中,1999年颁布的《关于人民法庭若干问题的规定》,对人民法庭的职责任务进行了明显扩充。2005年出台的《关于全面加强人民法庭工作的决定》,是继1999年规定之后,最高人民法院颁布的又一个指导人民法庭制度建设的纲领性文件,⑧它对人民法庭的法律地位进行强调,赋予人民法庭承载起新时期依法妥善处理和化解各种社会矛盾的历史使命。当前社会矛盾易发多发高发,人民法庭处在以司法手段化解社会矛盾纠纷、维护和谐稳定社会秩序和实现社会公平正义最前沿,面临的考验更加严峻,遇到的问题更加复杂,承担的问题更加艰巨,在此新形势下,制定更有针对性的指导意见,全面提升人民法庭工作水平的重要性和必要性日益凸显。⑨ 为此,2014年12月最高人民法院印发《关于进一步加强新形势下人民法庭工作的若干意见》(法发〔2014〕21号)

---

① 苏力.送法下乡——中国基层司法制度研究(修订版).北京大学出版社,2011:7.
② 尽管与基层法院的内设审判机构相比,人民法庭在法院科层体系中"被直接或间接地固化于拾缺补遗的边缘性地位"。丁卫著.秦窑法庭基层司法的实践逻辑.生活·读书·新知三联书店,2014:75. 又参见顾培东.人民法庭地位与功能的重构.法学研究,2014(1). 根据笔者在基层法院的观察,交通不便、路途遥远的边远山区、远城郊的人民法庭相对于院机关业务庭室、城区法庭来说,吸引力较弱。除非是提拔使用,普通干警一般是不愿去那里工作的。
③ 最高人民法院院长周强从基层政权建设和基础治理的视野去看待人民法庭的重要意义:是党的群众工作的重要领域,是基层政权的重要组成部分,是基础治理不可或缺的重要部分。参见蒋蔚.周强主持最高人民法院党组会议部署贯彻第三次全国人民法庭工作会议精神.人民法院报,2014-07-27.
④ 刘泽智.农村基层法官的基本素养——以翟树全精神为视角.人民法院报,2014-02-09.
⑤ 邵俊武.人民法庭存废之争.现代法学,2001,23(5).
⑥ 顾培东.人民法庭地位与功能的重构.法学研究,2014(1).
⑦ 第一次全国人民法庭工作会议于1998年在北京召开,第二次全国人民法庭工作会议于2005年在广东佛山召开,第三次全国人民法庭工作会议于2014年在山东济南召开。——作者注.
⑧ 胡夏冰,陈春梅.我国人民法庭制度的发展历程.法学杂志,2011(2).
⑨ 罗书臻.充分发挥审判职能作用 积极参与基层社会治理 全面推进新形势下人民法庭工作——最高人民法院相关负责人就《关于进一步加强新形势下人民法庭工作的若干意见》答记者问.人民法院报,2014-12-11.

(以下简称《意见》),就进一步加强新形势下人民法庭工作,切实发挥人民法庭职能作用,推动人民法庭工作不断科学发展,提出具体要求。这是继2005年决定近10年之后,最高人民法院在广泛调研、充分总结实践经验基础上,专门针对人民法庭出台的又一个重要的指导性文件。值得关注的是,在该《意见》中,最高人民法院首次将人民法庭的职能划分为核心职能和重要职能,[①]从而成为该文件的一大特色和"亮点"。

毋庸置疑,我国各级人民法院都具备各自的核心职能与重要职能,只是具体内容和侧重点不同而已。基层司法扎根基层,基层社会的固有问题与解决方式,势必使基层司法的职能以及履行职能的方式与高、中级法院有所不同。[②] 由于基层法院和人民法庭同属于基层司法范畴,他们的核心职能与重要职能大体上是契合的(尽管人民法庭具有自己的特质)。鉴于此,本文以最高人民法院的上述《意见》为依据,以政法传统下多元化纠纷解决机制改革以及其他司法改革为蓝本,运用基层司法的法治化与治理化理论,对包括人民法庭在内的基层司法的核心职能与重要职能进行解构、评析。

本文的创新之处主要在于,首先,对该《意见》进行了专门解读,迄今学界和实务部门鲜见这方面的专题研究;其次,对新乡土中国的基层司法进行辨析,将基层司法严格限定于基层法院和人民法庭的司法活动;再次,指出人民法庭的核心职能与重要职能存在对立统一的内在张力。

一、新乡土社会的基层司法

司法的运行不在真空中,社会的政治经济条件、特定的地域空间、乡土的生产方式和生活方式都会影响司法。[③] 基层法院特别是人民法庭扎根基层,大多处在典型的乡土社会,具有明显的乡村司法特征。当前,随着我国经济社会的快速发展,乡土社会在不断进化和演绎,扎根于乡土社会的基层司法和法官队伍也在不断进步,承担起基层治理的历史使命。

(一)从乡土中国到新乡土中国的变迁

在当前现代化、城市化和全球化的浪潮冲击下,基层社会发生结构性转型,原来具有的乡土性特征演变为后乡土性特征,突出表现为城市与乡村、体制内与体制外并存的"双二元格局",乡土中国步入后乡土中国时代。[④]

"乡土中国"这一名称是费孝通先生的原创。普遍认为,他在20世纪40年代首次出版的名著《乡土中国》中,对传统中国乡村社会的描述至今仍未过时,并构成理解传统中国的基础性视角。[⑤] 改革开放以来,传统乡土社会的急剧变化并没有使它的乡土性发生根本改变。

---

① 该《意见》第3条规定:"准确把握职能定位。牢牢把握司法为民公正司法工作主线,代表国家依法独立公正行使审判权,是人民法庭的核心职能。依法支持其他国家机关和群众自治组织处理社会矛盾纠纷,依法对人民调解委员会调解民间纠纷进行业务指导,积极参与基层社会治理,是人民法庭的重要职能。"
② 高其才,左炬,黄宇宁.政治司法——1949—1961年的华县人民法院.法律出版社,2009:14.
③ 田成有.关注基层法院的法治生态.人民法院报,2014-09-17(2).
④ 陆益龙.乡土中国的转型与后乡土特征的形成.人文杂志,2010(5).
⑤ 刘小峰.《乡土中国》之再检视.读书,2013(6).

大多数中国人仍然生活在转型初期的乡土社会,"差序格局"仍然是主要分层格局。① 因此,"乡土社会"作为一个分析性概念,仍然具有现实意义。② 这种情形被贺雪峰称之为"新乡土中国"。他所著的《新乡土中国》,秉承费孝通先生的学术旨趣,对 21 世纪的中国农村地区进行了进一步勾画。他指出,自 2000 年以来,中国农村几乎同时在三个层面出现千年未有之变局:一是 2006 年国家取消了延续千年的农业税,这是国家与农民的关系巨变;③ 二是此前一直构成农村内生秩序基础的农村社会基础结构(比如宗族和农民家庭),在革命运动与市场经济双重冲击下,快速解体,形成农村基础结构之变;三是一直构成农民的意义世界和人生价值基础的传宗接代观念开始丧失,出现农民价值之变。尽管如此,农村地区依然是中国现代化的稳定器和蓄水池。④ 新乡土中国的"三农"问题依然存在,农村社会仍具有乡土性,基层法官所处的谱系和环境依旧,尽管与从前不完全相同。这些无疑会对乡土司法运作产生影响,诱致乡土司法的治理化倾向和冲动。

(二)乡土法官的去脸谱化

"远看像个卖炭的,仔细一看是个办案的",这首流传于 20 世纪 80 年代末 90 年代初中国乡村社会的司法民谣,形象地勾勒出那个时代基层法官的特质:一身土气,奔走于田野乡村,讲着满口外地人也许很难懂的地方方言,与群众家长里短。他们大多生于斯,长于斯,与"乡"和"土"结下不解之缘。随着时代变迁,乡土法官的气质和形象悄然发生变化,不再千篇一律保持原来固化的脸谱。我们也许会不经意地发现,在农村地区基层法院及其派出法庭,皮肤黝黑、一身土气的法官少了,儒雅白净、斯文书卷气、间或戴眼镜的法官渐渐多了起来。以我曾经工作过的湖北省咸宁市咸安区人民法院为例,据不完全统计,2014 年该院约 130 名在岗人员中,有 21 名正规大专以上毕业生,其中,法律本科毕业生 8 人。毋庸置疑,由于受到较好的教育,这批法官既能讲本地方言,又能讲一口流利的普通话,这与早期那些只会方言而不会普通话的乡土法官形成了鲜明对照,更为重要的是,他们的综合素质和法律素养更是技高一筹,更能在格式化的司法与非格式化的现实之间游刃有余,更擅长处理那些无法用现代法律概念涵盖的"事实",虽然他们的身份依然是乡土法官。

尽管不再带有固定的脸谱,但是,深处乡土基层的法官仍然混杂着浓浓的"方言味""泥土味""人情味",每天穿行在山乡,用乡言俚语跟乡亲们交流,甚至将办案场所搬到当事人的房前屋后、田间地头。穿上法袍就是法律的宣道者,脱下法袍就是能用法律和群众百姓打成一片的"泥腿子"。⑤ 他们既要知晓法律又要了解民情,讲究"草根智慧",说"草根语言",行"草根做派"。⑥ 作为基层司法的主要承担者,他们以解决纠纷、案结事了为追求,在维护基层社会和谐稳定中,扮演着不可或缺的角色。

---

① 陈柏峰提出,最近十多年,中国农村发生了空前的巨变,"乡土中国""熟人社会"的理想类型很难再成为乡村司法研究的理论前提。显然,这个观点是值得商榷的。参见陈柏峰. 乡村司法. 陕西出版集团陕西人民出版社,2012,11(1):269.
② 高其才,周伟平,姜振业. 人民法庭的乡土司法特性. 昆明理工大学学报(社会科学版). 2009,1,9(1).
③ "后税费时代"的中国乡村社会,国家权力不再深嵌于乡村社会中,国家对乡村社会的控制力有所弱化。参见周河. 当代中国乡村司法的检视与重构. 法制日报,2015-07-08(11).
④ 贺雪峰. 新乡土中国(修订版). 北京大学出版社,2013.
⑤ 杨宜中,严峻,等. 将司法深植于乡土民情——福建省政和县法院镇前法庭副庭长何陈灿的"三味"人生之记者手记. 人民法院报,2014-07-22(5).
⑥ 高其才. 乡土社会中的人民法庭. 法律适用,2015(6).

（三）乡土法官的乡土司法

尽管对当前中国乡村社会到底是"熟人社会"，还是"半熟人社会""无主体熟人社会（baseless society of acquaintance）""熟悉社会""乡土社会""离土社会"，学界聚讼纷纭、莫衷一是，①但身处其中的基层法官扎根乡土则是一个不争的事实。有学者用"乡土法官"来形容我国城镇、乡村地区的基层法庭法官，②在笔者看来，前述界定外延过于狭小，"乡土法官"不仅包括我国城镇、乡村地区的派出法庭法官，还应包括我国农村地区（含城市的远城区）基层法院的广大法官。他们与派出法庭的法官一样，都是就职于乡土社会司法场域、处断乡土社会纠纷而具有乡土本色的司法官员。他们工作的地方，往往群众法律意识淡薄，乡风民俗、乡规民约等民间法的影响远远大于国家法。之所以称其为"乡土法官"，是因为他们大多没有很高的学历，没有精深的法律知识，身上或多或少具有"乡下人的土气""村落社会的低流动性""熟人社会的信任关系"等费孝通先生所称的乡土特性，他们是我国传统乡土社会的产物。③对此，喻中有过精彩的评论，他指出，由于国家正式法律作为一种普遍性的规则，与作为"地方性知识"的社区规则之间，总会出现某些不一致，法官在表达对于国家法律的忠诚（追求司法的法律效果）之外，还需要履行对民间习惯的忠诚义务、对社区民众的忠诚义务，实现司法对社会效果的追求。乡土法官特别是乡镇法庭的法官，也属于一个流动性较小的群体，他们与所在社区居民之间，逐渐形成了一种所谓的熟人关系，熟悉社区的风俗习惯和风土人情。④ 喻中说：

> 他们承担的功能恰好可以对应于传统中国乡土社区的纠纷解决者。当传统的族长、绅权淡出甚至消失之后，留下来的部分空白就是由乡镇法庭的法官来填补。这些常年奔走于田间地头的法官们，虽然也属于国家的法官，但他们主要依据乡土习惯、乡规民约、乡间情理裁断着乡村社区中发生的各种争议与纠纷……某种程度上，他们名为国家法官，实为传统中国的乡土权威在当代的传人。⑤

在广大农村地区，⑥乡土法官比比皆是，他们没有豪言壮语，不懂得所谓宏大叙事，甘受

---

① 吴重庆基于田野调查，用"无主体熟人社会"来描述并解释中国农村空心化之后的社会生活。黄锐认为费孝通在《乡土中国》中使用的概念应该是"熟悉社会"而不是"熟人社会"，改革开放后熟悉社会虽然遭到强烈冲击，但在日益变动的社会结构中仍有影响。高其才坚持认为，当代中国社会从本质上仍然为乡土社会。栗峥指出，正在持续进行的社会转型，使得"乡土中国"转化为"离土中国"。分别参见吴重庆.从熟人社会到"无主体熟人社会".读书，2011(1)；黄锐.乡村社会是"熟悉社会".人民日报，2015-04-27(14)；高其才.乡土社会中的人民法庭.法律适用，2015(6)；栗峥.转型乡村中的社会治理与纠纷解决.内蒙古社会科学（汉文版），2013,3,34(2).

② 潘怀平."乡土法官"话语的引入与图景.人民法院报，2013-08-16(5).持类似观点的还有高其才、张青等。分别参见高其才，周伟平，姜振业.人民法庭的乡土司法特性.昆明理工大学学报（社会科学版），2009,1,9(1)；张青.迈向"实践—理论"的研究范式——对乡村司法理论的回顾与反思.云南行政学院学报，2013(1).

③ 潘怀平."乡土法官"话语的引入与图景.人民法院报，2013-08-16(5).

④ 喻中.乡土中国的司法图景（第二版）.法律出版社，2013:216-238.

⑤ 喻中.乡土中国的司法图景（第二版）.法律出版社，2013:235.

⑥ 贺雪峰认为当前中国有三种农村：一是以农业生产为主的普通农村；二是依托城市和工业形态已有较大改变的农村；三是少数民族聚居的边疆农村。陈柏峰在引述其观点的基础上提出，普通农村无论在人口还是农业产值上都是中国农村的主体，其主要特征有三：一是农业人口密集，精耕细作，农业发达；二是工商业不发达，农民收入主要来源于农业收入和外出打工收入；三是处于非城郊地区，土地未能明显增值。因此，要从整体上理解中国农村，理解中国农村的政策、制度和法律实践形态，不能以第二、第三种类型的农村作为主要分析对象，而应将重点集中在普通农村。本文认同陈柏峰的观点，并在此基础上立论。转引自陈柏峰，董磊明.治理论还是法治论——当代中国乡村司法的理论建构.法学研究，2010(5).

寂寞和清贫,淡泊名利,默默奉献,日复一日地开庭、合议、送达、执行,无声地阐释着"敬业、忠诚"的内涵。① 随着媒体对基层法官宣传力度的加大,涌现出龙进品、翟树全、闫胜义等一大批先进典型,乡土法官才开始为社会各界广泛关注。

综上,乡土司法就是身居乡土社会的乡土法官的司法活动,是乡土社会的基层司法,②按照陈柏峰的说法,它是一个经常被学者使用却尚未有统一界定的词汇,目前还不是一个严格的法律概念(与此形成对照,"基层司法"则是一个经常使用且意思相对明确的概念)。③比如,高其才将"乡土司法"解释为,转型期乡土社会的非职业化、大众化的法官,应对乡民的现实需求,在自身的有限的法律知识结构和丰富的社会经验基础上,在长期解决乡土社会"家长里短"式传统型纠纷的司法活动中,自发地摸索、总结而形成的一套针对性和实用性较强的包括理念、心理、行为以及技术在内的司法形态。它兼具司法权、立法权和行政权的特性,不但在于稳妥解决乡民之间的纠纷,更在于维护社会稳定、政府权威以及对乡民的生活秩序的建构产生积极的意义和影响。笔者认为,该定义一是过于冗长;二是认为乡土法官具备立法权,实际上,我国继受大陆法系,大陆法系的法官不具有"法官造法"的权限;三是将基层法院的职业化法官(尽管数量不多)的司法活动排除在外,显然,基层法院还存在部分职业化法官,职业化法官的司法活动也是乡土司法的组成部分,且法官职业化也一直为官方倡导。喻中在区分国家司法、民间司法和乡村司法的基础上,将乡村司法界定为乡村干部的司法。④ 陈柏峰所著《乡村司法》以田野调查为基础,对新乡土中国时代包括人民法庭在内的乡村司法进行了粗线条研究,提出乡村司法的"双二元结构"论,即乡土司法既包括基层法官的司法,也包括乡村干部的司法。乡土司法具有两个层面的二元结构,微观层面的二元结构存在于基层法官的司法中,宏观层面的二元结构由乡村干部的司法与基层法官的司法共同构成。这两个层面叠合起来,构成乡土司法的"双二元结构"。在这个双二元结构中,乡土司法呈现出三副形态:一是基层法官司法的法治形态;二是基层法官司法的治理化形态;三是乡村干部司法的治理化形态。⑤ 陈柏峰显然将乡土司法的外延扩大化了。此外,王亚新、范愉也就乡土司法提出了各自的观点。⑥ 笔者坚持认为,严格意义上的乡村司法仅仅指广大农村地区的基层法院及其派出法庭法官从事的司法活动,这也是本文立论的基础和前提。

二、人民法庭的核心职能

根据《关于进一步加强新形势下人民法庭工作的若干意见》(以下简称《人民法庭工作意见》)第3条,依法审判案件是作为基层审判机关的人民法庭的核心职能,是人民法庭推进平安中国、法治中国建设的基本途径,是人民法庭的第一要务。为切实保障人民法庭充分有效

---

① 2015年7月初,我所在的湖北省高级人民法院评选出10名首届"湖北最美基层法官",并举行颁奖大会。会上,部分获奖代表的发言让人动容。——作者注。
② 高其才.乡土社会中的人民法庭.法律适用,2015(6).
③ 陈柏峰,董磊明.治理论还是法治论——当代中国乡村司法的理论建构.法学研究,2010(5).
④ 喻中.乡土中国的司法图景(第二版).法律出版社,2013:21-41.
⑤ 陈柏峰.乡村司法.陕西人民出版社,2012:274;陈柏峰.当代中国乡村司法的功能与现状.学习与探索,2012(11).
⑥ 转引自陈柏峰,董磊明.治理论还是法治论——当代中国乡村司法的理论建构.法学研究,2010(5).

地发挥好审判职能,该《意见》第 4 至 12 条还特别从优化人民法庭的区域布局、规范人民法庭的设置调整、完善立案机制、抓好民生审判、加强诉讼服务、做好巡回审判、处理好调判关系、改进执行工作、完善人民陪审制度等方面进行规范。有学者曾建议改变人民法庭以审判为中心的传统角色定位,强化其非司法功能,将其从完全的司法性质改造成弱司法性质的简易纠纷处理机构。① 按照最高法院的解读,人民法庭可以通过具体案件的司法过程和裁判结果,弘扬社会主义核心价值观,促进实现社会公平正义,保障经济社会发展和人民安居乐业。② 该解读实际上是对前一观点的否定。

如何保障人民法庭履行其核心职能、如何确保基层审判机关依法独立公正审判,是一个重大的现实课题和难题,也是本轮司法改革力图重点解决的问题之一。尽管经过改革开放,我国司法的自治化和法治化有所提升,但司法的政法传统——亦即司法活动必须服从于执政党治理社会的目的,服从于治理的逻辑,其实质就是法律的治理化——依然强大,司法从属于政治的现实依然没有丝毫改变。在发展与稳定的双重政治目标下,司法工作不仅要为经济建设服务,而且还被纳入社会治安综合治理的整体框架,法律和司法的工具主义传统依然存在。③ 赵晓力在《基层司法的反司法理论》一文中指出,基层司法遵循治理的逻辑,在事实层面而不是规则层面解决问题,是结果导向而不是规则导向,因此基层司法是"反司法的"。④ 实践中基层司法往往呈现出治理化的样态,而且治理化与法治化交织在一起,极大地制约着依法独立公正审判权的行使。

(一)基层司法的治理化

本质上讲,依法独立公正审判是基层司法法治化的应有之义。但是,司法产生、运作于一定的社会场景之中,受其影响甚至被其决定。基层司法所指向的基层社会本身具有相当特殊性——尽管基层社会并不等同于农业社会,但大部分人依然生活在农村。⑤ 诚如吴英姿所言:"当城市逐步建立起以陌生人为基础的法理社会的时候,乡村还保留着以血缘、地缘为基础的乡土社会的特征。法理社会人们主要依据法律的行为规范,而乡土社会更多地依据本土的风俗和习惯行为规范。"⑥中国广大的基层法院,处于传统社会向现代社会转型、变迁的过程之中,处于熟人社会与人情社会的交织之中,⑦法治所要求的规则之治与现实需求尚不能完全契合。人民法庭主要位于农村地区,在国家和乡村社会搭起桥梁,⑧寻求国家制

---

① 分别参见张睿.论和谐社会理念下人民法庭的弱司法化.河北法学,2009,27(5);夏群佩.在规范与非规范之间寻找平衡——人民法庭职权优化之进路.贵州警官职业学院学报,2010(1).
② 罗书臻.充分发挥审判职能作用 积极参与基层社会治理 全面推进新形势下人民法庭工作——最高人民法院相关负责人就《关于进一步加强新形势下人民法庭工作的若干意见》答记者问.人民法院报,2014-12-11(3).
③ 张青.人民法庭政法传统之形成及其迭嬗.甘肃政法学院学报,2014(5).
④ 转引自高其才,周伟平,姜振业.人民法庭的乡土司法特性.昆明理工大学学报(社会科学版),2009,9(1);陈柏峰,董磊明.治理论还是法治论——当代中国乡村司法的理论建构.法学研究,2010(5).
⑤ 高其才,左炬,黄宇宁.政治司法——1949—1961 年的华县人民法院.法律出版社,2009:14、26.
⑥ 转引自白彦.司法公信力流失问题研究——以基层法官角色定位为视角.暨南学报(哲学社会科学版),2016(1).
⑦ 所谓人情社会,放置于中国传统"家本位"的社会情境,也就是以亲缘关系远近而形成的"差序格局",将亲情看作是人们作出各种行为的本原根据。参见韩伟.中国传统司法中的"情"辩证.人民法院报,2014-08-22(7).
⑧ 国家与乡村社会之间的关系,是理解近现代中国百余年来社会变迁的一条至关重要的线索。理解"国家—乡村"关系的演化与变迁构成了探讨中国社会性质的关键主题之一,其实质所在,可以归结为国家对乡村社会的治理。参见丁卫.秦窑法庭基层司法的实践逻辑.生活·读书·新知三联书店,2014:25-26.

定法与民间习惯法①的相互妥协与合作,使正式的法律规则获得非正式运作的活动空间。与上级法院相比,基层法院及其派出法庭除强调法律效果外,更突出办案的社会效果和政治效果,更突出因事制宜、因案制宜,从根本上化解矛盾纠纷,最终实现"案结事了人和"。因此乡村司法普遍存在治理化的冲动和偏好。②苏力等人甚至据此断言,基层法院的法官主要关注的是如何解决纠纷,而不是恪守职责。③乡村司法的价值目标仅在于解决问题,而不是实现法律正义。④黄宗智也持类似观点,他指出:"中国的法庭调解的出发点是解决纠纷,而不是判断对错。它的性质、所用程序以及结局都可以归属调解。"⑤基层法院及其派出法庭所处的法治生态环境决定了其要承担大量的治理任务,要通过"做工作""矛盾化解"等方式处理案件。基层法官每天都会直面大量的具体案件,从夫妻离婚到山林土地纠纷,从赡养老人到轻微伤害等等,当事人一般也不会聘请代理人。由于此类纠纷多发生于熟人(或半熟人)之间,多发生在乡土社会,乡民朴素的权利观与法律塑造的权利观之间存在一条巨大的鸿沟——在乡民的法律想象中,结果公平和实质正义也许远比程序正义重要。⑥乡邻人情、乡土规则等的加入使得案件异常复杂。处理该类纠纷的法官往往无法或很难获得真实可信的证据,加之缺少代理律师对诉讼争议的整理和格式化,解决纠纷、息事宁人就成为基层法官最主要的关注点。为了快速圆满地解决纠纷,基层法官在处理案件时不仅要考虑"适合此案的规则",还要考虑乡土民情、习俗、习惯,努力进入当事人的生活场域之中,从当事人的角度出发去思考问题,做到情、理、法的平衡。为了解决纠纷,有时甚至将神圣的法律进行灵活变通、转化与模糊,运用吉尔兹(Geertz)所谓的地方性知识(local knowledge),生产出"模糊的法律产品",再通过精致的"案卷包装术"进行"依法性"外包装,满足农村当事人对实体正义的需求。⑦

在治理化形态下,基层法官所用方法、手段多种多样,一切以"案结事了"为目标。比如

---

① 高其才在分析评价《中国大百科全书·法学》以及孙国华教授、沈宗灵教授等对"习惯法"的界定后指出,习惯法是独立于国家制定法之外、依据某种社会权威和社会组织、具有一定的强制性的行为规范的总和。梁治平则认为,习惯法乃这样一套地方性规范,它是在乡民长期的生活与劳作过程中逐渐形成,它被用来分配乡民之间的权利、义务,调整和解决他们之间的利益冲突,并且主要在一套关系网络中被予以实施。就其性质而言,习惯法乃不同于国家法的另一种知识传统,它在一定程度上受制于不同的原则。……习惯法乃所谓"小传统"。它们是更接近字面意义上的"地方性知识"。……习惯法并未形诸文字,但并不因此而缺乏效力和确定性……其效力来源于乡民对于此种"地方性知识"的熟悉与信赖,并且主要靠一套与"特殊主义的关系结构"有关的舆论机制来维护。分别参见高其才.中国习惯法论(修订版).中国法制出版社,2008,10(1):1-3;梁治平.清代习惯法.广西师范大学出版社,2015,4(1):1、164、167-168.

② 有学者认为,我国乡村司法治理化的制度定位,要求乡村司法不仅在于适用规则,甚至也不是纯粹为了解决纠纷,而是在很大程度上被纳入当地政府对社会进行综合治理的整体框架之中。人民法庭实际上构成党和政府综合治理实践的重要一环,并在这种总体实践中处于从属地位。分别参见张青.乡村司法策略化及其日常呈现——锦镇个案的过程分析.华中科技大学学报(社会科学版),2014,28(5).张青.乡村司法的社会结构与诉讼构造——基于锦镇人民法庭的实证分析.华中科技大学学报(社会科学版),2012,26(3).

③ 转引自张睿.论和谐社会理念下人民法庭的弱司法化.河北法学,2009,5,27(5).有学者用"内卷化"形容当前乡村司法面临的困境,即一方面人民法庭经过多年发展渐趋现代化、正规化,运作方式日趋形式化;另一方面乡村司法的结果却是一种"两不是"的草率判决,法庭在司法过程中既没有旧式的实质性调查和劝解工作,也没有实现真正的实质化审理,结果是草率的判决和"和稀泥"的调解。参见张青.转变中的乡村人民法庭——以鄂西南锦镇人民法庭为中心.中国农业大学学报(社会科学版),2012,12,29(4).

④ 丁卫.秦窑法庭基层司法的实践逻辑.生活·读书·新知三联书店,2014:43.

⑤ 黄宗智.中国法律的现代性.载朱晓阳,侯猛,编.法律与人类学:中国读本.北京大学出版社,2008,10(1):56.

⑥ 丁卫.秦窑法庭基层司法的实践逻辑.生活·读书·新知三联书店,2014:228、251.

⑦ 丁卫.秦窑法庭基层司法的实践逻辑.生活·读书·新知三联书店,2014:318.

对调解的异常偏爱和冲动,①追求过高的调解率,甚至不惜"以调压判"。以身处乡村法庭的金桂兰法官为例,她审理的案件以调解结案的高达 90%,她所在法庭的调解率近年也一直保持在 80%上下。② 这固然源于近年来司法政策的引导和鼓励,更主要的原因在于,基层司法时常面临法官与乡民之间"想象的法律"与"法律的想象"的尖锐对立、"依法不能办事"和"办事不能依法"的艰难抉择,③对于农村基层社会纷繁复杂的、尚未格式化因此难以规则化处理的大量纠纷(有些矛盾纠纷甚至不涉及法律问题,而涉及感情问题),其他方式根本无法化解,以调解方式结案效果更好,更符合农村当事人的法律心理。我曾经工作过的湖北省咸宁市咸安区人民法院成立诉调中心,专门处理那些可能难以下判的案件,在立案前由经验丰富的中心工作人员反复调解,一旦调解成功,则迅速立案并制作调解书结案。多年实践证明,效果良好。因此,在农村基层社会,作为主要的纠纷解决手段,调解成为农民更为欢迎的司法服务产品。④ 再如选择性立案,尽管最高人民法院反复强调要依法立案,切实保障诉权,但实践中基层法院常常将那些依法审判就会与政府治理目标相冲突的案件,或者难以处理的案件,通过暂缓立案、不予立案而不出具司法文书等"立案的政治学"手段拒之门外。⑤当然,2015 年 5 月 1 日立案登记制实施后,这种情形将极大改观,但也不会完全杜绝。

(二)基层司法的治理化与法治化的并用

在"将矛盾化解在基层"的政治口号下,为了彻底实现"案结事了",防止案件当事人上访,基层法院和人民法庭的法官常常摇摆于格式化的司法和非格式化的现实之间,表现为基层法院和人民法庭的审判和调解呈现复杂样态:一方面,基层司法日益法治化。表现为:一是不再依赖地方性知识;二是越来越关注法律规则的施行;三是越来越程序化,案件以严格依法的方式得以解决。另一方面,治理化形态不时出现在司法过程中。即便是当前基层司法日趋现代化、法治化,当遇到难以实现"法律效果与社会效果相统一"的案件时,往往会回到治理化司法的老路,非法律的因素可以合理、合法、制度性地进入司法过程,从而使事实问题与法律问题相互缠绕,实质正义与形式正义互相竞争,纠纷解决与规则之治无法厘清。因此,基层司法不可避免地呈现出治理化形态,⑥对此,有学者称为基层司法的"法治乱象"。⑦喻中在对"司法—行政"相互关系进行历史考察后,声称发现了一个基本的变迁轨迹,那就是,传统中国盛行的"行政兼理司法",到了现代社会后,逐渐变成了"司法兼理行政"。他进一步指出,如果说有些国家的司法是"较弱地兼理行政",那么当代中国的司法则是"较强地兼理行政",它是当代中国所奉行的"积极国家"理念的产物。"积极国家"理念意味着,国家对社会的塑造意愿是强烈的,国家对社会的塑造能力是巨大的。当代中国的司法不可能止

---

① 根据黄宗智的研究,在没有明确过错的纠纷案件中调解的成效比较高,其次是争执双方具有同样权利义务的案件。在事实情况不涉及明确对错的纠纷中,法官有更大的可能得到双方当事人自愿的妥协,由此比较接近调解制度原来的设想而解决纠纷。参见黄宗智.中国法律的现代性.载朱晓阳,侯猛,编.法律与人类学:中国读本.北京大学出版社,2008,10(1):57.
② 苏力.制度是如何形成的(增订版).北京大学出版社,2007:113.
③ 周河.当代中国乡村司法的检视与重构.法制日报,2015-07-08(11).
④ 苏力.制度是如何形成的(增订版).北京大学出版社,2007:114.
⑤ 陈柏峰.乡村司法.陕西人民出版社,2012:277.
⑥ 陈柏峰.乡村司法.陕西人民出版社,2012,11(1):34-36,274-291,特别是第 279 页.
⑦ 周河.当代中国乡村司法的检视与重构.法制日报,2015-07-08(11).

步于消极、被动地裁决案件,而是要积极主动地服务于国家的中心工作,积极主动地"服务大局"。这样的服务意识及其导致的"能动司法",促成了当代中国的司法总是习惯于"较强地兼理行政"。尽管这种模式一是可能导致司法角色的混乱或者模糊不清,一个过多的"监理行政"的司法者,就不大可能是一个中立的裁判者,也不大可能保持一种消极的角色形象。二是弱化裁判职能。三是弱化整个社会的规则意识和可预期性。但是该模式有助于实现对社会的综合治理。①

(三)基层司法治理化的消极影响

在社会治安综合治理和法律(司法)工具主义的观照下,由于司法权的治理化,基层法院和人民法庭要参与地方党委、政府对社会的治理活动,必然会逾越职权范围直接卷入各种社会纷争和矛盾对抗,其面临的各种压力和挑战势必成倍增加,不得不更加依赖当地党委、政府的支持,从而加剧司法权对地方行政权力的依附性(尽管各级法院都会面临这一问题,但身处一线的基层法院特别是乡镇人民法庭面临的压力最大),最终导致人民法庭的核心职能遭到严重削弱。有学者据此甚至断言,对基层司法的综合治理目标管理,使得国家不仅不能成为基层法官行动的坚强后盾,反而可能成为基层法官办案的另一重压迫。② 本轮司法改革的一个重要内容就是地方法院的人财物收归省级管理,以此推进司法权的去地方化。但由于基层法院被深深嵌入地方"综治"框架,服务服从于县域或者市域治理的逻辑和发展大局(当前,"促一方发展,保一方平安"成为各级党委和政府的政治责任),难免不被地方"假公济私"的各种势力所绑架,从而使得司法权去地方化的改革目的可能落空。从这个意义上说,基层司法治理化的职能定位与司法权去地方化的改革目标是相悖的。

(四)乡土社会"差序格局"的消极影响

我国长期以来农业国家和农耕社会的国情决定了乡土社会的特质将长期存在,人民法庭处于乡土社会、熟人社会的关系网络中,熟人社会几乎所有的事情都可通过熟人关系来解决,"差序格局"规则、司法权的地方化和行政化对人民法庭依法独立公正行使审判权造成极大的冲击,③妨碍人民法庭行使核心职能。此外,基层社会党政领导干部"因公"的治理性干预,和各种地方势力"因私"的腐败性干预,④也会对人民法庭行使核心职能造成消极影响。即使在基层法院收归省管后,这种情形也不可能完全杜绝。

综上,尽管按照该《意见》和最高人民法院的其他相关规定,人民法庭应当充分有效地行使其核心职能,但受制于现实的一系列的社会、政治和经济因素,特别是司法权的治理化和熟人社会的"差序格局"规则,当前人民法庭履行其核心职能可能遭遇严峻复杂的挑战,故对该《意见》的实施效果应做比较谨慎的评估。笔者认为,基层司法的治理化理论是对基层司法的实然解读,基层司法的法治化理论是对基层司法的应然解读。

---

① 喻中.乡土中国的司法图景(第二版).法律出版社,2013:269-283.
② 张青.乡村司法策略化及其日常呈现——锦镇个案的过程分析.华中科技大学学报(社会科学版),2014,28(5).
③ 陈卫东.司法机关依法独立行使职权研究.中国法学,2014(2).
④ 陈柏峰.领导干部干预司法的制度预防及其挑战.法学,2015(7).

三、人民法庭的重要职能

根据该《意见》第 3 条,人民法庭的重要职能包括三个方面:一是依法支持其他国家机关和群众自治组织调处社会矛盾纠纷;二是依法对人民调解委员会调解民间纠纷进行业务指导;三是积极参与基层社会治理。可以分别用"支持""指导""参与"等六个关键词概括。

(一)综述

在当前经济体制深刻变革、社会结构深刻变动、利益格局深刻调整、思想观念深刻变化的背景下,执政党继续秉持人民内部矛盾凸显、刑事犯罪高发、对敌斗争复杂的"三个期"的基本判断,强调稳定对当前中国的特殊重要意义,着力推进国家治理体系和治理能力现代化。"基础不牢,地动山摇",作为现代司法机器运作中不可或缺的"螺丝钉",基层法院及其派出人民法庭在基层治理中被赋予特别的政治意蕴和更加突出的历史使命。[①]

历史地看,人民法庭本是中国特殊国情与方便民众需要的产物,一方面,它虽然不是所在地乡镇党委、政府的组成部分,但与所在地党委、政府和人大存在错综复杂的关系;另一方面,它虽然是基层法院的组成部分,但也具有许多不同于基层法院的特质。[②] 正如 1986 年 4 月 8 日时任最高人民法院院长郑天翔在向第六届全国人民代表大会第四次会议所作的最高人民法院工作报告中所指出的:

"为了尽可能协助有关单位及时把矛盾解决在激化之前,各级人民法院特别是基层人民法院的派出机构——人民法庭的工作人员,要大力改进工作,继续发扬艰苦奋斗的革命精神和密切联系群众的优良传统,深入基层,实行巡回办案,就地办案,到群众中去,既当审判员,又当法治宣传员;既做审判工作,又做群众工作,积极主动地参加社会治安的综合治理,预防和减少矛盾激化。"[③]

综观人民法庭的演进史,人民法庭自产生之时起,其任务便不局限于履行核心职能、审理案件、解决纠纷这一方面,而是具有某种综合色彩,其中相当一部分内容超出审判甚

[①] 十八届四中全会审议通过的《中共中央关于全面推进依法治国若干重大问题的决定》明确提出,"深入推进社会治安综合治理,健全落实领导责任制"。2016 年 1 月 11 日,中央全面深化改革领导小组第二十次会议审议通过了《健全落实社会治安综合治理领导责任制规定》。在进一步修改完善、征求意见后,2016 年 3 月下旬,中办、国办印发了《健全落实社会治安综合治理领导责任制规定》,使综合治理领导责任制上升为党内法规。中央综治办相关负责人对该规定进行解读时指出,当今世界已进入风险社会,我国国内风险因素也日益突出,公共安全问题复杂性加剧,深化平安建设的任务艰巨繁杂。健全落实社会治安综合治理领导责任制是深化平安建设的主要抓手,也是巩固平安建设成果的重要保障。值得注意的是,该《规定》第二条第一款规定:"本规定适用于各级党政机关、人大机关、行政机关、政协机关、审判机关、检察机关及其领导班子、领导干部。"可见,包括基层法院在内的各级法院参加社会治安综合治理是党内法规规定的应尽职责。分别参见魏哲哲.压实领导责任,推进综治工作法治化——中央综治办相关负责人答记者问.人民日报,2016 年 3 月 24 日第 6 版;刘子阳.综治领导责任划出硬杠杠设定硬程序.法制日报,2016 年 3 月 24 日第 1、4 版.

[②] 高其才,黄宇宁,赵彩凤.基层司法——社会转型时期的三十二个先进人民法庭实证研究.法律出版社,2009:492.

[③] 转引自高其才,黄宇宁,赵彩凤.基层司法——社会转型时期的三十二个先进人民法庭实证研究.法律出版社,2009:477.

至司法工作之外,并随着时代变迁而不断变化。① 但是,"为大局服务,为人民司法"的理念始终是一条为人民法庭一以贯之的主线。在这一理念的指导下,人民法庭的法官不仅司法,还"司"其他职责,如指导人民调解、参与地方社会综合治理、提出司法建议、开展法律宣传,等等。② 特别是进入21世纪后,"人民法庭作为基层治理的重要环节,对乡镇、县域治理创新和法治化具有特殊意义,应当成为人民调解和群众自治组织调解,以及民间组织特别是各类行业组织调处化解矛盾纠纷的指导者和支持者。在推进完善基层矛盾纠纷预防化解机制和诉非衔接的多元纠纷解决机制中,应当起到积极的桥梁纽带作用。"③被官方倡导和发扬的马锡五审判方式,④要求基层法院和人民法庭的法官一改传统教义上的不告不理、坐堂问案、被动消极、居中裁判形象,放下身段,送法下乡,主动深入田间地头、车间厂矿,主动参与矛盾纠纷排查化解。⑤ 官方主流话语还连篇累牍、不遗余力地对实践中出现的"社区法官""社区法官助理"⑥"法官村官""法官工会干部"⑦"群众说

---

① 高其才,黄宇宁,赵彩凤.基层司法——社会转型时期的三十二个先进人民法庭实证研究.法律出版社,2009:477-478.

② 高其才,黄宇宁,赵彩凤.基层司法——社会转型时期的三十二个先进人民法庭实证研究.法律出版社,2009:432.

③ 罗书臻.充分发挥审判职能作用 积极参与基层社会治理 全面推进新形势下人民法庭工作——最高人民法院相关负责人就《关于进一步加强新形势下人民法庭工作的若干意见》答记者问.人民法院报,2014-12-11(3).

④ 马锡五审判方式形成于20世纪40年代,因时任边区政府高等法院陇东分庭庭长马锡五而得名,1944年由林伯渠在工作报告中首次提出后,影响力逐渐扩大。由于1958年8月毛泽东的肯定,马锡五审判方式继续得到推广。进入新世纪,特别是2009年时任最高人民法院院长王胜俊提倡后,马锡五审判方式在河南、陕西、黑龙江等地审判方式改革中得到大力推行。根据张希坡在《马锡五审判方式》一书中的归纳,马锡五审判方式的主要特点是,(1)一切从实际出发,实事求是,客观、全面、深入地进行调查研究,反对主观主义的审判作风;(2)认真贯彻群众路线,依靠群众,实行审判与调解相结合,司法干部与人民群众共同断案;(3)坚持原则,忠于职守,严格依法办事;廉洁奉公,以身作则,对下级干部进行言传身教;(4)实行简便利民的诉讼手续。转引自喻中.乡土中国的司法图景(第二版).法律出版社,2013:71.有人解读马锡五审判方式的持久生命力,就在于他的一心为民的情怀,始终坚持一切从人民利益出发,切实践行司法为民的根本宗旨。因此,不能机械地认为,只要谈到马锡五审判方式,所有案件的审判都要回到田间地头,更不能机械地理解为对以庭审为中心的诉讼程序的否定。黄土高原和北上广各自的经验不是互相否定、互相取代、非此即彼的关系,只能是精神相通,方式各异,因地制宜,因案制宜。参见黄永维.群众路线是人民司法工作的生命线——马锡五审判方式再学习.人民法院报,2014-12-17(5);曹建章,谢拓.马锡五审判方式研究述评.陇东学院学报,2015(6).

⑤ 兹举一例:"……全国人大代表、山东省德州市宝丽洁物业管理有限公司总经理焦文玉说,'我们接触到的都是社区中发生的一些家长里短,如我们社区发生的一起赡养老人的家庭矛盾,法庭的法官听说了,主动来到这个老人的家,把问题妥善解决了。'接着她又说起另外一起面粉款纠纷,由于面粉厂老板没有及时支付款项,老百姓把面粉厂围了起来,一场群体性冲突马上就要发生,法庭法官赶到现场,做了一天的工作,把矛盾化解了,他们顾不上吃饭,只喝了两瓶水……"参见韩芳.让这扇窗更明亮——部分全国人大代表政协委员畅谈人民法庭印象.人民法院报,2014-07-09(4).

⑥ 广东东莞建立"社区法官"制度,将法官派到基层,拉近与群众的距离。2010年,东莞在全国率先推出"社区法官助理"制度,由法院任命熟悉情况的村(居)调解干部或后备干部为助理,参与案件调处,利用熟人社会的特点,设置缓冲,消弭阻力,最大限度消除成文法与乡土社会道德之间的"隔阂",修复破损的社会关系。参见林晔晗,马远斌,姚勇刚.打通服务群众的"最后一公里"——广东省东莞市人民法庭工作调查.人民法院报,2014-10-09(5).

⑦ 近年来,宁夏回族自治区盐池县人民法院积极探索参与社会治理和多元化纠纷解决机制,先后创建"法官村官""法官工会干部"双助理联动机制,建立以法院为主导,各乡镇、街道办、企事业为单位,各村、社区、工会为单元的三级网格化管理,实现了行政资源、社会资源与司法资源的无缝对接和有效衔接,逐步形成了综合调控、合力化解社会矛盾的新格局,走出了诉讼与非诉讼机制衔接化解矛盾纠纷的新路径,受到最高人民法院和宁夏回族自治区的肯定和好评。参见周崇华,赵霞.多元化纠纷解决机制的"盐池样本"——宁夏盐池法院双助理联动解纷机制纪实.人民法院报,2016-02-01(1,4).

事,法官说法"①等新做法加以宣传、引导。② 某种程度上,基层法院和人民法庭的法官不仅是法律人(尽管不一定很专业),而且是乡土社会热心的调解者,是深深根植于乡土社会的乡民——这就是基层法官的"乡土司法性"。这显然与西方无论是大陆法系还是英美法系的法官有着天壤之别。兹就人民法庭的三个重要职能分述如下:

(二)人民法庭的支持职能

该《人民法庭工作意见》第13条规定:"为其他机构组织化解纠纷提供司法保障。充分发挥人民法庭在'四个治理'③中的纽带作用和在多元纠纷解决机制中的示范、保障作用,为提高乡镇、县域治理法治化水平作出积极贡献。主动加强与公安、司法、劳动争议仲裁、农村土地承包仲裁、人民调解委员会等其他基层国家机关、群众自治组织、行业调解组织等的沟通与协作,尊重和支持其依法调处社会矛盾纠纷,积极做好司法确认等诉讼与非诉讼矛盾纠纷解决机制的衔接工作。"

笔者认为,该规定是与中央特别是最高人民法院关于多元化纠纷解决机制改革的一系列相关文件和会议精神一脉相承的,是这些文件和会议精神的进一步深化和完善,目前这项改革还在进一步深化。

---

① 最高人民法院院长周强在一篇调研报告中对富县法院、米脂县法院、安塞县法院等三个陕西基层法院的创新加以推介。一是富县法院推行"群众说事、法官说法"便民工作机制。根据该机制,当村(社区)有大事、难事、群众期盼解决的事或者矛盾纠纷时,由联村干部和村(居)委会干部主持,涉"事"群众参与,让群众充分表达意见,以拉家常的方式评议说理。法院为每个村(社区)确定一名联村(社区)法官,当群众在说事过程中遇到涉法问题,法官及时介入,进行法制宣传,提供法律咨询。2014年7月最高人民法院下发通知,在全国基层法院推广富县法院的"群众说事,法官说法"便民联动工作机制。最高人民法院认为,"群众说事,法官说法"工作机制继承发展了马锡五审判方式,是乡村治理模式的典范。该机制的产生,与部分当事人文化素质低、法治意识淡薄密切相关。2015年9月陕西省委、省政府联合下发《实施意见》并召开现场会,在全省推广"两说"机制。2016年3月13日,最高人民法院院长周强在第十二届全国人民代表大会第四次会议上所作的《最高人民法院工作报告》中提出:"进一步推广陕西省富县'群众说事,法官说法'工作经验,积极参与基层治理。"这是"两说"机制连续两年被写入最高人民法院工作报告。二是米脂县法院推行"三·三"制审判工作模式。即参与审判活动的人员中法官、人民陪审员、各界代表各占三分之一,形成化解纠纷合力。法官主持司法活动,严格履行法律程序,在确保公正司法的前提下,充分听取社情民意,兼顾风俗人情,保障办案的法律效果与社会效果的统一;人民陪审员在协助法官审理、执行案件的同时,做好诉前和诉讼调解工作;各界代表协助化解矛盾纠纷,法院根据案情需要,灵活机动邀请人大代表、政协委员、妇联工作人员、乡镇司法人员、社会代表、技术人员等参与调解。三是安塞县法院推行"三调联动"机制。安塞县法院近年来积极参与由地方党委领导、推动的司法调解、人民调解、行政调解的"三调联动"机制建设,加强与基层矛盾调处机构的工作联动,形成了"巡回审判进村落、多元调解到农家、普法教育在基层、综合治理遍乡村"的工作格局。分别参见周强.发扬陕甘宁边区人民司法优良传统 充分发挥人民法院在基层治理中的作用——对延安、榆林法院司法为民工作的调研报告.人民法院报,2014-10-23(1,4);徐光明.基层实践是司改不竭的动力源泉——最高法院司法改革调研小组与延安基层法官干部群众面对面.人民法院报,2014-09-29(1,4);安克明.最高人民法院发出通知推广富县法院"群众说事,法官说法"便民联动机制.人民法院报,2014-07-23(1);阎庆文.推广"群众说事,法官说法"机制 积极推进基层治理法治化.人民法院报,2016-04-06(5).

② 由于宗族权力在一定程度上阻碍了国家权力在乡村社会中的"进入",影响了国家政权对乡村社区的动员能力、组织能力和支配能力,阻碍了国家权力作用乡村社会的广度和深度,因此,20世纪60年代以来,国家政权在乡村社会展开的各种运动,都有一个潜在的目标,那就是,让国家权力全面取代宗族权力,成为支配乡村地区的垄断性的唯一权力。主流媒体上,那些扎根乡村的法官、那种巡回乡村的办案方式之所以得到褒扬、肯定和支持,背后的因果关系就在于,这样的司法方式有助于显示国家权力在乡村社会中的存在,有助于实现国家权力、国家意志对于乡村社会的规范与治理。参见喻中.乡土中国的司法图景(第二版).法律出版社,2013:245-246.

③ 党的十八届三中全会通过的《中共中央关于全面深化改革若干重大问题的决定》,对创新社会治理方式作出全面部署,提出"四个治理"原则,即坚持系统治理、依法治理、综合治理和源头治理。这四个关键词,为我们创新社会治理方式指明了方向和路径。——作者注。

1. 多元化纠纷解决机制建设持续发力

2004年前,多元化纠纷解决机制改革一直没有作为一项单独的改革项目。直到2004年中央下发司法体制改革的意见、2005年最高人民法院发布"二五改革纲要"提出多元化纠纷解决机制任务,才真正拉开了多元化纠纷解决机制改革的序幕。10年来,按照中央部署,最高人民法院牵头的多元化纠纷解决机制改革经历了2004年摸索起步、2008年初期试点、2012年扩大试点、2014年评估试点,再到2015年推广示范的发展历程。① 2009年3月发布的《人民法院第三个五年改革纲要(2009—2013)》提出,要按照"党委领导、政府支持、多方参与、司法推动"的多元纠纷解决机制的要求,配合有关部门大力发展替代性纠纷解决机制。2009年7月最高人民法院发布《关于建立健全诉讼与非诉讼相衔接的矛盾纠纷解决机制的若干意见》,对各类调解与诉讼的衔接机制、各类仲裁与诉讼的衔接机制进行规范。2013年9月最高人民法院出台《关于切实践行司法为民大力加强公正司法不断提高司法公信力的若干意见》,要求注重发挥人民法庭接近基层、了解民情的特殊优势,强化人民法庭在解决基层民间纠纷中的作用。2014年7月在山东济南召开的第三次全国人民法庭工作会议(即"济南会议"),更要求进一步发挥人民法庭便民的独特优势,当好司法为民排头兵。② 其中一项举措就是参与非诉讼纠纷解决机制建设。2014年10月十八届四中全会通过的《中共中央关于全面推进依法治国若干重大问题的决定》对完善多元化纠纷解决机制改革提出了新的战略部署:"健全社会矛盾纠纷预防化解机制,完善调解、仲裁、行政裁决、行政复议、诉讼等有机衔接、相互协调的多元化纠纷解决机制。"这为深化多元化纠纷解决机制改革指明了方向和目标。2015年1月最高人民法院公布《关于确定多元化纠纷解决机制改革示范法院的决定》,50家法院被确定为改革试点法院。2015年2月底,最高人民法院发布的《关于全面深化人民法院改革的意见》,即修订后的"四五改革纲要(2014—2018)"第46条,再次要求健全多元化纠纷解决机制。"推动多元化纠纷解决机制立法进程,构建系统、科学的多元化纠纷解决体系。"2015年4月9日,最高人民法院在四川眉山③召开全国法院多元化纠纷解决机制改革工作推进会(简称"眉山会议"),提出了"国家制定发展战略、司法发挥保障作用、推动国家立法进程"的新"三步走"战略,在国家治理体系和治理能力现代化建设的整体战略部署中描绘了多元化纠纷解决机制的发展蓝图。④ 2015年10月13日,中央全面深化改革领导小组第十七次会议通过《关于完善矛盾纠纷多元化解机制的意见》,要求建立健全有机衔接、协调联动、高效便捷的矛盾纠纷多元化解机制。2015年12月6日,中办、国办正式发布《关于完善矛盾纠纷多元化解机制的意见》,该意见是对深化多元化纠纷解决机制改革的总体部署,对推动多元化纠纷解决机制在法治化轨道上可持续发展产生了深远影响。2015年末,最高人民法院开始广泛征求对《关于人民法院全面深化多元化纠纷解决机制改革的若干意见》的意见。⑤ 时至今日,矛盾纠纷多元化解机制改革完成了两个重要跨越:一

---

① 龙飞.论国家治理视角下我国多元化纠纷解决机制建设.法律适用,2015(7).
② 参见《人民法院报》2014年7月9日第1版社论。
③ 四川省眉山市创造了多元化纠纷解决的"眉山经验",即"党政主导各方推进,解纷网络全面覆盖,司法推动科技助力,辅分调审有序化解",搭建了一个高效便捷、极富活力的解纷体系。参见郭士辉.多元化解纷:携手聚力化干戈.人民法院报,2016-03-09(5).
④ 龙飞.论国家治理视角下我国多元化纠纷解决机制建设.法律适用,2015(7).
⑤ 郭士辉.多元化解纷:携手聚力化干戈.人民法院报,2016-03-09(5).

是从部分法院与调解等非诉机制对接探索,升级为全国范围内受到各界普遍认可的制度体系;二是已经逐步从法院缓解办案压力的"权宜之计"、从法院系统的多元化纠纷解决机制这个制度体系,上升为国家治理体系和国家治理能力现代化的战略行动。① 与此相适应,多元化纠纷解决机制正在发生八大变化:不仅包括诉讼程序,更是一系列非诉讼渠道;不仅是规则之治,更是公共治理方式;不仅是行使权力展现权威,更是一种公共服务产品;不只运用公共资源,也逐步运用市场资源;不只是"群众工作""说服教育",更是一种专业职业活动;不只适用于民商事领域,也能适用于刑事、行政领域;并非一国一地独享服务,更可以进行国际区际输出;不只是实务运作和制度体系,更是一套相对独立的理论体系和知识体系。②

在时下司法改革语境中,多元化纠纷解决机制更是被赋予特别的意义。一是整合司法资源、分流诉讼,减轻或者缓解立案登记制改革给法院带来的案件压力,保障员额制及相关改革的实现。二是发挥非诉讼方式的解纷优势,辅助解决重大疑难案件、群体诉讼案件、弱势群体诉求、公益诉讼、申诉信访等复杂问题。三是将当事人平等参与和社会参与作为推进司法民主、恢复性司法以及解决新型社会问题的渠道。四是形成法院参与社会治理和联系社区民众的纽带。③ 但是,立案登记制改革对多元化纠纷解决机制建设的消解作用也是明显的。诉讼解决纠纷具有权威性、规范性、专业性,由于立案登记制降低了诉讼门槛,相当多的当事人不愿意再选择非诉讼方式解决纠纷,原本可以通过非诉讼方式化解的纠纷在立案登记制实施后反而更多地进入诉讼程序,占据司法资源,一些原本不适宜通过诉讼手段处理的纠纷立案后面临审理难、执行难等问题,引发涉诉信访,损害司法公信力。④

2."枫桥经验"再度引起重视

与此同时,50多年前的"枫桥经验"也被请出历史的故纸堆。所谓"枫桥经验"就是指50多年前,浙江省枫桥干部群众创造的"发动和依靠群众,坚持矛盾不上交,就地解决"这一群众工作方法。2013年10月习近平就坚持和发展"枫桥经验"作出批示,中央还同时召开纪念毛泽东同志批示"枫桥经验"50周年大会。2014年11月最高人民法院发布《关于进一步做好司法便民工作的意见》(法〔2014〕293号),要求坚持发扬"枫桥经验",发挥人民法庭在多元化纠纷解决机制中的纽带作用,努力实现矛盾纠纷的就地化解。"枫桥经验"的精髓就是将矛盾就地解决,这与执政党中央反复强调的将矛盾解决在当地、解决在基层是高度契合的,因此在新形势下重提该经验具有一定的现实意义和必然性。

3. 人民法庭在矛盾纠纷化解中具有天然优势

"济南会议"后,戴建志在《人民司法》撰文,分别从人民法庭的人民性、基础性、关键性、社会性和时代性出发,论证新时期人民法庭建设的必要性。一是距离人民群众最近,应发挥"最后一公里优势";二是在司法体系中处于"基层的基层",是不可动摇的基石;三是深化司法体制改革"关键的关键",处在改革的第一线;四是参与非诉讼纠纷解决机制建设,关注基层社会治理创新;五是以信息化建设促进人民法庭现代化建设。⑤ 如前所述,由于当前基层

---

① 分别参见龙飞.论国家治理视角下我国多元化纠纷解决机制建设.法律适用,2015(7);刘曼.强化源头治理力求高效便捷——矛盾纠纷多元化解机制改革述评.人民法院报,2015-12-25(4).
② 蒋惠岭.多元化纠纷解决机制八大变化引领未来.人民法院报,2016-04-01(6).
③ 范愉.以多元化纠纷解决机制保障司法改革整体目标的实现.人民法院报,2016-01-20(5).
④ 郝铁川.避免法院小马拉大车.法制日报,2016-01-05(7).
⑤ 戴建志.人民法庭建设的理论框架——写在第三次全国人民法庭工作会议闭幕之际.人民司法(应用),2014(15).

司法的政治逻辑是"稳定压倒一切",基层法院及其人民法庭为党和国家的中心工作服务,确保社会安宁和政治稳定,主动参与矛盾纠纷的排查化解就成为应有之义和应尽的职责。而基层法院和人民法庭身处基层一线、数量众多,具备化解矛盾纠纷的客观有利条件,决定了其必然成为化解社会矛盾纠纷的无可替代的"主力军",当大量矛盾纠纷尚处于萌芽、初发状态时,距离这些矛盾纠纷最近的人民法庭乃至基层法院便被赋予了特殊的角色和使命——"消防队""救火队",以将矛盾纠纷消灭在萌芽状态,从而能够更好地实现其桥梁纽带和司法保障功能。2015年11月7日最高人民法院院长周强实地踏访河北省正定县北早现人民法庭时,再次提出要切实发挥好人民法庭扎根人民群众作为司法服务"排头兵"的作用,及时妥善化解矛盾纠纷。① 笔者认为,周强的要求就是对人民法庭的支持职能的最好阐释和注解。

(三) 人民法庭的指导职能

该《意见》第14条规定:"依法加强对人民调解委员会的业务指导。按照'不缺位、不越位、不错位'的原则,以审判职能的有效发挥,为人民调解、行政调解和群众自治组织调处化解矛盾纠纷提供法治样本和导向指引。特别注意加强与居民委员会、村民委员会等基层群众组织在化解矛盾纠纷中的联系与沟通,共同维护良好的基层社会秩序。""重调解、轻判决"向来是新中国司法的一大特色。② 改革开放以来,由于社会矛盾纠纷易发多发高发,号称"东方之花"的调解逐渐备受青睐。2010年6月,最高人民法院出台《关于进一步贯彻"调解优先、调判结合"工作原则的若干意见》,要求各级法院进一步完善调解工作制度。2010年8月,全国人大常委会通过《中华人民共和国人民调解法》,把调解协议的合同效力和司法确认制度写入法律。2011年3月,最高人民法院发布《关于人民调解协议司法确认程序的若干规定》,对调解协议司法确认过程中的具体问题进行明确规定,在司法政策层面实现了人民调解与诉讼的良好衔接。2011年4月,中央社会治安综合治理委员会等16个单位,联合发布《关于深入推进矛盾纠纷大调解工作的指导意见》。最高人民法院还要求全国法院充分发挥自身专业优势,继续加强与人民调解、行政调解的对接与指导,努力构建三者互相衔接配合的"大调解"体系,③共同化解社会矛盾纠纷,④努力将矛盾化解在基层、解决在当地,从源头上防止产生大量的赴省进京上访。"大调解"机制通常由政府主导,以社会稳定为目标,司法调解要服从地方党委、政府的治理逻辑。⑤ 2015年2月底,最高人民法院发布的《关于全

---

① 近年来河北法院在原有的中心法庭基础上,在全省农村地区探索开展"一乡(镇)一法庭",新设立的乡镇法庭,不增加基层法院编制,只选派一名政治强、业务精、善于做群众工作的优秀法官担任法庭庭长,再从乡镇所在地推选若干人民陪审员参与法庭工作;不新建办公用房,依靠乡镇政府调整1至2间房办公,地点安排在乡镇政府院内。其出发点在于补齐司法调解在乡镇一级的"短板",构建基层矛盾纠纷调处联动机制,与人民调解、行政调解真正形成"三位一体",让多元化纠纷解决机制真正在基层落实,让大量矛盾纠纷不出乡镇得到化解,一大批传统民事案件"不成讼"。"一乡一庭"在参与基层社会综合治理、助推基层政权稳固方面发挥积极作用,受到乡镇政府的广泛欢迎,最高人民法院院长周强对此密切关注。参见吴艳霞. 两千多法庭扎根基层 十余万纠纷不出乡镇——河北法院探索推行"一乡一庭"改革纪实. 人民法院报,2016-01-05(1).
② 高其才,左炬,黄宇宁. 政治司法——1949—1961年的华县人民法院. 法律出版社,2009:238.
③ "大调解"是指在各级党委和政府领导下,将人民调解、行政调解和司法调解有机结合起来的纠纷排查调处方式,被认为是排查调处社会矛盾、实现和谐社会这一政治目标最合适、最有效的调控机制,是解决社会矛盾的主要方式。——作者注。
④ 发扬"枫桥经验"建设平安中国. 人民法院报,2013-10-12(1).
⑤ 陈柏峰. 乡村司法. 陕西人民出版社,2012:279.

面深化人民法院改革的意见》,即修订后的"四五改革纲要(2014—2018)"第46条,要求建立人民调解、行政调解、行业调解、商事调解、司法调解联动工作体系。2015年4月9日最高人民法院在四川眉山召开的"眉山会议",要求全国法院建设功能强大、资源充足的诉调对接平台,建设形式多样、运行规范的诉调对接机制。

(四)人民法庭的参与职能

该《意见》第15条规定:"立足审判职能参与地方治理。人民法庭要灵活运用公众开放日、观摩庭审、以案释法、判后答疑等多种形式,积极开展法治宣传,引导群众自觉履行法定义务、社会责任、家庭责任。要通过及时向地方党委、人大报送涉诉矛盾纠纷专项报告,向政府及其他相关部门提出司法建议的方式,参与地方治理。"该条还特别强调,超越审判职能参与地方行政、经济事务,以及其他与审判职责无关的会议、接访、宣传等事务,不是人民法庭参与社会治理的正确途径,必须纠正"司法万能"的错误观念,始终坚持立足审判参与社会治理。笔者认为,该规定有利于基层法院及其派出法庭从党政机关主导的大量与审判工作无关的活动中解脱出来,从而可以集中精力抓好审判工作和矛盾纠纷的化解。当前在一些地方,尽管基层党委、政府不再视基层法院及其派出法庭为其工作部门,①但是,许多与法院审判工作无关的会议、接访等等,还是要求法院派员(特别是院、庭领导)参加。可以预见,随着改革的深入推进,尤其在基层法院及其派出法庭收归省级统管后,地方党政机关对其制约会逐步弱化,这一现象将会逐渐减少。

人民法庭的上述三大重要职能即支持职能、指导职能和参与职能是一个互为支撑、密切联系的统一整体,统一于人民法庭的日常工作,统一于人民法庭参与的基层社会治理实践。实际上,对人民调解委员会提供业务指导,为人民调解、行政调解和群众自治组织调处矛盾纠纷提供指导,诉调对接,诉讼与非诉讼矛盾纠纷解决机制的衔接,等等,都是多元化纠纷解决机制的有机组成部分,都服务服从于基层治理需要,都离不开基层法院和人民法庭的大力支持、有效指导和积极参与。

四、缘由——政法传统和乡土特质

当代中国的基层法院和人民法庭行使核心职能和重要职能,既源于长期传承下来的政法传统,又源于我国乡土社会的特质,两者互为交织,重塑了当今基层司法的秉性和气质。

放眼历史,"人民法庭"这一称谓的正式出现可追溯至第三次国内革命战争时期,它本是革命的产物,形成、植根于共产革命的政法传统,②在党的领导下,构成国家政权建设的重要

---

① 事实上,最高人民法院三令五申强调人民法庭不是乡镇党委、政府的组成部分,不得参与地方招商引资以及税收、拆迁和计划生育等行政执法活动,其主要任务是依法审理案件,无形中抬高了派出法庭之于乡镇政府的博弈地位。取消农业税后,人民法庭更是在乡村治理中获得了自己独立的角色和舞台。参见丁卫.秦窑法庭基层司法的实践逻辑.生活·读书·新知三联书店,2014:262,300.

② 董必武1959年曾就政法机关服务中心工作有过精彩的表述,他说:"我们党从井冈山建立革命政权的时候起,就有了自己的政法工作。人民政法工作和军事工作、经济工作、文教工作一样,在党中央和毛主席的领导下,从民主革命到社会主义革命,逐步积累起丰富的经验,形成了自己的优良传统。这就是服从党的领导、贯彻群众路线、结合生产劳动、为党和国家的中心工作服务。这十分鲜明地概括了我们人民政法工作的优良传统。"参见董必武.实事求是地总结经验,把政法工作做得更好.董必武法学文集.法律出版社,2001:423-424.

环节,是党领导人民司法体系建设的一项重要发明。在政法传统视野下,基层法官的上述做法是历史逻辑演进的必然结果。

作为一个规范性的政治法律概念,1947年9月,"人民法庭"正式被《中国土地法大纲》确定下来,此后,虽然其内涵几经变迁,然而称谓一直沿用至今。① 1950年7月,中央人民政府公布了新中国关于人民法庭组织建设的第一个规范性文件《人民法庭组织通则》。以1954年《人民法院组织法》颁布为标志,人民法庭日益走上官僚科层体制之路,通过化解民间纠纷,更多地履行法律职能,从而将国家的司法审判权下延渗透至社会底层,成为国家基层政权建设必不可少的组成部分。

作为一种颇具中国特色的审判机构,人民法庭走过了一段不短的历程。整体而言,其产生大致延循一条从巡回审判到巡回法庭再到人民法庭的路径。中国社会的乡土特质,造就了人民法庭的乡土本色,其设置、任务、工作方式等都具有鲜明的乡土特色。作为一种基层纠纷解决机制,人民法庭并非凭空产生的,相反,它深深根植于中国社会,因袭了中国社会特有的历史传统与民众观念,表征了颇具中国特色的社会结构特征与文化特质。② 本轮司法改革中有人认为,由于审判权是中央事权,基层法院无须参与地方治理、承担社会责任,法官无须接触社会、关注民情。显然,这种观点无视我国现阶段的特殊国情,无视人民政法传统和司法为民的本质要求,无视人民司法的人民性和政治性,因而是极其幼稚的。基层法院在独立行使核心职能的同时,承担着不可替代的重要职能即社会治理功能。通过诉调对接平台和驻村、驻社区法官指导支持社会组织参与矛盾纠纷的排查化解,有利于维护基层稳定和社会自治。如果基层法院拒不履行这些社会责任,无疑会被地方民众和党政机构报以质疑和疏离。③

五、结语

正如学者所言:"中国司法审判有其自身的特点,不能完全用西方的司法理论来衡量中国的司法审判。"④在英美法系的法官眼里,也许很难想象我们的乡土法官背负国徽、奔走在田间地头,这样一幅对我们而言司空见惯的场景。毕竟,不同场域中的司法,内涵并不完全相同。当代中国大地上,行走着步履匆匆的基层法院和人民法庭的法官,他们头顶国徽,庄严地行使基层司法职能,为共和国的人民司法贡献着基层的力量。

人民法庭的核心职能与重要职能存在内在的张力,二者统一于基层司法实践,统一于基层社会治理的大局,不可偏废。立案登记制实施后,基层法院案多人少的矛盾更加突出,人民法庭履行核心职能、行使审判权本已捉襟见肘,即便如此,人民法庭还得履行支持、指导、参与等重要职能,这是由基层司法的人民性和政治性决定的。

人民法庭的核心职能与重要职能的划分,因应我们的特定国情,因应基层司法的治理论和法治论的理论和实践分野,是人民司法的政法传统在当代的历史逻辑演绎。随着本轮司

---

① 张青.人民法庭政法传统之形成及其迭嬗.甘肃政法学院学报,2014(5).
② 高其才,黄宇宁,赵彩凤.基层司法——社会转型时期的三十二个先进人民法庭实证研究.法律出版社,2009:444-445.
③ 范愉.以多元化纠纷解决机制保障司法改革整体目标的实现.人民法院报,2016-01-20(5).
④ 高其才,左炬,黄宇宁.政治司法——1949—1961年的华县人民法院.法律出版社,2009:368.

法改革的深入推进,当前基层司法面临的人案矛盾突出,办案压力较大、干扰较多,涉诉信访压力较大,法官待遇不高、知识储备相对不足等诸多现实困难和问题,将逐步予以缓解。但是,不管如何改革,由于基层的乡土特性和司法的政法传统还将延续,法律(司法)的工具主义倾向短期内不可能根除,基层司法的治理论和法治论还将长期纠缠。

(责任编辑:王禄生)

从形式到实质:大数据下检察办案的优化路径

秦志松　汪勇专

摘　要　大数据语境下,信息数据既是一种数据资源,又是推动检察办案思维及方式深化的新能量。在司法改革全面深入之际,在审判为中心诉讼制度确立之时,将大数据嵌入检察办案中,可行之有效地提高司法效率,减少司法误判,实现公正与效率相统一。实践中,大数据在检察辅助办案、检察公信力评测、数据犯罪规制等多领域有所作为,但也受制于思维缺失、数据孤立和应用匮乏等因素而产生一系列问题。为此,适应新时代检察工作之要求,检察办案需树立大数据思维,在打通数据资源共享"最后一公里"的基础上,强化大数据方法在办案中的实际运用。

关键词　大数据　检察办案　方式　运用

一、背景审视:关于检察办案的大数据语境解读

"在改变人类基本生活与思考方式的同时,大数据早已在推动人类信息管理准则的重新定位",[①]在移动互联网和数据处理技术的催化下,大数据时代不期而至。从特征来看,与传统数据相比,大数据在数据来源上更为丰富,其内容可涵盖记录数据与搜索引擎数据,其形态扩充至不能以二维表反映的非结构化数据。就大数据概念而言,《大数据白皮书(2015版)》认为,大数据是使用一定技术手段,从庞杂数据中挖掘出有用信息,实现对海量数据的有效利用。[②]一言以蔽之,以数据结构代际变化为表征的大数据时代的来临,宣告着数据预测、检索、可视化等新技术的运用,预示着检察办案所面临的数据新语境。

(一)"谁是样本"的答案变迁

毫无疑问,原始数据肇始于对客观世界测量结果的记录而非随意产生,如对地理信息的测绘。在数据量呈摩尔定律爆炸的趋势下,对数据的分析、利用亦经历了由小数据到大数据并走向全数据的过程。具体来说,可分为以下三个阶段:第一阶段是信息匮乏、处理能力受

作者简介:秦志松,重庆市人民检察院第三分院法律政策研究室主任。汪勇专,重庆市人民检察院第三分院助理检察员。

① [美]维克多·迈尔·舍恩伯格,肯尼思·库克耶. 大数据时代:生活、工作与思维的大变革. 盛杨燕,周涛,译. 浙江人民出版社,2013:5.

② 《大数据发展白皮书(2015版)》发布,赛迪网:http://www.ccidnet.com/2015/0422/9959903.shtml,最后登录时间:2016年3月13日.

限的小数据时期。囿于数据存储容量小及处理工具在容错性、可扩展性、数据移动性上不确定因素高,技术条件只能允许人们收集极少数据进行分析。因而样本分析法是该阶段应对数据不足的有效手段,其精确性随着随机性的增加亦有所提升,譬如在中国裁判文书网、人民检察院案件信息公开网开通之前,对类案的探讨大多以随机抽样为主。第二阶段为利用数据聚类、挖掘及分布式处理等集成手段,实现"样本=总量"策略的大数据时期。在"互联网+检察工作"的思维下,综合使用云计算、大数据、移动互联网等现代信息技术,能不断衍生新业务、新模式。① 第三阶段为融合小数据与大数据的全数据时期。尽管大数据已在相关领域取得非凡成就,但其运用中呈现出的不可重复性及不完全代表性等不良趋向却无法避免。受制于初始数据的生成、收集、遴选与加工等因素的局限,大数据忽视了许多通过传统统计方法可以获取的小数据。② 另外,本质上,司法并非纯粹理性的结果,而是由直觉与理性—分析系统共同影响的产物,③单纯以数据模型探究检察办案有其消极一面。因而,对检察办案的考评需将大数据、抽样分析、个案研判三者有机结合,而不能僵化地就数据论数据。

(二)大数据语境下的检察数据结构

从现实中的地理位置到网络社会的电子痕迹,大数据均可量化记录、存储建模与应用分析,故而业界普遍将大数据的特征归纳为"4V",即 Volume(容量大)、Variety(种类多)、Velocity(速度快)和 Value(价值密度低)。④ 可以预想,在大数据的冲击与振动下,检察数据结构将渐而剥离经验和直觉并呈现以下特征:(1)检察数据存量巨大。以内部数据汇聚为例,2015 年,全国各级检察机关批准逮捕各类刑事犯罪嫌疑人 873 148 人、提起公诉 1 390 933 人,⑤显而易见,检察业务统一应用系统由此累积了包括犯罪嫌疑人基本信息、开庭内容、案件审查报告、起诉书、判决书、案卷证据材料等在内的海量分类数据。又如北京市人民检察院致力打造的"检立方",可将案件信息 50 余万件、业务数据 9 800 万项生成 692 项统计指标,以数据挖掘和信息化工具作为解决方案,实时动态监控办案过程,促进检察办案规范高效。⑥ (2)检察数据种类繁多。按照数据范畴来区分,检察数据不仅包括统一业务系统等内部数据,也涵盖检务公开系统等外部信息,更涉及检察微信、微博等自媒体数据。从数据分类来看,检察数据既有呈关系模型及脉络的结构化数据,也有集自描述、内容混杂、图或树模型于一身(类似 XML、HTML)的半结构化数据,更有各种图片、视频、音频组合的非结构化数据。(3)检察数据处理速度要求快。由大数据带来的数据洪荒要求对数据处理必须兼具时效性与全景式,准确有效与及时全面并行不悖。为进一步适应数据分析与应用的趋势,电子卷宗系统于 2016 年 1 月上线运行,该系统囊括卷宗制作、内部阅卷和律师阅卷等相关功

---

① 曹建明. 做好互联网时代的检察工作的"+"法. 中国法律评论,2015(3).
② 王馥芳. 从大数据危机到全数据革命. 中国社会科学报. 2015-03-23,第 B01 版.
③ 李安. 司法过程的直觉及其偏差控制. 中国社会科学,2013(5).
④ 刘智慧,张泉灵. 大数据技术研究综述. 浙江大学学报(工学版),2014(6)。但亦有将大数据特征归纳为"5V",如 Yuri Denmchenko: Defining the Big Data Architecture Framework,摘自美国联邦政府官网:http://bigdatawg.nist.gov/_uploadfiles/M0055_v1_7606723276.pdf,最后登录时间:2016 年 3 月 13 日。
⑤ 曹建明. 2015 年最高人民检察院工作报告,http://www.spp.gov.cn/zdgz/201603/t20160313_114244.shtml,最后登录时间:2016 年 3 月 13 日。
⑥ 彭波,李广德. 检察院里的"大数据思维". 人民日报,2014-12-17(18).

能,有利于及时了解案件办理和流转情况,有利于及时增进数据交流互动并确保数据准确,更有利于及时高效分析存储案件数据。①(4)检察数据价值密度低。大数据时代数据的价值就在于"沙里淘金、大海捞鱼",从冗杂数据流中沉淀出规律,利用云计算、智能化平台将PB、EB级数据提取出价值信息,最终促成正确的决策与行动。

(三)大数据时代检察办案的新特点

伴随着大数据的深入发展,数据早已超越其物理属性和计算能力层面,成为重要的信息资源。从域外经验来看,美国在近几年先后发布《大数据:使用与限制》等相关报告,旨在应对大数据的发展,确保前瞻性。同样,为打破数据禁锢与堡垒、激发我国大数据发展的活力,2015年9月,国务院通过了《关于促进大数据发展的行动纲要》(以下简称《行动纲要》),提出了大数据发展的顶层设计。不久之后召开的党的十八届五中全会则明确指出五大数据发展理念即"创新、协调、绿色、开放、共享",习近平主席在第二届世界互联网大会上又再次强调推出国家大数据战略与"互联网+"行动计划。这一系列举措标志着过去的烟囱式数据信息系统已无法满足大数据时代的需求,构建全流程、全覆盖、全响应的大数据应用势在必行。面对新态势,检察办案应从以下三方面迎接挑战:一是数据思维从"可以"到"应当"。检察办案的数据思维并不是对司法判断的全盘否定,而是基于大数据运用以辅助办案,减少司法误判。实践中,应树立数据思维并着眼于"数据人"的构建,如在职务犯罪侦查环节,综合犯罪嫌疑人微表情、银行账户流水、财产信息、行车轨迹、话单记录、手机恢复、计算机数据等关联数据评估分析可寻求最佳侦查策略。②二是数据理念从特殊到一般。检察办案的数据理念并非遥不可及,正相反,对同类案件的大数据处理是解决"同案不同判""认定标准不一致"等问题的绝佳选项。例如,在两高《关于办理盗窃刑事案件适用法律若干问题的解释》(以下简称《解释》)发布后,对"扒窃"认定中"随身携带的财物"却有不同的理解,③此时可采用实证大数据分析的方式,寻找解决之道并推动立法前行。三是数据方法从模糊到具体。随着数据预测、可视化等技术手段的成熟,检察办案的数据方法亦可从早期的数据罗列分析走向案件办理中的犯罪预防、数据传输共享与数据整合运用。

二、扫描现状:大数据语境下检察办案的司法趋势考察

突飞猛进的互联网技术正悄无声息地改变着二进制世界的固有格局,在大数据的影响下,检察办案亦面临理念转型和方式更迭的崭新局面。在上文从"分子结构"阐释大数据语境下检察办案新态势的基础上,研究大数据的司法运用趋势能进一步直击靶心,从"原子结构"揭示数据思维在检察辅助办案、公信力评测、犯罪预防、金融数据犯罪规制及检察信息流

---

① 郑赫南.最高检印发制作使用电子卷宗工作规定.检察日报,2016-01-06(1).
② 胡东林.运用大数据提升职务犯罪侦查能力.检察日报,2015-03-01(3).
③ 陈国庆等人认为,随身携带的财物包括被害人带在身上与其有身体接触的财物,以及虽未依附于身体,但置于被害人身边,可用身体随时直接触摸、检查的财物。见陈国庆,韩耀元,宋丹.《关于办理盗窃刑事案件适用法律若干问题的解释》的理解和适用.人民检察,2013(11).胡云腾等人认为扒窃所窃取的随身携带的财物,应当限缩解释为未离身的财物。见胡云腾,周加海,周海洋.《关于办理盗窃刑事案件适用法律若干问题的解释》的理解和适用.人民司法,2014(15).

通中的作用。"随风潜入夜,润物细无声",为更好地理解此间的作用,以下分而述之。

(一)由碎片化到整体观:以大数据为轴心构建检察辅助办案机制

当前,检察机关普遍面临"案多人少"的内在压力和人民群众对检察工作要求越来越高的外部动力。为实现"让人民群众在每一个司法案件中都感受到公平正义",检察辅助办案需遵循司法规律,推动供给侧结构性调整,以实践需求为导向、以大数据为轴心,引入新思路、新技术,实现从碎片化到整体观的转变。①

司法实践中,以大数据为轴心构建检察辅助办案机制应从以下几个方面落实:一是在职务犯罪侦查环节,推进基础数据库、即时数据库和业务数据库建设,将车辆和房屋信息、金融机构信息、手机数据恢复、电话定位数据与行政机关业务数据结合,以数据分析为核心打造职务犯罪侦查辅助办案综合数据库。② 二是在界面隐喻及交互性组件等应用下,在以太字节计的数据量化评测的基础上,对检察统一业务系统中庞大数据流的分析,可实现公诉案件辅助随机分案,提升案件办理效率。现实中,应收集案件办理中的受理、告知、讯问、制作审查报告、汇报、开庭及庭后审查等阶段的有效时间数据,并以此为基础区分简单与复杂疑难案件,对检察官的办案绩效进行评估。三是在检察数据积累和裁判文书上网的情境下,对同类案件的证据审查、类案对比、法条检索和数据分析是辅助发现"带病"案件乃至冤假错案的有效途径。比如通过对运输毒品类案件的证据审查,可发现此类案件的主要证据除了查获的毒品、指纹、证人证言、犯罪嫌疑人供述与辩解外,更有高速路行驶记录、手机电子数据、通话清单中的基站信息、视频录像乃至技术侦察获取证据,这有助于检察官从源头掌握证据缺失情况。四是数据应用可明确员额制下的权力清单,完善司法责任制。司法改革背景下,在完善司法责任制及司法人员分类管理、健全司法人员职业保障制度等基础性措施中,落实司法责任制是深化改革的前提。融合庞大个体与群体信息数据管理系统,能清晰反映主任检察官、检察官和检察官助理行使决定权、审核权、承办权的职权定位和责任归属,规范司法行为。③

(二)由模糊到量化:以大数据分析为模式进行评测预防

毋庸讳言,随着自媒体的发展,舆论监督对检察办案的力度、深度都空前增加。因此检察办案不应局限于案件本身,更应深入剖析,在大数据分析模式的协助下,从检察公信力评测、犯罪预测预防等方面出发,及时发现自身定位与公众期待间的差距,树立良好检察形象。④

一方面,大数据分析给检察公信力的评测带来了新的想象空间。实践操作中,可设置具有层次性、关联性和整体性的检察公信力评测指标,既要包括队伍建设、监督有力、实体和程序公正等硬性指标,又要关注公众满意度、检察认知度、舆论宣传报道量乃至点赞数等软性指标。⑤ 经过专家评定、模糊统计、因子分析、数据挖掘等步骤,实现检察公信力的大数据

---

① 卞宜良. 司法也可以借鉴"供给侧"结构性改革之理念. 检察日报,2016-03-04,A03版.
② 实践中也可区分为外部数据库和内部数据库,其中,内部数据库主要包括检察业务统一系统及内网数据。丁祖高,赵德传,陆和新. 职务犯罪侦查大数据库内容与构建规则. 人民检察,2015(9).
③ 杨积林,夏林杰. 检察权大数据"解决方案". 检察风云,2016(2).
④ 谢鹏程. 论司法公信力的建设与测评——以检察公信力为视角. 中国司法,2013(10).
⑤ 谢鹏程,杨思清. 检察公信力测评指标体系研究. 人民检察,2014(23).

评测。

另一方面,传统上,检察办案中的犯罪分析与预防以经验主义为主,且偏重事后预防,对新型犯罪不能形成有效震慑。在大数据分析应用渐而兴起的情况下,对某一区域犯罪相关数据的收集、分析和研判,也应该紧跟潮流,由模糊转向量化评测,推进犯罪预防的更新换代,以降低犯罪率。在方式上,大数据下的犯罪预防从事后消极预防转向事前积极预测,即综合高频次词语、重大项目工程信息、职务犯罪侦查辅助办案与统一业务系统数据库等数据,提前遏制、应对可能发生的犯罪行为,为制止社会危害的产生赢得时间。在策略应对上,海量数据为预防对策的选择提供了多种路径,例如基于数据聚合和深度挖掘的犯罪预防信息发布,可将储存数据充分运用,通过数据建模、预测与可视等技术,以点对点的形式发现任务并创造需求。此外,大数据本身具备的精准性,也使犯罪预防更为科学。借助云计算等大数据分析系统,碎片式地搜索记忆还原为较为精确的关联因子,这可使决策制定更具说服力。①

(三) 由信息权到财产权:基于数据防御理念下的金融数据犯罪刑法规制

在大数据时代,网络涉毒、恐怖活动及互联网金融犯罪日益猖獗。从针对金融数据的犯罪来看,其犯罪形态和指向不仅仅是传统意义的计算机信息系统犯罪或者网络攻击,而是衍化为以大数据为对象,纵向跨越侵犯个人信息数据、财产权和金融秩序等社会法益,横向发展至个人、社会、国家层面的犯罪体系。②在这一背景下,基于数据防御理念的金融数据犯罪规制尤为值得关注。

目前,理论界和实务部门对侵犯金融数据的刑法惩治意见不一,对如何定罪量刑更是莫衷一是。有意见认为,侵犯金融数据类虚拟财产必然通过修改计算机信息系统的数据才能完成,且这类虚拟财产不符合公众认知的一般意义上的公私财物,故应认定为破坏计算机信息系统罪。③ 更有人坚信,金融数据难以准确计算价值,不能以盗窃罪定罪处罚。

这一理念在大数据时代已被颠覆,在金融数据类财产(如 Q 币、比特币)愈来愈被人们所认知认同、在央行明确发行"数字货币"的新时期,检察办案无须墨守成规,而应适时而动,积极探求对大数据的信息权和财产权保护,这不仅是顺应信息技术变革的发展趋势,也体现了刑法对社会新兴财产的关怀。④ 对此,实际办案需要从下列几方面予以考量:第一,加强金融数据的信息权保护。出于保护公民隐私权、避免因信息泄露带来的威胁及可能产生的其他犯罪行为的现实需求,2015 年 7 月,全国人大法工委办公室发布的《对能够识别公民个人身份的电子信息是否属于公民个人信息的意见》进一步明确:能够识别公民个人身份的电子信息应属于公民个人信息。这也就意味着检察机关在执法办案中应落足于保护金融数据的信息权利益。第二,探索部分金融数据的财产性保护。对于侵犯身份、消费、信用等信息类金融数据的,可以认定为侵犯公民个人信息。但对具有管理、转移可能性及价值性的金融数据,囿于其具备虚拟财产的属性,检察办案应深入研究,统一尺度,以侵犯财产类犯罪处

---

① 姚万勤. 大数据在犯罪预防中有独特价值. 检察日报,2016-02-29,A03 版.
② 于志刚,李源粒. 大数据时代数据犯罪的制裁思路. 中国社会科学,2014(10).
③ 陈云良,周新. 虚拟财产刑法保护路径之选择. 法学评论,2009(2).
④ 于志刚. "大数据"时代计算机数据的财产化与刑法保护. 青海社会科学,2013(3).

理。① 第三,完善金融数据的价格评估。价格认证是侵财类案件的定案标准之一,实际中可从市场价格、投入成本及销赃所得等方法考虑,确定金融数据的公允价值。②

(四)由静态性到动态化:基于专业化检察实务自媒体的检察信息流动

在大数据和互联网的支撑下,由纸媒、网络、移动终端等多媒体形态融合而成的复合媒体即全媒体随之而来,基于数据交换交流、甄选分析等技术的专业化检察实务交流自媒体应运而生。由概念入手,专业化检察实务自媒体是指以检察办案交流为中心,以增强个体法律素能、研讨实践疑难案件、分析前沿法律实务和加强法律从业人员交流为目的,由检察人员创设、挂载于微信、微博等载体的非营利性实务交流平台。③ 就特点来看,检察实务自媒体具有低门槛、使用便捷、交互性强等特征,这为检察办案的线上即时交流和线下实务学习奠定了基础。如由舟山市人民检察院创建的"刑事实务"公众号就定期编发"刑事实务"电子内刊,汇总经验材料指导实践办案。从作用出发,以审判为中心诉讼制度改革给检察办案提出了更高的要求,而使用检察实务自媒体可加强对疑难复杂案件的全方位研究力度,克服智力支持不足等弊端,这为检察办案质量保证提供了一剂强心剂。

不容忽视的是,以微信公众号为代表的检察实务自媒体不仅为检察办案带来了"大数据红利",也改变了检察信息流动的局面。实践中,"法律读库""法律读品""悄悄法律人""刑事实务"等在内的检察实务自媒体关注度高,自媒体间的数据传递加快了检察信息流通,由微信等形式累加的数据则对把握刑事案件办理最新趋势起到查漏补缺之作用。举例来说,最高检技术信息中心赵志刚主任创建维护的"法律读库",其以"传递常识、启迪法治"为定位,不仅传递检察办案小知识,也为热点问题交流提供必要途径。

三、问题展示:检察办案中大数据应用的不足

应当认为,大数据虽然带来了检察办案的理念和方式更新,在检察辅助办案等诸多方面有所建树,但由于思维缺失、价值损耗、信息孤岛及技术支撑不足等因素,检察办案中的大数据应用不可避免地产生创新有限、数据孤立、调试困难和应用匮乏等一系列问题。在深化司法改革之际,如何将大数据真正嵌入检察办案,使之能行之有效地提高司法效率、减少司法误判、实现公正与效率相统一,这已渐而成为摆在我们面前的现实难题。

(一)大数据思维缺失,创新度不够

2016年1月13日,正义网发布首份《"互联网+检察工作"研究报告》(以下简称《研究报告》),既指出在大数据语境下信息技术助推了检察工作提档升级,数据挖掘利用成为科学决策的重要动力,也不无忧虑地提出"一些检察机关工作人员互联网思维欠缺,对互联网特别是移动互联网对检务生态的影响在认识上还存有不足……成为整体推进的阻力"。④ 检

---

① 张明楷.非法获取虚拟财产的行为性质.法学,2015(3).
② 汪勇专.对金融数据犯罪刑法可以说不.检察日报,2016-01-11,A03版.
③ 米卿,邵跻.专业化检察刑事实务交流自媒体构建问题研究——以舟山市的探索为视角.浙江检察,2015(11).
④ 曹烨琼.《"互联网+检察工作"研究报告》解读.检察日报,2016-01-13(12).

察办案中,大数据思维的缺失亦影响了办案实效,主要表现为:一是因循守旧,对大数据辅助办案机制、大数据分析模式不够重视。如在办案过程中仍固守口供中心主义,对物理痕迹、电子数据乃至行车、定位轨迹等数据化证据及基于大数据分析得出的结论还持有怀疑态度。二是网络安全意识尚待增强,互联网下的金融犯罪及金融数据犯罪的防范水平依然需要提升。从快播公司传播淫秽物品牟利案、e租宝案的侦办来看,检察机关在维护网络安全、打击互联网下的金融犯罪等方面任重而道远。三是对大数据下检察信息流动认知不到位。从自媒体构建来看,虽然许多检察机关已逐渐开通微信微博,但多停留在检察信息发布上,明显缺少主动利用自媒体进行引导舆论和办案信息共享、指导办案的意识。

(二)大数据资源开放不足,共享困难

客观上,大数据浪潮下,数据资源遭遇了条块分割、利益束缚、数据隔离、价值损耗等现实挑战。对于这些问题,曾作为主要成员参与研究起草《行动纲要》的单志广认为:不愿共享开放、不敢共享开放、不会共享开放等制约了大数据作为基础性战略资源的开放和价值释放。[①] 同样,检察办案中的大数据应用也不可避免地面临类似问题,表现为数据资源共享不足、样本缺失、数据处理困难。其一,在法律法规和制度建设相对落后的状态下,受制于缺少刚性约束,数据共享开放缺少完善的考核管理。对于检察办案而言,侦查人员在采集存储于政府机关中的行政业务、房屋和车辆等数据时,往往面对渠道不畅的困难,比如对初查对象或犯罪嫌疑人银行卡信息的查询通常要到不同银行方能实现。由此,打造完整职务犯罪侦查辅助办案综合数据库委实难以实现。其二,当前并未对司法机关内部分类数据规定共享开放原则,数据格式、质量、标准和可用性也未确立规范性要求。司法实践中,由于公检法三家存储数据处于隔绝隔离状态,无法对接,数据共享开放程度不高、质量不佳,无法满足基础性大数据资源的实际应用。例如,在现有数据模式下,检察机关一审刑事案件的承办人就无法及时获取二审刑事判决书乃至复核书,掌握二审情况乃至判决生效日期,这势必导致司法效率低下。

(三)大数据工具匮乏,应用不到位

尽管当前谷歌、微软及脸书等已相继研发出 Bigtable、Cosmos、Hadoop 等大数据处理技术(谷歌公司甚至开发以大数据分析为特点的人工智能 AlphaGo 与世界围棋冠军李世石对弈并获胜),[②]但在现阶段,针对司法(检察)的大数据分析工具尚未形成,检察大数据的研究多停留在理论阶段。通过 CNKI 数据库、万方论文数据库、Google 学术以及百度搜索引擎中输入关键词"大数据+检察办案"进行检索,可以发现:研究大数据下检察办案影响的论文偏少,且缺少相关数字建模、大数据实证分析的学术研究。因此,如何在贯彻落实检察数据存储和运算标准化建设的基础上,以实现案情智能分析预测等司法辅助功能为契机,将大数据中的数据分析、数据挖掘、关系洞察和趋势预测应用于检察办案中,这确实值得进一步思索。当然,对检察办案的大数据分析并非是对经验主义的摒弃,也不是简单运用 SPSS 分

---

① 单志广.解读《关于促进大数据发展行动纲要》.国家信息中心:http://www.sic.gov.cn/index.htm,最后登录时间:2016 年 3 月 13 日。
② 涂新莉,刘波,林伟伟.大数据研究综述.计算机应用研究,2014(6).

析或单纯对数据予以交互分析、多元线性回归、降维分析等并以饼图、线图表现。实际上,大数据的核心是尊重经验真实,敬畏经验真实,在乎经验的代表性。[①]

四、理性思辨:大数据时代检察办案的规范路径

是相对封闭、坚守固有办案思维和方式,还是适当打开自己、接受新技术的影响,这一直都是检察办案时不能不面对的选择。从职务犯罪案件全程同步录音录像制度的构建,到检察统一业务软件的广泛应用,再到各级检察机关新媒体群的建立、检察机关电子证据云平台的探索,检察办案从来不会故步自封而是会顺应潮流。为此,身处于大数据发展的洪流之中,检察办案也需适应新时代检察工作之要求,树立检察办案中的大数据思维,在打通数据资源共享"最后一公里"的基础上,强化大数据方法在办案中的实际运用。

(一)树立检察办案中的大数据思维

大数据的溢出效应使之已成为检察信息化建设的必然趋势。然而,正如前文所述,检察办案中大数据思维的树立尚存缺陷。从经济视野出发,树立大数据思维不仅可打破传统依靠经验臆断判断问题的思维定势,也能以全新方式挖掘数据内在价值。[②] 在新的语境下,则须从以下方面进行:

首先,树立大数据思维意味着强化检察办案中数据证据的运用规则。在审判中心主义下,证据运用规则从过去强调主观性强的口供、人证转化为能够客观验证的数据证据亦是趋势所在。[③] 因此,在侦查和审查起诉环节,应更加重视对电子数据等数据化证据的印证、转换与核实。其次,树立大数据思维意味着健全员额制下检察官权责划分、业绩考评及决策制定等相关制度。在各地如火如荼展开司法改革试点之际,推行数据化评测系统可使检察官明晰改革后权责所在,促进检务公开透明。另外,大数据分析也可使检察官考评及决策制定有理有据,将案件情况、社会评价及风险等因素形象呈现。再者,树立大数据思维意味着构建网络犯罪与金融犯罪防控体系。在网络空间治理法治化的今天,依法惩治互联网涉黄、涉恐、涉毒及金融犯罪(包括金融数据犯罪)案件,协同参与治理网络谣言乱象,维护国家网络空间安全,检察机关责无旁贷。最后,树立大数据思维意味着检察办案需要适应数据化下信息流动新局面。利用大数据进行法律检索、类案评析与信息沟通,检察办案可以事半功倍。如为有效传播实务办案经验,最高人民检察院在近期就策划组织了全国检察业务专家运用微信等平台答疑解惑活动。

(二)打通数据资源共享的"最后一公里"

一般认为,检察机关的数据储存为线性模型,即由基层院逐层向上级院报送。这种模型的好处在于可确保数据的准确与保密性。但是,在大数据时代,线性模型一方面无法使基层院了解全面刑事司法数据资源;另一方面则面临与公安机关、法院乃至行政机构的数据隔

---

① 白建军. 大数据对法学研究的些许影响. 中外法学,2015(1).
② 吴鹏飞. 强化"互联网+"思维,加快推进信息化与检察工作深度融合. 人民检察,2015(16).
③ 龙宗智. "以审判为中心"的改革及其限度. 中外法学,2015(4).

离,造成司法数据资源的极大浪费。① 因而,为打造共享、开放、安全的大数据应用环境,打通数据资源共享的"最后一公里"必不可少。

就检察办案而言,如果实现行政数据的资源共享,负责职务犯罪侦查的检察官就能获取新的侦查线索,为办案提供新突破。如果司法机关间就犯罪行为、定性与量刑等数据形成共享性数据系统,那么检察官在作出起诉决定时就能横向比较其他地区同类案件的起诉和判决数据、纵向了解本地区过往判例数据,从而提高检察办案效率,并以此为基础实现全国范围内的"同案同诉",实现检察公信力的提升。为此,一是要对检察外部数据库和内部数据库的资源共享采用不同策略,适当放开内部数据库的权限,重点推进外部数据库司法数据资源交换与共享。在司法追责制度日趋完善的情境下,为辅助检察官办案、预防司法误判,以检察统一业务系统为代表的内部数据库应面向检察官开放权限,完善法律检索、类案推荐和数据分析。另外,由于内部数据库涉密,实践中应推进以检务公开为表征的外部数据库与公安机关、法院及相关机构的数据共享,提倡两个"及时",即及时将非涉密数据导入外部数据库、及时将外部数据库接受的数据资源导入内部数据库。二是严格数据共享程序。在数据共享形式和程序上,司法数据在共享前应保持统一标准并隐去某些特定信息(如被害人信息、住址等),并经过一定授权审批程序,以免共享无序混杂所造成的原始数据失真。

(三)强化大数据方法在办案中的实际运用

在现阶段,囿于大数据尚未完全渗入检察办案之中,有关大数据工具的实践运用较为少见。基于此,在全数据时期来临之前,采取近似的大样本分析方法是提升数据整体观的有效途径。比如,白建军教授曾对32万件刑事判决书中的586件无罪判决进行大样本分析,得出司法潜见与证据信息不对称、实体性暗示等四种因素存在关系的结论。② 可见大样本分析法是解决数据隔绝等问题的一种方法。也就是说,经过合理确定选题、固定抽象框架及设置样本范畴等步骤,即使未收集全部数据,亦可根据总量趋势得出相对准确的判断与预测。由此,在数据资源共享机制未建立、数据收集不全面、碎片化之下,检察办案可充分运用大样本分析法进行大数据分析和挖掘。另一方面,将大数据方法运用于检察办案中,也须预防唯数据论,防止指标办案的产生。检察官对检察权的行使是对争议事实和适用法律的判断权,这就意味着检察官不仅需要具备良好法律专业素养和司法职业操守,还要具有丰富的实践经历和社会阅历。而这些,恰恰是数据分析所不能涵盖的。因而,检察办案中的大数据运用应以司法判断为中心,尊重经验判断,尊重检察官的智慧成果。

(责任编辑:王禄生)

---

① 王洁.加强刑事司法数据共享性初探——以美国经验为参考.中国刑事法杂志,2013(5).
② 白建军.司法潜见对定罪过程的影响.中国社会科学,2013(1).

司法行政管理权与省级统管:历史与未来

陈建华

摘　要　在梳理省级统管与司法行政管理权的历史变迁的基础之上,结合上海、湖北、海南法院的司法改革经验,对省级统管内容和司法行政权性质以及两者关系进行解读。针对省级统管改革中存在的有法可依与无法可依、省级统管改革与地方利益、司法行政管理权与审判权、经济发达地区与经济欠发达地区四个矛盾,从前提、纵向、横向、操作四个方面进行路径选择。

关键词　司法行政管理权　省级统管改革　矛盾

当前,我国法院正在积极推进人财物省级统管改革。如何在改革中正确认识省级统管的主要内容、司法行政管理权性质以及如何处理好司法行政管理权与审判权之间的关系显得尤为重要。为此,迫切需要从历史、现实视角探析省级统管面临的主要矛盾,并对省级统管改革背景下司法行政管理权的分离进行一番探讨,以期为我国进一步推进省以下地方法院人财物统一管理制度改革工作提供些许参考。

一、历史渊源:司法行政管理权与省级统管的历史发展

朱苏力老师曾经说过,规律总是对经历的总结。①梳理省级统管与司法行政管理权的变迁对于认知司法行政管理权与省级统管之间的未来具有重要意义。

(一)缘起:南京国民政府时期的省级统管与司法行政管理权

在近代的南京国民政府时期,基层法院的人财物开始实行省级统管,并且这一司法管理模式运行了较长的历史时期。②这段历史时期留给我们启迪的是:"省级统管的关键是司法行政权的合理配置,即司法行政权配置的制度构建是省级统管表象的根本、司法行政权配置的合理程度是省级统管成败的根源、司法行政权配置的路径选择是省级统管改革的重点。"③南京国民政府时期的省级统管与司法行政管理权的主要内容包括三个方面:一是司法行政权收归中央,但是高等法院统揽全省司法行政事务。二是司法人事权由高等法院主导,基层法院

作者简介:陈建华,法治湖南建设与区域社会治理协同创新中心研究人员,湘潭大学法学院诉讼法学博士研究生,湖南省郴州市中级人民法院研究室副主任。

① 朱苏力.中国司法的规律.国家检察官学院学报,2009(1).
② 据有学者运用期刊、报纸、档案等多种历史资料考证,运行了22年之久,留下了大量可供汲取的经验和教训。
③ 唐华彭.司法行政权的合理配置与地方"两院"省级统管——以南京国民政府时期为例.法学,2015(5).

"人员"实行省级统管。三是司法财务权由高等法院主导,基层法院"财""物"实行省级统管。

(二)发展:新民主主义革命时期和新中国成立初期的省级统管与司法行政管理权

在新民主主义革命时期,审判职能和司法行政管理职能出现了分离。如在"中华苏维埃共和国"成立之初,就在当时的中央人民政府(人民委员会)内部成立了司法人民委员部。该部主要职责是:负责成立地方各级审判机关、建立审判制度,草拟和颁布法律法令,教育培训法院干部,法制宣传,以及检查与指导审判机关等工作。① 新中国成立初期,审判权和司法行政职能进行了基本分离。司法行政机关负责管理人民法院的司法行政工作。1954 年 9 月 21 日第一届全国人大第一次会议通过的《国务院组织法》第 14 条规定:"各级人民法院的司法行政工作由司法行政机关管理。"然而,1959 年 4 月,第二届全国人大以"各级人民法院已经健全,人民法院的干部已经充实和加强,司法部已无单独设立必要"②为由,将司法部错误地撤销了。至此,法院的司法行政工作移交给最高人民法院负责,随后,省级司法厅相继被撤销,省级司法行政管理权与审判权由"分立制"变为"合一制"。

(三)转折:改革开放时期至司法改革前夕的省级统管与司法行政管理权

1978 年,召开了党的十一届三中全会,并实行了拨乱反正,明确提出了"加强社会主义民主,健全社会主义法制"的战略部署。1979 年 6 月 15 日,中央政法领导小组(中央政法委前身)向党中央建议恢复司法部,③将被撤销前所具有的职能基本恢复到位,由司法部负责司法行政管理职能。④ 至此,法院的司法行政工作又归司法部负责。但是,到 1982 年,司法部和最高人民法院共同发布(82)司发办字第 218 号文件,明确司法行政事项移交最高人民法院管理,各省(自治区、直辖市)司法厅(局)管理的同类工作交由各省(自治区、直辖市)高级人民法院管理。然而,在 20 世纪 90 年代初期及中期,全国大多数地方法院除了在审判级别上的来往和业务指导之外,无论是法院院长的任免还是财物的配置等诸多方面,基本上由同级地方党委、人大、政府操控。然而,到了 20 世纪 90 年代中期之后,发生了一些变化:先是对诉讼费实行省级统筹,接着是用于法院基础设施建设的国债资金实行省级统管。到 2007 年国务院《诉讼费用交纳办法》出台之后,办案经费由中央转移支付分配,相当多的省高级法院在"财、物"等方面对本省省内的中、基层法院具有很大的支配权。譬如人事安排方面,上级法院下派到下级法院担任院长职务,已经成为下级法院院长产生的重要渠道。

(四)探索:司法改革试点中的省级统管与司法行政管理权

随着党的十八大、十八届三中、四中全会的陆续召开,省级统管改革和司法行政管理权分离成为当前司法改革关注的热点。同时,根据《中央政法委员会关于深化司法体制和工作机制改革若干问题的意见》文件精神,在中央的统一部署下,在全国东、中、西部选择上海、吉林、广东、湖北、青海、海南 6 个省市先行试点,为全面推进司法改革积累经验。2015 年,中

---

① 张钦.司法体制改革呼唤司法行政职能回归.中国司法,2008(6).
② 张钦.司法体制改革呼唤司法行政职能回归.中国司法,2008(6).
③ 程维荣.当代中国的司法行政工作.当代中国出版社,1995:56-57.
④ 司法部被当时中央政法委书记彭真誉为政法机关的"组织部、宣传部、教育部和后勤部"。

央进一步扩大试点,将试点地方扩展至云南、重庆等14个省(市)。期间,各种会议或者各种文件纷纷涉及省级统管改革与司法行政管理权分离。见表1。

表1 涉及省级统管改革与司法行政管理权分离的若干重要文件和举措

序号	会议名称或者文件名称	涉及的具体内容
1	党的十八届三中全会	通过的《中共中央关于全面深化改革若干重大问题的决定》明确提出"改革司法管理体制,推动省以下地方法院、检察院人财物统一管理。(以下简称'省级统管改革')"
2	党的十八届四中全会	通过的《中共中央关于全面推进依法治国的若干重大问题的决定》进一步指出:"改革司法机关人财物管理体制,探索实行法院、检察院司法行政事务管理权和审判权、检察权相分离。"
3	2014年6月,中央全面深化改革领导小组第三次会议	审议通过的《关于司法体制改革试点若干问题的框架意见》明确提出了改革路径:对人的统一管理,主要是建立法官、检察官统一由省提名、管理并按法定程序任免的机制。对财物的统一管理,主要是建立省以下地方法院、检察院经费由省级政府财政部门统一管理机制
4	最高人民法院《关于全面深化人民法院改革的意见——人民法院第四个五年改革纲要(2014—2018)》	最高人民法院在"四五改革纲要"中进一步指出:"推动省级以下法院人员统一管理改革"和"推动人民法院财物管理体制改革"
5	2015年7月23日,司法体制改革试点工作推进会	最高人民法院党组书记、院长周强强调:"要积极稳妥推进省以下地方法院人财物统一管理体制改革。"①

透过对司法行政管理权与省级统管的历史考察,我们不难发现,省级统管与地方分治、司法行政管理权的分离与合并出现了反反复复、来来回回地重复。从当前的省级统管与司法行政管理权来看,"可以看出一条隐隐约约的主线,朝着一个更强调专业分工、更讲效率、也许更公正但显然是更为独立的法院制度发展"。②

二、深入认知:省级统管与司法行政管理权分离改革的实践样态

美国著名的法官霍姆斯曾经说过:"法律的生命不在于逻辑,而在于经验。"为正确认知省级统管与司法行政管理权分离改革,笔者以上海、湖北和海南法院作为考察样本。

样本之一:上海法院经验。上海法院探索实施人财物省以下统管制度改革,具体内容为:在人员管理方面,上海市形成法官、检察官"统一提名、分级任免"。为此,上海组建了由各部门和专家组成的法官、检察官遴选、惩戒委员会。在财物管理方面,则将区县司法机关作为市级预算单位,纳入市财政统一管理,落实"收支两条线"管理;清查登记各类资产,也由

---

① 罗书臻.深刻领会党中央关于司法体制改革的精神,珍惜机遇坚定信心确保改革沿着正确道路健康发展.人民法院报,2015-07-25(1).

② 苏力.道路通向城市——转型中国的法治.法律出版社,2004:186.

市里统一管理。①

样本之二:湖北法院经验。2015年1月起,湖北全省法院系统全部实施了财物由省级统一管理。具体做法是:在省一级设立法官遴选委员会。凡拟任法官的,必须经过遴选委员会,按照统一的条件、标准和程序进行遴选。纪检监察部门和组织部门进行审核。财务管理方面,将全省法院经费统一上收到省财政管理,由省财政按照"托高补低,保证各地法院经费不低于现有水平"的原则,保障全省三级法院经费,法院规费收入和罚没收入等也全部收归省财政统一管理。资产、债务等也正在进行清理。②

样本之三:海南法院经验。海南将把各级法院的经费、债权、债务、资产统一上划省级财政管理,并探索建立跨部门的涉案财物集中管理信息平台。具体做法:改革后,全省各级法院的经费按固定基数,上划省级财政统筹管理。实行"中央保专项、省级保增量、上划保基数"的保障机制,办案经费和业务装备经费由中央财政和省级财政共同负担。此外,推进资产统一规范管理。改革后,全省法院的所有资产将从市县管理调整为省级管理,省财政厅负责综合管理,省高院协助监督管理。③

上海、湖北、海南的经验主要表现如下特点:一是目标是"去地方化"。④ 人财物实行省级统管改变了法院层级管理制度,有利于人民法院脱离地方政府,确保司法公正。正如上海市委常委、政法委书记姜平所言:"这样有助于形成符合分类管理要求的经费分配体系,为司法机关依法独立公正行使司法权提供可靠保障。"⑤又如湖北省司改办有关负责人所言:"过去基层法院的保障水平与当地经济发展程度、财政收入状况有关,有的地方经费困难,难免有执法创收的冲动。全省财物统管之后,开前门、堵后门,保障更充足。"⑥二是推动难度大,受到了一些阻力。虽然上海、湖北、海南法院的经验告诉我们人财物实行省级统管是切实可行的,但是,推动"省以下法院人财物统一管理"作为司法改革⑦先行试点的四项主要内容之一,被视为司法改革的"硬骨头"⑧。三是省级统管还存在一些问题。通过试点发现,"当前省级统管还存在一些问题,如负责部门、管理内容等制度性安排还需进一步明确,编制外人员的经费保障问题还要更加细化,地区间过去的工资标准差异如何平衡等"⑨。为了正确认知,我们需要解读省级统管内容和司法行政权性质以及两者关系。

(一)内容上:省级统管主要体现在人、财、物方面

所谓省级统管,是指在中央统筹部署、省级党委的直接领导下,实行省以下法官由省统

---

① 汤瑜.全国首批司法体制改革试点省市协同挺进深水区.民主与法制时报,2015-08-03(1).
② 周呈思,等.法院检察院人财物将由省级统管.湖北日报,2015-08-18(1).
③ 傅勇涛.海南:法院检察院经费资产债务管理权限划归省级财政.载中国政府网,最后访问日期:2015年8月20日.
④ 长期以来,受亚当·斯密在《国富论》中阐述的财政思想的影响,我国法院人财物按行政区域实行分级管理、分级负担的体制,其中地方财政占了绝大部分。在人事管理方面,地方法院的法官需要地方人大任命。
⑤ 汤瑜.全国首批司法体制改革试点省市协同挺进深水区.民主与法制时报,2015-08-03(1).
⑥ 汤瑜.全国首批司法体制改革试点省市协同挺进深水区.民主与法制时报,2015-08-03(1).
⑦ 2014年,中央司改办根据中央关于重大改革事项先行试点的要求,考虑到各地经济社会发展不平衡,经党中央有关部门和地方批准,确定司法4项改革先行试点:完善司法人员分类管理、完善司法责任制、健全司法人员职业保障、推动省以下地方法院检察院人财物统一管理。
⑧ 徐隽."去地方化"为司法公正保驾护航——聚焦省以下法院检察院人财物统管制度改革.人民法院报,2015-07-27(1).
⑨ 徐隽."去地方化"为司法公正保驾护航——聚焦省以下法院检察院人财物统管制度改革.人民法院报,2015-07-27(1).

一提名并按法定程序任免,省以下地方法院经费、财物由省级财政保障的制度。① 其内涵如下(见表2)。

表2 省级统管主要内涵

序号	内容
1	省内的中、基层法院的专项编制由省统一管理
2	省内的中、基层法院法官由省统一提名,并按照相关法律规定由人大常委会按法定程序任免
3	省内的中、基层法院院长由省里管理,中、基层法院除院长之外的领导职务任免和管理保持不变,按相关法定程序进行选举或任免
4	省内的中、基层法院非法官的招录、管理和保障均由省里统一,与地方脱钩
5	省内的中、基层法院的人员经费、办案(业务)经费、日常运行公用经费、技术装备经费和维修经费以及"两庭"建设,主要由省级财政统筹解决
6	省内中、基层法院收取的各种费用(含诉讼费、罚金、执行费、没收的财产以及追缴的赃款赃物)统一交省级国库

(二)性质上:司法行政管理权属于行政权与审判权之间的"缓冲带"和"结合部"

人民法院的司法行政管理是指人民法院的领导者及其司法行政部门和组成人员,根据法院的职能、性质和特点,利用行政管理的理论、手段和方法,对法院自身的司法行政事务进行计划、组织、指挥、协调和保障的过程。② 司法行政管理权,是以管理司法行政事务为主的行政权。对于人民法院来说,司法行政管理权在性质上属于行政权,而非审判权,但是又不同于一般的行政权。这主要体现在两个层面:一是"缓冲带",是人民法院工作的重要组成部分,但是不隶属于审判工作,并且二者在内容、职能、特征等方面存在诸多不同;二是"结合部",为实现审判权而存在,处于从属和依附审判权的位置,在人民法院内部紧密围绕审判开展工作,对服务和保障审判工作非常重要。由此可见,司法行政管理权属于行政权和审判权之间的"缓冲带"和"结合部",本质上服务并保障人民法院行使审判权。

(三)关系上:司法行政管理权与省级统管改革紧密联系

对于法院而言,司法行政管理权,主要是人民法院内部人财物的行政管理。而省级统管改革的目标也是人财物的统一管理。因为人民法院履行审判职责,必须靠人财物的支撑。联合国《关于司法机关独立的基本原则》第7条规定:"向司法机关提供充足的资源,以使之得以适当地履行其职责,是每一会员国的义务。"同时,人民法院的人财物管理,在性质上属于司法行政管理事务。改革的宗旨,正是要确保依法独立公正行使审判权,省以下地方法院人财物统一管理,关键是要实现人财物的"去地方化"。也就是说,省级统管改革之后,中、基

---

① 王庆丰.省以下地方法院人财物统一管理中的四个关系.人民司法(应用),2015(5).
② 苏泽林.改革司法行政管理体制机制,确保审判工作高效协调运转.人民法院报,2010-08-12(2).

层法院的人财物均由省级人事和财政统一安排,比如中、基层法院院长、法官编制将由省提名、管理,法院经费由省级财政统筹保障。由此可见,司法行政管理权与省级统管改革关系紧密。

三、现实困境:实行省级统管面临的四大矛盾

"配置司法行政权不仅是学术理论问题,还是涉及多方价值和利益矛盾的路径选择问题。"① 因此,在省级统管不断加强的同时,即将面临着诸多困境,需要厘清以下矛盾关系的理论与实践问题,否则容易导致改革盲动。

(一)矛盾之一:有法可依与无法可依之间的矛盾

对于司法改革,中央明确提出了"凡属重大改革都要于法有据"的要求。因此,推行司法行政管理权的省级统管这项改革必须坚持于法有据、有序推进,在法律框架内和法治轨道上推进改革。然而,省级统管面临着"无法可依"的尴尬境地。以人事权为例,省级统管人事权就缺乏法律依据。我国《宪法》第101条第2款规定:"县级以上的地方各级人民代表大会选举并且有权罢免本级人民法院院长。"《法官法》第11条第3款规定:"地方各级人民法院院长由地方各级人民代表大会选举和罢免,副院长、审判委员会委员、庭长、副庭长和审判员由本院院长提请本级人民代表大会常务委员会任免。"按照上述法律规定,法官的任免权主要是由地方人民代表大会行使,而省级统管改革会将法官任免权收归到省一级,缺乏法律依据。

(二)矛盾之二:省级统管改革与地方利益之间的矛盾

当前省级统管改革的最大障碍是中、基层人民法院与地方党委、政府及其部门脱钩。同时,上下级人民法院之间也存在利益争夺。"当前,地方基层法院的财政严重受制于地方政府与党委。"② 如何处理司法系统与地方政府之间的利益问题,是省级统管改革面临的重要任务。与地方利益的矛盾,主要体现在两个方面:一是与地方党政、人大、政协机关的利益之间的矛盾。长期以来,地方党委、人大、政协等部门左右地方法院,并且形成了一定的利益关系。省级统管"必然涉及利益取舍问题",如何破解司法系统与地方政府的利益平衡,是改革的难题。二是省内上下级法院之间利益的矛盾。上下级法院之间矛盾的结果是影响到审判独立。正如有学者所言:"目前的省级统管改革,在打破司法地方化的同时,却加强了省级司法机关的司法行政权力,同时一定程度上剥夺了地方'两院'应有的司法行政事权,这极有可能影响司法公正和司法效率。"③

(三)矛盾之三:司法行政管理权与审判权之间的矛盾

在省级统管改革的背景下,司法行政管理权与审判权之间的矛盾加剧,进一步强化了司

---

① 唐华彭.司法行政权的合理配置与地方"两院"省级统管——以南京国民政府时期为例.法学,2015(5).
② 左卫民.中国基层法院财政制度实证研究.中国法学,2015(1).
③ 唐华彭.司法行政权的合理配置与地方"两院"省级统管——以南京国民政府时期为例.法学,2015(5).

法行政管理权。如何妥善处理好省级统管背景下的司法行政管理权与审判权之间的关系,显得尤为重要。并且在省级统管改革过程中,司法行政管理权在人民法院的重要性、地位和作用究竟是轻了还是重了?掌握审判权的法官和从事司法行政管理的人员如何分类?同处于一个单位之中,他们的利益如何去平衡,倘若不平衡,如何确保单位的正常运转?还如在司法改革之后,由于法官形成了一个单独序列,在综合部门工作的具有法官职称的人员必然会面临一个选择:要么进入法官单独序列,要么进入司法行政管理的普通公务员序列。目前,改革已经冲击到了法官层面,出现了法官离职潮现象。譬如2014年,郴州法院共有23人离职,其中法官有16名。这16名法官中,有5名审判员、11名助理审判员。另外,实行省级统管之后,法院现有的"监督指导关系"是否会变异为"领导关系"?是否会架空现有的审级制度?等等。这些问题亟待我们去思考和解决。

(四)矛盾之四:经济发达地区与经济欠发达地区之间的矛盾

实行省级统管之后,司法行政事务管理权向上集中,如何处理好经济发达地区与经济欠发达地区之间的利益关系,也是一大难题。以笔者进行调研的数据为例,湖南省经济发达地区法官工资比经济欠发达地区法官工资要高4 800元/月。调研发现,诸多法院干警存在疑虑:人财物实行省级统一管理后,省内法官的薪资水平会被"拉平"吗?面对这一难题,仁者见仁智者见智。① 倘若实行全省统一,对于经济欠发达的地方而言是"福音",因为统管之后本地区原有资源增加;而对于经济发达的地方来说是"财富流失",因为统管之后,原有资源会减少。

四、路径选择:省级统管改革背景下的司法行政管理权分离

当前,寻求司法行政权科学合理的配置路径是省级统管改革的重心。"司法机关人财物省级统管,目前已经有明确的改革方向,但具体细节的勾勒还需要进一步探讨。有一些改革方案可以做不同设计,存在多个选项,如何科学设定司法机关人财物管理制度,是改革是否彻底以及改革是否可以很好达成预定目标的前提和关键。"② 为了科学实行好改革,笔者进行一番思考与探索。

(一)前提上:修改现行法律,做好有法可依

省级统管背景下的司法行政管理权改革,面临着如何突破现有法律框架的难题。当前,人民法院为了消除省级统管改革的合法性障碍,进而为省级统管改革提供充足的改革空间,应健全现行的人民法院司法行政管理权的法律法规。为此,首先是要解决好人民法院省级统管改革与现行法律的冲突,最为迫切的就是对现行法律进行修改。要使省级机关拥有法

---

① 全国人大代表、贵州省财政厅厅长李岷认为,财物的统一管理必须做到"两个全国统一":一是每个人的政治待遇和经济待遇全国统一。比如经济待遇,除地区补差外,全国同样级别同样待遇,各地自定的津贴补贴、改革性补贴等不能再"各搞一套"。二是所有的办公办案有统一的支出标准。武汉大学法学院教授陈岚则认为,要进行司法系统的财物统一管理机制,需要一种高超的平衡法:"比如,把武汉市区法官的既有薪资降下来,他们愿不愿意?但如果都以经济发达地区为标准,那贫困县里的法官薪资,将跟其他国家工作人员形成鲜明对比。"

② 张建伟.司法机关人财物谁来管如何管.中国党政干部论坛,2015(4).

官职务的任免权,就需要将《宪法》和《法官法》关于法官任免权的规定调整为由省级人民代表大会及其常务委员会行使。譬如,修改《宪法》当中有关中、基层法院院长、法官等人员任免权的规定,将任免权交由省级人大常委会。同时,还要对《人民法院组织法》作与《宪法》配套的修改。笔者建议,在人民法院省级统管改革试点过程中,最高人民法院应就改革所触及的法律修改问题向全国人民代表大会常务委员会提出修改意见,或者取得全国人民代表大会常务委员会对省级统管改革试点法院的法律适用授权,以确保改革取得预期效果。

(二)纵向上:明确司法行政权属于中央事权

省级统管的前提是明确司法行政权属于地方事权还是中央事权。在笔者看来,司法行政权属于中央事权,而非地方事权。按理而言,我国属于单一制国家,司法权从根本上说是中央事权,人民法院人财物应该由中央统一管理和保障,即人民法院实行人财物国家统管。中央考虑到我国将长期处于社会主义初级阶段的基本国情,我国人口多、底子薄、地区差异大,且法官数量多,①目前不宜将人民法院的人财物全归中央统一管理和保障,也很难做到。但不容置疑的是,人民法院人财物省级统管是逐步实现全国法院统筹的一个过渡阶段。正如中央政法委孟建柱书记所言:"省以下统一管理只是阶段性的改革,最终为全国统一管理提供经验。"②

(三)横向上:明确审判权与司法行政管理权应"适当"分离

"司法行政与司法业务相分离是现代司法行政管理的基本原则,也是西方国家通行的体制安排。"③域外,审判权与司法行政管理权的分立存在三种制度模式:第一种,绝对分立模式。大多数大陆法系国家实行的是绝对分立模式,人民法院只管审判,形成审判权与司法行政管理权的绝对分立。④ 第二种,相对分立模式。一些英美法系国家的司法行政管理权由法院和其他国家机关分工负责、共同行使,审判权和司法行政管理权相对分立。⑤ 第三种,内部分立模式。为了防止司法行政管理权对审判权的干预,将司法行政管理权与普通行政权相区别,列入审判权之内,由法院独立行使,但在法院内部实行分立。⑥ 对于我国而言,需要慎重考虑司法国情来作出选择,不能因司法行政事务管理干扰审判工作,而应服务于审判工作,"要切实领会中央政策的要求,明确统一管理不等于垂直管理,防止在统一管理改革过程中上下级法院从审计监督指导关系演变为行政隶属关系。"⑦也就是说,上下级法院之间仍是监督、指导关系。省级统一管理人财物之后,省级法院与中、基层法院关系不应当是领导关系,更不是垂直管理关系,而是监督与指导关系。笔者建议,在法院的人财物行政管理权与审判权之间设置"防火墙",使二者真正分离。同时,分离之后的权力不能逾越各自的权

---

① 有学者进行统计,目前,我国法官总数为 19.6 万人。
② 孟建柱.深化司法体制改革.人民日报,2013-11-25(1).
③ 谢鹏程.司法行政事务省级统管路径研究.人民检察,2014(8).
④ 譬如法国,人民法院的司法行政事务均由司法部负责管理。
⑤ 譬如英国,在英格兰和威尔士主要由大法官行使司法行政管理权。
⑥ 譬如日本,除简易法院之外,各级人民法院均设立了法官会议执行司法行政管理事务。
⑦ 罗书臻.深刻领会党中央关于司法体制改革的精神,珍惜机遇坚定信心确保改革沿着正确道路健康发展.人民法院报,2015-07-25(1).

力界限,而应在本职范围内有效运转。"防火墙"包括横向分离和纵向分离两个方面:横向分离是指由法官掌管审判权,由审判辅助人员和司法行政人员负责行使司法行政管理权,双方不能交流与轮岗,也不得干扰对方办案(办公)。纵向分离是指上级法院不能干扰下级法院,让下级法院依法独立公正办案。

(四)操作上:科学设计省级统管背景下司法行政管理权的改革

省级统管背景下司法行政管理权的改革"属于体制改革,是国家权力配置的重大调整,且涉及部门众多,较单一部门内部的体制改革情况更复杂、牵涉面更广"。① 因此,在操作上迫切需要我们优化制度设计助推省级统管人财物改革进一步深化。

1. 用内外制划定司法行政范围

法院承担的行政管理事务,从纵向上看,主要是与上级(如上级法院、党委、人大)、与下级(如下级法院);从横向上看,主要是与其他同级单位、其他法院;从内容上看,主要是法院办公条件的工作和干警学习、生活的工作,统称人财物工作。从功能属性上看,涵盖参与和辅助决策类、组织和督办落实类、统筹协调类、综合服务保障类②等内容。在笔者看来,主要是两个方面:一是对外司法行政事务。主要是处理与党委政府、人大政协、社会公众等主体在工作情况汇报、上级精神传达、代表沟通协调、民主司法、对外委托等诸多方面的对外联络工作。二是对内司法行政事务。主要是面向法院系统内部以及法院内部的事务,譬如政工人事、法制宣传、机关党建、行政装备、司法技术、上传下达、安全保卫等方面。

2. 用大部制整合司法行政力量

"改革时,要根据司法行政职能确定司法行政管理部门。"③同时,"一个组织的绩效很大程度上取决于合适的组织机构。"④在笔者看来,对于司法行政管理部门的改革,建议实行大部制改革。最高人民法院设立司法行政总局,下设若干部门,凡属司法行政事务由其统管,以下各级人民法院普遍设立司法行政局。司法行政总局和司法行政局实行局长负责制,司法行政人员依行政级别升迁。以省高级人民法院为例,笔者认为,目前在高级人民法院一级设立司法警察局、行政装备保障局、执行局、审判保障局四个局,每个局配备局长和政委(局长和政委可以为副厅级,并且一些不愿意加入法官员额制的副院长可以担任局长)。局下设若干个处,配备处长和副处长。具体而言,司法警察局就是当前的法警总队,下设警务处、安保处和警政处三个处;执行局就是当前的执行局,下设执行一处、执行二处、执行三处、综合处四个处;行政装备保障局就是当前的政治部(含工会、机关党委)、行政装备处、办公室、司法技术室四个部门合并,下设政工处、行政装备处、司法政务处、司法技术处四个处;审判保障局就是当前的审判管理办公室、研究室、纪检监察局、法官培训中心四个部门合并,下设审判管理处、调研处、纪检监察处、法官培训处四个处。

3. 用员额制实行人员配置

"合理配置人员、充分挖掘人力资源,是实现司法行政管理目标的前提保障。"⑤首先,是

---

① 褚红军.推动实行审判权与执行权相分离体制改革试点的思考.法律适用,2015(6).
② 最高人民法院办公厅.司法政务管理与指导.人民法院出版社,2010:209.
③ 马巍.论法院内部司法行政管理部门的定位与改革路径.人民法院出版社,2015:267.
④ 单宝玲,辛风冬.管理学原理.天津大学出版社,2004:158.
⑤ 马巍.论法院内部司法行政管理部门的定位与改革路径.人民法院出版社,2015:267.

定编定岗。改革时,根据司法行政管理部门的工作量核定人员编制,明确每个岗位的职责,制定详细的职位说明书,实行绩效管理。目前,司法行政人员编制由每个省的高级人民法院负责确定,将来过渡到由最高人民法院负责制定。其次,根据改革的发展趋势,将来法院将会形成两种序列并存:一种是法官单独序列;另一种是公务员序列。司法行政管理部门执行公务员序列。按照改革的需要,法官退出司法行政管理部门。一旦任命为法官,除少量法官在审判管理、政策研究等部门工作之外,大部分人员必须到审判和执行一线办案。① 最后,自行聘请或者由统一的劳务派遣单位派遣一部分人,从事司法辅助服务,譬如法院的保卫工作、书记员工作、档案管理工作、信息技术工作等。

4. 用分类制实行地方财物管理制度

对财物的统一管理,一方面需要建立不同地区不同的财物管理制度,另一方面需要建立省内中、基层法院财物由省级财政部门负责拨付的管理机制。此外,要考虑到省内中、基层法院所在地的经济发展状况,不能使他们的财物(包含办案经费、办公经费和人员收入)低于现有的水平。当前,对财物省级统管的改革,有学者认为应由司法部门主导,也有学者认为应由行政部门主导。② 在笔者看来,财物省级统管的基本架构是:由省级党委领导、省级人大和省级政府协同统筹决策,由省级财政部门负责财物的管理与分配工作,由省高级人民法院负责财物日常管理工作。

五、结语:满怀信心的期待

省级统管改革和司法行政管理权分离是我国司法改革的一个重要组成部分,也是当前司法试点的一个主要组成部分。尽管当前省级统管与司法行政管理权分离只是一个方向,其成效也有待在试点中观察、总结与发展,并且未来可期待的最长远、最彻底的改革方案或许是在司法权归于中央事权的前提下落实,但是我们坚信在当前司法改革试点工作如火如荼稳步推进的基础上,规范、科学、合理的省级统管和司法行政管理权分离制度一定能够实现。

(责任编辑:冯煜清)

---

① 通过试点法院的方案可以看出,85%甚至100%的法官员额必须到审判一线办案,确保了办案力量。
② 王尔德.清华教授:地方司法机关实现省统管需制定路线图.21世纪经济报道,2014-03-14(1).